AF441287

# MES MEMOIRES

Par Andrew Carnegie

Andrew Carnegie

# MES MEMOIRES

Éditions
Steeven Cadel

ISBN-13 : 979-10-95040-12-5

# NOTE DE L'ÉDITEUR

Chaque livre peut changer une vie. Nous croyons en la force des idées, et en leur capacité à changer et améliorer nos vies.

Dévorez les livres, mais pas seulement.
Mettez en œuvre les idées qu'ils contiennent.

Nous tenions également à vous remercier pour l'achat de ce livre. Les Éditions Cadel soutiennent l'association Mécénat Cardiaque en reversant une partie des bénéfices. L'association Mécénat Cardiaque permet à des enfants souffrant de malformations cardiaques de venir en France et d'être opérés.

# OFFERT - BONUS

Parce que nous croyons aux avantages des 2 mondes : le monde physique et le monde numérique, nous vous offrons en bonus toutes les photos colorisées du livre sur notre site.

Rendez-vous sur :

https://cadel-editions.com/

(Scannez-moi
avec votre téléphone)

# SOMMAIRE

*Andrew et Louise Whitfield Carnegie*
*1915*

# PRÉFACE
## DE L'ÉDITION ORIGINALE

Après s'être retiré de la vie active, mon mari céda aux sollicitations de ses amis, tant ici qu'en Grande-Bretagne et il commença à noter de temps en temps des souvenirs de ses débuts. Il se rendit rapidement compte cependant qu'au lieu du loisir auquel il s'attendait, sa vie était plus occupée par les affaires que jamais auparavant et la rédaction de ses mémoires fut réservée à ses vacances en Écosse. Durant quelques semaines, chaque été, nous nous retirions dans notre petit bungalow sur les landes d'Aultnagar pour profiter d'une vie simple. C'était là que M. Carnegie écrivait le plus. Il appréciait retourner vers ces jours passés et, tout en écrivant, il les vivait de nouveau. Il s'était ainsi engagé jusqu'en juillet 1914, lorsque les nuages de la guerre ont commencé à s'amonceler et lorsque la funeste nouvelle du 4 août nous est parvenue. Nous avons immédiatement quitté notre retraite dans les collines et sommes retournés à Skibo pour être plus au fait de la situation.

La rédaction de ses mémoires s'arrêta à ce moment-là. À partir de cet instant, il ne fut plus jamais capable de s'intéresser aux affaires privées. À plusieurs reprises, il a tenté de continuer à écrire, mais en vain. Jusqu'alors, il avait vécu la vie d'un homme d'âge mûr et encore jeune de surcroît, jouant au golf, pêchant, nageant chaque jour, faisant parfois les trois dans la même journée. Mais optimiste comme il l'a toujours été et essayé de l'être, même face à ses espoirs déçus, le désastre mondial était de trop. Son cœur était brisé. Une grippe sévère suivie de deux pneumonies précipitèrent la vieillesse sur lui.

Il fut dit d'un contemporain qui décéda quelques mois avant M. Carnegie qu'il « n'aurait jamais pu supporter le fardeau de la vieillesse ». Peut-être que la partie la plus inspirante de la vie de M. Carnegie, pour ceux qui avaient eu le privilège de le connaître intimement, était la façon dont il a supporté son « fardeau de la vieillesse ». Toujours patient, prévenant, joyeux, reconnaissant pour tout petit plaisir ou service rendu, ne pensant jamais à lui-même, mais toujours à l'aube d'un jour meilleur, son esprit a brillé de plus en plus fort jusqu'à ce qu'« il ne soit plus, car Dieu l'a pris ».

Écrits par sa propre main sur la page de garde de son manuscrit, on trouve ces mots : « Il est probable que l'on puisse tirer de ces mémoires la matière d'un petit volume que le public aurait envie de lire et qu'un volume privé et plus important pourrait plaire à mes parents et amis. Beaucoup de ce que j'ai écrit par moments peut, je pense, être judicieusement omis. Celui qui mettra en forme ces notes devra veiller à ne pas surcharger le lecteur avec trop de choses. Il faut choisir un homme de cœur aussi bien que de tête. »

Qui, alors, pourrait répondre à cette description aussi bien que notre ami le professeur John C. Van Dyke ? Lorsqu'on lui a montré le manuscrit, il a fait remarquer, sans avoir lu la note de M. Carnegie : « Ce sera un travail d'amour que de préparer cela pour la publication ». Ici, donc, le choix était mutuel. Et la manière dont il a accompli ce « travail » prouve la sagesse du choix : un choix fait et porté au nom d'une rare et belle amitié.

**Louise Whitfield Carnegie**
*New York*
*Le 16 avril 1920*

# NOTE DE L'ÉDITEUR DE 1920

# NOTE DE L'ÉDITEUR DE 1920

L'histoire de la vie d'un homme, surtout lorsqu'elle est racontée par l'homme lui-même, ne devrait pas être interrompue par le chahut d'un éditeur. Il faut le laisser raconter l'histoire à sa manière. L'enthousiasme, voire l'extravagance dans le récit, doivent être reçus comme faisant partie de l'histoire. La qualité de l'homme peut soustendre l'exubérance d'esprit, comme la vérité peut se trouver dans une exagération apparente. C'est pourquoi, en préparant ces chapitres pour la publication, l'éditeur n'a fait qu'arranger le matériel chronologiquement et séquentiellement afin que le récit puisse se poursuivre sans interruption jusqu'à la fin. Quelques notes de bas de page ont été ajoutées en guise d'explication, ainsi que des illustrations pour faciliter la lecture du texte, mais c'est le récit qui compte.

Ce n'est ni le moment ni le lieu pour caractériser ou faire l'éloge de l'auteur de « cette étrange histoire mouvementée », mais il est peut-être utile de reconnaître que cette histoire était vraiment mouvementée. Et étrange. Rien de plus étrange n'est jamais sorti des *Milles et Une Nuits* que l'histoire de ce pauvre garçon écossais qui vint en Amérique et qui, pas-à-pas, à travers beaucoup d'épreuves et de triomphes, devint le grand maître de l'acier, construisit une industrie colossale, amassa une énorme fortune, puis, de façon délibérée et systématique, la donna entièrement pour l'illumination et l'amélioration de l'humanité. Et ce n'est pas tout. Il établit un évangile de la richesse qui ne peut être ni ignoré ni oublié et mit en place un modèle de distribution que les millionnaires successifs ont suivi comme un précédent. Au cours de sa carrière, il devint un bâtisseur de nation, un leader de la pensée, un écrivain, un orateur, l'ami des ouvriers, des écoliers et des hommes d'État, l'associé des humbles comme des nobles. Mais ce ne sont là que des événements intéressants de sa vie, comparés à ses grandes inspirations : sa répartition des richesses, sa passion pour la paix dans le monde et son amour de l'humanité.

Peut-être que nous sommes trop proches de cette histoire pour la voir dans ses justes proportions, mais, dans les temps à venir, elle devrait gagner en perspective et en intérêt. Les générations futures pourront en réaliser la merveille de façon plus complète que nous aujourd'hui. Heureusement qu'elle est préservée pour nous, et cela, dans les propres mots de M. Carnegie et son propre style dynamique. C'est un document mémorable : un document dont nous ne verrons peut-être plus jamais la couleur.

John C. Van Dyke[1]
*New York, août 1920*

---

1 John Charles Van Dyke (1856-1932) était un historien de l'art, critique et écrivain naturaliste américain.

# CHAPITRE I

# PARENTS ET ENFANCE

# CHAPITRE I

# PARENTS ET ENFANCE

Si l'histoire de la vie d'un homme, vraiment racontée, doit être intéressante, comme le dit un sage, ceux de mes parents et proches amis qui ont insisté sur le fait d'avoir un récit de la mienne ne seront peut-être pas déçus outre mesure par ce résultat. Je peux me consoler avec l'assurance qu'une telle histoire devrait intéresser au moins un certain nombre de personnes qui m'ont connu et le savoir m'encourage.

Un livre de ce style, écrit des années auparavant par mon ami, le juge Mellon, de Pittsburgh, me donna tant de plaisir que je suis enclin à être d'accord avec le sage dont j'ai donné l'opinion ci-dessus. Il est certain que l'histoire que le juge a racontée s'est avérée être une source de satisfaction infinie pour ses amis et doit continuer à influencer les générations successives de sa famille à bien vivre. Et ce n'est pas tout, pour certains, au-delà de son cercle immédiat, elle est au même rang que celles de leurs auteurs préférés. Le livre contient une marque essentielle de valeur : il dévoile l'homme. Il fut écrit sans aucune intention d'attirer l'attention du public, étant destiné seulement à sa famille. De la même manière, j'ai l'intention de raconter mon histoire, non pas pour me pavaner devant le public, mais comme entouré de mes proches et de mes amis, éprouvés et fidèles, auxquels je peux parler avec la plus grande liberté, sentant que même des incidents insignifiants peuvent ne pas être complètement dénués d'intérêt pour eux.

Pour commencer, donc, je suis né à Dunfermline, dans le grenier de la petite maison à un étage, à l'angle de Moodie Street et Priory Lane, le 25 novembre 1835 et, comme on le dit, « de parents pauvres, mais honnêtes, de bonne famille ». Dunfermline était connue depuis longtemps comme le centre du commerce du damas en Écosse.[2] Mon père, William Carnegie, était un tisseur de damas, le fils d'Andrew Carnegie dont je porte le nom.

Mon grand-père Carnegie était bien connu à travers le district pour son esprit et son humour, sa nature géniale et son esprit irrépressible. Il était à la tête des jeunes gens animés de son époque et connu de loin comme le chef de leur joyeuse bande : le « Patiemuir College ». À mon retour à Dunfermline, après une absence de quatorze ans, je me souviens avoir été approché par un vieil homme à qui l'on avait raconté que j'étais le petit-fils du « Professeur », le titre donné à mon grand-père par ses copains. Il était l'image même de l'ancien paralysé :

_______________

2 Les Carnegie du XVIIIe siècle vivaient dans le hameau pittoresque de Patiemuir, à deux miles au sud de Dunfermline. L'importance croissante de l'industrie du lin à Dunfermline a finalement conduit les Carnegie à s'installer dans cette ville.

*« Son nez et son menton ne menaçaient ni l'un ni l'autre. »*

Alors qu'il traversait la pièce vers moi en titubant et posait sa main tremblante sur ma tête, il dit : « Alors comme ça, t'es le petit-fils d'Andra Carnegie ! Eh, mon gars, j'ai connu l'époque où ton grand-père et moi, on aurait pu faire sortir un homme raisonnable de ses gonds ».

*Lieu de naissance d'Andrew Carnegie*

Plusieurs autres personnes âgées de Dunfermline me racontèrent des histoires sur mon grand-père. Voici l'une d'entre elles :

Une nuit de Hogmanay[3], une vieille femme, une personne très connue dans le village fut surprise par un visage déguisé qui se glissait soudainement à la fenêtre. Elle leva les yeux et, après un moment de pause, s'exclama : « Oh, c'est juste cet idiot d'Andra Carnegie ». Elle avait raison : mon grand-père, à soixante-quinze ans, était dehors en train d'effrayer ses vieilles amies, déguisé comme les gamins qui s'amusent.

Je pense que ma nature optimiste, mon habileté à me débarrasser des problèmes et à rire de la vie, changeant « tous mes canards en cygnes », comme mes amis le disent, doit avoir été héritée de ce vieux et charmant grand-père déguisé dont je suis fier de porter le nom.[4] Un tempérament ensoleillé vaut bien plus que la fortune. Les jeunes personnes devraient savoir qu'il peut être cultivé, que l'esprit, comme le corps, peuvent être entraînés à aller de la pénombre vers la lumière. Alors, allons-y. Riez des problèmes si possible. On peut habituellement le faire si on est un tant soit peu philosophe, en supposant que la culpabilité ou le remords n'y soient pour rien. Ceux-ci restent pour toujours. Il est impossible de se débarrasser de

---

3 Le 31 décembre

4 « Rien n'indique qu'Andrew, bien qu'il ait prospéré dans sa quête, ait particulièrement bien réussi à acquérir des biens matériels. Par ailleurs, cependant, il est devenu un personnage remarquable non seulement dans le village, mais aussi dans la ville et le district voisins. Homme "intelligent" qui lisait et pensait par lui-même, il s'associa aux tisserands radicaux de Dunfermline, qui formèrent à Patiemuir un lieu de rencontre qu'ils nommèrent collège (Andrew en était le "professeur") ».

*Andrew Carnegie : Ses Liens à Dunfermline et ses Bénéfices*, par JB. Mackie, F.J.I.

ces « maudites taches ». Le juge intérieur siège à la Cour Suprême et ne peut jamais être dupé. D'où la grande règle de vie que Burns nous donne :

*« Ne crains que ton propre opprobre. »*

Cette devise adoptée au début de ma vie m'a plus apporté que tous les sermons que j'ai pu entendre et je n'en ai pas entendu beaucoup, bien que je puisse admettre une certaine ressemblance avec mon vieil ami Baillie Walker dans mes années de maturité. Interrogé par son médecin sur son sommeil, il répondit qu'il était loin d'être satisfaisant, qu'il était très insomniaque, en ajoutant avec un clin d'œil : « Mais je m'endors un peu à la chapelle de temps en temps ».

Du côté de ma mère, le grand-père était encore plus remarquable, car mon grand-père Thomas Morrison était un ami de William Cobbett, un collaborateur de son « Registre » en correspondance constante avec lui. Même au moment où j'écris ces lignes, à Dunfermline, des vieillards qui connaissaient grand-père Morrison parlent de lui comme l'un des meilleurs orateurs et un des hommes les plus doués qu'ils aient connus. Il était éditeur de « The Precursor », un premier jet, pourrait-on dire, du « Registre » de Cobbett, et possiblement le premier journal radical d'Écosse. J'ai lu quelques-uns de ses écrits et, au vu de l'importance accordée aujourd'hui à l'enseignement technique, je pense que le plus remarquable d'entre eux est un pamphlet qu'il publia il y a soixante-dix ans intitulé *« Head-ication versus Hand-ication[5] »*. Il insiste sur l'importance de cette dernière d'une manière qui ferait honneur au plus ardent défenseur de l'enseignement technique d'aujourd'hui.

---

5 *L'instruction intellectuelle versus l'instruction manuelle*

Il termine sur ces mots : « Je remercie Dieu pour avoir, dans ma jeunesse, appris à fabriquer et réparer des chaussures ». Cobbett le publia dans le « Registre » en 1833, avec une note de l'éditeur : « Une des communications les plus précieuses jamais publiées dans le "Registre" sur le sujet, est celle de notre cher ami et correspondant en Écosse, Thomas Morrison, qui figure dans ce numéro ». Il semble donc que j'ai hérité de ma propension à la rédaction des deux côtés, car les Carnegie étaient aussi des lecteurs et des penseurs.

Mon grand-père Morrison était un orateur né, un politicien passionné et le chef de l'aile du parti radical dans le district : une position que son fils, mon oncle Bailie Morrison, occupa après lui. Plus d'un Écossais bien connu en Amérique m'a appelé, pour serrer la main du « petit-fils de Thomas Morrison ». M. Farmer, président de la compagnie des rails de Cleveland et Pittsburgh, me dit une fois : « Je dois tout ce que j'ai de savoir et de culture à l'influence de votre grand-père » et Ebenezer Henderson, auteur de la remarquable histoire de Dunfermline, déclara qu'il devait largement son avancement dans la vie à la chance d'être entré au service de mon grand-père alors qu'il était enfant.

Je n'ai pas traversé la vie sans recevoir quelques compliments, mais je pense qu'aucun compliment ne me fit jamais autant plaisir que celui d'un écrivain dans un journal de Glasgow, qui avait écouté un discours sur le Home Rule en Amérique que j'avais prononcé au hall de Saint-Andrew. Le correspondant écrivait que l'on parlait alors beaucoup en Écosse de moi et de ma famille et en particulier de mon grand-père Thomas Morrison. Il ajoutait : « Quelle ne fut pas ma surprise lorsque je trouvai dans le petit-fils sur l'estrade, par ses manières, ses gestes et son apparence, une réplique parfaite du Thomas Morrison d'autrefois ».

Ma surprenante ressemblance avec mon grand-père, que je ne me souviens pas avoir jamais vu, ne peut pas être mise en doute, car je me souviens bien, lors de mon premier retour à Dunfermline dans ma vingt-septième année, alors que j'étais assis sur un sofa avec mon oncle Bailie Morrison, que ses grands yeux noirs se remplirent de larmes. Il ne pouvait pas parler et se rua hors de la pièce, bouleversé. En revenant après un certain temps, il expliqua que quelque chose en moi faisait de temps en temps apparaître son père, qui disparaissait instantanément, mais revenait par intervalles. Il s'agissait d'un geste, mais il n'a pas pu en déterminer la nature exacte. Ma mère remarquait continuellement en moi certaines des particularités de mon grand-père. La doctrine des tendances héréditaires est prouvée chaque jour et chaque heure, mais la loi qui transmet la gestuelle est subtile, elle transcende le corps. J'étais profondément impressionné.

Mon grand-père Morrison épousa Miss Hodge, d'Édimbourg, une dame instruite, bien élevée et bien placée, qui mourut alors que la famille était encore jeune. À cette époque, il avait une bonne situation comme marchand de cuir et tanneur à Dunfermline. Mais la paix après la bataille de Waterloo le conduisit à la ruine, comme ce fut le cas pour des milliers. Ainsi, alors que mon oncle Bailie, le fils aîné, avait été élevé dans ce qui pourrait être appelé le luxe, car il avait un poney à monter, les membres plus jeunes de la famille connurent des jours plus difficiles.

La deuxième fille, Margaret, était ma mère, dont je ne peux pas me permettre de parler longuement. Elle hérita de sa mère la dignité, le raffinement et la prestance d'une dame cultivée. Peut-être un jour serai-je capable de parler au monde de cette héroïne, mais j'en doute. J'estime qu'elle est sacrée pour moi et qu'il n'appartient pas aux autres de la

connaître. Personne ne pourra jamais vraiment la connaître :
je suis le seul.

Après la mort précoce de mon père, elle était toute à moi.
La dédicace de mon premier livre résume tout. C'était :

*« À mon héroïne préférée, ma mère[6] ».*

*Abbaye de Dunfermline*

Fortuné de par mes ancêtres, je l'étais aussi suprêmement
par mon lieu de naissance. Le lieu de naissance de quelqu'un
est très important, car différents environnements et
traditions attirent et stimulent différentes tendances latentes
chez l'enfant. Ruskin observe que chaque garçon brillant à

---

6 Un carrosse américain à quatre chevaux en Grande-Bretâgne,
New York, 1888

Édimbourg est influencé par la vue du château. Tout comme l'est l'enfant de Dunfermline, par sa noble abbaye, le Westminster d'Écosse, fondée au début du XIe siècle (1070) par Malcolm Canmore et la Reine Margaret, la sainte patronne d'Écosse. Les ruines du grand monastère et du palais où des rois sont nés tiennent encore debout et là aussi se trouve Pittencrief Glen, englobant le sanctuaire de la Reine Margaret et les ruines de la tour du Roi Malcolm, avec l'évocation de laquelle la vieille ballade de « Sir Patrick Spens » commence :

*« Le Roi est assis dans la tour de Dunfermline[7],*
*Buvant le vin rouge sang ».*

La tombe de Robert Bruce[8] est au centre de l'abbaye, celle de Sainte Margaret est toute proche et beaucoup des « gens royaux » reposent en paix aux alentours. Heureux, en effet, est l'enfant qui voit le jour dans cette ville romantique, qui occupe un terrain élevé à trois miles au nord du détroit du Forth, surplombant la mer, avec Édimbourg en vue au sud et au nord les sommets des Ochils clairement visibles. Tout rappelle encore le glorieux passé, lorsque Dunfermline était autant la capitale nationale que religieuse de l'Écosse.

---

[7] Les reliques de Percy et le Livre d'Oxford des Ballades donnent « ville » au lieu de « tour », mais M. Carnegie a insisté pour que ce soit « tour ».

[8] Robert Ier, également appelé Robert Bruce est roi d'Écosse de 1306 à 1329. Robert Bruce est né le 11 juillet 1274, probablement au château de Turnberry, et mort le 7 juin 1329 à Cardross. Il joue un rôle important dans la résistance écossaise à l'Angleterre durant les guerres d'indépendance de l'Écosse et reste considéré comme un héros national.

L'enfant qui a le privilège de se développer dans un tel environnement absorbe la poésie et le romantisme dans l'air qu'il respire, assimile l'histoire et la tradition en regardant autour de lui. Ces lieux deviennent pour lui le monde réel de l'enfance : l'idéal devient le réel, omniprésent. Le réel est encore à venir lorsque, plus tard dans la vie, il est lancé dans le monde quotidien de la dure réalité. Même à ce moment-là et jusqu'à son dernier jour, les impressions initiales restent, parfois disparaissant pour de courtes saisons, mais seulement chassées ou supprimées en apparence. Elles se réveillent et reviennent toujours à l'esprit pour exercer leur influence, pour élever sa pensée et colorer sa vie. Aucun enfant brillant de Dunfermline ne peut échapper à l'influence de l'abbaye, du palais et du Glen. Ceux-ci le touchent et embrasent l'étincelle latente en lui, faisant de lui quelque chose de différent et au-delà de ce qu'il serait devenu s'il n'était pas né heureux. C'est sous ces conditions inspirantes que mes parents étaient également nés et ainsi vint, je n'en doute pas, la puissance de l'esprit romantique et poétique qui les imprégnait tous les deux.

Lorsque mon père a réussi dans son entreprise de tissage, nous avons quitté Moodie Street pour une maison beaucoup plus spacieuse dans Reid's Park. Les quatre ou cinq métiers à tisser de mon père occupaient l'étage inférieur. Nous résidions à l'étage supérieur, auquel on accédait, selon une mode courante dans les vieilles maisons écossaises, par des escaliers extérieurs depuis le trottoir. C'est là que mes souvenirs les plus anciens commencent et, assez étrangement, la première image de ma mémoire me ramène au jour où je vis une petite carte de l'Amérique. Elle était sur des rouleaux et mesurait environ 60 cm de côté. Sur celle-ci, mon père, ma mère, oncle William et ma tante Aitken étaient en train de chercher Pittsburgh et de pointer du doigt le lac Érié et le Niagara. Peu de temps après mon oncle et ma tante Aitken embarquèrent pour la terre promise.

À cette époque, je me souviens que mon cousin-frère, George Lauder (« Dod ») et moi-même étions profondément impressionnés par le grand danger qui nous menaçait, parce qu'un drapeau anarchique était caché dans la mansarde. Il avait été peint pour être porté et je crois qu'il fut porté par mon père, ou mon oncle, ou un autre bon radical de notre famille, dans une manifestation lors de l'agitation soulevée par la Loi Corn. Il y avait eu des émeutes dans la ville et une troupe de cavalerie fut installée dans le Guildhall. Mes grands-parents et oncles de chaque côté et mon père avaient été les premiers à prendre la parole lors des réunions. Tout le cercle familial était en effervescence.

Je me souviens comme si c'était hier d'avoir été réveillé pendant la nuit par un coup frappé à la fenêtre de derrière par des hommes qui étaient venus informer mes parents que mon oncle, Bailie Morrison, avait été jeté en prison parce qu'il avait osé tenir une réunion qui avait été interdite. Le shérif, avec l'aide des soldats, l'avait arrêté à quelques kilomètres de la ville où la conférence avait eu lieu et l'avait ramené en ville pendant la nuit, suivi par une immense foule.[9]

---

9 Lors de l'ouverture de l'école technique Lauder en octobre 1880, près d'un demi-siècle après ces scènes inquiétantes de 1842, M. Carnegie a évoqué le choc qu'a subi son esprit d'enfant : « L'un de mes plus anciens souvenirs est celui d'avoir été réveillé dans l'obscurité pour apprendre que mon oncle Morrison était en prison. Eh bien, c'est l'une des plus grandes fiertés que je puisse ressentir aujourd'hui que de pouvoir dire que j'ai eu un oncle qui était en prison. Mais, mesdames et messieurs, mon oncle est allé

On craignait de sérieux ennuis, car la population menaçait de le secourir et, à ce que nous avions appris plus tard, il avait été incité par le prévôt de la ville à s'avancer vers une fenêtre avec une vue sur la High Street et à prier les gens de se retirer. Ce qu'il fit, en disant : « S'il y a un ami de la bonne cause ici cette nuit, qu'il croise ses bras ». Ils le firent. Et ensuite, après une pause, il dit : « Maintenant, partez en paix ! »[10] Mon oncle, comme toute notre famille, était un homme de morale et respectueux de la loi, mais radical jusqu'au bout et un admirateur intense de la République américaine.

On pourrait imaginer, alors que tout cela se déroulait en public, à quel point les paroles qui passaient de l'un à l'autre en privé étaient amères. Les dénonciations du gouvernement monarchique et aristocratique, les privilèges sous toutes leurs formes, la grandeur du système républicain, la supériorité de l'Amérique, un pays peuplé par notre propre race, un foyer pour les hommes libres dans lequel le privilège de chaque citoyen était le droit de

---

en prison pour défendre le droit de rassemblement public ». (Mackie.)

10 Les représentants de la Couronne ont sagement laissé la procédure s'éteindre… M. Morrison a reçu l'assurance gratifiante de l'appréciation de ses concitoyens par son élection au Conseil et son élévation au Magisterial Bench, suivie peu après par sa nomination au poste de Burgh Chamberlain. Le réformateur patriotique que les autorités criminelles s'efforçaient de faire condamner pour violation de la loi devint, par le choix de ses concitoyens, un magistrat, et reçut en outre un certificat de fiabilité et d'intégrité. « (Mackie.)

chacun… C'étaient des thèmes passionnants avec lesquels j'ai été élevé. Enfant, j'aurais pu tuer roi, duc ou seigneur et considérer leur mort comme un service rendu à l'État, donc un acte héroïque.

L'influence des plus anciennes associations de l'enfance est telle qu'il a fallu longtemps avant que je puisse me faire confiance pour parler respectueusement d'une classe ou personne privilégiée qui ne s'était pas distinguée d'une manière ou d'une autre et qui n'avait donc pas gagné le droit au respect public. Il y avait toujours le ricanement derrière le simple pedigree : « il n'est rien, n'a rien fait, juste un accident, une fraude se pavanant dans des plumes empruntées ; tout ce qu'il a à son compte est l'accident de sa naissance. La partie la plus fructueuse de sa famille, comme pour la pomme de terre, se trouve sous terre ». Je me demandais comment des hommes intelligents pouvaient vivre là où un autre être humain était né avec un privilège qui n'était pas aussi son droit de naissance. Je n'étais jamais lassé de citer les seuls mots qui donnaient une juste mesure à mon indignation :

> *« Il y avait autrefois un Brutus qui aurait bravé*
> *Le diable éternel pour garder son état à Rome*
> *Aussi facilement qu'un roi ».*

Mais alors les rois étaient des rois, pas de vagues ombres. Tout cela était hérité, bien sûr. Je ne faisais que répéter ce que j'entendais à la maison.

Dunfermline a longtemps été réputée comme étant peut-être la ville la plus radicale du Royaume, même si je sais que Paisley a des prétentions à ce titre. Cela est d'autant plus honorable pour la cause du radicalisme qu'à l'époque dont je parle, la population de Dunfermline était en grande partie composée d'hommes qui étaient de petits fabricants, chacun possédant son ou ses propres métiers à tisser. Ils n'étaient pas tenus par des horaires réguliers, leur rémunération étant à la pièce. Ils obtenaient des toiles auprès des grands manufacturiers et le tissage était fait à la maison.

C'était une époque d'excitation politique intense et on voyait fréquemment à travers toute la ville, peu après le déjeuner, de petits groupes d'hommes avec leurs tabliers discuter des affaires d'État. Les noms de Hume, Cobden et Bright étaient sur les lèvres de tout le monde. J'étais souvent attiré, petit comme j'étais, par ces cercles et j'écoutais attentivement la conversation, qui était complètement unilatérale. La conclusion généralement acceptée était qu'il devait y avoir un changement. Des clubs étaient formés parmi les habitants de la ville et on s'abonna aux journaux de Londres. Les principaux éditoriaux étaient lus chaque soir aux gens, étrangement, depuis l'une des chaires de la ville. Mon oncle, Bailie Morrison, était souvent le lecteur et, comme les articles étaient commentés par lui et d'autres après avoir été lus, les conférences étaient assez passionnantes.

Ces réunions politiques se produisaient régulièrement et, comme on pouvait s'y attendre, j'étais aussi profondément intéressé que n'importe qui dans la famille et j'assistais à nombre d'entre elles. Un de mes oncles ou mon père était généralement entendu. Je me souviens d'un soir où mon père prit la parole lors d'une grande réunion en plein air dans les Pends. Je m'étais frayé un chemin entre les jambes des auditeurs et, lors d'un applaudissement plus fort que les autres, je ne pus réfréner mon enthousiasme. Levant les yeux vers l'homme sous lequel j'avais trouvé refuge, je lui dis que c'était mon père qui parlait. Il me prit sur ses épaules et m'y maintint.

À une autre conférence, je fus emmené par mon père pour

écouter John Bright, qui parla en faveur de J.B. Smith comme candidat libéral pour les Burghs de Stirling. Je fis la critique, à la maison, que M. Bright ne parlait pas correctement, car il disait « men » quand il voulait dire « maan ». Il ne prononçait pas le « a » large dont nous avions l'habitude en Écosse. Ce n'est pas étonnant, ayant été élevé dans un tel environnement, que je sois devenu un jeune républicain virulent dont la devise était « mort aux privilèges ». À cette époque, je ne savais pas ce que voulait dire le mot « privilège », mais mon père lui, le savait.

L'une des meilleures histoires de mon oncle Lauder était à propos de ce même J. B. Smith, l'ami de John Bright, qui se présentait au Parlement à Dunfermline. Mon oncle était un membre de son comité et tout allait bien jusqu'à ce qu'il fut déclaré que Smith était un « Unitawrian ». Le district fut placardé avec le sondage : Voteriez-vous pour un « Unitawrian » ? C'était sérieux. Le président du comité de Smith dans le village de Cairney Hill, un forgeron, a déclaré qu'il ne voterait jamais. Mon oncle y alla pour lui faire des remontrances. Ils se rencontrèrent dans la taverne du village autour d'un verre :

— « Mon vieux, j'peux pas voter pour un Unitawrian », dit le président.

— « Mais », dit mon oncle, « Maitland [l'adversaire] est un Trinitawrian ».

— « Bon sang, c'est pas beau » fut sa réponse.

Et le forgeron vota en faveur de Smith. Smith gagna par une petite majorité.

Le passage du tissage à la main au tissage à la vapeur fut

désastreux pour notre famille. Mon père ne reconnut pas la révolution imminente et se débattait dans l'ancien système. Ses métiers à tisser perdirent beaucoup de valeur et il fallut que cette force qui n'a jamais failli dans les situations d'urgence, ma mère, se manifeste pour redresser la fortune familiale. Elle ouvrit une petite boutique à Moodie Street et contribua aux revenus qui, bien que minces, suffirent néanmoins à cette époque à nous maintenir dans le confort et la « respectabilité ».

Je me souviens que, peu de temps après, je commençai à apprendre ce que signifiait la pauvreté. Des jours terribles vinrent lorsque mon père apporta la dernière de ses toiles au grand fabricant. Je vis ma mère attendre anxieusement son retour pour savoir si une nouvelle toile allait être commandée ou si une période d'oisiveté nous attendait. Je me suis alors mis à penser que mon père, bien que « ni abject, ni méchant, ni vil », comme Burns le dit, avait néanmoins dû

> *« Supplier un frère de la terre*
> *De lui donner la permission de travailler ».*

Et c'est alors que je pris la résolution de remédier à cela quand je serais un homme. Nous n'étions cependant pas réduits à la pauvreté par rapport à beaucoup de nos voisins. Je ne sais pas jusqu'à quelles privations ma mère aurait pu aller pour voir ses deux garçons porter de grands cols blancs et être habillés avec soin.

Dans un moment d'imprudence, mes parents promirent que je ne serais jamais envoyé à l'école avant d'en avoir exprimé le souhait. Cette promesse, je l'appris plus tard, déclencha chez eux un malaise considérable, car, alors que je grandissais, je ne montrais aucune disposition à en faire la demande. Le maître d'école, M. Robert Martin, fut sollicité et convaincu de s'intéresser à moi. Il m'emmena faire une excursion un jour avec quelques-uns de mes camarades qui allaient à l'école et mes parents éprouvèrent un grand soulagement lorsque peu après, je vins leur demander la permission d'aller à l'école de M. Martin.[11] Nul besoin de dire que la permission fut dûment accordée. J'étais alors entré dans ma huitième année, ce qui ultérieurement me conduit à dire que c'est assez tôt pour qu'un enfant commence à fréquenter l'école.

L'école était un vrai plaisir pour moi et si quoi que ce soit arrivait qui m'empêchait d'y aller, j'étais malheureux. Cela arrivait de temps en temps, car ma mission du matin était de ramener de l'eau du puits situé au bout de la rue Moodie. L'approvisionnement était insuffisant et irrégulier. Parfois, il n'était pas autorisé à fonctionner avant la fin de la matinée et une vingtaine de vieilles femmes étaient assises autour, le tour de chacune d'entre elles ayant été préalablement sécurisé durant la nuit en plaçant un bidon sans valeur dans la file. Cela, comme on pouvait s'y attendre, conduisit à de nombreuses disputes dans lesquelles je ne me laissais pas faire, même par ces vénérables vieilles dames. J'obtins la réputation d'être « un petit gars génial ». C'est probablement de cette manière que je développai ma tendance à l'argumentation, ou peut-être à la combativité, qui m'est toujours restée.

À cause de ces corvées, j'étais souvent en retard à l'école, mais le maître, qui en connaissait les raisons, pardonnait ces écarts. Dans le même ordre d'idées, je devais souvent faire des courses au magasin après l'école, de telle sorte qu'en regardant en arrière, j'ai la satisfaction de sentir que j'étais utile à mes parents même au jeune âge de dix ans. Peu de

---

11 Elle était connue comme l'école Rolland.

temps après, les comptes des différentes personnes qui s'occupaient du magasin furent placés sous ma responsabilité, de telle sorte que je devins accoutumé aux affaires, à ma petite échelle, dès mon enfance.

Il y avait une source de misère, cependant, dans mon expérience de l'école. Les garçons me surnommaient « le chouchou de Martin » et me criaient parfois cette épithète redoutable lorsque je passais dans la rue. Je ne savais pas tout ce que cela signifiait, mais cela me paraissait être un terme on ne peut plus honteux et je sais que cela m'empêchait de répondre aussi librement que je l'aurais pu à cet excellent professeur, le seul maître d'école, envers qui j'ai une dette de gratitude que je regrette de n'avoir jamais pu faire davantage que de la reconnaître avant sa mort.

Je peux mentionner ici un homme dont l'influence sur moi ne peut être surestimée, mon oncle Lauder, le père de George Lauder.[12] Mon père était constamment au travail dans l'atelier de tissage et avait peu de temps libre à me consacrer durant la journée. Mon oncle étant un commerçant dans la High Street, il avait donc moins d'astreintes. Notez le lieu, car il s'agissait de l'aristocratie des commerçants et il y avait des degrés variés d'aristocratie même parmi les commerçants de Dunfermline. Profondément affecté par la mort de ma tante Seaton, qui se produisit au début de ma vie scolaire, il trouva son principal réconfort dans la compagnie de son fils unique, George et de moi-même. Il possédait un don extraordinaire pour s'occuper des enfants et nous apprit de nombreuses choses. Parmi elles, je me souviens comme il nous enseigna

---

12 Le Lauder Technical College offert par M. Carnegie à Dunfermline a été nommé en l'honneur de cet oncle, George Lauder.

l'histoire britannique en imaginant chaque monarque à une certaine place sur les murs de la pièce en train d'accomplir l'acte pour lequel il était le plus connu. Ainsi, pour moi, le Roi Jean est assis à ce jour au-dessus de la cheminée, signant la Magna Charta et la Reine Victoria est au dos de la porte avec ses enfants sur les genoux.

J'ai comblé sa seule omission dans notre liste de monarques des années plus tard, dans la salle capitulaire de l'abbaye de Westminster. Une dalle dans une petite chapelle à Westminster expliqua que le corps d'Oliver Cromwell fut retiré de cet endroit. Dans la liste des monarques que j'ai apprise sur les genoux de mon oncle, le grand monarque républicain apparaît en écrivant son message au Pape de Rome, informant Sa Sainteté que « s'il ne cessait pas de persécuter les protestants, le tonnerre des canons de la Grande-Bretagne serait entendu au Vatican ». Inutile de dire que la reconnaissance que nous fîmes de Cromwell était qu'il la méritait de « tout le monde ».

C'était de mon oncle que j'appris tout ce que je sais sur l'histoire ancienne de l'Écosse de Wallace, de Bruce et de Burns, de l'histoire de Harry l'Aveugle, de Scott, Ramsey, Tannahill, Hogg et Fergusson. Je peux vraiment dire, avec les mots de Burns, qu'il s'est alors créé en moi une veine de préjugés écossais (ou de patriotisme) qui ne prendrait fin qu'avec moi. Wallace, bien sûr, était notre héros. Tout ce qui était héroïque se concentrait en lui. Triste fut le jour où un grand et méchant garçon à l'école me dit que l'Angleterre était bien plus grande que l'Écosse. J'allai chez mon oncle, qui avait le remède.

« Pas du tout, Naig : si l'Écosse était rendue plate comme l'Angleterre, l'Écosse serait plus grande, mais aimerais-tu voir les Highlands aplatis ? »

Oh, jamais ! Il y avait du baume en Galilée pour le jeune patriote blessé. Plus tard, la plus grande population de l'Angleterre me fut imposée et de nouveau j'allai chez mon oncle.

« Oui, Naig, sept contre un, mais il y avait un ratio plus grand encore contre nous à Bannockburn ». Et de nouveau il y avait de la joie dans mon cœur : il y avait plus d'Anglais là-bas, ce qui constituait une gloire plus grande.

C'est une sorte de réflexion sur la vérité que la guerre nourrit la guerre, que chaque petite bataille sème les graines des batailles futures et qu'ainsi les nations deviennent des ennemis traditionnels. L'expérience des garçons américains est celle des Écossais. Ils grandissent en lisant les histoires de Washington et de Valley Forge, des Hessois engagés pour tuer des Américains et ils en viennent à haïr le nom même d'Anglais. Telle était mon expérience avec mes neveux américains. L'Écosse ne posait aucun problème, mais l'Angleterre qui avait combattu l'Écosse était le mauvais partenaire. Les préjugés ne furent éradiqués que lorsqu'ils devinrent des hommes même si certains d'entre eux peuvent subsister.

L'oncle Lauder m'a raconté depuis qu'il faisait souvent entrer des gens dans la maison en leur assurant qu'il pouvait faire pleurer « Dod » (George Lauder) et moi, nous faire rire, ou fermer nos petits poings prêts à se battre : bref, jouer sur toutes nos humeurs par l'influence de la poésie et de la chanson. La tragédie de Wallace était sa carte maîtresse qui n'échouait jamais à faire sangloter nos petits cœurs, une panique complète étant le résultat invariable. Il avait beau raconter cette histoire, elle ne perdait jamais en force. Aucun doute qu'elle recevait de temps en temps de nouveaux embellissements. Comme c'est incroyable, l'influence qu'un héros peut avoir sur les enfants !

Je passais beaucoup d'heures et de soirées dans la High Street avec mon oncle et « Dod ». Ainsi commença une alliance fraternelle pour la vie entre lui et moi. Dans la famille, nous serions toujours « Dod » et « Naig ». Je ne pouvais pas dire « George » dans mon enfance, cela a toujours été « Dod » et « Naig » avec nous. Aucun autre nom n'aurait de sens.

Il y avait deux routes pour retourner de la maison de mon oncle à High Street jusqu'à ma maison de Moodie Street au pied de la ville. Une le long du sinistre cimetière de l'abbaye des morts, où il n'y avait pas de lumière et l'autre le long des rues illuminées en passant par la Porte de Mai. Quand je devais rentrer chez moi, mon oncle, avec un malin plaisir, me demandait quel chemin j'allais prendre. En pensant à ce que Wallace ferait, je répondais toujours que je passerais par l'abbaye. J'ai la satisfaction de croire que jamais, pas même à une seule occasion, je n'ai cédé à la tentation de prendre l'autre chemin et de suivre les lampadaires au croisement de la Porte de Mai. Je passais souvent le long de ce cimetière et sous l'arc sombre de l'abbaye avec mon cœur au bord des lèvres. Essayant de siffler et de garder mon courage, j'avançais péniblement dans l'obscurité, me remettant dans toutes les situations d'urgence à la pensée de ce que Wallace aurait fait s'il avait rencontré un ennemi, naturel ou surnaturel.

Le Roi Robert le Bruce n'obtint jamais son mérite de mon cousin ou de moi-même dans l'enfance. C'était suffisant pour nous qu'il fût le roi alors que Wallace était l'homme du peuple. Sir John Graham était notre second. L'intensité du patriotisme d'un garçon écossais, élevé comme je l'ai été, constitue une véritable force dans sa vie jusqu'à la fin. Si l'on étudiait la source de mon stock de cette première qualité, le courage, je suis sûr que l'analyse finale montrerait qu'il est fondé sur Wallace, le héros d'Écosse. C'est un véritable réservoir de force pour un garçon que d'avoir un héros.

Cela me fit de la peine de découvrir, lorsque j'atteignis l'Amérique, qu'il y avait un autre pays qui prétendait avoir quelque chose dont il puisse être fier. Que pouvait bien être un pays sans Wallace, Bruce et Burns ? Je trouve dans l'Écossais n'ayant pas voyagé d'aujourd'hui quelque chose de ce sentiment. Ce n'est que plus âgés avec une culture plus grande que nous pouvons comprendre que chaque nation a ses héros, ses romans, ses traditions et ses réalisations. Tandis que le véritable Écossais ne trouvera aucune raison, dans les années à venir, de baisser l'estime qu'il a de son propre pays et de sa place parmi les plus grandes nations de la terre, il trouvera d'amples raisons d'élever son opinion des autres nations, car elles ont toutes beaucoup de raisons d'être fières. Assez pour inciter leurs fils à agir de manière à ne pas déshonorer le pays qui les a vu naître.

Il a fallu des années avant que je ne puisse sentir que cette nouvelle terre pourrait être autre chose qu'une résidence temporaire. Mon cœur était en Écosse. Je ressemblais au petit garçon du principal Peterson qui, alors au Canada, en réponse à une question, disait qu'il trouvait le Canada « très bien pour une visite, mais qu'il ne pourrait jamais vivre si loin des restes de Bruce et Wallace ».

# CHAPITRE II

# DUNFERMLINE
# ET
# L'AMÉRIQUE

# CHAPITRE II

# DUNFERMLINE ET L'AMÉRIQUE

Mon bon oncle Lauder accordait à juste titre une grande valeur à la récitation dans l'éducation et nombreux étaient les pennies que Dod et moi-même recevions pour cela. Dans nos petites redingotes ou chemises, les manches retroussées, des heaumes en papier et les visages noircis, avec des bâtons en guise d'épée, mon cousin et moi-même étions constamment en train de réciter Norval et Glenalvon, Roderick Dhu et James Fitz-James à nos camarades de classe et souvent aux personnes plus âgées.

Je me souviens très bien que, dans le célèbre dialogue entre Norval et Glenalvon, nous avions quelques scrupules à répéter la phrase, « et faux comme l'enfer ». Au début, nous faisions un léger raclement de gorge sur le mot répréhensible, ce qui créait toujours de l'amusement parmi les spectateurs. Ce fut un grand jour pour nous lorsque mon oncle nous persuada que nous pouvions dire « enfer » sans jurer. Je crains que nous l'ayons alors mis en pratique très souvent. Je jouais toujours le rôle de Glenalvon et faisais grand cas de ce mot. Il exerçait sur moi la fascination attribuée au fruit défendu. Je comprends très bien l'histoire de Marjory Fleming qui, fâchée un matin lorsque Walter Scott l'appela pour lui demander comment elle allait, répondit :

« Je suis très fâchée ce matin, M. Scott. J'aimerais seulement dire "zut" [avec un geste de la main], mais je ne peux pas ».

Par la suite, l'expression de ce mot tabou fut un point important. Les ministres pouvaient dire « damnation » en chaire sans pécher et nous aussi avions toute latitude pour réciter « enfer ». Un autre passage fit grande impression. Dans le combat entre Norval et Glenalvon, Norval dit « Lorsque nous nous disputons à nouveau, notre combat est mortel ». J'ai utilisé ces mots qui venaient d'un article écrit pour la « North American Review » en 1897. Mon oncle tomba dessus, s'assit immédiatement et m'écrivit de Dunfermline qu'il savait où je les avais trouvés. C'était le seul homme vivant qui le sut.

Mon pouvoir de mémorisation doit avoir été renforcé considérablement par le mode d'enseignement adopté par mon oncle. Je ne peux pas nommer méthode plus efficace pour aider les jeunes gens que de les encourager à mémoriser leurs morceaux favoris et à les réciter souvent. Tout ce qui me plaisait, je pouvais l'apprendre avec une rapidité qui surprenait mes amis. Je pouvais mémoriser n'importe quoi, que cela me plaise ou non, mais si cela ne m'impressionnait pas fortement, je l'oubliais en quelques heures.

Une des épreuves de ma vie de garçon à l'école à Dunfermline fut de mémoriser deux doubles versets des psaumes que je devais réciter quotidiennement. Mon plan était de ne pas regarder le psaume avant de partir pour l'école. Cela ne prenait pas plus de cinq ou six minutes de marche lente, mais je pouvais aisément maîtriser la tâche dans ce laps de temps et, comme le psaume était la première leçon, j'étais préparé et réussissais l'épreuve avec succès. Si on m'avait demandé de le répéter trente minutes plus tard, cela se serait, je le crains, terminé en désastre.

Le premier penny que j'ai gagné ou reçu d'une personne en dehors du cercle familial fut celui donné par mon instituteur, M. Martin, pour avoir répété devant l'école le poème de Burns, « L'homme est fait pour porter le deuil ». En écrivant ceci, je me rappelle que dans les années suivantes, en dînant avec M. John Morley à Londres, la conversation tourna autour de la vie de Wordsworth. M. Morley dit qu'il avait cherché dans son Burns le poème sur la « Vieillesse », tellement vanté par ce dernier, mais qu'il n'avait pas été capable de le trouver sous ce titre. J'eus le plaisir de lui en réciter une partie. Il me remit rapidement un second penny. Ah, aussi grand que soit Morley, il n'était pas pour autant mon maître d'école, M. Martin : le premier « grand » homme que j'aie connu. Il était vraiment illustre pour moi. L'« Honnête John » Morley est très certainement un héros.

En matière de religion, nous n'étions pas trop embêtés. Tandis que d'autres garçons et filles à l'école étaient obligés d'apprendre le petit catéchisme, Dod et moi, par un arrangement dont je ne compris jamais clairement les détails, en étions exemptés. Tous les membres de notre famille, Morrisons et Lauders, étaient avancés dans leurs opinions théologiques et politiques et avaient des objections au catéchisme, je n'en doute pas. Nous n'avions pas un seul presbytérien orthodoxe dans notre cercle familial. Mon père, mon oncle et ma tante Aitken, mon oncle Lauder et aussi mon oncle Carnegie s'étaient écartés des principes du calvinisme. Plus tard, la plupart d'entre eux trouvèrent refuge pour un temps dans les doctrines de Swedenborg. Ma mère était toujours réticente sur les sujets religieux. Elle ne me les mentionnait jamais ni n'allait à l'église, car elle n'avait pas de domestiques à cette époque et faisait tous les travaux ménagers, ainsi que la préparation du dîner du dimanche. Une grande lectrice, toujours, Channing l'unitarien faisait à l'époque sa plus grande joie. Elle était merveilleuse !

*Mère d'Andrew Carnegie*

Toute mon enfance, l'atmosphère qui m'entourait était faite de violentes perturbations sur les questions théologiques aussi bien que politiques. Avec les idées les plus avancées qui étaient agitées dans le monde politique (la mort du privilège, l'égalité des citoyens, le républicanisme…) j'entendais de nombreux débats sur les sujets théologiques dont l'enfant impressionnable que j'étais s'imprégnait dans une mesure tout à fait impensable pour ses aînés. Je me souviens bien que les doctrines sévères du calvinisme étaient pour moi un cauchemar, mais cet état d'esprit fut bientôt dépassé, grâce aux influences dont j'ai parlé. Je grandissais en gardant précieusement en moi le fait que mon père s'était levé et avait quitté l'église presbytérienne un jour où le ministre prêchait la doctrine de la damnation de l'enfant. C'était peu de temps après que j'ai fait mon apparition.

Père n'a pas pu le supporter et a dit : « Si telle est votre religion et tel est votre Dieu, je chercherai une meilleure religion et un Dieu plus noble. » Il quitta l'église presbytérienne pour toujours, mais il ne cessa pas de fréquenter diverses autres églises. Je le vis entrer dans son bureau chaque matin pour prier et cela m'impressionnait. C'était vraiment un saint et il est toujours resté pieux. Toutes les sectes devinrent pour lui des agences du bien. Il avait découvert que les théologies étaient nombreuses, mais que la religion était unique. J'étais tout à fait convaincu que mon père savait mieux que le pasteur, ce que représentait non pas le Père céleste, mais le vengeur cruel de l'Ancien Testament, un « Tortionnaire éternel » comme Andrew D White ose l'appeler dans son autobiographie. Heureusement, cette conception de l'inconnu appartient maintenant en grande partie au passé.

Un des principaux plaisirs de mon enfance était l'élevage

des pigeons et des lapins. Je suis reconnaissant chaque fois que je pense à la peine que mon père prit pour construire une maison convenable pour ces animaux de compagnie. Notre maison devenait le quartier général de mes jeunes compagnons. Ma mère voyait toujours dans les influences domestiques le meilleur moyen de garder ses deux garçons dans le droit chemin. Elle avait l'habitude de dire que la première étape dans cette direction était de rendre la maison agréable. Il n'y avait rien qu'elle et mon père ne fissent pas pour nous faire plaisir, à nous ainsi qu'aux enfants des voisins.

Ma première entreprise commerciale fut de m'assurer les services de mes compagnons pour une saison, en tant qu'employeur. La compensation étant que les jeunes lapins, lorsqu'ils naîtraient, porteraient leur prénom. Le samedi était généralement consacré par ma bande à rassembler de la nourriture pour les lapins. Ma conscience me le reproche aujourd'hui, en regardant en arrière, lorsque je pense au marché injuste que j'avais conclu avec mes jeunes camarades de jeu, dont beaucoup étaient heureux de cueillir des pissenlits avec moi et des trèfles pendant toute une saison, à condition d'avoir cette unique récompense : la plus mauvaise rétribution jamais obtenue pour un travail. Hélas ! Qu'avais-je d'autre à leur offrir ?! Pas un penny.

Je chéris le souvenir de cette transaction comme la preuve la plus ancienne des talents organisationnels  sur lesquels repose mon succès matériel dans la vie : un succès qui ne doit pas être attribué à ce que j'ai su ou fait moi-même, mais à la faculté de connaître et de choisir des personnes qui savaient mieux que moi. C'est un savoir précieux pour tout homme. Je ne comprenais pas les machines à vapeur, mais j'essayais d'appréhender cette pièce de mécanisme bien plus compliquée : l'être humain. Lors d'une halte dans une petite auberge des Highlands lors de notre voyage en 1898, un gentleman s'approcha et se présenta. Il s'agissait de M. Macintosh, le grand fabricant de meubles d'Écosse : un excellent personnage comme je le découvris par la suite. Il dit qu'il avait osé se présenter parce qu'il était l'un des garçons qui avaient ramassé et parfois, craignait-il, « transporté », des friandises pour les lapins et qu'il en avait « un qui portait son nom ». Vous pouvez imaginer à quel point j'étais heureux de le rencontrer : le seul des garçons aux lapins que j'aie rencontré dans ma vie d'après. J'espère garder son amitié jusqu'à la fin et le voir souvent. [Alors que je lis ce manuscrit aujourd'hui, le 1er décembre 1913, j'ai reçu une note très précieuse de sa part, remémorant les temps anciens lorsque nous étions garçons ensemble. Il a entre les  mains à cette heure une réponse qui devrait réchauffer son cœur comme sa note réchauffa le mien].

Avec l'arrivée et le progrès des machines à vapeur, le commerce devint de plus en plus compliqué à Dunfermline pour les petits fabricants. Finalement une lettre fut écrite aux deux sœurs de ma mère à Pittsburgh, déclarant que l'idée que nous irions chez elles était sérieusement envisagée. Non pas, comme je me souviens avoir entendu mes parents le dire, pour améliorer leur propre condition, mais pour le bien de leurs deux jeunes fils. Des lettres positives furent reçues en réponse. La décision fut prise de vendre les métiers à tisser et les meubles aux enchères. La douce voix de mon père chantait souvent pour ma mère, mon frère et moi :

> *Vers l'Ouest, vers l'Ouest, vers le pays de la liberté,*
> *Là où le puissant Missouri descend jusqu'à la mer ;*
> *Là où un homme est un homme même s'il doit travailler dur*
> *Et où les plus pauvres peuvent récolter les fruits du sol.*

Les recettes de la vente furent des plus décevantes. Les métiers à tisser ne rapportèrent quasiment rien et il manquait vingt livres pour permettre à la famille de payer son passage en Amérique. L'occasion pour moi de rappeler le geste d'amitié réalisé par une amie de longue date de ma mère, qui a toujours attiré des amis fidèles, car étant elle-même des plus fidèles. Mme Henderson, de son nom de jeune fille Ella Ferguson, sous lequel elle était connue dans notre famille. Elle se risqua à avancer les vingt livres, mon oncle Lauder et Morrison garantissant le remboursement. Oncle Lauder fournit aussi son aide et ses conseils, gérant tous les détails pour nous et le 17 mai 1848, nous quittâmes Dunfermline. Mon père avait alors quarante-trois ans, ma mère, trente-trois. J'étais dans ma treizième année, mon frère Tom dans sa cinquième année : un bel enfant aux cheveux blancs avec des yeux noir brillants, qui attirait partout les regards.

J'avais quitté l'école pour toujours, à l'exception d'un hiver de cours du soir en Amérique, un peu plus tard d'un professeur de nuit  de français pendant un certain temps et étrangement d'un spécialiste de la diction qui m'apprit à réciter. Je savais lire, écrire et compter et j'avais commencé l'étude de l'algèbre et du latin. Une lettre écrite à mon oncle Lauder pendant le voyage, qui m'a été rendue depuis, montre que j'étais alors un meilleur écrivain qu'aujourd'hui. J'avais lutté avec la grammaire anglaise et j'en savais aussi peu de son enseignement que n'importe quel enfant. J'avais peu lu, hormis à propos de Wallace, Bruce et Burns, mais je connaissais par cœur de nombreux poèmes populaires. J'ajouterais à cela les contes de fées de mon enfance et plus spécialement les *Milles et Une Nuits*, par lesquelles je fus transporté dans un Nouveau Monde. J'étais au pays des merveilles lorsque je dévorais ces histoires.

Le matin du jour où nous sommes partis de notre chère Dunfermline, dans le train à vapeur qui allait à Charleston, je me souviens que je me tenais debout, les yeux pleins de larmes, regardant à travers la fenêtre jusqu'à ce que Dunfermline disparaisse, la dernière silhouette à disparaître étant la vieille abbaye, grandiose et sacrée. Durant mes quatorze premières années d'éloignement, ma pensée était presque quotidiennement, la même que ce matin-là : « Quand te reverrai-je ? » Peu de jours passèrent pendant lesquels je ne voyais pas dans mon esprit les lettres talismaniques sur la tour de l'abbaye : « Roi Robert le Bruce ». Tous mes souvenirs d'enfance, tout ce que je savais du pays féerique, tournaient autour de la vieille abbaye et sa cloche de couvre-feu, qui sonnait à huit heures chaque soir et était le signal pour moi de courir me coucher avant qu'elle ne se taise. J'ai fait référence à cette cloche dans ma « Calèche américaine en Angleterre »[13] au moment de passer devant l'abbaye, et je peux aussi bien la citer maintenant :

■

*Alors que nous descendions les Pends, je me tenais sur le siège avant de la voiture avec le prévôt Walls, lorsque j'entendis le premier coup de cloche de l'abbaye, sonné en l'honneur de ma mère et de moi-même. Mes genoux se dérobèrent sous moi, les larmes jaillirent sans que je ne m'en rende compte, et je me retournai pour dire au prévôt que je devais céder. Pendant un instant, j'ai eu l'impression que j'allais m'évanouir. Heureusement, je vis qu'il n'y avait pas de foule devant nous à une certaine distance. J'eus le temps de reprendre le contrôle de la situation et, me mordant les lèvres jusqu'à ce qu'elles saignent, je me murmurai : « Peu importe, garde ton sang-froid, tu dois continuer ». Jamais un son ne parviendra à mes oreilles sur terre, ni n'entrera aussi profondément dans mon âme, un son qui me hantera et me subjuguera par sa puissance douce, gracieuse et fondante comme celui-là.*

---

13 An American Four-in-Hand in Britain. New York, 1886.

*À la sonnerie du couvre-feu, j'avais été couché dans mon petit lit pour dormir du sommeil de l'innocence enfantine. Le père et la mère, tantôt l'un, tantôt l'autre, m'avaient confié, alors qu'ils se penchaient affectueusement sur moi nuit après nuit, ce que cette cloche disait en sonnant. Beaucoup de bons mots me furent dits par cette cloche à travers leurs traductions. Il n'y eut pas une seule mauvaise action que j'aie commise au cours de la journée et que cette voix, tirée de tout ce que je savais du ciel et du grand Père qui s'y trouve, ne m'a pas expliquée avec gentillesse avant de m'endormir, en prononçant les mots si clairement que je savais que la puissance qui l'animait avait tout vu et n'était pas en colère, jamais en colère, jamais ; mais tellement, tellement désolée. Aujourd'hui encore, cette cloche n'est pas muette quand j'entends sa voix. Elle a toujours un message, et maintenant elle a sonné pour accueillir à nouveau la mère et le fils exilés sous sa précieuse protection.*

*Le monde n'a pas le pouvoir de concevoir, et encore moins de nous accorder, une récompense telle que celle que la cloche de l'abbaye nous a donnée lorsqu'elle a sonné en notre honneur. Mais mon frère Tom aurait dû être là aussi ; c'est la pensée qui m'est venue. Lui aussi commençait à connaître les merveilles de cette cloche avant que nous ne soyons partis vers le nouveau pays.*

*Rousseau souhaitait mourir au son d'une douce musique. Si je pouvais choisir mon accompagnement, je souhaiterais passer dans l'obscurité de l'au-delà avec le tintement de la cloche de l'abbaye qui résonne à mes oreilles, qui me parle de la course qui a été faite et qui m'appelle, comme elle avait appelé le petit enfant aux cheveux blancs, pour la dernière fois — à dormir.*

■

J'ai reçu de nombreuses lettres de lecteurs parlant de ce passage dans mon livre, certains allant jusqu'à dire qu'ils avaient versé des larmes en le lisant. Ce passage venait du cœur et c'est peut-être pour cela qu'il a atteint le cœur des autres.

On nous fit traverser à la rame dans un petit bateau pour rejoindre le bateau à vapeur d'Édimbourg dans l'estuaire du Forth. Alors que j'étais sur le point d'être transféré du petit bateau à celui à vapeur, je courus vers oncle Lauder et m'agrippai à son cou, en pleurant : «Je ne peux pas te quitter ! Je ne peux pas te quitter !» Un gentil marin m'arracha à lui et me hissa sur le quai du bateau à vapeur. Lors de ma visite de retour à Dunfermline, ce cher vieil homme, lorsqu'il vint me voir, me dit que c'était la séparation la plus triste qu'il avait vécu.

Nous partîmes du Broomielaw de Glasgow dans le voilier de 800 tonnes, le *Wiscasset*. Pendant les sept semaines du voyage, j'en vins à bien connaître les marins, appris le nom de leurs cordages et pus demander aux passagers de répondre à l'appel du maître d'équipage, car le navire était en sous-effectif et l'aide des passagers était requise de toute urgence. Par conséquent, je fus invité par les marins à partager, le dimanche, la seule douceur servie au mess des marins : le pudding aux prunes. Je quittai le navire avec un regret sincère.

L'arrivée à New York fut déconcertante. On m'avait emmené voir la Reine à Édimbourg, mais c'était là toute l'étendue de mes voyages avant d'émigrer. Nous n'avons pas eu le temps de voir Glasgow avant d'embarquer. New York était la première grande ruche humaine de taille industrielle à laquelle je me sois jamais mêlé. L'agitation et l'effervescence de celle-ci me submergeaient. La scène de notre séjour à New York qui m'impressionna le plus se produisit alors que j'étais en train de me promener dans Bowling Green à Castle Garden. Je fus pris dans les bras d'un des marins du *Wiscasset*, Robert Barryman, qui était habillé à la manière des Jackashore, avec une veste bleue et un pantalon blanc. Je le trouvai à cet instant le plus bel homme que j'aie jamais rencontré.

Il m'emmena à une buvette et me commanda un verre de salsepareille, que je bus avec autant de délectation que si c'était le nectar des dieux. À ce jour, rien de ce que j'ai vu ne rivalise avec l'image qui reste dans mon esprit de la beauté de la tireuse en laiton richement ornée d'où le nectar jaillit. Souvent, en passant devant le même endroit, je vois le stand de salsepareille de la vieille dame, et je suis curieux de savoir ce qu'est devenu le cher vieux marin. J'ai essayé de le retrouver, en vain, en espérant que s'il était retrouvé, il pourrait jouir d'un âge mûr et qu'il serait en mon pouvoir d'ajouter un peu de plaisir à ses années de déclin. Il était mon Tom Bowling idéal et lorsque cette belle vieille chanson est entonnée, j'imagine toujours comme la « forme de la beauté virile » mon cher vieil ami Barryman. Hélas ! Il a rejoint les cieux avant que je ne le retrouve. Eh bien : par sa gentillesse pendant le voyage, il fit d'un garçon son ami dévoué et son admirateur.

Nous connaissions seulement M. et Mme Sloane à New York : les parents des célèbres John, Willie et Henry Sloane. Mme Sloane (Euphemia Douglas) était la camarade de ma mère durant leur enfance à Dunfermline. M. Sloane et mon père avaient été des collègues tisserands. Nous leur rendîmes visite et nous fûmes chaleureusement accueillis. Ce fut un véritable plaisir lorsque Willie, leur fils, m'acheta un terrain en 1900 en face de notre résidence de New York pour ses deux filles mariées, de sorte que nos enfants de la troisième génération devinrent des camarades de jeu comme nos mères le furent jadis en Écosse.

Mon père fut incité par des agents de l'émigration de New

York à prendre le canal Érié en passant par Buffalo et le lac Érié jusqu'à Cleveland, puis à descendre le canal jusqu'à Beaver. Un trajet qui durait alors trois semaines et qui se fait aujourd'hui par voie ferrée en dix heures. Il n'y avait alors pas de liaison ferroviaire avec Pittsburgh, ni d'ailleurs avec une quelconque ville de l'Ouest. La voie ferroviaire Érié était en cours de construction et nous vîmes des équipes d'hommes au travail sur celle-ci alors que nous voyagions. Rien ne manque à la jeunesse et je repense à mes trois semaines comme passager sur le bateau avec un plaisir non feint. Tout ce qui était désagréable dans mon expérience a depuis longtemps disparu de ma mémoire, excepté la nuit pendant laquelle nous fûmes contraints de rester sur le bateau à quai de Beaver, en attendant le bateau à vapeur qui devait nous faire remonter l'Ohio jusqu'à Pittsburgh. Ce fut notre premier contact avec les moustiques dans toute leur férocité. Ma mère en souffrit si sévèrement que le matin, elle ne pouvait quasiment plus voir. Nous étions tous effrayés, mais je me souviens que même la plaie piquante de cette nuit ne m'avait pas empêché de dormir profondément. Je pouvais toujours dormir, ne connaissant jamais « l'horrible nuit, l'enfant de l'enfer ».

Nos amis à Pittsburgh attendaient impatiemment de nos nouvelles et leur accueil chaleureux et affectueux nous fit oublier tous nos problèmes. Nous nous installâmes avec eux à Allegheny City. Un frère de mon oncle Hogan avait fabriqué un petit magasin de tissage à l'extrémité arrière d'un terrain dans Rebecca Street. Il y avait deux pièces à l'étage et ce fut dans celles-ci (gratuites, car elles appartenaient à ma tante Aitken) que mes parents commencèrent à loger. Mon oncle abandonna rapidement le tissage, mon père prit sa place et commença à faire des nappes, qu'il devait non seulement tisser, mais aussi, en tant que commerçant, transporter et vendre, car aucun revendeur ne put être trouvé pour les prendre en quantité. Il fut amené à les commercialiser lui-même, en les vendant de porte en porte. Les bénéfices étaient maigres à l'extrême.

*Andrew Carnegie à seize ans avec son frère Thomas*

Comme d'habitude, ma mère vint à la rescousse. Rien ne pouvait l'arrêter. Dans sa jeunesse, elle avait appris à lacer les chaussures dans l'entreprise de son père pour de l'argentde poche. L'habileté ainsi acquise était maintenant mise à profit pour le bien de la famille. M. Phipps, père de mon ami et associé, était, comme mon grand-père, un maître cordonnier. Il était notre voisin à Allegheny City. Nous lui demandions du travail et, en plus de s'occuper des tâches ménagères, bien entendu nous n'avions pas de domestique, cette femme merveilleuse qu'était ma mère, gagnait quatre dollars par semaine en laçant des chaussures. À minuit, on la trouvait souvent encore au travail. Au cours des quelques moments libres de la journée et de la soirée, lorsque les tâches ménagères le permettaient et que mon jeune frère était assis sur ses genoux pour enfiler des aiguilles et cirer le fil pour elle, elle lui récitait, comme elle l'avait fait pour moi, les perles des chants écossais qu'elle semblait connaître par cœur, ou lui racontait des histoires qui ne manquaient pas de contenir une morale.

C'est là que les enfants de la pauvreté laborieuse ont le plus précieux des avantages sur ceux de la richesse. La mère, nourrice, cuisinière, gouvernante, institutrice, sainte, tout à la fois. Le père, exemplaire, guide, conseiller et ami ! C'est ainsi que avons été élevés. Que possède l'enfant d'un millionnaire ou d'un noble comparé à un tel héritage ?

Ma mère était une femme très occupée, mais tout son travail n'empêchait pas ses voisins de reconnaître en elle une femme sage et gentille à qui ils pouvaient demander conseil ou une aide en cas de problème. Beaucoup m'ont dit ce que ma mère avait fait pour eux. Après des années, où que nous résidions. Les riches et les pauvres vinrent la voir avec leurs problèmes et trouvèrent en elle de bons conseils. Elle rayonnait parmi ses voisins partout où elle allait.

# CHAPITRE III

# PITTSBURGH ET LE TRAVAIL

# CHAPITRE III

## PITTSBURGH ET LE TRAVAIL

La grande question était maintenant de savoir ce que l'on pouvait trouver à me faire faire. J'avais juste terminé ma treizième année, et j'avais hâte de me mettre au travail pour pouvoir aider la famille à prendre un nouveau départ dans ce nouveau pays. La perspective du manque était devenue pour moi un cauchemar. À cette époque, toutes mes pensées étaient centrées sur ma détermination à gagner et à économiser suffisamment d'argent pour rapporter trois cents dollars par an, soit vingt-cinq dollars par mois, ce qui, selon moi, était la somme requise pour nous permettre de ne pas dépendre des autres. Tout ce qui était nécessaire était bon marché à cette époque.

Le frère de mon oncle Hogan demandait souvent ce que mes parents comptaient faire de moi. Un jour, il se passa la scène la plus tragique de toutes celles dont j'ai été témoin. Je ne pourrais jamais l'oublier. Il dit à ma mère, avec les meilleures intentions du monde, que j'étais un garçon intelligent et capable d'apprendre et qu'il croyait que si on me donnait un panier avec des bibelots à vendre, je pourrais les vendre sur les quais et gagner une somme considérable. Je n'avais jamais su à quoi ressemblait une femme enragée jusqu'alors. Ma mère était assise en train de coudre à ce moment-là, mais elle se leva d'un bond, les mains tendues et les lui lança au visage.

« Quoi !? Mon fils, un colporteur, et aller parmi les hommes les moins fréquentables sur les quais ! Je préfèrerais le jeter dans la rivière Allegheny. Laissez-moi ! » cria-t-elle, pointant du doigt la porte, et M. Hogan s'en alla.

Elle se tenait telle une reine de tragédie grecque. L'instant d'après, elle s'était effondrée, mais seulement pendant quelques instants des larmes coulèrent et des sanglots vinrent. Puis elle prit ses deux garçons dans ses bras et nous dit de ne pas faire attention à ces absurdités. Il y avait beaucoup de choses à faire dans le monde et nous pouvions être des hommes utiles, honorables et respectés, si nous faisions toujours ce qui était juste. C'était une répétition d'Helen Macgregor, dans sa réponse à Osbaldistone dans laquelle elle menaçait que ses prisonniers soient « découpés en autant de morceaux qu'il y a de carreaux dans le tartan ». Mais la raison de ce déchaînement était différente. Ce n'était pas parce que le travail suggéré était un travail paisible, car on nous avait enseigné que l'oisiveté était honteuse ; mais parce que le travail suggéré était d'une certaine façon vagabonde et pas entièrement respectable à ses yeux. Plutôt mourir. Oui, maman aurait pris ses deux garçons, un sous chaque bras, et péri avec eux plutôt que de les voir se mêler à la lie de la société dès leur plus tendre jeunesse.

Quand je repense aux premières luttes pour notre subsistance, je peux dire ceci : il n'y avait pas de famille plus fière dans tout le pays. Un sens aigu de l'honneur, de l'indépendance et du respect de soi imprégnait la maison. Walter Scott dit de Burns qu'il avait l'œil le plus extraordinaire qu'il ait jamais vu chez un être humain. Je peux dire de même avec ma mère :

*« Son regard, même tourné vers le vide,*
*Rayonnait d'honneur ».*

Tout ce qui était bas, méchant, fourbe, louche, grossier, sournois ou bavardage était étranger à cette âme héroïque. Tom et moi ne pouvions pas nous empêcher de devenir des personnages respectables, ayant une telle mère et un tel père, car lui aussi était d'une noblesse naturelle, aimé de tous, un saint.

Peu de temps après cet incident, mon père trouva qu'il devint nécessaire d'abandonner le tissage manuel et d'entrer à l'usine de coton de M. Blackstock, un vieil Écossais à la ville d'Allegheny, où nous vivions. Dans cette usine, il a également obtenu pour moi un poste de bobinier. Mon premier travail y fut rémunéré à un dollar et vingt cents par semaine. C'était une vie difficile. Durant l'hiver, mon père et moi devions nous lever et prendre le petit-déjeuner dans l'obscurité, rejoindre l'usine avant le lever du jour et, avec une courte pause pour le déjeuner, travailler jusqu'à la tombée de la nuit. Les heures me pesaient et, du travail en lui-même, je ne retirais aucun plaisir. Toutefois il avait un bon côté, car il me donnait le sentiment de faire quelque chose pour mon monde : notre famille. J'ai gagné des millions depuis, mais aucun de ces millions ne m'a apporté une joie aussi grande que les gains de ma première semaine de travail. J'étais maintenant une aide pour la famille, un soutien de famille, et non plus une charge totale pour mes parents. J'avais souvent entendu le beau chant de mon père sur « The Boatie Rows » et souvent j'avais envie de réaliser les dernières lignes du couplet :

*« Quand Aaleck, Jock, et Jeanettie,*
*Sont en place et ont leur repaire[14],*
*Ils serviront à faire ramer le canot,*
*Et à éclairer nos soins ».*

Je voulais que notre petit bateau navigue. Il faut noter ici qu'Aaleck, Jock et Jeanettie furent les premiers à recevoir une véritable éducation. L'Écosse fut le premier pays qui exigea de tous les parents, de haut ou bas rang, qu'ils éduquent leurs enfants, en créant les écoles publiques paroissiales.

Peu après, M. John Hay, un fabricant écossais de bobines d'Allegheny City, eut besoin d'un garçon d'atelier et me demanda si je voulais entrer à son service. J'y allai, et reçu deux dollars par semaine. Au début, le travail était encore plus pénible qu'à l'usine. Je devais faire fonctionner une petite machine à vapeur et alimenter la chaudière dans la cave de l'usine de bobines. C'était trop pour moi. Je me retrouvais nuit après nuit, assis dans mon lit, à vérifier les jauges de vapeur, craignant tantôt que la vapeur soit trop basse et que les travailleurs se plaignent de ne pas avoir assez de puissance, tantôt que la vapeur soit trop élevée et que la chaudière puisse éclater.

Mais c'était une question d'honneur de cacher tout cela à mes parents. Ils avaient leurs propres problèmes et les supportaient sans se plaindre. Je devais être un homme et assumer les miens. Mes espoirs étaient grands et j'attendais chaque jour pour qu'un changement se produise. De quoi il

---

[14] Le mot *Repaire* signifie ici *Éducation.*

s'agirait, je l'ignorais, mais j'étais certain que cela arriverait si je continuais à travailler. D'ailleurs, à cette date, je n'étais pas loin de me demander ce que Wallace aurait fait et ce qu'un Écossais devait faire. J'étais sûr d'une chose, il ne devait jamais abandonner.

Un jour l'occasion se présenta. M. Hay devait établir quelques factures. Il n'avait aucun clerc, et était lui-même un médiocre rédacteur. Il me demanda de quelle main je pouvais écrire, et me donna une tâche. Le résultat lui plut, et il trouva arrangeant par la suite de me laisser rédiger ses factures. J'étais aussi doué pour les chiffres et il découvrit rapidement que c'était dans son intérêt. D'autre part, je crois que ce cher vieil homme était animé de bons sentiments envers le garçon aux cheveux blonds, car il avait bon cœur, était Écossais et il souhaitait me soulager de la machine à vapeur pour me confier d'autres tâches, moins désagréables à une exception près.

Il était maintenant de mon devoir de baigner les bobines nouvellement fabriquées dans des cuves d'huile. Heureusement, il y avait une pièce réservée à cet effet et j'étais seul, mais toute la détermination que je pouvais rassembler et toute l'indignation que je ressentais face à ma propre faiblesse n'empêchèrent pas mon estomac de se laisser aller à un comportement des plus pervers. Je n'ai jamais réussi à surmonter la nausée soulevée par l'odeur de l'huile. Même Wallace et Bruce se sont avérés impuissants à ce stade. Mais si je devais y laisser mon petit déjeuner ou mon dîner, je n'en avais que plus d'appétit pour le souper et le travail confié était accompli. Un vrai disciple de Wallace ou de Bruce ne pourrait pas abandonner : il mourrait avant.

Mon service chez M. Hay représentait un net progrès par rapport à l'usine de coton et je fis également la connaissance d'un employeur qui était très gentil avec moi. M. Hay tenait ses livres en simple entrée et j'étais capable de les gérer pour lui. Mais en entendant que toutes les grandes entreprises tenaient leurs livres en double entrée et après avoir discuté de la question avec mes compagnons, John Phipps, Thomas N. Miller et William Cowley, nous choisîmes tous de participer à des cours du soir durant l'hiver pour apprendre. Ainsi nous allâmes tous les quatre chez un certain M. Williams à Pittsburgh et apprîmes la comptabilité à double entrée.

Un soir, au début de l'année 1850, alors que je rentrais du travail, on me raconta que M. David Brooks, directeur du bureau télégraphique, avait demandé à mon oncle Hogan s'il savait où trouver un bon garçon pour faire office de messager. M. Brooks et mon oncle étaient des joueurs de dames enthousiastes et ce fut lors d'une partie de dames que cette importante requête fut formulée. Ce sont bien souvent de telles bagatelles qui ont les conséquences les plus importantes. Un mot, un regard ou un accent peuvent affecter la destinée non seulement des individus, mais aussi des nations. C'est un homme audacieux qui appelle quelque chose une bagatelle. Qui était-ce qui, ayant reçu le conseil de ne pas tenir compte des bagatelles, a dit qu'il le ferait toujours si quelqu'un pouvait lui dire ce qu'était une bagatelle ? Les jeunes devraient se souvenir que c'est souvent à l'occasion de bagatelles que se font les plus beaux cadeaux des dieux.

Mon oncle mentionna mon nom et dit qu'il verrait si j'acceptais le poste. Je me souviens très bien du conseil de famille qui s'est tenu. Bien sûr j'étais fou de joie. Aucun oiseau en cage n'aspirait plus à la liberté que moi. Ma mère approuva, mais mon père était enclin à refuser. Ce serait trop pour moi, disait-il. J'étais trop jeune et trop petit. Pour les deux dollars et demi par semaine offerts, il était évident qu'un garçon beaucoup plus grand était attendu. Tard dans la nuit, je pourrais être amené à courir dans la campagne avec un télégramme et il y aurait des dangers à affronter. Dans l'ensemble, mon père dit que c'était mieux que je reste là où j'étais. Il retira ensuite son objection, jusqu'à me donner la permission d'essayer et je crois qu'il se rendit chez M. Hay pour en discuter avec lui. M. Hay pensait que ce serait à mon avantage et, bien que, comme il le dit, ce serait un inconvénient pour lui, il me conseilla tout de même d'essayer. Si j'échouais, il avait eu la gentillesse de m'assurer que mon ancien poste me serait rendu.

Cela étant décidé, on me demanda de traverser la rivière jusqu'à Pittsburgh et de rendre visite à M. Brooks. Mon père souhaitait m'accompagner, et il fut décidé qu'il me suivrait jusqu'au bureau du télégraphe, à l'angle entre Fourth Street et Wood Street. C'était une matinée claire et ensoleillée, ce qui était de bon augure. Papa et moi marchâmes d'Allegheny à Pittsburgh, une distance de près de deux miles de notre maison. Arrivés à la porte, je demandai à mon père d'attendre dehors. J'insistai pour monter seul au deuxième étage ou au niveau des opérations pour voir le grand homme et affronter mon destin. Je fus poussé à le faire, peut-être parce que j'avais alors commencé à me considérer comme un Américain. Au début, les garçons m'appelaient « Scotchie ! Scotchie ! » et je répondais « Oui, je suis Écossais et j'en suis fier ». Mais dans la parole et dans l'adresse, le fier Écossais en moi avait un peu perdu de sa superbe et je pensais que je ferais une meilleure impression si j'étais seul avec M. Brooks que si mon bon vieux père Écossais était présent, souriant de mes grands airs.

J'étais vêtu de ma seule chemise de lin blanche, qui était d'habitude gardée de façon sacrée pour le jour du sabbat, de mon rond-de-cuir bleu et de tout mon costume du dimanche. J'avais à cette époque et pendant quelques semaines après être entré dans le service télégraphique, seulement un vêtement d'été en lin. Chaque samedi soir, peu importe si c'était ma nuit de service et que je ne rentrais pas avant minuit, ma mère lavait ces vêtements et les repassait. Je les mettais propres le matin du sabbat. Il n'y avait rien que cette héroïne n'aurait fait dans la lutte que nous menions pour avoir une place dans le Nouveau Monde. Les longues heures de mon père à l'usine mettaient sa force à rude épreuve, mais lui aussi se battait comme un héros et ne manquait jamais de m'encourager.

L'entretien fut un succès. Je pris soin d'expliquer que je ne connaissais pas Pittsburgh, que peut-être je ne ferais pas l'affaire, que je ne serais pas assez fort, mais que tout ce que je voulais, c'était un essai. Il me demanda quand je pourrais venir et je répondis que je pouvais rester s'il le voulait. En repensant à cette scène, je pense que cette réponse pourrait bien être méditée par les jeunes hommes. C'est une grande erreur que de ne pas saisir l'occasion. Le poste m'était offert, quelque chose pouvait se produire, un autre garçon pouvait être engagé. Après m'être fait embaucher, je proposai d'y rester si je le pouvais. M. Brooks eut la gentillesse d'appeler l'autre garçon, on voulait un messager supplémentaire, pour lui demander de me faire visiter les lieux et de me laisser l'accompagner pour apprendre le métier. Je trouvai rapidement l'opportunité de courir jusqu'au coin de la rue pour dire à mon père que tout allait bien et de retourner à la maison pour dire à ma mère que j'avais obtenu le poste.

*David McCARGO*

Et c'est ainsi qu'en 1850, j'eus mon premier vrai départ dans la vie. De la cave sombre à faire tourner une machine à vapeur à deux dollars la semaine, souillé par la saleté du charbon, sans le moindre aperçu des influences de la vie, je fus élevé au paradis, oui, au ciel, comme je l'avais ressenti, avec des journaux, des stylos, des crayons, et du soleil autour de moi. Il n'y avait pas une minute pendant laquelle je ne pouvais pas apprendre quelque chose, ou découvrir combien il y avait à apprendre et à quel point j'ignorais tout. J'avais l'impression que j'avais le pied posé sur l'échelle et que je devais grimper.

J'avais seulement une peur, c'était de ne pas pouvoir apprendre assez rapidement les adresses des diverses maisons de commerce auxquelles des messages devaient être livrés. Je commençais donc à noter les enseignes de ces maisons d'un côté de la rue et de l'autre. La nuit, j'exerçais ma mémoire en nommant successivement les différentes entreprises. Au bout d'un certain temps, je pouvais fermer les yeux et, en commençant au début d'une rue commerciale, nommer les entreprises dans l'ordre le long d'un côté jusqu'au bout de la rue, puis en passant de l'autre côté, citer les entreprises dans le bon ordre de nouveau.

La prochaine étape consistait à connaître les destinataires eux-mêmes, car cela donnait un grand avantage à un messager et souvent lui épargnait un long voyage, s'il connaissait des employés. Il pouvait rencontrer l'un d'entre eux se rendant directement à son bureau. Les garçons considéraient comme un grand triomphe le fait de délivrer un message dans la rue. Et il y avait une satisfaction supplémentaire pour le garçon lui-même, qu'un grand homme (et la plupart des hommes sont grands pour les messagers), arrêté dans la rue de cette manière, ne manque pas de remarquer le garçon et de le complimenter.

Le Pittsburgh de 1850 était très différent de ce qu'il est devenu depuis. Il n'avait pas récupéré du grand incendie qui avait détruit toute la partie commerciale de la ville le 10 avril 1845. Les maisons étaient principalement en bois, quelques-unes seulement en briques. Mais aucune n'était à l'épreuve du feu. Toute la population dans Pittsburgh et ses alentours ne dépassait pas quarante mille habitants. La partie commerciale de la ville ne s'étendait pas jusqu'à la Cinquième Avenue, qui était alors une rue très calme, remarquable seulement pour son théâtre. La rue Fédérale, à

Allegheny, était constituée de maisons de commerce éparpillées avec de grands espaces libres entre elles, et je me souviens avoir patiné sur des étangs au cœur même de l'actuel cinquième arrondissement. Le site de notre Union des Aciéries était alors et pour longtemps, un jardin potager.

Le général Robinson, à qui je délivrais de nombreux messages télégraphiques, était le premier enfant blanc né à l'ouest de la rivière Ohio. J'ai vu la première ligne télégraphique s'étendre de l'est jusqu'à la ville et, plus tard, j'ai également vu la première locomotive de ligne de chemin de fer de l'Ohio et de la Pennsylvanie, amenée par le canal de Philadelphie et déchargée d'un chaland à Allegheny City. Il n'y avait pas de réseau ferroviaire direct avec l'est. Les passagers prenaient le canal jusqu'au pied des montagnes Allegheny, par lesquelles ils étaient transportés jusqu'à Hollidaysburg, à une distance de trente miles par chemin de fer. De là, ils reprenaient un canal jusqu'à Columbia, et ensuite parcouraient quatre-vingt-un miles en chemin de fer jusqu'à Philadelphie : un voyage qui durait trois jours.[15]

Le grand événement de la journée à Pittsburgh à cette époque était l'arrivée et le départ du convoi à vapeur vers et depuis Cincinnati, car une liaison quotidienne avait été établie. Le commerce de la ville était principalement basé sur l'acheminement de marchandises de l'est et de l'ouest, car c'était la plus grande station de transfert du fleuve au canal. Un laminoir avait commencé à laminer du fer, mais pas une tonne de fonte brute ou d'acier n'a été fabriquée

---

15 « Au-delà de Philadelphie, il y avait le chemin de fer Camden et Amboy ; au-delà de Pittsburgh, le Fort Wayne et Chicago, des organisations distinctes avec lesquelles nous n'avions rien à voir. » (Problèmes Actuels, par Andrew Carnegie, p. 187, New York, 1908).

pendant de nombreuses années. La fabrication de fonte brute fut d'abord un échec total à cause du manque de combustible approprié. Malgré que le gisement de charbon à coke le plus précieux du monde se trouvait seulement à quelques kilomètres de là, une réserve alors insoupçonnée de coke pour la fonte de la pierre de fer et de gaz naturel, cachée pendant des siècles sous la ville.

À cette époque, il n'y avait même pas une demi-douzaine de cochers dans la ville. Ce n'est que bien des années plus tard qu'il y eut une tentative d'introduire la livrée. En 1861, peut-être, l'événement financier le plus notable des annales de Pittsburgh était la retraite des affaires de M. Fahnestock avec l'énorme somme de 174 000 $, versée par ses partenaires pour ses bons et loyaux services. Quelle somme colossale cela semblait être à l'époque ! Et comme elle est insignifiante aujourd'hui !

Ma position en tant que messager me fit rapidement connaître les quelques hommes importants de la ville. Le Barreau de Pittsburgh était particulièrement distingué. Le juge Wilkins était à sa tête, et lui, ainsi que le juge MacCandless, le juge McClure, Charles Shaler et son associé, Edwin M. Stanton, qui devint plus tard grand Secrétaire à la Guerre (« le bras droit de Lincoln ») étaient tous bien connus de moi. Le dernier tout particulièrement, car il avait eu la bonté de s'intéresser à moi lorsque j'étais enfant. Dans les cercles d'affaires, parmi les hommes éminents qui ont survécu, Thomas M. Howe, James Park, C. G. Hussey, Benjamin F. Jones, William Thaw, John Chalfant et le colonel Herron étaient de grands hommes que les garçons messagers considéraient comme des modèles. Et pas de mauvais modèles de surcroît, comme leur vie le prouva. (Hélas ! Tous morts au moment où je révise ce paragraphe en 1906, tant le cortège funéraire poursuit sa course avec constance.)

Ma vie en tant que messager télégraphique a été à tous égards heureuse. C'est à ce poste que j'ai jeté les bases de mes plus grandes amitiés. Le messager le plus âgé ayant été promu, un nouveau garçon était nécessaire et ce fut en la personne de David McCargo, qui devint par la suite le fameux directeur de la ligne de chemin de fer de la vallée Allegheny. Il devint mon compagnon et nous devions livrer tous les messages de la ligne orientale, tandis que deux autres garçons livraient les messages de la ligne occidentale. Les compagnies télégraphiques de l'Est et de l'Ouest étaient alors distinctes, bien qu'occupant le même immeuble. « Davy » et moi devînmes tout de suite des amis très proches, le fait qu'il était Écossais constituant un lien important, car, bien que « Davy » soit né en Amérique, son père était tout autant un Écossais, même dans son langage, que mon propre père.

Peu de temps après l'embauche de « Davy », un troisième garçon fut nécessaire et cette fois on me demanda si je pouvais en trouver un convenable. Je n'eus aucune difficulté à le faire avec mon ami, Robert Pitcairn, qui me succéda plus tard en tant que directeur et agent général à Pittsburgh de la voie de chemin de fer de Pennsylvanie. Robert, comme moi-même, était non seulement Écossais, mais né en Écosse, de sorte que « Davy », « Bob » et « Andy » devinrent les trois garçons écossais qui livraient tous les messages de la Ligne Télégraphique Est à Pittsburgh, pour le mirobolant salaire de deux dollars et demi par semaine. C'était le travail des garçons de balayer le bureau tous les matins et nous le faisions à tour de rôle, ce qui montre que nous avons tous commencé au bas de l'échelle. L'honorable H. W. Oliver[16], directeur de la grande usine des Frères

---

16 Décédé en 1904

Oliver, et W.C. Morland[17], avocat de la ville, ont par la suite rejoint le groupe en commençant de la même façon. Ce n'est pas tant le fils de bonne famille que le jeune qui lutte pour s'en sortir qui doit être craint dans la course de la vie. Méfiez-vous du « cheval noir » en la personne du garçon qui commence par balayer le bureau.

*Robert Pitcairn*

---

17 Décédé en 1889

Un garçon messager à l'époque avait de nombreux plaisirs. Il y avait des magasins de fruits en gros, où l'on pouvait parfois obtenir un sac entier de pommes contre la remise rapide d'un message, des boulangeries et des confiseries, où des pâtisseries lui étaient parfois données. Il rencontrait des hommes très aimables, qu'il considérait avec respect. Ils lui disaient un mot agréable et le complimentaient sur sa rapidité, lui demandant peut-être de délivrer un message sur le chemin du retour au bureau. Je ne connais pas de situations dans lesquelles un garçon est plus apte à attirer l'attention, ce qui est tout ce dont un garçon vraiment intelligent a besoin pour s'élever. Les hommes sages cherchent toujours des garçons intelligents.

Une des grandes excitations de cette vie était le supplément de dix centimes qu'il était autorisé de percevoir pour les messages délivrés au-delà d'une certaine limite. Ces « messages à dix cents », comme on pouvait s'y attendre, étaient très attendus et des querelles éclataient entre nous quant au droit de livraison. Dans certains cas, il fut allégué que des garçons avaient ici et là pris un message de dix cents sans y être autorisés. C'était la seule cause sérieuse de problèmes parmi nous. Pour régler le conflit, je proposai que nous mettions ces messages en commun et que nous partagions l'argent en parts égales à la fin de chaque semaine. Je fus désigné trésorier. La paix et la bonne humeur régnèrent par la suite. Cette mise en commun des gains supplémentaires qui n'était pas destinée à créer des prix artificiels était une véritable coopération. Ce fut mon premier essai d'organisation financière.

Les garçons considéraient qu'ils avaient parfaitement le droit de dépenser ces dividendes et la confiserie voisine avait des ardoises avec la plupart d'entre eux. Ces ardoises étaient parfois largement à découvert. Le trésorier devait, par conséquent, informer le confiseur, ce qu'il fit en bonne et due forme, qu'il ne serait pas responsable des dettes contractées par les garçons trop affamés et trop gourmands. Robert Pitcairn était le pire contrevenant de tous, apparemment loin d'être un simple amateur de sucreries, mais plutôt un garçon dont toute l'âme y était investie. Il m'expliqua de manière confidentielle un jour, alors que je le sermonnais, qu'il avait des êtres vivants dans l'estomac qui rongeaient ses entrailles jusqu'à ce qu'il se nourrisse de sucreries.

CHAPITRE IV

LE COLONEL ANDERSON
ET LES LIVRES

# CHAPITRE IV

## LE COLONEL ANDERSON
## ET LES LIVRES

Malgré tout leur plaisir, les garçons messagers travaillaient dur. Un soir sur deux, ils devaient être de service jusqu'à la fermeture des bureaux. Ces nuits-là il était rare que j'arrive à la maison avant onze heures. Les autres nuits, nous étions relevés à six heures. Cela ne laissait pas beaucoup de temps pour se perfectionner et les besoins de la famille ne laissaient pas non plus d'argent à dépenser dans des livres. Cependant, comme une bénédiction venue d'en haut, il y eut un moyen par lequel les trésors de la littérature me furent dévoilés.

Le colonel James Anderson (je bénis son nom au moment où j'écris) annonça qu'il allait ouvrir sa bibliothèque de quatre cents volumes aux garçons, de sorte que tout jeune homme pourrait emprunter, chaque samedi après-midi, un livre qui pourrait être échangé contre un autre le samedi suivant. Mon ami, M. Thomas N. Miller, m'a rappelé récemment que les livres du colonel Anderson furent d'abord ouverts aux « garçons travailleurs ». La question se posa de savoir si les garçons messagers, les commis et les autres, qui ne travaillaient pas de leurs mains, avaient droit à des livres. Ma première communication à la presse fut une note, écrite au Pittsburgh Dispatch, dans laquelle j'insistais pour que nous ne soyons pas exclus, que même si nous ne travaillions pas de nos mains à l'heure actuelle, certains d'entre nous l'avaient fait et que nous étions vraiment des ouvriers.[18] Le cher colonel Anderson accepta rapidement la requête. Ma première apparition en tant qu'écrivain public fut donc un succès.

Mon cher ami, Tom Miller, un membre du cercle restreint, vivait près du colonel Anderson et me présenta à lui et c'est ainsi que des fenêtres furent ouvertes dans les murs de mon cachot pour laisser entrer la lumière du savoir. Chaque jour de labeur et même les longues heures du service de nuit furent éclairés par le livre que j'emportais avec moi et que je lisais durant les intervalles de temps que je pouvais m'octroyer. Et l'avenir s'éclaircissait à la pensée que, le samedi venu, un nouveau volume pouvait être obtenu. De cette manière, je devins familier avec les essais et l'histoire de Macaulay, ainsi qu'avec *L'Histoire des États-Unis* de

---

**18** La note était signée « Garçon travailleur ». Le bibliothécaire répondit dans les colonnes du Dispatch en défendant le règlement qui, selon lui, signifiait qu'« un Garçon travailleur devait avoir un métier ». La réplique de Carnegie était signée « Un Garçon travailleur bien que sans Métier », et un jour ou deux après, le Dispatch publiait un article dans sa page éditoriale qui disait : « Est-ce qu'un "Garçon travailleur sans métier" peut passer à ce bureau ? ». (David Homer Bates dans le Century Magazine, juillet 1908).

Bancroft, que j'ai étudiée avec plus de soin qu'aucun autre livre que j'avais alors lu. Les essais de Lamb m'ont particulièrement plu, mais je n'avais à cette époque aucune connaissance du grand maître entre tous, Shakespeare, en dehors des morceaux choisis dans les manuels scolaires. Mon goût pour lui, je l'acquis un peu plus tard sur la scène du vieux théâtre de Pittsburgh.

John Phipps, James R. Wilson, Thomas N. Miller et William Cowley, des membres de notre cercle, partageaient avec moi le privilège inestimable de l'accès à la bibliothèque du colonel Anderson. Des livres qu'il aurait été, pour moi, impossible à obtenir ailleurs étaient, grâce à sa générosité, à ma portée. Je lui dois un goût pour la littérature que je n'échangerais pas contre tous les millions que l'homme n'ait jamais amassés. La vie serait tout à fait intolérable sans cela. Rien ne contribua autant à préserver mes compagnons et moi-même de la mauvaise camaraderie et des mauvaises habitudes que la bienfaisance du bon colonel. Plus tard, lorsque la fortune me sourit, une de mes premières tâches fut d'ériger un monument à mon bienfaiteur. Il se tient en face du Hall et de la Bibliothèque de Diamond Square, que j'ai offert à Allegheny, et porte cette inscription :

« Au colonel James Anderson, Fondateur des Bibliothèques Gratuites de Pennsylvanie occidentale. Il a ouvert sa bibliothèque aux garçons travailleurs et les samedis après-midi, agissait en tant que bibliothécaire, consacrant ainsi non seulement ses livres, mais aussi sa personne, à cette noble tâche. Ce monument est érigé en souvenir reconnaissant par Andrew Carnegie, l'un des "garçons travailleurs" à qui furent ainsi offerts les précieux trésors de connaissance et d'imagination grâce auxquels la jeunesse peut s'élever ».

*Colonel James Anderson*

Ce n'est cependant qu'un mince hommage qui ne donne qu'une faible idée de la gratitude que je ressens pour ce qu'il fit pour moi et mes compagnons. C'est à partir de ma propre expérience que j'ai décidé qu'il n'y avait pas d'utilisation de l'argent qui puisse être aussi bénéfique pour les garçons et les filles qui ont du potentiel en eux et la capacité et l'ambition de le développer, que la fondation d'une bibliothèque publique dans une communauté prête à la soutenir en tant qu'institution municipale. Je suis sûr que le futur des bibliothèques que j'ai eu le privilège de fonder prouvera la justesse de cette opinion. Car si un garçon dans chaque quartier, en ayant accès à l'une de ces bibliothèques, n'en tire ne serait-ce que la moitié du bénéfice que j'ai tiré de mon accès aux quatre cents volumes bien usés du colonel Anderson, je considérerais qu'elles n'ont pas été créées en vain.

« Bon fruit vient de bonne semence ». Les trésors du monde que les livres contiennent me furent offerts au bon moment. L'avantage fondamental d'une bibliothèque est qu'elle ne donne rien pour rien. Les jeunes doivent acquérir la connaissance par eux-mêmes. Il n'y a pas d'échappatoire à cela. J'eus la grande satisfaction de découvrir, bien des années plus tard que mon père était l'un des cinq tisserands de Dunfermline qui avaient rassemblé les quelques livres qu'ils possédaient et avaient formé la première bibliothèque en circulation dans cette ville.

L'histoire de cette bibliothèque est intéressante. Elle grandit et fut déplacée pas moins de sept fois d'un endroit à l'autre. Le premier déménagement ayant été effectué par les fondateurs, qui transportèrent les livres dans leurs tabliers avec deux chariots de charbon depuis l'atelier de tissage à la main jusqu'au deuxième lieu d'entrepôt. Que mon père ait été l'un des fondateurs de la première bibliothèque dans sa ville natale et que j'aie été suffisamment chanceux d'être le fondateur de la dernière est certainement à mes yeux l'une des coïncidences les plus intéressantes de ma vie. J'ai souvent dit, dans des discours publics, que je n'avais jamais entendu parler d'une lignée contre laquelle j'aurais échangé celle d'un tisserand fondateur de bibliothèques[19]. J'ai suivi

---

19 « C'est une miséricorde de Dieu que nous soyons tous issus d'honnêtes tisserands ; plaignons ceux qui n'ont pas d'ancêtres

mon père dans la fondation de bibliothèque sans le savoir, je suis presque tenté de dire de manière providentielle, ce qui a été une source de satisfaction intense pour moi. Un père tel que le mien était un guide à suivre : une des natures les plus douces, les plus pures et les plus généreuses que j'aie jamais connues.

J'ai déclaré que c'était le théâtre qui avait en premier lieu stimulé mon amour pour Shakespeare. À l'époque où j'étais messager, le vieux théâtre de Pittsburgh était au sommet de sa splendeur sous la direction de M. Foster. Ses télégrammes étaient envoyés gratuitement et les opérateurs télégraphiques recevaient une entrée gratuite au théâtre en retour. Ce privilège s'étendait à un certain point aussi aux messagers, qui, je le crains, retenaient parfois les télégrammes qui lui arrivaient en fin d'après-midi pour les présenter à la porte du théâtre le soir, accompagnés de la timide requête que le messager soit autorisé à se glisser au deuxième étage. Une requête qui était toujours accordée. Les garçons s'échangeaient les tâches pour permettre à chacun d'avoir une entrée tant convoitée.

C'est ainsi que je devins proche du monde qui s'étend derrière le rideau vert. Les pièces, en général, étaient de l'ordre du spectaculaire. Sans grande valeur littéraire, mais bien calculées pour éblouir l'œil d'un jeune de quinze ans. Non seulement je n'avais jamais rien vu d'aussi grandiose, mais je n'avais jamais rien vu de tel. Je n'étais jamais allé au théâtre, ni même dans une salle de concert ni n'avais vu aucune forme de divertissement public. C'était à peu près la même chose pour « Davy » McCargo, « Harry » Oliver et « Bob » Pitcairn. Nous étions tous fascinés par la lumière

---

dont ils puissent être fiers, tous ducs ou duchesses qu'ils soient. » (Notre Voyage en Calèche, par Andrew Carnegie. New York, 1882.)

des projecteurs et nous saisissions chaque occasion d'aller au théâtre avec enthousiasme.

Un changement dans mes goûts personnels intervint lorsque « Gust » Adams[20], un des plus célèbres tragédiens de l'époque, commença à interpréter à Pittsburgh une série de personnages de Shakespeare. Désormais, il n'y avait rien d'autre à mes yeux que Shakespeare. Il me semblait être capable de le mémoriser presque sans effort. Jamais auparavant je n'avais réalisé la magie qui réside dans les mots. Le rythme et la mélodie semblaient tous trouver une place en moi, se fondant en une masse solide prête à sortir sur demande. C'était un nouveau langage et je dois certainement son appréciation à la représentation dramatique, car jusqu'à ce que je voie « Macbeth » joué, mon intérêt pour Shakespeare n'avait pas été éveillé. Je n'avais pas lu les pièces.

Bien plus tard, Wagner me fut révélé dans « Lohengrin ». J'avais entendu à l'Académie de Musique de New York peu, si ce n'est rien de lui, quand l'ouverture de « Lohengrin » me fit vibrer comme une révélation. On avait ici un génie, en effet, différent de tous ceux qui l'avaient précédé, une nouvelle échelle grâce à laquelle je pouvais m'élever : comme Shakespeare, un nouvel ami.

Je peux parler ici d'une autre affaire qui appartient à cette même période. Quelques personnes à Allegheny, probablement pas plus d'une centaine en tout, s'étaient regroupées en une société swedenborgienne, dans laquelle nos parents américains jouaient un rôle important. Mon père fréquentait cette église après avoir quitté les presbytériens et, bien sûr, j'y fus emmené. Ma mère,

---

20 Edwin Adams

cependant, ne trouva aucun intérêt dans Swedenborg. Bien qu'inculquant toujours le respect pour toutes formes de religion et décourageant les disputes théologiques, elle affichait une réserve marquée. Sa position pourrait être définie par la célèbre maxime de Confucius :

*« Bien accomplir les devoirs de cette vie,*
*sans se préoccuper d'une autre,*
*voilà la sagesse première ».*

Elle encourageait ses garçons à aller à l'église et à l'école du dimanche, mais il était flagrant que les écrits de Swedenborg et une grande partie de l'Ancien et du Nouveau Testament avaient été discrédités par elle comme n'étant pas dignes de la paternité divine ni d'être acceptés comme des guides faisant autorité pour la conduite de la vie. Je me suis profondément intéressé aux doctrines mystérieuses de Swedenbor et je reçus les félicitations de ma dévouée tante Aitken pour ma capacité à développer « le sens spirituel ». Cette chère vieille femme attendait avec impatience le moment où je deviendrais une lumière brillante dans la nouvelle Jérusalem et je sais que son imagination la poussait à croire que je puisse m'épanouir en ce qu'elle appelait « un prêcheur de la Parole ».

Au fur et à mesure que je m'éloignais de la théologie des hommes, ses espoirs s'amenuisaient, mais l'intérêt de ma tante et son affection pour son premier neveu, qu'elle avait posé sur ses genoux en Écosse, ne s'est jamais démenti. Mon cousin, Leander Morris, qu'elle espérait sauver grâce à la révélation de Swedenborg, la déçut gravement en devenant baptiste. C'en était trop pour une évangéliste, même si elle aurait dû se souvenir que son père avait vécu la même expérience et avait souvent prêché pour les baptistes d'Édimbourg.

La réception de Leander lors de sa première visite après sa chute fut loin d'être cordiale. On lui fit comprendre que le dossier familial avait souffert de sa déchéance alors qu'il se trouvait aux portes mêmes de la nouvelle Jérusalem révélées par Swedenborg et présentées par un de ses plus proches disciples : sa tante. Il commença de manière dévalorisante :

« Pourquoi es-tu aussi dure avec moi, ma tante ? Regarde Andy, il n'est membre d'aucune église et tu ne le grondes pas. L'Église baptiste c'est sûrement mieux que rien ».

La réponse rapide vint :

« Andy ! Oh ! Andy, il est nu, mais toi tu es vêtu de guenilles. »

Il ne regagna jamais sa place auprès de cette chère tante Aitken. Je pourrais encore être réformé, étant sans attaches, mais Leander avait choisi une secte et cette secte n'était pas la nouvelle Jérusalem.

C'est en lien avec la société de Swedenborg que mon goût pour la musique fut éveillé en moi pour la première fois. En appendice au livre d'hymnes de la communauté, il y avait de courtes sélections d'oratorios. Je m'y attachais instinctivement et, bien que dépourvu de voix, mais crédité d'une certaine « expression », j'assistais constamment aux répétitions de la chorale. Le chef de chœur, M. Koethen, j'ai des raisons de le croire, pardonnait souvent les discordances que je produisais dans la chorale en raison de mon enthousiasme. Lorsque, plus tard, je devins complètement familier avec les oratorios, ce fut un plaisir de découvrir que plusieurs de ceux considérés dans les cercles musicaux comme les joyaux des compositions musicales de Händel étaient ceux que le garçon ignorant que j'étais avait choisis comme favoris. Le début de mon éducation musicale date donc de la petite chorale de la société de Swedenborg à Pittsburgh.

Je ne dois cependant pas oublier que mon amour des sons mélodieux remonte à l'inégalable musique de ménestrel de mon pays natal, chantée par mon père. Il n'y a guère de vieille chanson écossaise avec laquelle je n'ai pas été familiarisé, tant dans les paroles que dans la mélodie. Les chansons populaires sont la meilleure base possible pour progresser vers les sommets que sont Beethoven et Wagner. Mon père étant l'un des plus doux et des plus émouvants chanteurs que je n'aie jamais entendus, j'ai probablement hérité de son amour pour la musique et le chant, bien que n'ayant pas reçu sa voix. L'exclamation de Confucius résonne souvent à mes oreilles :

*« La musique,*
*la langue sacrée de Dieu !*
*Je t'entends appeler et je viens ».*

Un incident au cours de cette même période montre la libéralité de mes parents sur une autre question. En tant que messager, je n'avais pas de vacances, à l'exception de deux semaines qui m'étaient accordées l'été et que je consacrais à faire du bateau sur la rivière avec des cousins, chez mon oncle à East Liverpool, dans l'Ohio. J'aimais beaucoup patiner et pendant l'hiver dont je parle, les eaux calmes de la rivière en face de notre maison étaient magnifiquement gelées. La glace était splendide et, en arrivant à la maison tard le samedi soir, la question se posait de savoir si je pouvais avoir l'autorisation de me lever tôt le matin pour aller patiner avant d'aller à l'église. Aucune question plus sérieuse n'aurait pu être soumise à des parents écossais lambda. Ma mère était claire sur le sujet, que dans ces circonstances j'aurais le droit de patiner aussi longtemps que je le voulais. Mon père dit qu'il croyait que c'était bon que j'aille patiner, mais qu'il espérait que je serais de retour à temps pour aller avec lui à l'église.

Je suppose que cette décision serait prise aujourd'hui par neuf cent quatre-vingt-dix-neuf foyers sur mille en Amérique et probablement aussi dans la majorité des foyers d'Angleterre, mais pas en Écosse. Mais ceux qui soutiennent aujourd'hui que le Sabbat, dans son sens le plus complet, a été créé pour l'homme, et qui ouvraient les galeries d'art et les musées au public, faisant de ce jour une sorte de journée de plaisir pour les masses au lieu de leur imposer le devoir de se lamenter sur des péchés largement imaginaires, ne sont pas plus avancés que ne l'étaient mes parents il y a quarante ans. Ils étaient au-delà de l'orthodoxie de l'époque où il était à peine permis, du moins chez les Écossais, de se promener pour le plaisir ou de lire des livres autres que religieux le jour du sabbat.

# CHAPITRE V

# LE BUREAU DU TÉLÉGRAPHE

# CHAPITRE V

# LE BUREAU DU TÉLÉGRAPHE

Je servais en tant que messager depuis environ un an, lorsque le colonel John P. Glass, le directeur du bureau d'en bas, celui qui était au contact du public, commença à me choisir occasionnellement pour surveiller le bureau durant quelques minutes pendant son absence. Comme M. Glass était un homme très demandé et qu'il avait des aspirations politiques, ses périodes d'absence devinrent de plus en plus longues et fréquentes, de telle sorte que je devins rapidement un régulier à cette affectation. Je recevais les messages du public et veillais à ce que ceux qui venaient de la salle des opérations soient correctement assignés aux garçons pour une livraison rapide.

C'était un poste éprouvant pour un garçon et à cette époque je n'étais pas populaire auprès des autres messagers, qui jalousaient ma dispense d'une partie de mon travail officiel. J'étais aussi taxé par eux d'être pénible dans mes habitudes. Je ne dépensais pas mes centimes supplémentaires, mais ils n'en connaissaient pas la raison. Je savais que chaque centime que je pouvais économiser était nécessaire à la maison. Mes parents étaient sages et rien ne m'était caché. Je connaissais chaque semaine les recettes de chacune des trois personnes qui travaillaient : mon père, ma mère et moi-même. Je connaissais aussi toutes les dépenses. Nous nous consultions sur les additions qui pouvaient être faites à notre maigre inventaire de meubles et de vêtements et chaque nouveau petit article acquis était une source de joie. Il n'y a jamais eu de famille plus unie.

Jour après jour, lorsque maman pouvait épargner un demi-dollar en argent, il était placé avec soin dans une tirelire et caché jusqu'à ce que deux cents dollars soient réunis, lorsque j'obtins une traite pour rembourser les vingt livres qui nous avaient été si généreusement prêtées par son amie, Mme Henderson. Ce fut un jour que nous célébrâmes. La famille Carnegie était libérée de toute dette. Oh, le bonheur de cette journée ! La dette était, en effet, acquittée, mais il resterait une dette de gratitude qui ne pourrait jamais être remboursée. La vieille Mme Henderson est toujours en vie. Je la visite comme on visite un sanctuaire, pour la voir lors de mes passages à Dunfermline et quoiqu'il advienne, je ne pourrai jamais l'oublier. [Alors que je relis ces lignes, écrites quelques années auparavant, je me lamente, « Partie, partie avec les autres ! » Paix aux cendres d'une chère, bonne et noble amie de ma mère.]

L'événement dans ma vie de messager qui m'éleva immédiatement au septième ciel se produisit un samedi soir, alors que le colonel Glass était en train de payer les salaires mensuels des garçons. Nous nous tenions en rang devant le comptoir et M. Glass nous payait chacun à notre tour. J'étais en tête de file et je tendis la main pour prendre les premiers onze dollars vingt cinq tendus par M. Glass. À ma grande surprise, il les fit passer devant moi et paya le garçon suivant. Je pensais que c'était une erreur, car j'avais été jusqu'à présent payé en premier, mais les autres garçons suivirent à tour de rôle. Mon cœur commença à se serrer. La disgrâce semblait se profiler. Qu'avais-je donc fait ou mal fait ? On allait sans doute m'annoncer qu'il n'y avait plus de travail pour moi. J'allais déshonorer la famille. C'était la plus vive douleur de toutes. Lorsque tous furent payés et que les garçons s'en étaient allés, M. Glass m'emmena derrière le comptoir et me dit que je valais plus que les autres garçons et qu'il avait décidé de me payer treize dollars et demi par mois.

J'avais la tête qui tournait : je doutais d'avoir entendu correctement. Il compta l'argent. Je ne sais pas si je l'ai remercié, je ne crois pas l'avoir fait. Je pris l'argent et fis un bond vers la porte et ne m'arrêtai pas avant d'arriver à la maison. Je me rappelle distinctement avoir couru ou plutôt avoir bondi d'un bout à l'autre du pont qui traverse la rivière Allegheny, sur la voie ferrée, car la voie piétonne était trop étroite. C'était un samedi soir. Je remis à ma mère, qui était la trésorière de la famille, les onze dollars vingt-cinq et je ne dis rien à propos des deux dollars vingt-cinq restants dans ma poche. Ils valaient davantage pour moi à l'époque que tous les millions que j'ai gagnés depuis.

Tom, petit garçon de neuf ans et moi-même, dormions ensemble dans le grenier. Une fois que nous fûmes en sécurité dans notre lit, je chuchotai mon secret à mon cher petit frère. Même à son jeune âge, il comprit ce que cela signifiait et nous parlâmes du futur. C'est alors que, pour la première fois, je lui décrivis comment nous allions nous lancer dans les affaires ensemble, que la société des « Frères Carnegie » serait grande et que notre père et notre mère monteraient dans leur carrosse. À cette époque, cela nous semblait englober tout ce que l'on appelle la richesse et la majorité des aspirations qui en valaient la peine. La vieille dame écossaise, dont la fille avait épousé un marchand de Londres, et que son gendre priait de les rejoindre pour vivre près d'eux, se jurant qu'elle « monterait dans son carrosse », répliqua :

« À quoi bon monter dans un carrosse si je ne peux pas être vue par les gens de Strathbogie ? ». Père et mère ne seraient pas seulement vus à Pittsburgh, mais devraient visiter Dunfermline, leur ancienne maison, avec style.

Le dimanche matin avec mon père, ma mère et Tom au petit-déjeuner, je sortis les deux dollars vingt-cinq supplémentaires. La surprise fut grande et cela leur prit quelques instants pour réaliser la situation, mais ils comprirent rapidement. Le regard de fierté aimant de mon père et l'œil flamboyant de ma mère, bientôt mouillé de larmes, exprimèrent leur sentiment. C'était le premier triomphe de leur garçon et la preuve qu'il était digne d'une promotion. Aucun succès ultérieur ni aucune reconnaissance d'aucune sorte ne me firent vibrer comme celui-ci. Je ne peux même pas en imaginer un seul qui le pourrait. C'était le paradis sur terre. Tout le monde fut ému jusqu'à verser des larmes de joie.

Obligés de balayer la salle des opérations le matin, les garçons avaient l'occasion de pratiquer les instruments télégraphiques avant que les opérateurs n'arrivent. C'était une nouvelle chance. Je commençai rapidement à jouer avec la clé et à parler avec les garçons des autres stations, dont les objectifs étaient similaires aux miens. Lorsque quelqu'un apprend à faire quelque chose, il ne doit jamais attendre trop longtemps l'opportunité de le mettre en pratique.

Un matin, j'entendis un appel de Pittsburgh résonnant avec vigueur. Il me sembla deviner que quelqu'un désirait ardemment communiquer. Je me risquai à répondre et laissai passer le message. C'était Philadelphie qui voulait envoyer un « message de décès » à Pittsburgh immédiatement. Pouvais-je le prendre ? Je répondis que j'essaierais s'ils l'envoyaient lentement. Je réussis à transcrire le message et je partis en courant avec celui-ci. J'attendis anxieusement l'arrivée de M. Brooks et lui racontai ce que j'avais osé faire. Heureusement, il apprécia et me complimenta, au lieu de me gronder pour ma témérité. Cependant, il me laissa partir en me recommandant d'être très prudent et de ne pas faire d'erreurs. Il ne fallut pas longtemps avant que je sois appelé de temps en temps pour surveiller l'appareil, lorsque l'opérateur souhaitait s'absenter. C'est de cette façon que j'appris l'art de la télégraphie.

Nous avions la chance à cette époque d'avoir un opérateur plutôt indolent, qui n'était que trop heureux de m'avoir pour faire son travail. Nous avions alors l'habitude de recevoir les messages sur une feuille de papier, que l'opérateur lisait à un copiste, mais des rumeurs nous étaient parvenues qu'un homme dans l'ouest avait appris à transcrire au son et pouvait prendre un message à l'oreille. Cela me conduisit à pratiquer la nouvelle méthode. L'un des opérateurs du bureau, M. Maclean, devint expert en la matière et m'encouragea par ses succès. Je fus surpris par la facilité avec laquelle j'appris ce nouveau langage. Un jour, alors que je souhaitais prendre un message en l'absence de l'opérateur, le vieux monsieur qui faisait office de copiste n'apprécia pas mon audace et refusa de « copier » pour un garçon messager. Je pris un stylo et du papier et commençai à prendre le message à l'oreille. Après cela, il n'y eut jamais plus de problème entre ce cher vieux Courtney Hughes et moi. Il devint mon ami dévoué et mon copiste.

Peu après cet incident, Joseph Taylor, l'opérateur de Greensburg, à trente miles de Pittsburgh, souhaitant s'absenter pendant deux semaines, demanda à M. Brooks s'il ne pouvait pas envoyer quelqu'un pour le remplacer. M. Brooks m'appela et me demanda si je pensais pouvoir faire ce travail. Je répondis directement par l'affirmative.

« Eh bien », dit-il, « nous allons t'envoyer là-bas pour un essai. »

Je partis en diligence postale et je fis un voyage des plus agréables. M. David Bruce, un avocat bien connu d'ascendance écossaise et sa sœur se trouvèrent être des passagers. C'était ma première expédition et mon premier aperçu du pays. L'hôtel de Greensburg était le premier lieu public dans lequel je pris un repas. J'y ai trouvé la nourriture merveilleusement bonne.

*Henry Phipps*

C'était en 1852. De profondes tranchées et des remblais étaient alors creusés près de Greensburg pour le chemin de fer de Pennsylvanie et je sortais souvent tôt le matin pour voir les travaux avancer, sans me douter que j'allais bientôt entrer au service de cette grande société. C'était le premier poste à responsabilité que j'occupais dans le service télégraphique et j'étais si désireux de me rendre disponible au cas où l'on aurait besoin de moi, qu'une nuit, très tard, je suis resté assis dans le bureau durant un orage, ne voulant pas couper la connexion. Je m'aventurai trop près de la clé et je fus renversé de ma chaise à cause de mon audace. Un éclair a failli mettre fin à ma carrière. Après quoi, je fus remarqué au bureau pour ma prudence pendant les orages. Je réussis à faire l'affaire à Greensburg à la satisfaction de mes supérieurs et retournai à Pittsburgh, coiffé d'une sorte d'auréole aux yeux des autres garçons. La promotion vint rapidement. Un nouvel opérateur était cherché et M. Brooks télégraphia à mon cher ami James D. Reid, alors directeur général de la ligne, un autre beau spécimen d'Écossais, et prit sur lui de me recommander comme assistant-opérateur. Le télégramme envoyé de Louisville en réponse indiquait que M. Reid approuvait fortement la promotion d'« Andy », à condition que M. Brooks le considère comme compétent. C'est ainsi que je commençai à travailler en tant que télégraphiste avec le salaire faramineux de vingt-cinq dollars par mois, ce que je considérais comme une fortune. C'est à M. Brooks et à M. Reid que je dois ma promotion du poste de messager à la salle des opérations.[21] J'étais alors dans ma dix-septième

---

21 « J'aimais l'apparence du garçon et il était très facile de voir que malgré sa petite taille, il était plein d'esprit. Il n'était pas avec moi depuis un mois quand il a commencé à me demander si je voulais lui apprendre à télégraphier. J'ai commencé à l'instruire et j'ai trouvé qu'il était un bon élève ». (James D. Reid, Le Télégraphe en

année et j'avais fait mon apprentissage. Je gagnais maintenant la part d'un homme, non plus celle d'un garçon, avec un dollar pour chaque jour de travail.

La salle des opérations d'un bureau télégraphique est une excellente école pour un jeune homme. Il est confronté au stylo et au papier, à la rédaction et à l'invention. Et c'est là que ma maigre connaissance des affaires britanniques et européennes me servit rapidement. La connaissance ne manque jamais de de révéler utile d'une façon ou d'une autre. Les nouvelles de l'étranger étaient alors reçues par câble du Cap Race et la prise des « nouvelles du navire à vapeur » était l'une de nos tâches les plus remarquables. J'aimais cette tâche plus que toute autre et elle me fut bientôt attribuée tacitement.

Les lignes à cette époque fonctionnaient mal et, pendant l'orage, une grande partie des messages devait être devinée. Mes pouvoirs de déduction étaient considérés comme remarquables et c'était ma distraction favorite de combler les vides au lieu d'interrompre l'expéditeur et de passer plusieurs minutes sur un ou deux mots perdus. Ce n'était pas une pratique dangereuse par rapport aux nouvelles de l'étranger, car si des libertés excessives étaient prises par l'opérateur audacieux, elles n'étaient pas de nature à lui causer de graves ennuis. Ma connaissance des affaires étrangères devenait assez étendue, en particulier concernant les affaires de la Grande-Bretagne, et mes suppositions étaient assez sûres, à condition que je réussisse à trouver la première ou les deux premières lettres.

Les journaux de Pittsburgh avaient l'habitude d'envoyer un journaliste au bureau pour transcrire les dépêches de presse. Plus tard, un seul homme fut désigné pour tous les

---

Amérique, New York, 1879).

journaux et il suggéra que plusieurs copies pourraient facilement être faites des nouvelles telles qu'elles étaient reçues. Il fut décidé que je fasse cinq copies de toutes les dépêches de presse pour lui comme travail supplémentaire pour lequel il devait me payer un dollar par semaine. Ce premier travail pour la presse me rapportait une rémunération très modeste, c'est certain, mais il éleva mon salaire à trente dollars par mois. Chaque dollar comptait à cette époque. La famille gagnait peu à peu du terrain. Déjà le futur millionnaire semblait poindre.

Une autre étape qui eut une influence décisive sur ma vie fut l'adhésion à la « Société Littéraire Webster » avec mes compagnons, les cinq fidèles précédemment nommés. Nous formions un cercle restreint et étions très proches les uns des autres. C'était un avantage pour nous tous. Nous avions formé auparavant un petit club de débat qui se réunissait dans la chambre du père de M. Phipps, dans laquelle ses quelques compagnons cordonniers travaillaient pendant la journée. Tom Miller a récemment déclaré que j'avais parlé un jour pendant presque une heure et demie sur la question : « Le pouvoir judiciaire devrait-il être élu par le peuple ? ». Mais par pitié, tenons pour acquis que sa mémoire est défaillante. Le « Webster » était alors le club le plus important de la ville et nous étions fiers d'être considérés comme aptes à en faire partie. Nous nous étions simplement préparés dans la chambre du cordonnier.

Je ne connais aucune meilleure manière d'aider les jeunes que de rejoindre un tel club. J'ai lu beaucoup de choses en rapport avec les débats à venir, qui donnèrent de la clarté et de la stabilité à mes idées. La confiance en moi que j'ai acquise par la suite devant un public peut sans risque être attribuée à l'expérience de la « Société Webster ». Mes deux règles pour parler alors (et aujourd'hui) étaient les suivantes :

- Sois parfaitement à l'aise devant ton auditoire et parle simplement avec lui et non pas à lui.
- N'essaie pas d'être quelqu'un d'autre : sois toi-même et parle.

Je devins finalement un opérateur à l'oreille, délaissant complètement l'impression. La performance était alors si rare que les gens visitaient le bureau pour être témoins de cet exploit. Cela m'a tellement fait remarquer que lorsqu'une grande inondation détruisit toutes les communications télégraphiques entre Steubenville et Wheeling, sur une distance de vingt-cinq miles, je fus envoyé dans la première ville pour réceptionner tous les messages qui passaient alors entre l'est et l'ouest et pour envoyer toutes les heures ou toutes les deux heures les dépêches à de petits bateaux sur la rivière jusqu'à Wheeling. En échange, chaque bateau qui revenait apportait des rouleaux de dépêches que j'envoyais à mon tour vers l'est et, de cette manière, durant plus d'une semaine, toute la communication télégraphique entre l'est et l'ouest fut maintenue via Pittsburgh.

À Steubenville, j'appris que mon père se rendait à Wheeling et à Cincinnati pour vendre les nappes qu'il avait tissées. J'attendis le bateau, qui n'arriva que tard dans la soirée et je descendis à sa rencontre. Je me rappelle à quel point j'étais profondément affecté de découvrir qu'au lieu de prendre un billet avec cabine, il s'était résolu à ne pas payer le prix fort, mais à descendre le fleuve en tant que passager du pont. J'étais indigné que quelqu'un d'une si belle nature soit obligé de voyager ainsi. Mais il y avait du réconfort à dire :

« Eh bien, père, ce ne sera plus très long avant que mère et toi ne montiez dans votre carrosse ».

Mon père était d'habitude timide, réservé et très sensible, il se gardait bien de faire des éloges (un trait écossais) de peur que ses fils ne soient trop remontés. Mais lorsqu'il était touché, il perdait de sa distance. C'est ce qu'il fit en cette occasion lorsqu'il saisit ma main avec un regard que je revois souvent et que je ne pourrai jamais oublier. Il murmura lentement :

« Andra, je suis fier de toi ».

Sa voix tremblait et il semblait avoir honte d'en avoir dit autant. Il essuya une larme de son œil, remarquai-je avec tendresse, alors qu'il me souhaitait bonne nuit et me disait de me hâter de rentrer au bureau. Ces mots résonnèrent dans mes oreilles et réchauffèrent mon cœur pendant de longues années. Nous nous comprenions. Comme l'Écossais est réservé ! Plus il est pris par les sentiments, moins il est capable de les exprimer. C'est vrai. Il y a des profondeurs sacrées qu'il est sacrilège de déranger. Le silence est plus éloquent que les mots. Mon père était l'un des hommes les plus aimables, aimé de ses compagnons, profondément religieux, bien que non sectaire et non théologique, pas vraiment un homme du monde, mais un grand homme à tous points de vue. Il était la gentillesse même, bien que réservé. Hélas ! Il disparut peu de temps après son retour de cette tournée dans l'ouest, au moment même où nous étions en mesure de lui offrir une vie de loisirs et de confort.

Après mon retour à Pittsburgh, ce ne fut pas long avant que je fasse la connaissance d'un homme extraordinaire, Thomas A. Scott, à qui le terme de « génie » dans son domaine peut être attribué sans risque. Il était venu à Pittsburgh en tant que directeur de cette division du chemin de fer de Pennsylvanie. Des communications télégraphiques fréquentes étaient nécessaires entre lui et son supérieur,

M. Lombaert, directeur général à Altoona. Cela l'amenait à se rendre au bureau télégraphique la nuit et à plusieurs reprises, il s'avéra que j'étais l'opérateur en fonction. Un jour, je fus surpris par un de ses assistants, que je connaissais, me disant que M. Scott lui avait demandé s'il pensait pouvoir me débaucher en tant que commis et opérateur télégraphique, ce à quoi ce jeune homme avait répondu :

« C'est impossible. Il est opérateur. »

Mais lorsque j'entendis cela, je répondis tout de suite :

« Pas si vite. Il peut m'avoir. Je veux sortir d'une simple vie de bureau. Veuillez le lui dire, s'il vous plaît ».

Je fus engagé le 1er février 1853, avec un salaire de trente-cinq dollars par mois comme employé de bureau et opérateur de M. Scott. Une augmentation de salaire de vingt-cinq à trente-cinq dollars par mois fut la plus importante que j'aie jamais connue. La ligne télégraphique publique fut temporairement installée dans le bureau de M. Scott au dépôt extérieur et la Compagnie de chemin de fer de Pennsylvanie fut autorisée à utiliser le câble lorsque cette utilisation ne faisait pas interférence avec les affaires publiques, jusqu'à ce que leur propre ligne, alors en construction, fut terminée.

# CHAPITRE VI

# SERVICE FERROVIAIRE

# CHAPITRE VI

## SERVICE FERROVIAIRE

De la salle des opérations du bureau du télégraphe, j'étais maintenant passé à un environnement de travail ouvert sur le monde. Le changement était loin d'être agréable au début. Je venais de fêter mon dix-huitième anniversaire et il n'est pas possible pour un garçon d'arriver à cet âge sans rien connaître d'autre que ce qui est pur et bon. Je ne crois pas, jusqu'à ce moment-là, avoir jamais prononcé une seule grossièreté de toute ma vie et j'en entendais rarement. Je ne connaissais rien de la bassesse de la vulgarité. Heureusement, j'avais toujours été en contact avec de bonnes personnes.

J'étais maintenant plongé parmi la compagnie d'hommes grossiers, car le bureau n'était temporairement qu'une partie des ateliers et le quartier général des conducteurs de marchandises, des freineurs et des pompiers. Tous avaient accès à la même pièce que le directeur Scott et moi-même et ils en profitaient. C'était un monde différent, en effet, de celui auquel j'avais été habitué. Je n'en étais pas heureux. Je goûtais, de fait, le fruit défendu de l'arbre de la connaissance pour la première fois. Mais il y avait encore l'environnement doux et pur de la maison, où rien de grossier ou de mauvais ne rentrait jamais et, de plus, il y avait le monde dans lequel je vivais avec mes compagnons, tous de jeunes hommes raffinés, s'efforçant de s'améliorer et de devenir des citoyens respectables. Je traversais cette période de ma vie en détestant ce qui était étranger à ma nature et à mon éducation. L'expérience avec des hommes grossiers a probablement été bénéfique parce qu'elle m'a donné un dégoût, à l'égard du fait de chiquer ou de fumer du tabac, ainsi qu'à l'égard des jurons ou de l'utilisation d'un langage vulgaire, qui m'est heureusement resté toute ma vie.

Je ne veux pas insinuer que les hommes dont j'ai parlé étaient vraiment délurés ou de mauvaise moralité. L'habitude de jurer, avec un discours grossier, en chiquant ou en fumant du tabac et de renifler était plus répandue alors qu'aujourd'hui et signifiait moins qu'à notre époque. Le chemin de fer était nouveau et beaucoup de personnages rudes étaient attirés par le service fluvial. Mais beaucoup d'entre eux étaient de bons jeunes gens qui sont devenus des citoyens très respectables et ont occupé des postes à responsabilité. Et je dois dire que tous ont été des plus gentils avec moi. Il en reste encore beaucoup dont j'entends encore parler de temps en temps et que je considère avec bienveillance. Le changement vint enfin lorsque M. Scott eut son propre bureau, que lui et moi occupâmes.

M. Scott m'envoya rapidement à Altoona pour chercher les bulletins de paie et les chèques mensuels. La ligne de chemin de fer n'était pas encore achevée au sommet des montagnes Allegheny à cette époque et je devais passer par de vastes plaines, ce qui rendait mon voyage spectaculaire. Altoona n'était alors composée que de quelques maisons construites par l'entreprise. Les ateliers étaient en construction et elle n'avait rien de la grande ville qui se tient ici aujourd'hui. C'est là que je vis pour la première fois le grand homme de notre secteur ferroviaire : M. Lombaert, directeur général. Son secrétaire à cette époque était mon ami, Robert Pitcairn, pour qui j'avais obtenu un poste au chemin de fer, de sorte que « Davy », « Bob » et « Andy » étaient toujours ensemble dans le même service. Nous avions tous quitté la compagnie télégraphique pour l'entreprise de chemins de fer de Pennsylvanie.

M. Lombaert était très différent de M. Scott ; il n'était pas sociable, mais plutôt sévère et inflexible. Jugez alors de la surprise de Robert et de la mienne, lorsqu'après m'avoir dit quelques mots, M. Lombaert ajouta : « Vous devez descendre prendre le thé avec nous ce soir ». Je balbutiai quelque chose en guise d'acceptation et attendis l'heure prévue avec beaucoup d'appréhension. Jusqu'alors, je considérais cette invitation comme le plus grand honneur que j'avais reçu. Mme Lombaert était d'une extrême gentillesse et M. Lombaert me présenta à elle en ces termes : « Voici le "Andy" de M. Scott ». J'étais très fier en effet d'être reconnu comme affilié à M. Scott.

Un incident se produisit durant ce voyage, qui aurait pu mettre fin à ma carrière. Je suis parti le lendemain matin pour Pittsburgh avec les bulletins de paie et les chèques, que je croyais en sécurité sous mon gilet, car le paquet était trop grand pour mes poches. J'étais un voyageur de chemin de fer très enthousiaste à l'époque et je préférais monter dans la locomotive. Je suis donc monté à bord de la locomotive qui m'emmenait à Hollidaysburg où le chemin de fer de l'État traversait la montagne. C'était un trajet très difficile et, à un moment donné, en cherchant malencontreusement la liasse de bulletins de paie, je fus horrifié de découvrir que les secousses du train l'avaient fait tomber. Je l'avais perdu !

Je vous laisse imaginer qu'un tel échec m'aurait mené à ma perte. Avoir été envoyé pour les bulletins de paie et les chèques et perdre le tout, ce que j'aurais du «prendre comme un honneur», était une vision épouvantable. J'appelai le mécanicien et lui dis que le paquet avait dû être projeté par-dessus bord au cours des derniers miles. Pourrait-il faire machine arrière et revenir le chercher? Brave âme, il obtempéra. Je surveillai la ligne et, sur les rives mêmes d'un grand ruisseau, à quelques pieds de l'eau, je vis le paquet. Je pouvais à peine en croire mes yeux. Je courus et je l'attrapai. Il était en bon état. Inutile de préciser qu'il n'échappa plus jamais à ma poigne ferme jusqu'à ce qu'il soit en sécurité à Pittsburgh. Le conducteur et le pompier étaient les seules personnes au courant de ma négligence et j'avais leur assurance que cela ne serait jamais divulgué.

Ce ne fut que bien longtemps après l'événement que je m'aventurai à raconter cette histoire. Supposons que ce paquet fut tombé juste quelques mètres plus loin et fut emporté par le courant. Combien d'années de bons et loyaux services cela aurait-il nécessitées de ma part pour effacer cette seule négligence ? Je n'aurais plus pu jouir de la confiance de ceux dont celle-ci était essentielle au succès si la fortune ne m'avait pas favorisé. Je n'ai jamais depuis cru dans le fait qu'il fallait être trop dur envers un jeune homme, même s'il commet une erreur ou deux. J'ai toujours essayé de juger de façon à me souvenir de la différence que cela aurait faite dans ma propre carrière si la chance ne m'avait pas rendu ce paquet perdu au bord du ruisseau à quelques miles de Hollidaysburg. Je pourrais aller directement à cet endroit aujourd'hui. Souvent en prenant cette ligne par la suite, je pouvais voir ce paquet brun clair gisant sur la rive. Il semblait m'appeler :

«Très bien, mon garçon! Les dieux étaient avec toi cette

fois, mais ne recommence pas ! »

Je suis devenu très jeune un partisan anti-esclavage convaincu et je saluai avec enthousiasme la première réunion nationale du Parti Républicain à Pittsburgh, le 22 février 1856, bien que trop jeune pour voter. J'observais les grandes personnalités qui marchaient dans les rues, perdu dans mon admiration pour les sénateurs Wilson, Hale et les autres. Quelque temps auparavant, j'avais organisé parmi les cheminots un club d'une centaine de personnes pour le « New York Weekly Tribune » et je me risquais occasionnellement à envoyer de brèves notes au grand rédacteur, Horace Greeley, qui a tant fait pour inciter les gens à agir sur cette question vitale.

La première fois que je vis mon travail en caractères d'imprimerie dans l'organe alors flamboyant de la liberté marqua certainement une étape dans ma carrière. Je gardai cette « Tribune » durant des années. En regardant en arrière aujourd'hui, on ne peut que regretter qu'un prix aussi lourd que la Guerre Civile ait dû être payé pour libérer notre pays de cette malédiction, mais ce n'était pas seulement l'esclavage qui devait être aboli. Un système fédéral irresponsable dans lequel les droits des États étaient si importants avait inévitablement empêché, ou du moins longtemps retardé, la formation d'un gouvernement solide, tout-puissant et central. La tendance sous l'idée du Sud était centrifuge. Aujourd'hui, elle est concentrique, tirée par l'influence de la Cour Suprême, dont les décisions sont, à juste titre, pour une moitié des dictums d'avocats et pour l'autre moitié le travail d'hommes d'État. L'uniformité doit être assurée dans de nombreux domaines. Le mariage, le divorce, la faillite, la surveillance des voies ferrées, le contrôle des entreprises et d'autres domaines devraient dans une certaine mesure être regroupés sous un même toit. [En relisant ce paragraphe écrit de nombreuses années auparavant, aujourd'hui, en juillet 1907, il semble prophétique. Ce sont pourtant bien aujourd'hui des questions d'actualité.]

Peu de temps après, l'entreprise de chemin de fer construisit sa propre ligne télégraphique. Nous devions lui fournir des opérateurs. La plupart d'entre eux avaient été formés dans nos bureaux de Pittsburgh. L'activité télégraphique continua de croître à une vitesse étonnante. Nous avions du mal à suivre le rythme et à fournir des installations assez rapidement. De nouveaux bureaux télégraphiques furent nécessaires. Mon collègue messager, « Davy » McCargo, fut nommé surintendant du service télégraphique le 11 mars 1859. J'ai entendu dire que « Davy » et moi-même avions eu le mérite d'avoir été les premiers à employer de jeunes femmes en tant qu'opérateurs télégraphiques aux États-Unis sur les chemins de fer, ou d'ailleurs dans n'importe quelle branche. Quoi qu'il en soit, nous avons placé de jeunes filles dans divers bureaux en tant qu'apprenties, nous les avons formées et les avons ensuite confiées à des bureaux selon les besoins. Parmi les premières d'entre elles, il y eut ma cousine, Miss Maria Hogan. Elle était opératrice à la gare de marchandises de Pittsburgh et après elle nous avons placé des recrues successives, son bureau ainsi devenu une école. D'après notre expérience, on pouvait davantage compter sur les jeunes femmes opératrices que sur les jeunes hommes. Parmi toutes les nouvelles professions prises d'assaut par les femmes, je n'en connais pas de mieux adaptée que celle d'opératrice télégraphique.

M. Scott était l'un des supérieurs les plus charmants que l'on puisse avoir et je devins rapidement attaché à lui. Il était mon mentor et je lui vouais le culte du héros inhérent à la jeunesse. Je commençai vite à l'imaginer à la présidence du grand chemin de fer de Pennsylvanie : un poste qu'il obtint par la suite. Sous sa direction, j'ai progressivement accompli des tâches dépassant mon département et je peux attribuer mon avancement dans le service à un événement dont je me souviens bien.

Le chemin de fer était une ligne unique. Les ordres télégraphiques transmis aux trains devenaient souvent nécessaires, bien que ce n'était pas alors une pratique courante de diriger les trains par télégraphe. Personne, si ce n'est le directeur lui-même, n'avait le droit de donner un ordre aux trains sur tout le réseau de Pennsylvanie, ou d'ailleurs sur n'importe quel autre réseau, je crois, à cette époque. Il était alors dangereux de donner des ordres télégraphiques, car le système de gestion des chemins de fer en était encore à ses débuts et les hommes n'avaient pas encore été formés pour cela. Il était nécessaire que M. Scott se rende nuit après nuit sur les lieux d'incidents ou d'épaves pour superviser le nettoyage de la ligne. Il était par nécessité absent du bureau de nombreux matins.

Un matin, j'arrivai au bureau et découvris qu'un grave accident sur la division est avait retardé le train de passagers express en direction de l'ouest et que le train de passagers vers l'est avançait avec un ouvrier à chaque virage. Les trains de marchandises dans les deux directions étaient tous immobiles sur les voies de garage. M. Scott était introuvable. Finalement, je ne pus résister à la tentation de me jeter à l'eau, de prendre la responsabilité, de donner des « ordres de train » et de faire avancer les choses. « La mort ou l'abbaye de Westminster » me traversa l'esprit. Je savais que c'était le renvoi, la disgrâce, peut-être un châtiment criminel pour moi si je me trompais. D'un autre côté, je pouvais faire rentrer les hommes fatigués du train de marchandises qui avaient passé toute la nuit dehors. Je pouvais tout mettre en marche. Je savais que je pouvais le faire. Je l'avais souvent fait en transmettant les ordres de M. Scott. Je savais exactement ce qu'il fallait faire, et c'est ce que je fis. Je donnai les ordres en son nom, fis démarrer tous les trains, je m'assis devant l'instrument pour surveiller chaque tic-tac, je transportai les trains de gare en gare, pris des précautions supplémentaires et tout marchait parfaitement lorsque M. Scott arriva enfin au bureau. Il avait eu vent des retards. Ses premiers mots furent :

« Eh bien ! Comment ça se passe ? »

Il vint à mes côtés rapidement, prit son stylo et commença à écrire ses ordres. Je devais alors parler et je dis timidement :

« M. Scott, je ne pouvais vous trouver nulle part et j'ai donné ces ordres en votre nom tôt ce matin ».

« Est-ce que tout se passe correctement ? Où est le train express de l'Est ? »

Je lui montrai les messages et lui donnai la position de chaque train sur la ligne : les trains de marchandises, les trains de ballast, tout. Je lui montrai les réponses des divers conducteurs, les derniers rapports aux stations où les trains étaient passés. Tout était en ordre. Il me regarda dans les yeux pendant une seconde. J'osai à peine regarder les siens. Je ne savais pas ce qui allait se passer. Il ne dit pas un mot, mais examina de nouveau avec attention tout ce qui s'était déroulé. Il ne dit toujours rien. Au bout d'un moment, il s'éloigna de mon bureau pour aller vers le sien et ce fut la fin de l'histoire. Il craignait d'approuver ce que j'avais fait, mais il ne m'avait pas blâmé. Si tout finissait bien, tout allait bien. Si ça finissait mal, la responsabilité était mienne. Par la suite, je remarquai qu'il vint très régulièrement et à l'heure pendant plusieurs matinées.

*Thomas A. Scott*

Bien sûr, je n'en ai jamais parlé à personne. Aucun des agents de train ne savait que M. Scott n'avait pas personnellement donné les ordres. J'avais presque décidé que si un cas similaire se reproduisait, je ne répéterais pas mon geste de ce matin-là à moins d'y être autorisé. Je me sentais plutôt malheureux de ce que j'avais fait jusqu'à ce que j'apprenne de M. Franciscus, qui était alors responsable du département du fret à Pittsburgh, que M. Scott, le soir suivant cette matinée mémorable, lui avait dit :

« Savez-vous ce que mon petit diable d'Écossais aux cheveux blonds a fait ? »

« Non ».

« Il a donné des ordres à chaque train de la division en mon nom, sans la moindre autorisation ».

« Et l'a-t-il bien fait ? » demanda Franciscus.

« Oh, oui, parfaitement ».

Cela m'a donné satisfaction. Bien sûr, j'avais mon idée pour la prochaine occasion et j'y allai hardiment. À partir de cette date, il était très rare que M. Scott donne un ordre de train.

Le plus grand homme de tous ceux qui se trouvaient à ma portée à cette époque était John Edgar Thomson, président de la Pennsylvanie et en hommage duquel nos aciéries furent nommées par la suite. C'était l'homme le plus réservé et le plus silencieux, après le général Grant, que j'aie connu, bien que le général Grant était plus volubile chez lui avec des amis. Il se promenait comme s'il ne voyait personne lorsqu'il faisait ses visites périodiques à Pittsburgh. J'appris par la suite que cette réserve était purement le résultat de la timidité. Je fus surpris lorsqu'il s'approcha de l'instrument télégraphique dans le bureau de M. Scott et me salua comme le « Andy de Scott ». Mais j'appris par la suite qu'il avait eu vent de mon exploit de conducteur de train. La bataille de la vie est déjà à moitié gagnée par le jeune homme qui est mis personnellement en contact avec de hauts fonctionnaires. L'aspiration ultime de chaque garçon devrait être de faire quelque chose dépassant la simple sphère de ses fonctions : quelque chose qui attire l'attention de ceux au-dessus de lui.

*John Edgar Thomson*

Quelque temps après, M. Scott souhaita partir en voyage pour une semaine ou deux et demanda l'autorisation de M. Lombaert pour me laisser la responsabilité de la division. C'était un homme vraiment audacieux, car je n'étais alors pas très loin de la fin de l'adolescence. Elle lui fut accordée.

C'était l'occasion rêvée. À l'exception d'un accident causé par la négligence inexcusable d'une équipe d'un train de ballast, tout se passa bien en son absence. Mais que cet accident se produise était intolérable pour moi. Déterminé à remplir tous les devoirs de la station, je tins une cour martiale, examinai ceux qui étaient concernés, renvoyai de manière péremptoire le principal coupable et suspendis deux autres pour leur rôle dans cette catastrophe. À son retour, M. Scott fut avisé de l'accident et proposa d'enquêter et de s'occuper de l'affaire. Je sentis que j'étais allé trop loin, mais ayant franchi le pas, je l'informai que tout avait été réglé. J'avais enquêté sur l'affaire et puni les coupables. Certains d'entre eux demandèrent à M. Scott de rouvrir l'affaire, mais je n'aurais jamais pu accepter cette demande, si on l'avait appuyée. Plus par le regard que par la parole, je crois, M.Scott comprit mes sentiments sur ce point délicat et acquiesça.

Il est probable qu'il craignait que j'aie été trop sévère et il avait très probablement raison. Plusieurs années plus tard, lorsque j'étais moi-même directeur de la division, j'avais toujours un pincement au cœur pour les hommes qui avaient été suspendus pour un certain temps. J'avais eu des remords quant à mon action dans ce premier tribunal. Un nouveau juge a tendance à se tenir si droit qu'il se penche un peu en arrière. Seule l'expérience apprend la force suprême de la douceur. Une punition légère, mais certaine, lorsque nécessaire, est plus efficace. Les punitions sévères ne sont pas nécessaires et un pardon judicieux, au moins pour la première infraction, est souvent le mieux.

Alors que la demi-douzaine de jeunes hommes qui constituaient notre cercle restreint grandissait en connaissances, il était inévitable que les mystères de la vie et de la mort, de l'ici et de l'au-delà, croisent notre chemin et soient abordés. Nous avions tous été élevés par de bons parents, honnêtes et respectueux, membres de l'une ou l'autre des sectes religieuses. Grâce à l'influence de Mme McMillan, épouse de l'un des principaux ministres presbytériens de Pittsburgh, nous fûmes attirés dans le cercle social de l'église de son mari. [Au moment où je lis ces lignes sur la lande, le 16 juillet 1912, j'ai devant moi une note de Mme McMillan de Londres dans sa quatre-vingtième année. Deux de ses filles se sont mariées à Londres la semaine dernière avec des professeurs d'université, l'une reste en Grande-Bretagne, l'autre a accepté un poste à Boston. Tous les deux des hommes éminents. Ainsi se rapproche notre race anglophone.] M. McMillan était un bon calviniste strict de la vieille école, sa charmante épouse, une meneuse née de la jeunesse. Nous étions tous plus à l'aise avec elle et nous amusions davantage dans ses réunions qu'ailleurs. Cela amena certains d'entre nous à fréquenter occasionnellement son église.

Un sermon des plus forts sur la prédestination que Miller y entendit nous amena à aborder le sujet de la théologie et nous ne voulions pas le laisser tomber. Les proches de M. Miller étaient de fervents méthodistes et Tom ne connaissait pas grand-chose aux dogmes. Cette doctrine de la prédestination, incluant la damnation de l'enfant, certains nés pour la gloire et d'autres pour le contraire, le consternait. À ma stupéfaction, j'appris qu'allant voir Mr McMillan après le sermon pour discuter de la question, Tom s'était lâché à la fin :

> *« M. McMillan,*
> *si votre vision était correcte,*
> *votre Dieu serait un parfait diable »,*

Laissant le pasteur abasourdi.

Cela fut le sujet de nos discussions du dimanche après-midi

durant de nombreuses semaines. Était-ce vrai ou non et quelle devait être la conséquence de la déclaration de Tom ? Ne serions-nous plus les invités de Mme McMillan ? Nous aurions pu épargner le pasteur, peut-être, mais aucun d'entre nous ne se réjouissait à l'idée d'être banni des réunions exquises de sa femme. Il y avait un point clair. Les déboires de Carrlyle sur ces questions nous avaient impressionnés et nous pouvions le suivre dans sa résolution : « Si c'est incroyable, au nom de Dieu, qu'on le discrédite ». Seule la vérité peut nous libérer et c'est la vérité, toute la vérité, que nous devons poursuivre.

Une fois introduit, bien sûr, le sujet resta dans nos mémoires et l'un après l'autre les dogmes étaient abandonnés comme étant les idées erronées d'hommes d'un âge moins éclairé. J'ai oublié qui fut le premier à nous proposer un second axiome. C'est un axiome sur lequel nous nous sommes souvent attardés : « Un Dieu qui pardonne serait l'œuvre la plus noble de l'homme ». Nous acceptions comme acquis que chaque étape de la civilisation crée son propre Dieu et qu'à mesure que l'homme s'élève et devient meilleur, sa conception de l'Inconnu s'améliore également. Par la suite, nous sommes tous devenus moins théologiques, mais j'en suis sûr plus véritablement religieux. La crise était passée. Heureusement, nous ne fûmes pas exclus de la société de Mme McMillan. Ce fut un jour remarquable, cependant, lorsque nous avons résolu de nous en tenir à la déclaration de Miller, même si cela impliquait le bannissement et pire encore. Nous, jeunes hommes, étions en train de devenir des garçons bien sauvages en matière de théologie, mais plus respectueux en matière de religion.

La première grande perte de notre cercle vint lorsque John Phipps fut tué par une chute de cheval. Cela nous frappa tous, mais je me souviens que je pouvais alors me dire : «John est juste retourné chez lui, en Angleterre où il est né.

Nous allons tous le suivre prochainement et vivre ensemble pour toujours ». Je n'avais alors aucun doute. Ce n'était pas un espoir que je pressais contre mon cœur, mais une certitude. Heureux ceux qui ont un tel refuge dans leur peine. Nous devrions tous suivre le conseil de Platon, et ne jamais renoncer à l'espoir éternel, « nous séduisant comme par enchantement, car l'espoir est noble et la récompense est grande ». Tout à fait juste. Il n'est pas plus grand miracle que celui de rejoindre un autre monde pour vivre pour toujours avec nos proches que celui qui nous a amenés dans celui-ci pour vivre une vie avec eux. Les deux sont également incompréhensibles. Consolons-nous donc avec une espérance éternelle, « comme par enchantement », comme Platon le recommande, en n'oubliant jamais, cependant, que nous avons tous des devoirs ici et que le royaume des cieux est en nous. Il est également devenu axiomatique pour nous que celui qui proclame qu'il n'y a pas d'au-delà est aussi stupide que celui qui proclame qu'il y en a un, car personne ne peut le savoir, bien que tous puissent et doivent l'espérer. En attendant, « La maison, notre paradis » plutôt que « Le paradis, notre maison » était notre devise.

Durant ces années dont je vous parle, la fortune familiale s'était améliorée de façon constante. Mes trente-cinq dollars par mois étaient passés à quarante, une avance non sollicitée ayant été offerte par M. Scott. C'était une partie de mes responsabilités de payer les hommes chaque mois.[22] Nous

---

22 « Je me souviens très bien de l'époque où je rédigeais la feuille de paie mensuelle et où j'arrivais au nom de M. Scott payé 125 dollars. Je me demandais ce qu'il faisait de tout cela. Je n'en touchais alors que trente-cinq. » (Andrew Carnegie dans un discours prononcé lors de la réunion du corps télégraphique militaire américain, le 28 mars 1907).

utilisions des chèques de banque et je retirais mon salaire invariablement en deux pièces de vingt dollars en or. Elles me semblaient être les plus belles œuvres d'art au monde. Il fut décidé en conseil de famille que nous pouvions nous aventurer à acheter le terrain et les deux petites maisons à charpente qui s'y trouvaient, dans l'une desquelles nous avions vécu, et l'autre, une maison de quatre pièces, qui avait été occupée jusqu'alors par mon oncle et ma tante Hogan, qui avaient déménagés ailleurs. Ce fut grâce à l'aide de ma chère tante Aitken que nous avions été placés dans la petite maison au-dessus de la boutique de tisserand et c'était maintenant à notre tour de lui proposer de retourner dans la maison qui avait été la sienne. De la même manière, après avoir occupé la maison de quatre pièces, l'oncle Hogan étant décédé, nous fûmes capables de rendre à tante Hogan son ancienne maison lorsque nous déménageâmes à Altoona. Cent dollars en espèce furent payés à l'achat, et le prix total, si je me souviens bien, était de sept cents dollars. La difficulté consistait alors à effectuer les paiements semestriels des intérêts et à économiser le plus possible sur le capital. Ce ne fut pas long pour que la dette soit effacée et que nous soyons propriétaires. Mais avant que cela ne soit accompli, la première cassure dans la famille se produisit avec la mort de mon père, le 2 octobre 1855. Heureusement, pour les trois membres restants, les devoirs de la vie étaient pressants. Le chagrin et le travail se faisaient face et nous devions travailler. Les dépenses liées à sa maladie devaient être économisées et payées et nous n'avions pas jusqu'alors beaucoup de réserves.

Se produisit alors l'un des doux événements de nos débuts en Amérique. Le membre principal de notre petite société Swedenborgian était M. David McCandless. Il avait remarqué mon père et ma mère, mais à part quelques mots échangés à l'église le dimanche, je ne me souviens pas qu'ils n'aient jamais été en contact étroit. Il connaissait bien tante

Aitken, cependant, et l'envoya chercher pour lui dire que si ma mère nécessitait une quelconque assistance financière en cette période triste, il serait ravi d'avancer le nécessaire. Il avait beaucoup entendu parler de ma mère héroïque et c'était suffisant.

On reçoit tant d'offres généreuses d'assistance lorsque l'assistance n'est plus nécessaire, ou lorsqu'on est dans une position qui nous permettrait probablement de rendre la pareille, que c'est agréable de voir un acte de bienveillance pure et désintéressée. Il s'agissait d'une pauvre femme écossaise privée de son mari, avec son fils aîné qui commençait à peine et le second dans son adolescence, dont les malheurs attiraient l'attention de cet homme qui, de la manière la plus délicate, cherchait à les adoucir. Bien que ma mère ait refusé l'aide proposée, nul besoin de préciser que M. McCandless obtint une place sacrée dans nos cœurs. Je suis un fervent croyant de la doctrine selon laquelle les gens méritant assistance dans les périodes critiques de leur carrière la reçoivent généralement. Il y a de nombreuses natures splendides dans le monde : des hommes et des femmes qui n'ont pas seulement la disposition, mais aussi le désir de tendre une main aidante à ceux qu'ils savent en être dignes. En règle générale, ceux qui montrent la volonté de s'aider eux-mêmes obtiennent l'aide des autres.

La mort de mon père me vit confier la gestion des affaires dans une plus grande mesure. Ma mère continuait à lacer des chaussures. Tom allait régulièrement à l'école publique. Je continuais avec M. Scott au service de la compagnie de chemin de fer. Juste à ce moment-là, la bonne fortune frappa à notre porte. M. Scott me demanda si j'avais cinq cents dollars. Si oui, il disait qu'il souhaitait faire un investissement pour moi. Cinq cents cents était bien plus proche de mon capital. Je n'avais certainement pas cinquante dollars de côté pour investir, mais je n'allais pas rater l'occasion de me lier financièrement avec mon chef et mentor. J'affirmai donc pouvoir réunir cette somme. Il me dit alors qu'il y avait dix actions d'Adams Express qu'il pouvait acheter, qui avaient appartenu à un agent de gare, M. Reynolds, de Wilkinsburg. Bien sûr, cela fut rapporté à la cheffe de famille le soir même et elle ne tarda pas à suggérer ce qui pourrait être fait. Quand avait-elle jamais échoué ? Nous avions alors payé cinq cents dollars pour la maison, et d'une certaine manière elle pensait que cela pourrait servir de garantie pour un prêt.

Ma mère prit le bateau à vapeur le lendemain matin pour Liverpool est, arrivant durant la nuit, et grâce à son frère l'argent fut obtenu. Il était juge de paix, un résident bien connu de cette petite ville de l'époque et il avait la gestion de nombreuses sommes issues de fermiers à investir. Notre maison fut hypothéquée et ma mère ramena les cinq cents dollars que je remis à M. Scott, qui m'obtint rapidement les dix actions convoitées en retour. Il y avait, contre toute attente, une prime supplémentaire de cent dollars à payer, mais M. Scott me dit gentiment que je pourrais la payer quand cela me conviendrait, ce qui, bien sûr, fut une chose facile à faire.

C'était mon premier investissement. En ce bon vieux temps, les dividendes mensuels étaient plus abondants que maintenant et Adams Express versait un dividende mensuel. Un matin, une enveloppe blanche était posée sur mon bureau, adressée avec une grosse signature, à « Andrew Carnegie, Esquire ». « Esquire » fit tiquer les garçons et moi-même de façon disproportionnée. Dans un coin, on voyait le timbre rond de la société Adams Express. J'ouvris l'enveloppe. Tout ce qu'elle contenait était un chèque de dix dollars de la banque d'échange d'or de New York. Je me souviendrai de ce chèque aussi longtemps que je vivrai et de la signature de John Hancock « J. C. Babcock, Caissier ». Il me donnait mon premier centime de revenu de capital : quelque chose pour lequel je n'avais pas travaillé à la sueur de mon front. « Eurêka » m'exclamai-je. « Voici la poule aux œufs d'or ».

C'était la coutume de notre groupe de passer les dimanches après-midi dans les bois. Je gardai le premier chèque et le montrai alors que nous étions assis sous les arbres dans un bosquet que nous avions trouvé près de Wood's Run. L'effet produit sur mes compagnons fut bouleversant. Aucun d'entre eux n'avait imaginé qu'un tel investissement fut possible. Nous avons décidé d'économiser et de surveiller la prochaine occasion d'investissement à laquelle nous devrions tous participer, et pendant des années par la suite, nous avons divisé nos investissements dérisoires et travaillé ensemble presque comme des partenaires.

Jusqu'à ce moment-là, mon cercle de connaissance ne s'était pas beaucoup élargi. Mme Franciscus, épouse de notre agent de fret, était très aimable et m'invita à plusieurs reprises chez elle à Pittsburgh. Elle parlait souvent de la première fois où j'ai sonné à la porte de la maison de la troisième rue pour transmettre un message de M. Scott. Elle m'avait demandé de rentrer, ce que je déclinai avec humilité avant qu'elle me persuade de surmonter ma timidité. Pendant des années, elle n'a jamais pu me convaincre de prendre un repas chez elle. J'avais une grande timidité à l'idée de rentrer dans la maison des autres, jusqu'à un âge avancé, mais M. Scott insistait de temps en temps pour que j'aille à son hôtel et que je prenne un repas avec lui. C'étaient de grandes occasions pour moi. La maison de M. Franciscus était la première maison importante, à l'exception de celle de M. Lombaert à Altoona, dans laquelle j'étais entré, d'aussi loin que je me souvienne. Chaque maison située dans l'une des rues principales était à la mode à mes yeux, à condition qu'elle ait un hall d'entrée.

Je n'avais jamais passé une nuit dans une maison inconnue de toute ma vie jusqu'à ce que M. Stokes de Greensburg, avocat en chef des chemins de fer de Pennsylvanie, m'invite dans sa belle demeure à la campagne pour y passer le dimanche. C'était étrange de la part de M. Stokes, car je ne pouvais guère intéresser un homme brillant et instruit comme lui. La raison pour laquelle je reçus un tel honneur était une communication que j'avais écrite pour le « Pittsburgh Journal ». Déjà, adolescent, j'étais rédacteur pour la presse. Devenir éditeur était l'une de mes ambitions. Horace Greeley et la « Tribune » était mon idéal du triomphe humain. Il est étrange que j'aie pu acheter la « Tribune » un jour, mais à ce moment-là, la perle avait perdu de son éclat. Nos châteaux en Espagne sont souvent à portée de main tard dans la vie, mais ils ne charment plus dès lors.

Le sujet de mon article portait sur l'attitude de la ville face à l'entreprise de chemin de fer de Pennsylvanie. Il était signé de façon anonyme et je fus surpris de découvrir qu'il tenait une place importante dans les colonnes du « Journal », alors détenu et édité par Robert M. Riddle. En tant qu'opérateur, je reçus un télégramme adressé à M. Scott et signé par M. Stokes, lui demandant de vérifier auprès de M. Riddle qui était l'auteur de cette communication. Je savais que M. Riddle ne pouvait pas trouver l'auteur, car il ne le connaissait pas. Mais en même temps, je craignais que si M. Scott l'appelait, il lui remette le manuscrit, que M. Scott reconnaîtrait certainement au premier regard. J'avouai donc à M. Scott et je lui dis que j'en étais l'auteur. Il sembla incrédule. Il dit qu'il l'avait lu le matin même et qu'il se demandait qui l'avait écrit. Le stylo commençait à être une arme pour moi. L'invitation de M. Stokes à passer le dimanche avec lui suivit peu de temps après et cette visite est l'un des points forts de ma vie. Désormais, nous étions de grands amis.

La taille de la maison de M. Stokes m'impressionna, mais le détail qui éclipsait tout le reste était une cheminée en marbre dans sa bibliothèque. Au centre de l'arc, gravé dans le marbre, il y avait un livre ouvert avec cette inscription :

> *« Celui qui ne sait pas raisonner est un fou,*
> *Celui qui ne veut pas un bigot,*
> *Celui qui n'ose pas un esclave. »*

Ces mots nobles me firent vibrer. Je me dis : « Un jour, un jour, j'aurai une bibliothèque » (c'était une vision de l'avenir) « et ces mots orneront la cheminée comme ici ». Et c'est ce qu'ils font à New York et à Skibo aujourd'hui.

Un autre dimanche que j'ai passé chez lui après un intervalle de plusieurs années fut également remarquable. J'étais alors devenu le directeur de la division de Pittsburgh des chemins de fer de Pennsylvanie. Le Sud avait fait sécession. J'étais tout feu tout flamme pour le drapeau. M. Stokes, étant un démocrate de premier plan, s'opposait au droit du Nord d'utiliser la force pour préserver l'Union. Il a exprimé des sentiments qui m'ont fait perdre mon sang-froid, et je m'exclamai :

« M. Stokes, nous pendrons des hommes comme vous dans moins de six semaines. »

J'entends son rire pendant que j'écris et sa voix appelant sa femme dans la pièce d'à-côté :

« Nancy, Nancy, écoute ce jeune diable d'Écossais. Il dit qu'ils pendront des hommes comme moi dans moins de six semaines. »

Des choses étranges se produisirent à cette époque. Peu de temps après, ce même M. Stokes m'a demandé à Washington de l'aider à obtenir une commission de majors dans les forces volontaires. J'étais alors dans le bureau du Secrétaire à la guerre, aidant à gérer les chemins de fer et les télégraphes militaires pour le gouvernement. Il obtint cette nomination et devint par la suite Major Stokes, de telle sorte que l'homme qui doutait du droit du Nord à combattre pour l'Union avait lui-même tiré l'épée pour la bonne cause. Les hommes débattaient et théorisaient d'abord sur les droits constitutionnels. Cela fit toute la différence lorsque le drapeau fut mis à feu. En un instant, tout s'embrasa : y compris les documents de la constitution. L'Union et la Vieille Gloire ! C'était tout ce qui intéressait les gens, mais c'était suffisant. La Constitution était destinée à assurer un seul drapeau, et comme le colonel Ingersoll le proclama : « Il n'y avait pas assez d'espace sur le continent américain pour en faire flotter deux ».

# CHAPITRE VII

# SURINTENDANT DE LA PENNSYLVANIE

# CHAPITRE VII

# SURINTENDANT DE LA PENNSYLVANIE

M. Scott fut promu surintendant général des chemins de fer de Pennsylvanie en 1856, succédant à M. Lombaert. Il m'emmena avec lui à Altoona, j'avais alors vingt-trois ans. Cette rupture avec Pittsburgh fut une rude épreuve, mais rien ne pouvait interférer un seul instant avec ma carrière professionnelle. Ma mère fut satisfaite sur ce point, même si la pression était grande pour elle. De plus, « suivre mon chef » était un dû envers un ami aussi fidèle que M. Scott l'avait été.

Sa promotion à la direction donna naissance à une certaine jalousie. En outre, il fut confronté à une grève au tout début de son entrée en fonction. Il avait perdu sa femme à Pittsburgh peu de temps auparavant et avait ses heures de solitude. Il était un étranger à Altoona, son nouveau quartier général et il n'y avait a priori personne à part moi dont il pouvait se faire un ami. Nous avons vécu ensemble de nombreuses semaines à l'hôtel du chemin de fer avant qu'il ne prenne un logement et fasse venir ses enfants de Pittsburgh. À sa demande, j'occupais la même suite que lui. Il semblait désireux de toujours m'avoir à proximité.

La grève devenait de plus en plus menaçante. Je me souviens avoir été réveillé une nuit et avoir appris que les hommes des trains de marchandises avaient abandonné leurs trains à Mifflin, que la ligne était bloquée pour cette raison et que tout le trafic était arrêté. M. Scott était alors en train de dormir profondément. Il me semblait dommage de le déranger, sachant à quel point il était surmené et anxieux. Mais il s'est réveillé et je suggérai de monter et de régler le problème. Il semblait murmurer son assentiment, encore à moitié endormi. Je me rendis donc au bureau et, en son nom, je discutai de la question avec les hommes et je leur promis une audience le lendemain à Altoona. Je réussis à leur faire reprendre le travail et à faire reprendre le trafic.

Non seulement les agents des trains étaient d'humeur rebelle, mais les hommes des magasins s'organisaient rapidement pour se joindre aux mécontents. J'appris cela d'une manière curieuse. Une nuit, alors que je rentrais chez moi dans l'obscurité, je me rendis compte qu'un homme me suivait. Peu à peu, il s'approcha de moi et me dit :

« Je ne dois pas être vu avec vous, mais vous m'avez fait une faveur une fois et j'ai pris la résolution que si jamais je pouvais vous la rendre, je le ferais. J'ai appelé au bureau de Pittsburgh et j'ai demandé un poste de forgeron. Vous m'avez dit qu'il n'y avait pas de travail à Pittsburgh, mais qu'il y en aurait peut-être un à Altoona et que si je voulais bien attendre quelques minutes, vous alliez demander par télégraphe. Vous vous êtes donné la peine de le faire, vous avez examiné mes recommandations, vous m'avez donné un laissez-passer et vous m'avez envoyé ici. J'ai un travail splendide. Ma femme et ma famille sont ici et je n'ai jamais été aussi bien placé de ma vie. Et je veux maintenant vous dire quelque chose pour votre bien. »

J'écoutai et il dit qu'un papier était en train d'être signé rapidement par les commerçants, s'engageant à faire grève le lundi suivant. Il n'y avait pas de temps à perdre. Je le dis à M. Scott dans la matinée et il fit immédiatement poser des affiches dans les magasins indiquant que tous les hommes qui avaient signé le papier s'engageant à faire grève étaient licenciés et qu'ils devaient venir au bureau pour être payés. Une liste des noms des signataires était entrée en notre possession entre-temps, ce qui fut révélé. La consternation s'ensuivit et la menace de grève fut brisée.

J'ai connu de nombreux événements, comme celui du forgeron, dans ma vie. De petites attentions ou un mot gentil pour les humbles rapportent souvent une récompense aussi grande qu'inattendue. Aucune bonne action n'est jamais vaine. Aujourd'hui encore, je rencontre occasionnellement des hommes que j'avais oubliés et qui se souviennent de quelques petites attentions que j'aie pu leur offrir, notamment lorsque j'étais en charge à Washington des chemins de fer et des télégraphes du gouvernement durant la guerre de Sécession. Quand je pouvais faire passer des personnes à l'intérieur des lignes : un père aidé à rejoindre un fils blessé ou malade au front, ou autorisé à ramener sa dépouille à la maison, ou des services similaires. Je suis redevable grâce à ces petites choses de certaines des attentions les plus heureuses et des incidents les plus agréables de ma vie. Ces actions sont désintéressées et la récompense est douce en proportion de l'humilité de l'individu que l'on a obligé. Il est beaucoup plus important de rendre service à un ouvrier qui pourra peut-être un jour vous rendre la pareille qu'à un millionnaire. Comme les vers de Wordsworth sont vrais :

*« La meilleure partie de la vie d'un homme bon*
*Ses petits actes, anonymes, dont on ne se souvient pas*

*De bonté et d'amour ».*

L'événement principal, à en juger par ses conséquences, des deux années que j'ai passées avec M. Scott à Altoona, vint du fait que j'étais le principal témoin dans un procès contre la compagnie, qui se tenait à Greensburg, par le brillant Major Stokes, mon premier hôte. On craignait que je ne sois sur le point d'être cité à comparaître par le plaignant et le Major souhaitant un report du cas demanda à M. Scott de m'envoyer hors de l'État aussi rapidement que possible. Ce fut un changement heureux pour moi, car j'avais la possibilité de rendre visite à mes deux compagnons de cœur, Miller et Wilson, alors au service de chemin de fer à Crestline, dans l'Ohio. En chemin, alors que j'étais assis sur le dernier siège de la voiture arrière surveillant la ligne, un homme ressemblant à un fermier s'approcha de moi. Il portait un petit sac vert dans sa main. Il dit que le freineur l'avait informé que j'étais lié aux chemins de fer de Pennsylvanie. Il souhaitait me montrer le modèle d'un wagon qu'il avait inventé pour les voyages de nuit. Il sortit un modèle réduit de son sac, qui montrait une section d'un wagon-lit.

C'était le célèbre T. T. Woodruff, l'inventeur de cet équipement désormais indispensable à la civilisation : le wagon-lit. Son importance me sauta aux yeux. Je lui demandai s'il viendrait à Altoona si je l'envoyais chercher et je promis d'en parler à M. Scott dès mon retour. Je ne pouvais pas chasser cette idée de wagon-couchette de mon esprit et j'avais hâte de retourner à Altoona pour faire valoir mon point de vue à M. Scott. Lorsque je le fis, il trouva que j'avais pris ma décision à la hâte, mais il fut très réceptif et me dit que je pouvais appeler le titulaire du brevet. Celui-ci vint et s'engagea à placer deux de ses wagons sur la ligne dès qu'ils seraient construits. Après cela, M. Woodruff, à ma grande surprise, me demanda si je ne voulais pas me joindre à lui dans cette nouvelle entreprise et m'offrit un huitième de participation.

*Theodore Tuttle Woodruff*[23]

J'acceptai rapidement son offre, espérant pouvoir effectuer les paiements d'une manière ou d'une autre. Les deux wagons devaient être réglés par des versements mensuels

---

[23] Theodore Tuttle Woodruff (8 avril 1811 - 2 mai 1892). Le 2 décembre 1856, Woodruff a obtenu deux brevets pour une banquette de voiture convertible, ce qui a conduit à l'invention du wagon-lit pour les chemins de fer. Il a également contribué à la gestion de la Pennsylvania Railroad par l'intermédiaire de son directeur général Andrew Carnegie. Woodruff a également inventé une machine à décortiquer le café, un compas d'arpenteur et une charrue à vapeur. Il a perdu sa fortune lors de la panique de 1873. Il a été tué lorsqu'il a été heurté par un train à Philadelphie le 2 mai 1892.

après la livraison. Lorsque le moment vint de faire le premier paiement, ma part fut de deux cent dix-sept dollars et vingt-cinq cents. Je décidai de façon audacieuse de souscrire un prêt du même montant au banquier local, M. Lloyd. J'expliquai la situation à celui-ci et je me souviens qu'il m'entoura de son long bras (il mesurait six pieds trois ou quatre), en disant :

« Mais, bien sûr que je vais te les prêter. Tu es réglo, Andy ».

C'est là que je fis mon premier billet et que je réussis à le faire accepter par un banquier. Un moment de fierté dans la carrière d'un jeune homme ! Les wagons-lits ont connu un grand succès et leurs recettes mensuelles ont permis de payer les mensualités. La première somme considérable que je gagnai vint de cette source. [Aujourd'hui, le 19 juillet 1909, en relisant ces lignes, je me réjouis d'avoir reçu récemment des nouvelles de la fille mariée de M. Lloyd qui me fait part de la profonde affection de son père pour moi, ce qui me rend très heureux.]

Un changement important dans notre vie à Altoona, après l'arrivée de ma mère et de mon frère, fut qu'au lieu de continuer à vivre exclusivement par nous-mêmes, il fut jugé nécessaire que nous ayons un domestique. Ce fut avec la plus grande réticence que ma mère fut amenée à admettre un étranger dans le cercle familial. Elle avait tout fait pour ses deux garçons. C'était sa vie et elle voyait d'un mauvais œil, avec toute la jalousie d'une femme forte, l'arrivée d'un étranger qui serait autorisé à faire tout ce qu'il voulait dans la maison. Elle avait cuisiné et servi ses garçons, lavé et raccommodé leurs vêtements, fait leurs lits, fait le ménage dans la maison. Qui daignait la priver de ses privilèges de mère ? Néanmoins, nous ne pouvions pas échapper à l'inévitable gouvernante. L'une d'entre elles vint et d'autres suivirent et avec elles, la destruction d'une grande partie du véritable bonheur familial qui découle de l'exclusivité. Être servi par d'autres est un piètre substitut au labeur d'amour d'une mère. Le repas ostentatoire préparé par une cuisinière étrangère qu'on ne voit que rarement et servi par des mains payées pour cette tâche, n'a pas la douceur des plats déposés devant vous par les mains d'une mère comme l'expression et la preuve de son dévouement.

Parmi les nombreuses bénédictions dont je dois être reconnaissant, il y a le fait que ni nourrice ni gouvernante n'ont été mes compagnes dans l'enfance. Il n'est pas étonnant que les enfants des pauvres se distinguent par l'affection la plus chaleureuse et l'adhésion la plus étroite aux liens familiaux et qu'ils soient caractérisés par un regard filial bien plus fort que celui de ceux qui sont par mégarde appelés fortunés dans la vie. Ils ont passé les années impressionnables de l'enfance et de la jeunesse au contact constant et affectueux de leur père et de leur mère, pour qui ils sont tout, sans qu'aucune personne tierce ne s'interpose. L'enfant qui trouve un professeur, un compagnon et un conseiller dans son père et dont la mère est pour lui une infirmière, une couturière, une gouvernante, un professeur, une compagne, une héroïne et une sainte tout à la fois, a un héritage auquel le fils de riche reste étranger.

Il arrive un moment, bien que la mère aimante ne puisse pas le voir, où un fils adulte doit mettre ses bras autour de sa sainte mère et essayer de lui expliquer en l'embrassant tendrement que ce serait bien mieux qu'elle le laisse l'aider comme il peut. Qu'évoluant dans le monde des affaires, il voit parfois des changements qu'il serait souhaitable de faire, que le mode de vie par ailleurs délicieux pour les jeunes garçons devrait être changé à certains égards et la maison rendue convenable pour que leurs amis puissent y entrer. En particulier, la mère esclave devrait mener une vie aisée par la suite, en lisant, en rendant plus souvent visite et en recevant des amis chers. En bref, en s'élevant à la position appropriée et méritée de Madame, la maîtresse des lieux.

Bien sûr, ce changement fut très difficile pour ma mère, mais elle en reconnut finalement la nécessité, réalisant probablement pour la première fois que son fils aîné prenait de l'âge. « Chère mère », lui dis-je, en la serrant toujours dans mes bras, « tu as tout fait et tu as été tout pour Tom et pour moi. Laisse-moi maintenant faire quelque chose pour toi. Soyons partenaires et pensons toujours à ce qui est le mieux pour l'autre. Le temps est venu pour toi de jouer la dame et, un jour, tu monteras dans ton carrosse. En attendant, laisse entrer cette fille pour t'aider. Tom et moi, nous aimerions cela. »

La victoire était remportée et ma mère commença à sortir avec nous et à rendre visite à ses voisins. Elle n'a pas eu à apprendre la convenance ni les bonnes manières, celles-ci étaient innées. En ce qui concerne l'éducation, le savoir, le rare bon sens et la gentillesse, on rencontrait rarement son égal. J'ai écrit « jamais » au lieu de « rarement » puis je l'ai biffé. Néanmoins mon opinion est faite.

La vie à Altoona me fut rendue plus agréable grâce à la nièce de M. Scott, Mlle Rebecca Stewart, qui tenait la maison pour lui. Elle jouait le rôle de la sœur aînée pour moi à la perfection, surtout lorsque M. Scott était appelé à Philadelphie ou ailleurs. Nous étions souvent ensemble, nous nous promenions souvent en voiture dans les bois l'après-midi. L'intimité n'a pas cessé pendant de nombreuses années et en relisant certaines de ses lettres en 1906, je me rendis compte plus que jamais de ma dette envers elle. Elle n'était pas beaucoup plus vieille que moi, mais semblait toujours bien plus âgée. Elle était certainement plus mûre et tout à fait capable de jouer le rôle de la sœur aînée. C'est elle que je considérais à l'époque comme la femme parfaite. Je regrette que nos chemins se soient séparés par la suite. Sa fille épousa le comte de Sussex et elle a vécu à l'étranger ces dernières années. [Le 19 juillet 1909, Mme Carnegie et moi-même retrouvâmes ma sœur aînée, désormais veuve, à Paris, sa sœur et aussi sa fille, toutes bien portantes et heureuses. Ce fut un grand plaisir. Rien ne peut remplacer les vrais amis de la jeunesse.]

M. Scott resta à Altoona pendant environ trois ans, lorsque sa promotion méritée vint à lui. En 1859, il fut promu vice-président de la compagnie, avec son bureau à Philadelphie. Ce qu'il allait advenir de moi était une question sérieuse. Me prendrait-il avec lui ou devais-je rester à Altoona avec le nouveau responsable ? Cette pensée m'était insupportable. Se séparer de M. Scott était déjà assez difficile en soi : servir un nouveau responsable à sa place, je ne le croyais pas possible. Le soleil se levait et se couchait avec lui, en ce qui me concernait. La pensée de ma promotion, sauf par son intermédiaire, ne m'avait jamais effleuré l'esprit.

Il revint de son entretien avec le président à Philadelphie et me demanda de venir dans la pièce privée de sa maison qui communiquait avec le bureau. Il me dit qu'il avait été convenu qu'il devait déménager à Philadelphie. M. Enoch Lewis, le surintendant de la division, devait être son successeur. J'écoutai avec un grand intérêt alors que s'approchait l'inévitable révélation de ce qu'il allait faire de moi. Il dit finalement :

« Et maintenant, à propos de toi. Penses-tu que tu puisses diriger la division de Pittsburgh ? »

J'étais à un âge où je pensais pouvoir tout réussir. Je ne connaissais rien que je ne puisse tenter, mais il ne m'était jamais venu à l'esprit que quelqu'un d'autre et encore moins M. Scott, puisse avoir l'idée que je fus déjà prêt à faire quoi que ce soit de ce genre. J'avais seulement vingt-quatre ans, mais mon modèle était alors Lord John Russell, dont il était dit qu'il prendrait le commandement de la flotte de la Manche demain. Tout comme Wallace ou Bruce. Je dis à M. Scott que je pensais pouvoir le faire.

« Eh bien » dit-il, « M. Potts » (qui était alors surintendant de la division de Pittsburgh) « va être promu au département des transports à Philadelphie et je t'ai recommandé au président comme son successeur. Il a accepté de te donner une chance. Quel salaire penses-tu que tu devrais toucher ? »

« Le salaire », dis-je, assez offensé, « qu'est-ce que j'ai à faire du salaire ! Le salaire ne m'intéresse pas, je veux le poste. C'est suffisamment glorieux de retourner à la division de Pittsburgh à votre ancienne place. Vous pouvez définir mon salaire comme bon vous semble et vous n'avez pas besoin de me donner plus que ce que je reçois actuellement ».

Soit soixante-cinq dollars par mois.

« Tu sais », dit-il, « je recevais mille cinq cents dollars par an lorsque j'étais à ce poste et M. Potts en reçoit mille huit cents. Je pense qu'il serait bonde te faire commencer à mille cinq cent dollars et après un certain temps, si tu réussis, tu obtiendras les mille huit cents. Cela te conviendrait-il ? »

« Oh, je vous en prie », dis-je, « ne parlons pas d'argent ! »

Ce n'était pas une simple embauche et un salaire et c'est là que ma promotion fut scellée. J'allais avoir un département pour moi tout seul et au lieu de signer les commandes entre Pittsburgh et Altoona « T.A.S », on les signerait désormais « A.C ». C'était une gloire suffisante pour moi.

L'ordre me nommant surintendant de la division de

Pittsburgh fut émis le 1er décembre 1859. Les préparatifs pour le déménagement de la famille furent faits immédiatement. Le changement fut accueilli avec joie, car bien que notre résidence à Altoona présentait de nombreux avantages, notamment une grande maison avec un terrain dans une partie agréable de la banlieue et avec elle les plaisirs de la vie à la campagne, tout cela ne pesait pas lourd dans la balance par rapport au retour parmi les vieux amis et les vieilles connaissances dans la ville sale et enfumée de Pittsburgh. Mon frère Tom avait appris la télégraphie durant son séjour à Altoona et il revint avec moi pour devenir mon secrétaire.

L'hiver suivant ma nomination fut l'un des plus rigoureux jamais connus. La ligne était mal construite, le matériel inefficace et totalement inadéquat pour l'activité qui s'y déroulait. Les rails étaient posés sur d'énormes blocs de pierre, on utilisait des chaises en fonte pour tenir les rails et j'ai vu jusqu'à quarante-sept d'entre elles se briser en une nuit. Pas étonnant que les coupures étaient fréquentes. Le surintendant d'une division à l'époque devait faire rouler les trains par télégraphe la nuit, sortir et retirer tout ce qui encombrait… En fait il devait tout faire. À une période, pendant huit jours, j'étais constamment sur la ligne, jour et nuit, pour enlever une épave ou une obstruction l'une après l'autre. J'étais probablement le surintendant le plus inconsidéré à qui l'on ait jamais confié la gestion d'un grand secteur, car, ne connaissant pas moi-même la fatigue, maintenu éveillé par le sens des responsabilités, je surchargeais les hommes de travail et n'étais pas assez prudent en considérant les limites de l'endurance humaine. J'ai toujours été capable de dormir n'importe quand. Des siestes d'une demi-heure à intervalles réguliers pendant la nuit dans un wagon de marchandises sale étaient suffisantes.

La guerre civile amena des demandes si extraordinaires sur la ligne de Pennsylvanie que je fus finalement forcé d'organiser une équipe de nuit. Mais ce fut avec difficulté que j'obtins le consentement de mes supérieurs pour confier la charge de la ligne la nuit à un répartiteur de train. En fait, je n'obtins jamais leur autorisation formelle, mais, sous ma propre responsabilité, j'ai sans doute nommé le premier répartiteur de trains de nuit qui ait jamais agi en Amérique : du moins avait-il été le premier sur le réseau de la Pennsylvanie.

À notre retour à Pittsburgh en 1860, nous louâmes une maison dans la rue Hancock, maintenant la huitième rue, et nous y avons résidé pendant un an ou plus. N'importe quelle description précise de Pittsburgh à cette époque serait considérée comme une pièce de théâtre de la plus grande exagération. La fumée imprégnait tout. Si vous placiez votre main sur la balustrade d'un escalier, elle devenait noire. Si vous vous laviez le visage et les mains, ils étaient plus sales que jamais une heure plus tard. La suie s'accumulait dans les cheveux et irritait la peau et pendant un moment après notre retour de l'atmosphère montagneuse d'Altoona, la vie fut plus ou moins misérable. Nous commençâmes bientôt à réfléchir à comment nous pourrions nous rendre à la campagne et heureusement, à ce moment-là, M. D. A. Stewart, alors agent de fret pour la compagnie, attira notre attention sur une maison jouxtant sa résidence à Homewood. Nous nous y installâmes immédiatement et le télégraphe y fut installé, ce qui me permit de faire fonctionner la division depuis la maison lorsque cela était nécessaire.

Là, une nouvelle vie s'offrait à nous. Il y avait des chemins de campagne et des jardins en abondance. Les résidences avaient de cinq à vingt acres de terrain. Le domaine de Homewood s'étendait sur plusieurs centaines d'hectares, avec de magnifiques bois et vallons et un ruisseau. Nous aussi, nous avions un jardin et une étendue considérable de terrain autour de notre maison. Les années les plus heureuses de la vie de ma mère furent passées ici, parmi ses fleurs ses poules et le cadre de vie campagnard. Son amour des fleurs était une passion. Elle était presque incapable de cueillir une fleur. En fait, je me souviens qu'elle me reprocha une fois d'arracher une mauvaise herbe, en disant : « C'était quelque chose de vert ». J'ai hérité de cette particularité et j'ai souvent marché de la maison au portail avec l'intention de cueillir une fleur pour ma boutonnière, pour ensuite partir en ville incapable d'en trouver une que je pouvais me résoudre à détruire.

Ce passage à la campagne s'accompagna d'une foule de nouvelles relations. Beaucoup des familles aisées du district avaient leur résidence dans ce charmant faubourg. C'était, pour ainsi dire, le quartier aristocratique. Le jeune surintendant était invité aux festivités de ces grandes maisons. Les jeunes gens étaient musiciens et nous avions beaucoup de soirées musicales. J'entendais des sujets de discussion que je n'avais jamais connus auparavant et je me faisais une règle, quand je les entendais, d'apprendre quelque chose sur le champ. Je prenais plaisir chaque jour à sentir que j'apprenais quelque chose de nouveau.

C'était ici que je rencontrai pour la première fois les frères Vandevort, Benjamin et John. Ce dernier a été mon compagnon de route lors de plusieurs voyages que j'ai effectués plus tard dans ma vie. Ce « cher Vandy » apparaît comme mon ami dans « Le tour du monde ». Nos voisins, M. et Mme Stewart, devinrent de plus en plus proches de nous et la relation cordiale que nous entretenions auparavant se transforma en une amitié durable. Un de mes plaisirs est que M. Stewart se lança par la suite dans les affaires avec nous et devint associé, tout comme « Vandy ». Le plus grand des avantages de notre nouvelle maison, cependant, fut de faire la connaissance de la plus grande famille de la Pennsylvanie occidentale, celle de l'honorable juge Wilkins. Le juge approchait alors de sa quatre-vingtième année, grand, mince et beau, en pleine possession de ses facultés, avec une grâce courtoise et la plus merveilleuse réserve de connaissances et de souvenirs de tous les hommes que j'ai eu le privilège de rencontrer. Sa femme, la fille de George W. Dallas, Vice-Président des États-Unis, a toujours été mon type de femme, gracieuse en âge. La plus belle, la plus charmante vieille dame vénérable que j'ai jamais connue ou vue. Sa fille, Miss Wilkins, sa sœur, Mme Saunders et ses enfants, résidaient dans le manoir majestueux de Homewood, qui était pour le district environnant ce que le Hall baronnial en Grande-Bretagne est ou devrait être pour son district : le centre de tout ce qui était cultivé, raffiné et distingué.

Pour moi, il était particulièrement plaisant d'avoir l'impression d'être un invité bienvenu. Les soirées musicales, les charades et les pièces de théâtre dans lesquelles Miss Wilkins jouait les premiers rôles me fournissaient d'autres moyens de m'améliorer. Le juge lui-même était le premier homme de notoriété historique que j'aie jamais connu. Je n'oublierai jamais l'impression qu'il fit sur moi lorsque, durant une conversation, en voulant illustrer une remarque, il dit : « Le président Jackson m'a dit un jour… », ou, « J'ai dit telle et telle chose au duc de Wellington ». Le juge dans sa vie antérieure (1834) avait été ministre en Russie sous Jackson et il parlait avec la même aisance de son entrevue avec le Tsar. Il me semblait que je touchais du bout des doigts l'histoire elle-même. La maison avait une nouvelle atmosphère et mes rapports avec la famille étaient un stimulant puissant pour améliorer mon propre esprit et mes manières.

Le seul sujet sur lequel il y avait toujours antagonisme, bien que non exprimé, entre la famille Wilkins et moi-même, était la politique. J'étais un ardent partisan de la liberté à cette époque où être abolitionniste était un peu comme être républicain en Grande-Bretagne. Les Wilkins étaient de fervents démocrates avec un penchant pour le sud, car ils étaient étroitement liés aux grandes familles sudistes. Un jour, à Homewood, en entrant dans le salon, je trouvai la famille discutant avec enthousiasme d'un terrible incident qui s'était produit récemment.

« Que pensez-vous ? » me dit Mme Wilkins ; « Dallas » (son petit-fils) « m'écrit qu'il a été contraint par le commandant de West Point à s'asseoir à côté d'un esclave ! N'avez-vous jamais entendu une chose pareille ? N'est-ce pas honteux ? Des esclaves admis à West Point ! »

« Oh ! » dis-je, « Mme Wilkins, il y a quelque chose d'encore pire que cela. Je crois savoir que certains d'entre eux ont été admis au paradis ! »

Il y eut un silence palpable. Alors, la chère Mme Wilkins dit gravement :

« C'est une autre affaire, M. Carnegie ».

Le plus précieux présent que j'ai reçu jusqu'alors vint de cette façon. La chère Mme Wilkins commença à tricoter une couverture, et pendant le travail, nombreuses furent les interrogations pour savoir à qui elle était destinée. Non, la chère reine ne voulait pas le dire ; elle garda le secret pendant de longs mois jusqu'à ce que, Noël s'approchant, le cadeau terminé et emballé avec soin et sa carte rédigée avec quelques mots aimants, elle demanda à sa fille de me l'adresser. Il fut dûment reçu à New York. Quel hommage de la part d'une telle dame ! Eh bien, cette couverture, bien que souvent montrée à des amis chers, n'a pas été beaucoup utilisée. Elle est sacrée pour moi et reste parmi mes biens les plus précieux.

J'avais été si chanceux de rencontrer Leila Addison alors que je vivais à Pittsburgh, la fille talentueuse du Dr Addison, qui était décédé peu de temps auparavant. Je fis rapidement connaissance avec la famille et je reconnaissais avec gratitude l'avantage immense que cette rencontre m'apporta. Voilà une autre amitié avec des gens qui avaient tous les avantages d'une éducation supérieure. Carlyle avait été le précepteur de Mme Addison pendant un certain temps, car elle était une dame d'Édimbourg. Ses filles avaient été éduquées à l'étranger et parlaient le français, l'espagnol et l'italien aussi couramment que l'anglais. C'est en fréquentant cette famille que je réalisai pour la première fois le fossé indescriptible et pourtant incommensurable qui sépare les personnes très instruites des gens comme moi. Mais « le petit verre de liquide écossais entre nous » exerça sa magie comme d'habitude.

Miss Addison devint une amie idéale, car elle entreprit d'améliorer le diamant brut, si tant est que ce fût un diamant. Elle était ma meilleure amie, car ma plus sévère critique. Je commençai à faire très attention à mon langage et aux classiques anglais, que je lis maintenant avec une grande avidité. Je commençai aussi à noter à quel point il était préférable d'être doux dans le ton et les manières, poli et courtois : en bref, de mieux se comporter. Jusqu'à ce moment, j'avais été, peut-être, négligent dans ma tenue vestimentaire et je l'avais plutôt mise à mal. Les grosses bottes lourdes, le col ample et la rudesse générale de la tenue étaient alors propres à l'ouest et dans notre cercle, perçus comme virils. Tout ce qui pouvait être qualifié de prétentieux était considéré avec mépris. Je me souviens du premier gentleman que j'ai vu au service de la compagnie des chemins de fer qui portait des gants en chevreau. Il était l'objet de moqueries parmi nous, qui aspirions à devenir des hommes virils. J'étais beaucoup mieux à tous ces égards après notre déménagement à Homewood, grâce aux Addisons.

# CHAPITRE VIII

# PERIODE DE GUERRE CIVILE

# CHAPITRE VIII

# PERIODE DE GUERRE CIVILE

En 1861, la guerre de Sécession éclata et je fus immédiatement convoqué à Washington par M. Scott, qui avait été nommé secrétaire adjoint à la guerre en charge du département des transports. Je devais agir comme assistant en charge des chemins de fer et des télégraphes militaires du gouvernement et organiser une force des cheminots. C'était un des départements les plus importants au début de la guerre.

Les premiers régiments des troupes de l'Union passant par Baltimore avaient été attaqués, et la ligne de chemin de fer avait été coupée entre Baltimore et la jonction d'Annapolis, détruisant la communication avec Washington. Il me fallut donc, avec mon corps d'assistants, prendre le train à Philadelphie pour Annapolis, un point à partir duquel une ligne secondaire s'étendait jusqu'à la jonction, rejoignant la ligne principale vers Washington. Notre première tâche était de réparer cet embranchement et de le rendre praticable pour les trains lourds, un travail de quelques jours. Le général Butler et plusieurs régiments de troupes arrivèrent quelques jours après nous et nous fûmes capables de transporter toute sa brigade à Washington.

Je pris place dans la première locomotive qui partait pour la capitale et j'avançai avec beaucoup de précautions. À une certaine distance de Washington, je remarquai que les câbles télégraphiques avaient été fixés au sol par des piquets de bois. J'arrêtai la locomotive et courus dans leur direction pour les libérer, mais je n'avais pas remarqué que les câbles avaient été tirés d'un côté avant d'être plantés. Lorsqu'ils furent libérés, dans leur remontée, ils me frappèrent au visage, me renversèrent et me causèrent une entaille à la joue qui saigna abondamment. C'est dans cet état que je suis entré dans la ville de Washington avec les premières troupes, à l'exception d'un ou deux soldats, blessés quelques jours auparavant, en traversant les rues de Baltimore. Je peux affirmer à juste titre que j'avais « versé mon sang pour mon pays » avec ses premiers défenseurs. Je me glorifiais d'être utile au pays qui avait tant fait pour moi et je travaillai, je peux vraiment le dire, nuit et jour, pour rétablir la communication avec le sud.

Je transférai rapidement mes quartiers généraux à Alexandrie[24], en Virginie et j'étais stationné là lorsque la

--------

24 « Lorsque Carnegie arriva à Washington, sa première tâche fut d'établir un service pour Alexandrie et de prolonger la voie ferrée des chemins de fer de Baltimore et de l'Ohio depuis l'ancien dépôt de Washington, le long de Maryland Avenue jusqu'au Potomac et de le traverser, afin que les locomotives et les voitures puissent traverser pour être utilisées en Virginie. Long Bridge, sur le Potomac, devait être reconstruit, et je me souviens que, sous la direction de Carnegie et de R.F. Morley, le chemin de fer entre Washington et Alexandria a été achevé dans le délai remarquablement court de sept jours. Toutes les mains, de

malheureuse bataille de Bull Run eut lieu. Nous n'arrivions pas à croire les rapports qui nous arrivaient, mais il devint vite évident que nous devions hâter chaque locomotive et chaque voiture au front pour ramener nos forces défaites. Le point le plus proche était alors la station Burke. J'y suis allé et j'ai rempli un train après l'autre de ces pauvres volontaires blessés. On nous signala que les rebelles étaient proches et nous fûmes obligés de fermer la station Burke, l'opérateur et moi-même partant avec le dernier train pour Alexandrie où la panique était évidente de tous côtés. Certains de nos cheminots manquaient à l'appel, mais le nombre de personnes présentes à la cantine le lendemain matin montra que, comparés à d'autres branches du service, nous avions de quoi nous féliciter. Quelques conducteurs et ingénieurs avaient trouvé des bateaux et traversé le Potomac, mais la grande majorité des hommes était restée, bien que le rugissement des canons de l'ennemi à leur poursuite ait été entendu pendant la nuit. Pas un seul de nos télégraphistes ne manquait à l'appel le lendemain matin.

Peu après, je retournai à Washington et j'y installai mes quartiers généraux dans le quartier de guerre avec le colonel Scott. Comme j'avais la charge du département télégraphique, ainsi que des chemins de fer, j'eus l'opportunité de voir le président Lincoln, M. Seward, le secrétaire Cameron, et d'autres personnalités. J'étais occasionnellement mis en contact personnellement avec ces hommes, ce qui était pour moi une source de fascination. M. Lincoln venait de temps en temps au bureau et s'asseyait à la table en attendant des réponses à des télégrammes, ou peut-être simplement pour obtenir des informations.

---

Carnegie jusqu'en bas, ont travaillé jour et nuit pour accomplir cette tâche. » (Bates, Lincoln dans le bureau télégraphique, p. 22, New York, 1907).

*Daguerréotype de Lincoln par Alexander Gardner en 1863*

Toutes les images de cet homme extraordinaire lui ressemblent. Il avait des traits si marqués que c'était impossible pour quiconque de le peindre sans produire une ressemblance. Il était certainement l'un des hommes les plus ordinaires que j'aie jamais vu quand ses traits étaient au repos, mais lorsqu'il était animé ou qu'il racontait une histoire, l'intelligence brillait dans ses yeux et illuminait son visage comme je l'ai rarement, voire jamais, vu chez un autre. Ses manières étaient parfaites, car naturelles et il avait un mot affectueux pour tout le monde, même le plus jeune garçon du bureau. Ses attentions n'étaient pas hiérarchisées. Elles étaient les mêmes pour tout le monde, aussi déférentes pour parler au messager qu'au secrétaire Seward. Son charme reposait dans son absence totale de maniérisme. Ce n'était peut-être pas tant ce qu'il disait que la façon dont il le disait qui ne manquaient jamais de séduire. J'ai souvent regretté de ne pas avoir noté soigneusement, à cette époque, quelques-unes de ses expressions curieuses, car il disait même les choses les plus communes d'une manière originale. Je n'ai jamais rencontré un grand homme qui se liait avec tous les autres hommes comme M. Lincoln. Comme le dit si bien le secrétaire Hay, « Il est impossible d'imaginer que quiconque soit le valet de chambre de M. Lincoln : il aurait été son compagnon ». Il était le plus parfait des démocrates, pratiquant dans chaque parole et chaque acte l'égalité entre les hommes.

Lorsque Mason et Slidell furent enlevés en 1861 du navire britannique Trent. Il y avait une anxiété intense de la part de ceux qui, comme moi, savaient ce que le droit d'asile sur ses navires signifiait pour la Grande-Bretagne. C'était une guerre certaine ou un retour rapide des prisonniers. Le secrétaire Cameron étant absent lorsque le cabinet fut convoqué pour examiner la question. M. Scott fut invité à y assister en tant que secrétaire adjoint à la guerre. Je fis de mon mieux pour lui faire comprendre que sur cette question, la Grande-Bretagne se battrait sans hésiter et j'insistai pour qu'il soit fermement en faveur de la capitulation, d'autant plus que la doctrine américaine voulait que les navires soient à l'abri des recherches. M. Scott, ne connaissant rien aux affaires étrangères, était disposé à garder les captifs, mais à son retour de la réunion, il me dit que Seward avait averti le cabinet que cela signifiait la guerre, tout comme je l'avais dit. Lincoln, aussi, était d'abord enclin à garder les prisonniers, mais il se convertit finalement à la politique de Seward. Le cabinet, cependant, avait décidé de reporter l'action jusqu'au lendemain, lorsque Cameron et les autres seraient présents. M. Scott fut prié par Seward de rencontrer Cameron à son arrivée et de l'informer sur le sujet avant d'aller à la réunion, car on s'attendait à ce qu'il ne soit pas d'humeur à se rendre. Cela fut fait et tout se passa bien le jour suivant.

La confusion générale qui régnait à Washington à cette époque devait être vue pour être comprise. Aucune description ne peut refléter ma première impression. La première fois que je vis le général Scott, alors commandant en chef, il était aidé par deux hommes à traverser la rue de son bureau à sa voiture. C'était un vieil homme décrépit, paralysé non seulement de corps, mais aussi d'esprit, et c'était de cette noble relique du passé que l'organisation des forces de la République dépendait. Son commissaire en chef, le général Taylor, était dans une certaine mesure un homologue de Scott. Il nous incombait d'organiser avec eux et d'autres à peine moins aptes, l'ouverture des communications et le transport des hommes et des fournitures. Ils avaient apparemment tous passé l'âge d'être utiles. Des jours s'écoulaient avant qu'une décision puisse être prise sur des sujets qui exigeaient une action rapide. Il n'y avait presque aucun jeune officier actif à la tête d'un département important, ou du moins je n'en ai pas le souvenir. De longues années de paix avaient fossilisé le service.

La même cause avait produit des résultats similaires, si j'ai bien compris, dans le département de la Navy, mais je ne fus pas mis à son contact. La marine n'était pas importante au début. C'était l'armée qui comptait. Rien, hormis la défaite, n'était à espérer tant que les chefs des divers départements ne seraient pas changés et cela ne pouvait pas se faire en un jour. L'impatience du pays face au retard apparent dans la production d'une arme efficace pour la grande tâche confiée au gouvernement était sans doute naturelle. Mais ce qui m'étonne, c'est l'ordre qui émergea si rapidement du chaos qui régnait dans chaque branche du service.

Concernant nos opérations, nous avions un grand avantage. Le secrétaire Cameron autorisa M. Scott (il avait été promu colonel) à faire ce qu'il jugeait nécessaire sans avoir à attendre après la lenteur des actions des fonctionnaires relevant du secrétaire à la guerre. Un usage sans ménagement fut fait de cette autorité et la part importante jouée par les départements ferroviaires et télégraphiques du gouvernement, dès le début de la guerre, est à attribuer au fait que nous avions le soutien bienveillant du secrétaire Cameron. Celui-ci était alors en possession de toutes ses facultés et saisissait les éléments du problème bien mieux que ses généraux et chefs de service. La clameur populaire obligea Lincoln à finalement le remplacer, mais ceux qui étaient en coulisse savaient bien que si les autres départements avaient été aussi bien gérés que le département de la guerre sous Cameron, une grande partie du désastre aurait été évitée.

Lochiel, comme Cameron aimait à être appelé, était un homme de sentiments. Dans sa quatre-vingts-dixième année, il nous rendit visite en Écosse et, en passant à travers un de nos vallons, assis sur le siège avant de notre carrosse à quatre chevaux, il tira son chapeau de manière révérencieuse et traversa le vallon tête nue, subjugué par sa grandeur. La conversation tourna autour des efforts que les candidats à une fonction publique doivent eux-mêmes déployer et sur l'idée fausse que la fonction trouve l'homme, excepté dans de très rares cas d'urgence. À ce propos, Lochiel raconta cette histoire sur le second mandat de Lincoln.

Un jour dans la maison de campagne de Cameron, près de Harrisburg, en Pennsylvanie, il reçut un télégramme indiquant que le président Lincoln souhaitait le voir. Il se rendit à Washington. Lincoln commença :

« Cameron, les gens autour de moi me disent que c'est mon devoir patriotique d'être candidat pour un second mandat, que je suis le seul homme qui puisse sauver mon pays, et ainsi de suite. Et vous savez que je commence à peine à être assez fou pour les croire un peu. Qu'en dites-vous et comment pourrait-on y arriver ? »

« Eh bien, Monsieur le Président, il y a vingt-huit ans de cela, le président Jackson me fit venir comme vous venez de le faire et me raconta exactement la même histoire. Sa lettre m'est parvenue en Nouvelle-Orléans et j'ai voyagé dix jours pour rejoindre Washington. J'ai dit au président Jackson que je pensais que le meilleur plan serait de faire adopter par la législature des résolutions insistant pour que le capitaine ne déserte pas le navire en ces temps orageux. Si un état le faisait, je pensais que les autres le suivraient. M. Jackson a donné son accord et je suis allé à Harrisburg faire préparer et adopter cette résolution. D'autres états ont suivi comme je m'y attendais et, comme vous le savez, il a remporté un second mandat ».

« Eh bien », dit Lincoln, « pourriez-vous le refaire aujourd'hui ? »

« Non », dis-je, « Je suis trop proche de vous, Monsieur le Président. Mais si vous le désirez, je pourrais trouver un ami pour le faire, je pense ».

« Eh bien », dit le président Lincoln, « je m'en remets à

vous ».

« J'ai fait venir Foster » (qui était son compagnon dans le carrosse et notre invité) « et je lui ai demandé de vérifier les résolutions de Jackson. Nous les avons légèrement modifiées pour remplir les nouvelles conditions et nous les avons adoptées. Le même résultat s'est produit, comme dans le cas du président Jackson. Lors de ma visite suivante à Washington, je me rendis à la soirée de réception publique du président. Lorsque je suis entré dans la salle est, spacieuse et bondée, étant très grand, comme Lincoln, le président m'a reconnu au-dessus de la foule et, levant ses deux mains gantées de blanc qui ressemblaient à deux pattes de mouton, m'a interpellé : "Deux de plus aujourd'hui, Cameron, deux de plus." C'est-à-dire que deux états supplémentaires avaient adopté les résolutions Jackson-Lincoln ».

En dehors de la lumière que cet incident jette sur la vie politique, il est assez remarquable que le même homme ait été appelé pour un conseil par deux présidents des États-Unis, à vingt-huit ans d'écart, sous des circonstances en tous points similaires, et que, avec la même méthode, les deux hommes soient devenus candidats et aient tous les deux obtenu un second mandat. Comme cela fut expliqué lors d'une occasion mémorable : « Il y a de la figuration dans toutes ces choses ».

Lorsque j'étais à Washington, je n'avais pas rencontré le général Grant, car il était dans l'Ouest jusqu'au moment de mon départ. Mais lors d'un voyage aller-retour pour Washington, il s'arrêta à Pittsburgh pour prendre les dispositions nécessaires pour son déménagement dans l'Est. Je l'ai rencontré sur la ligne à ces deux occasions et je l'ai emmené dîner avec moi à Pittsburgh. Il n'y avait pas de wagon-restaurant à l'époque. C'était l'homme de haut rang à l'apparence la plus ordinaire que j'aie jamais rencontré et le dernier à pouvoir être identifié au premier regard comme un homme remarquable. Je me souviens que le secrétaire à la guerre Stanton disait que lorsqu'il rendit visite aux armées dans l'Ouest, le général Grant et son équipe entrèrent dans sa voiture. Il les regarda, l'un après l'autre, alors qu'ils entraient et, en voyant le général Grant, se dit à lui-même, « Eh bien, je ne sais pas lequel est le général Grant, mais ce n'est certainement pas lui ». Pourtant, c'était bien lui. [En lisant ce texte des années après qu'il ait été écrit, je ris. C'est assez cruel pour le général, car on m'a pris pour lui plus d'une fois.]

À cette époque de la guerre, on parlait beaucoup de « stratégie » et des plans des différents généraux. J'étais impressionné par la liberté du général Grant à me parler de telles choses. Bien sûr, il savait que j'avais été au bureau de la guerre, que j'étais bien connu du secrétaire Stanton[25] et que j'avais une certaine connaissance de ce qu'il se passait, mais on peut imaginer ma surprise lorsqu'il me dit :

« Eh bien, le président et Stanton veulent que j'aille dans l'Est et que je prenne le commandement là-bas et j'ai accepté de le faire. Je vais simplement à l'ouest pour prendre les dispositions nécessaires ».

Je dis « Je m'en doutais ».

---

25 M. Carnegie a donné 80 000 dollars au collège de Stanton, à Kenyon, et le 26 avril 1906, il a prononcé au collège un discours sur le grand secrétaire à la guerre. Ce discours a été publié sous le titre Edwin M. Stanton, une allocution d'Andrew Carnegie lors du Jour de la Commémoration de Stanton au Kenyon College. (New York, 1906.)

« Je vais mettre Sherman aux commandes », dit-il.

« Cela surprendra le pays », dis-je, « car je pense que l'impression est que le général Thomas devrait réussir ».

« Oui, je le sais », dit-il, « mais je connais les hommes et Thomas sera le premier à dire que Sherman est l'homme de la situation. Il n'y aura aucun problème à ce sujet. Le fait est que le front ouest est assez loin et la prochaine chose que nous devons faire est de pousser le front est un peu plus bas ».

C'était exactement ce qu'il fit. Et c'était la manière de Grant de mettre la stratégie en mots. J'ai eu le privilège de bien le connaître par la suite. S'il n'y a jamais eu un homme sans la moindre trace d'affect, Grant était cet homme. Même Lincoln ne le surpassait pas en cela.
Mais Grant était un homme calme et lent alors que Lincoln était toujours vivant et en mouvement. Je n'ai jamais entendu Grant utiliser un mot trop long ou trop haut, ou faire la moindre tentative de « manières », mais l'impression générale qu'il était toujours sur la réserve est une erreur. Il était parfois étonnamment beau parleur et, en certaines occasions, il aimait cela. Ses phrases étaient toujours courtes et précises et ses observations sur les choses remarquablement perspicaces. Quand il n'avait rien à dire, il ne disait rien. Je remarquais qu'il ne se lassait jamais de faire l'éloge de ses subordonnés pendant la guerre. Il parlait d'eux comme un père affectueux parle de ses enfants.

On raconte que pendant les épreuves de la guerre dans l'Ouest, le général Grant commença à s'adonner trop librement à l'alcool. Son chef d'état-major, Rawlins, se risqua à le lui dire. C'était l'action d'un véritable ami que Grant reconnut pleinement.

« Vous ne le pensez pas ? J'en étais totalement inconscient. Je suis surpris ! » dit le général.

« Si, je le pense. Cela commence même à faire l'objet de commentaires parmi vos officiers ».

« Pourquoi ne me l'avez-vous pas dit avant ? Je ne boirai plus jamais une goutte d'alcool ».

Et il ne le fit plus jamais. Maintes fois, dans les années qui suivirent, en dînant avec les Grant à New York, j'ai vu le général refuser les verres de vin. Cette volonté inaltérable lui permit de tenir sa résolution, un cas rare d'après mon expérience. Certains se sont abstenus pendant un certain temps. Dans un cas célèbre, un de nos partenaires s'est abstenu pendant trois années, mais hélas, le vieil ennemi a finalement repris sa victime.

Grant, lorsqu'il était président, fut accusé d'avoir tiré un avantage pécuniaire de certaines nominations ou de certains actes de son administration, alors que ses amis savaient qu'il était si pauvre qu'il avait été contraint d'annoncer son intention d'abandonner les dîners d'état, dont chacun coûtait, selon lui, huit cents dollars : une somme qu'il ne pouvait pas se permettre de payer avec son salaire. L'augmentation du salaire présidentiel de 25 000 à 50 000 $ par an lui permit, durant son second mandat, d'économiser un peu, bien qu'il ne se souciât pas plus de l'argent que des uniformes. À la fin de son premier mandat, je sais qu'il n'avait rien. Pourtant, je découvris, lorsque j'étais en Europe, que l'impression était répandue parmi les plus hauts fonctionnaires de cette région qu'il y avait du vrai dans l'accusation selon laquelle le général Grant avait bénéficié pécuniairement de ses relations. Nous savons en Amérique le peu de poids qu'il faut accorder à ces accusations, mais il aurait été bon que ceux qui les ont formulées si imprudemment aient considéré l'effet qu'elles produiraient sur l'opinion publique dans d'autres pays.

La cause de la démocratie souffre plus en Grande-Bretagne aujourd'hui de l'opinion générale que les politiques américains sont corrompus et donc que le républicanisme produit nécessairement plus de corruption que toute autre cause. Pourtant, ayant une certaine connaissance de la politique dans les deux pays, je n'ai pas la moindre hésitation à dire que pour chaque once de corruption des hommes publics au nouveau pays du républicanisme, il y en a une dans l'ancien pays de la monarchie. Seules les formes diffèrent. Ce sont les titres qui sont les pots-de-vin dans la monarchie, pas les dollars. La fonction est une récompense commune dans les deux cas. Il y a, cependant, cette différence en faveur de la monarchie : les titres sont donnés publiquement et ne sont pas considérés par les récipiendaires ni par le peuple comme des pots-de-vin.

Lorsque je fus appelé à Washington en 1861, on pensait que la guerre serait bientôt terminée, mais on s'est aperçu peu après qu'elle allait encore durer des années. Des responsables permanents seraient nécessaires. La compagnie de chemins de fer de Pennsylvanie n'était pas en mesure de se passer de M. Scott et ce dernier, à son tour, décida que je devais retourner à Pittsburgh, où l'on avait un besoin urgent de mes services, en raison des exigences du gouvernement envers la Pennsylvanie. Nous plaçâmes donc le département à Washington dans les mains d'autres personnes et retournâmes à nos postes respectifs.

Après mon retour de Washington, une réaction s'ensuivit et je fus victime de ma première maladie grave. J'étais complètement éreinté et après avoir lutté pour réaliser mes tâches je fus contraint de me reposer. Un après-midi, alors que je me trouvais sur la ligne de chemin de fer en Virginie, une sorte d'insolation me terrassa. Cela finit par passer, mais par la suite je découvris que je ne pouvais pas supporter la chaleur et je devais prendre soin de ne pas m'exposer au soleil. Une journée chaude me flétrissait complètement. [C'est la raison pour laquelle l'air frais des Highlands en été a été une panacée pour moi pendant de nombreuses années. Mon médecin a insisté sur le fait que je devais éviter nos chauds étés américains.]

Une autorisation d'absence me fut accordée par la compagnie des chemins de fer de Pennsylvanie et l'opportunité tant désirée de visiter l'Écosse arriva. Ma mère, mon meilleur ami Tom Miller et moi-même embarquâmes à bord du bateau à vapeur Etna, le 28 juin 1862, j'avais alors vingt-sept ans. Après avoir débarqué à Liverpool, nous nous rendîmes directement à Dunfermline. Aucun changement ne m'a jamais autant affecté que ce retour dans mon pays natal. J'avais l'impression d'être dans un rêve. Chaque kilomètre qui nous rapprochait de l'Écosse augmentait l'intensité de mes sentiments. Ma mère était également émue et je me souviens que, lorsque ses yeux aperçurent pour la première fois le buisson jaune familier, elle s'exclama :

« Oh ! Il y a le genêt, le genêt ! »

Son cœur était si plein qu'elle ne put retenir ses larmes et plus j'essayais de l'alléger ou de l'apaiser, plus elle était subjuguée. Pour ma part, j'aurais pu me jeter sur le sol sacré et l'embrasser.[26]

---

[26] « C'est une chance pour moi d'être né Écossais, car je ne vois pas comment j'aurais pu me contenter d'être autre chose. La petite diablesse austère, bien décidée à suivre ses propres chemins, et à les suivre aussi, pondérée et avisée, avec un œil sur la chance

C'est dans cet état d'esprit que nous atteignîmes Dunfermline. Chaque élément que nous croisions était immédiatement reconnu, mais tout semblait si petit, comparé à ce que j'avais imaginé, que je fus perplexe. Finalement, en atteignant la maison d'oncle Lauder et en entrant dans la vieille pièce où il nous avait appris tant de choses à Dod et à moi-même, je m'exclamai :

« Vous êtes tous ici, tout est exactement comme je l'ai laissé, mais vous jouez tous maintenant avec des jouets ».

La High Street, que j'avais considérée comme une alternative convenable à Broadway, la boutique de mononcle, que j'avais comparé à certains établissements new-yorkais, les petits monticules de la ville, où nous courions les dimanches pour jouer, les distances, la hauteur des maisons, tout avait rétréci. C'était une ville de Lilliputiens. Je pouvais presque toucher l'avant-toit de la maison où j'étais né et la mer, vers laquelle on avait jadis considéré comme un exploit de marcher le samedi, était seulement à trois miles. Les rochers du bord de mer, au milieu desquels j'avais autrefois ramassé des wilks (bulots) semblaient avoir disparu et il ne restait qu'un banc plat et apprivoisé. L'école, autour de laquelle se concentrent beaucoup de mes souvenirs d'écolier, ma seule Alma Mater, et la cour de récréation, sur laquelle des batailles fictives et des courses avaient été disputées, avaient rétréci dans des dimensions ridicules. Les belles résidences, Broomhall,

---

principale, toujours et pourtant si affectueusement faible, si affectueuse, si entraînée par la chanson ou l'histoire, si facilement touchée par de belles questions, si loyale, si vraie. Ah ! tu me conviens, Écosse, et je suis fier d'être ton fils. » (Andrew Carnegie, Notre Voyage en Carrosse, p. 152, New York, 1882).

Fordell et plus particulièrement les conservatoires à Donibristle, tombaient l'un après l'autre dans la mesquinerie et l'insignifiance. Ce que je ressentis plus tard lors d'une visite au Japon, avec ses petites maisons de poupée, était une sorte de répétition de l'impression que mon ancienne maison avait faite sur moi.

Tout était là, en miniature. Même le vieux puits au bout de Moodie Street, où j'avais commencé mes premiers combats, était différent de mes souvenirs. Mais un objet est resté comme je l'avais toujours rêvé. Je n'étais pas déçu par la vieille abbaye glorieuse et son vallon. C'était suffisamment grand, en taille et en prestance, et les mémorables lettres sculptées au sommet de la tour, « Roi Robert le Bruce », remplissaient mes yeux et mon cœur aussi pleinement qu'autrefois. La cloche de l'abbaye ne m'a pas non plus déçu lorsque je l'entendis pour la première fois après mon retour. J'en étais reconnaissant. Elle me donna un point de ralliement et, autour de la vieille abbaye, avec les ruines du palais et le vallon, d'autres objets reprirent leurs véritables proportions après un certain temps.

Mes proches étaient extrêmement gentils et la plus âgée de tous, ma chère vieille tante Charlotte, s'exclama, dans un moment d'exaltation :

« Oh, tu reviendras ici un jour et *tu tiendras une boutique dans la High Street* ».

Tenir une boutique dans la High Street était son idée du triomphe. Son gendre et sa fille, tous deux mes cousins germains, bien que n'ayant aucun lien de parenté entre eux, s'étaient élevés à ce niveau sublime et aucune prédiction n'était trop belle pour son neveu si prometteur. Il y a une aristocratie même dans le commerce et la famille de l'épicier de la High Street ne se mêle pas à celle celui de Moodie

Street.

Ma tante, qui avait souvent joué le rôle de ma nourrice, aimait à rappeler le fait que j'étais un nourrisson hurlant qu'il fallait nourrir avec deux cuillères, car je criais dès qu'une d'entre elles quittait ma bouche. Plus tard, le capitaine Jones, notre surintendant de l'aciérie, dit de moi que j'étais né « avec deux rangées de dents et des trous percés pour en avoir plus », tant mon appétit pour de nouveaux travaux et une production augmentée était insatiable. Comme j'étais le premier enfant de notre famille immédiate, il y avait beaucoup de parents maintenant vénérables qui suppliaient qu'on leur permette de jouer les nourrices. Mes tantes entre autres. Beaucoup de mes farces et mots d'enfance me furent racontés par elles dans leur vieillesse. L'un d'eux, dont mes tantes se souvenaient, me paraissait plutôt précoce.

J'avais été élevé selon des principes de sagesse et l'un de ceux que mon père m'avait enseignés fut rapidement mis en pratique. Enfant, en revenant du bord de mer à trois miles de là, il dut me porter une partie du trajet de retour vers la maison sur son dos. En montant une colline escarpée dans l'obscurité, il fit remarquer le poids de sa charge, en espérant probablement que je proposerais de marcher un peu. La réponse qu'il reçut, cependant, fut la suivante :

« Ah, papa, ne fais pas attention, la patience et la persévérance font l'homme, tu sais ».

Il conserva son fardeau, mais en pouffant de rire. C'était l'arroseur arrosé, mais son fardeau devint plus léger quand même. J'en suis certain.

Ma maison, bien sûr, était avec mon instructeur, mon guide et mon inspirateur, oncle Lauder, qui avait tant fait pour me rendre romantique, patriote et poétique à huit ans. Maintenant, j'en avais vingt-sept, mais oncle Lauder restait toujours oncle Lauder. Il n'avait pas diminué, personne ne pouvait prendre sa place. Nous nous promenions et discutions sans cesse et je redevenais « Naig » pour lui. Il n'avait jamais eu d'autre nom pour moi que celui-là. Mon cher, cher oncle, et plus, bien plus qu'un oncle pour moi.[27]

J'étais encore en train de rêver et j'étais si excité que je n'arrivais pas à dormir et que j'avais attrapé froid dans la foulée. Le résultat naturel de tout cela fut une fièvre. Je suis resté alité dans la maison de mon oncle pendant six semaines, dont une partie dans un état préoccupant. La médecine écossaise était alors aussi sévère que la théologie écossaise (les deux se sont beaucoup adoucies depuis) et je fus saigné. Mon mince sang américain fut tellement drainé que lorsque je fus déclaré convalescent, je mis longtemps à me remettre sur pieds. Cette maladie mit fin à ma visite, mais lorsque j'atteignis de nouveau l'Amérique, le voyage en mer m'avait fait tant de bien que je pus reprendre mon travail.

---

27 « Cet oncle, qui aimait la liberté parce qu'elle est l'héritage des âmes courageuses, dans les jours sombres de la guerre civile américaine, s'est tenu presque seul dans sa communauté pour la cause que Lincoln représentait. » (Hamilton Wright Mabie dans Century Magazine, vol. 64, p. 958).

# CHAPITRE IX

# CONSTRUCTION DE PONTS

# CHAPITRE IX

# CONSTRUCTION DE PONTS

Pendant la guerre civile, le prix du fer atteignit quelque chose comme cent trente dollars la tonne. Même à ce prix, ce n'était pas tant une question d'argent que de livraison. Les lignes de chemin de fer d'Amérique devenaient dangereuses en raison du manque de nouveaux rails et cet état de fait me conduisit à monter en 1864 une entreprise de fabrication de rails à Pittsburgh. Il n'a pas été difficile d'obtenir des partenaires et des capitaux et l'usine Superior Rail Mill and Blast Furnaces fut construite.

D'une manière similaire, la demande de locomotives était très forte et avec M. Thomas N. Miller[28], j'ai créé les usines de locomotive de Pittsburgh en 1866, une entreprise prospère et honorable : les locomotives fabriquées dans

---

28 Dès 1861, M. Carnegie avait été associé à M. Miller dans la compagnie de la forge de Sun City, où il tenait un petit commerce dans le domaine du fer.

cette entreprise ayant obtenu une réputation enviable dans tous les États-Unis. Cela tient du conte de fées aujourd'hui de savoir qu'en 1906 les actions de cent dollars de cette compagnie se sont vendues pour trois mille dollars : c'est-à-dire trente dollars contre un. D'importants dividendes annuels avaient été versés régulièrement et la société avait connu un grand succès, preuve suffisante de la politique : « Ne faites rien d'autre que ce qu'il y a de mieux ». C'est exactement ce que nous fîmes.

Lorsque j'étais à Altoona, j'avais vu le premier petit pont fabriqué en fer dans les usines de la compagnie des chemins de fer de Pennsylvanie. Il s'avéra être un succès. Je réalisai que nous ne pourrions plus dépendre davantage des ponts en bois pour des structures ferroviaires permanentes. Un pont important des chemins de fer de Pennsylvanie avait récemment brûlé et le trafic avait été bloqué pendant huit jours. Le fer était la solution. Je proposais à H.J. Linville, qui avait conçu le pont en fer, ainsi qu'à John L. Piper et à son partenaire, M. Schiffler, qui avait la responsabilité des ponts sur la ligne de Pennsylvanie, de venir à Pittsburgh, et je mis en œuvre une entreprise pour construire des ponts en fer. C'était la première entreprise de ce genre. Je demandai à mon ami, M. Scott, des chemins de fer de Pennsylvanie, de nous rejoindre dans cette aventure, ce qu'il fit. Chacun de nous paya un cinquième des intérêts, soit mille deux cent cinquante dollars. J'empruntai ma part à la banque. En y repensant aujourd'hui, la somme semblait très petite, mais les petits ruisseaux font les grandes rivières.

C'est ainsi que fut lancée en 1862 l'entreprise Piper et Schiffer, qui fusionna avec la compagnie des ponts de Keystone en 1863 : un nom que je me souviens avoir été fier de trouver plus approprié pour une entreprise de construction de ponts dans l'état de Pennsylvanie, le « Keystone State ». C'est à partir de ce moment-là que les ponts en fer se généralisèrent en Amérique et même dans le monde entier pour autant que je sache. Mes lettres aux fabricants de fer de Pittsburgh furent suffisantes pour assurer le crédit de la nouvelle entreprise. De petits ateliers en bois furent érigés et plusieurs structures de ponts furent montées. La fonte était le principal matériel utilisé, mais les ponts étaient si bien construits que certains d'entre eux, construits à l'époque et renforcés depuis pour supporter un transit accru, sont encore en service à ce jour sur diverses lignes.

La question de la construction d'un pont sur la rivière Ohio à Steubenville fut soulevée et on nous demanda si nous entreprendrions de construire un pont ferroviaire d'une portée de trois cents pieds au-dessus du canal. Il semble ridicule de nos jours de penser aux sérieux doutes qu'on entretenait sur notre capacité à le faire, mais l'on doit se souvenir que c'était avant l'époque de l'acier et presque avant l'utilisation du fer forgé en Amérique. Les câbles supérieurs et les piliers étaient tous en fonte. J'insistai auprès de mes partenaires pour que nous le tentions quand même et nous avons finalement signé un contrat. Mais je me souviens bien que lorsque le président Jewett[29] de la compagnie de chemin de fer visita l'usine et jeta son regard sur les piles de fonte lourde entreposée ici et là, qui étaient des parties du futur pont, il se tourna vers moi et dit :

« Je ne crois pas que ces lourdes pièces moulées puissent se lever et se porter toutes seules et encore moins supporter le passage d'un train sur la rivière Ohio ».

Le juge, cependant, vécut pour voir qu'il s'était trompé. Le pont est resté en place jusqu'à récemment, bien que

---

29 Thomas L. Jewett, président de la Bande côtière

renforcé pour supporter un trafic plus important. Nous nous attendions à gagner une somme conséquente grâce à cette première mission importante, mais, en raison de l'inflation, qui se produisit avant la fin des travaux, notre marge de profit fut quasiment engloutie. Le président Edgar Thomson, de la Pennsylvanie, fit preuve d'équité en apprenant les faits et accorda une somme supplémentaire pour couvrir nos pertes. La situation qui s'en suivit, dit-il, n'avait pas été envisagée par les diverses parties lorsque le contrat fut conclu. Edgar Thomson était un homme grand et bon, un négociateur acharné pour les chemins de fer de Pennsylvanie, mais toujours conscient du fait que l'esprit de la loi est supérieur à la lettre.

Avec Linville, Piper et Schiffler, nous possédions les plus grands talents de cette époque. Linville était un ingénieur, Piper un mécanicien dynamique et actif et Schiffler un homme sûr et stable. Le colonel Piper était un homme exceptionnel. J'ai entendu le président Thomson de la Pennsylvanie dire un jour qu'il préférerait l'avoir sur un pont brûlé plutôt que tous les corps des ingénieurs. Il y avait un sujet sur lequel le colonel affichait une grande faiblesse (heureusement pour nous) et c'était le cheval. À chaque fois qu'une discussion commerciale devenait trop tendue et que le colonel montrait des signes de colère, ce qui n'était pas rare, c'était un refuge sûr que de parler de ce sujet. Tout le reste disparaissait de son esprit, il devenait absorbé par sa fascination pour le sujet du cheval. S'il était surmené et que nous voulions lui faire prendre des vacances, nous l'envoyions dans le Kentucky pour s'occuper d'un ou deux chevaux que l'un ou l'autre d'entre nous souhaitait obtenir et pour le choix duquel nous ne faisions confiance à personne d'autre que lui. Mais sa passion pour les chevaux lui valait parfois de sérieux ennuis. Il fit son apparition au bureau un jour avec une moitié de visage aussi noire que la boue pouvait l'être, ses vêtements déchirés et son chapeau manquant, mais tenant encore sa cravache dans une main. Il expliqua qu'il avait tenté de chevaucher un poulain rapide du Kentucky, une des rênes s'étant alors rompue et qu'il avait perdu son « sens du pilotage », comme il le disait.

C'était un grand homme, « Pipe » comme nous l'appelions. Lorsqu'il se prenait d'affection pour une personne, comme ce fut le cas pour moi, il était toujours là pour elle. Plus tard, lorsque je déménageai à New York, il reporta son affection sur mon frère, qu'il appelait invariablement Thomas, au lieu de Tom. Si j'étais hautement apprécié de lui, mon frère l'était encore davantage par la suite. Il l'adorait et tout ce que disait Tom avait valeur de loi. Il était extrêmement jaloux de nos autres établissements, dans lesquels il n'était pas directement intéressé, comme nos usines qui approvisionnaient les fabriques Keystone en fer. Bien des disputes éclatèrent entre les directeurs des usines et le colonel au sujet de la qualité, du prix entre autres. En une occasion, il vint voir mon frère pour se plaindre qu'un marché qu'il avait conclu pour la fourniture de fer pendant un an n'avait pas été rédigé correctement. Les prix étaient « nets » et rien n'avait été précisé à propos du « net » lorsque le marché avait été conclu. Il voulait savoir ce que le mot « net » signifiait exactement.

« Eh bien, Colonel », dit mon frère, « cela signifie que rien de plus n'est à ajouter ».

« Très bien, Thomas », dit le colonel, pleinement satisfait.

La façon de formuler les choses est très importante. « Rien à déduire » aurait pu causer une dispute.

*Thomas Morrison Carnegie*

Il fut rendu furieux un jour par le recueil de Bradstreet qui donne le classement des entreprises commerciales. N'ayant jamais vu un tel classement auparavant, il était naturellement impatient de voir quelle était la cote de son entreprise. Lorsqu'il lit que les usines Keystone Bridge étaient « BC », ce qui signifiait « Mauvais Crédit », il eut du mal à se retenir d'aller voir nos avocats pour intenter un procès aux éditeurs. Tom, cependant, lui expliqua que les usines de pont de Keystone avaient un mauvais crédit, car elles n'avaient jamais rien emprunté et il fut apaisé.

L'absence de dette était l'une des obsessions du colonel. Un jour que je partais pour l'Europe, alors que de nombreuses compagnies étaient en difficulté et que certaines faisaient faillite autour de nous, il me dit :

« Le shérif ne pourra pas nous attraper pendant votre absence si je ne signe aucun papier, n'est-ce pas ? »

« Non », dis-je, « il ne pourra pas ».

« Très bien, nous serons là à votre retour ».

Parler du colonel me rappelle un autre personnage inhabituel que nous côtoyions à cette période de construction de ponts. Il s'agissait du capitaine Eads, de Saint-Louis[30], un génie original qui n'avait pas de connaissances scientifiques pour appuyer ses idées erratiques sur les choses mécaniques. Il était apparemment de ceux qui souhaitaient que tout soit fait selon leurs propres plans originaux. Le fait qu'une chose ait été faite d'une certaine manière auparavant suffisait à la lui faire rejeter. Lorsque ses plans pour le pont de Saint-Louis nous ont été présentés, je les ai remis au seul homme aux États-Unis qui connaissait vraiment le sujet : notre M. Linville. Il vint à moi en proie à un grand doute, disant :

« Si le pont est construit selon ces plans, il ne tiendra pas debout, il ne supportera pas son propre poids ».

« Eh bien », dis-je, « le capitaine Eads viendra vous voir et, en discutant des détails, vous lui expliquerez cela gentiment, vous le mettrez dans le droit chemin et vous ne direz rien

---

30 Le capitaine James B. Eads, par la suite célèbre pour son système de jetées sur le fleuve Mississippi.

aux autres ».

Ce fut accompli avec succès. Mais pour la construction du pont, le pauvre Piper fut totalement incapable de répondre aux exigences extraordinaires du capitaine. Au début, il était si heureux d'avoir reçu le contrat le plus important qui avait jamais été conclu qu'il était très aimable envers le capitaine Eads. Ce n'était même pas « Capitaine » au début, mais « Colonel Eads, comment allez-vous ? Ravi de vous voir ». Petit à petit, les choses se compliquèrent. Nous remarquions que les salutations devenaient moins cordiales, mais c'était toujours « Bonjour, Capitaine Eads ». Jusqu'à ce que nous soyons surpris d'entendre « Pipe » parler de « M. Eads ». Avant la fin des troubles, le « Colonel » était devenu « Jim Eads ». Un homme peut être doté de grandes capacités et être un personnage charmant et intéressant, comme l'était à n'en point douter le capitaine Eads et pourtant ne pas être capable de construire le premier pont de cinq cents pieds de portée sur le fleuve Mississippi[31], sans profiter des connaissances scientifiques et de l'expérience des autres.

Lorsque le travail fut terminé, je gardai le colonel avec moi à Saint Louis durant quelques jours contre la menace d'une tentative de la part d'autres personnes d'en prendre possession avant que nous ayons obtenu le paiement complet. Lorsque le colonel eut monté les planches à chaque extrémité et organisé un plan pour soulager les hommes qui montaient la garde, il eut le mal du pays et fut excessivement impatient de retourner à Pittsburgh. Il avait décidé de prendre le train de nuit et je ne savais pas comment le garder avec moi jusqu'à ce que je pense à son

---

31 Le pont avait une portée de 515 pieds et était considéré à l'époque comme la plus belle arche métallique du monde.

seul point faible. Je lui dis, pendant la journée, à quel point je voulais acquérir une paire de chevaux pour ma sœur. Je souhaitais lui faire cadeau d'une monture et j'avais entendu dire que Saint-Louis était un endroit réputé pour cela. Avait-il vu quelque chose de remarquable ?

*Capitaine Eads (1865)*

L'appât fonctionna. Il se lança dans une description de plusieurs chevaux qu'il avait vus et d'écuries qu'il avait visitées. Je lui demandai s'il pouvait rester ici et choisir les chevaux. Je savais très bien qu'il souhaiterait les voir et les monter plusieurs fois, ce qui l'occuperait. Cela se déroula comme je m'y attendais. Il en acheta deux splendides, mais une autre difficulté se présenta pour les transporter jusqu'à Pittsburgh. Il ne voulait pas les confier au train et aucun bateau approprié n'allait partir avant plusieurs jours. La providence était de mon côté, de toute évidence. Rien au monde n'aurait pu inciter cet homme à quitter la ville avant qu'il n'ait vu ces chevaux partir et on pouvait même parier qu'il insisterait pour monter lui-même sur le bateau à vapeur avec eux. Nous tenions le pont. « Pipe » fit un Horatius splendide. Il était l'un des meilleurs hommes et l'un des partenaires les plus précieux que j'ai jamais eu la chance d'avoir et il méritait amplement les récompenses qu'il a tant fait pour obtenir.

Les usines de pont de Keystone ont toujours été une source de satisfaction pour moi. Presque toutes les entreprises qui avaient entrepris d'ériger des ponts en fer en Amérique avaient échoué. Beaucoup de structures elles-mêmes étaient tombées et certaines des pires catastrophes ferroviaires en Amérique avaient été causées de cette manière. Certains ponts avaient cédé sous la pression du vent, mais rien n'est jamais arrivé à un pont Keystone et certains sont restés debout là où le vent se déchaînait. La chance n'y était pour rien. Nous utilisions seulement les meilleurs matériaux et en quantité suffisante, fabriquant notre propre fer et plus tard notre propre acier. Nous étions nos propres inspecteurs les plus exigeants et nous construisions une structure sûre ou rien du tout. Lorsqu'on nous demandait de construire un pont dont nous savions que la résistance était insuffisante ou que la conception n'était pas scientifique, nous refusions résolument. Nous étions prêts à garantir chaque pièce d'ouvrage portant le sceau des usines des ponts Keystone (et il y a peu d'états dans l'union où l'on n'en trouve pas). Nous étions aussi fiers de nos ponts que Carlyle l'était du pont que son père avait construit sur l'Annan. « Un brigadier honnête », comme le disait son petit-fils à juste titre.

Cette politique est le vrai secret du succès. Un travail difficile pendant quelques années, jusqu'à ce qu'il soit éprouvé, puis après cela c'est un jeu d'enfant. Au lieu de s'opposer aux inspecteurs, tous les établissements de fabrication devraient les accueillir. Un haut standard d'excellence est ainsi facilement maintenu, et les hommes sont éduqués dans l'effort pour viser l'excellence. Je n'ai jamais connu d'entreprise qui ait connu le succès sans faire un travail bon et honnête et même en ces jours de concurrence féroce, où tout semble être une question de prix, la qualité demeure à la base de tout grand succès commercial. L'effet de l'attention portée à la qualité, sur chaque homme du service, du président de l'entreprise jusqu'au plus humble ouvrier ne peut être surestimé. Dans le même ordre d'idées, des ateliers et des outils propres et de qualité, des cours et un environnement bien entretenu sont de bien plus grande importance qu'on ne le croit généralement.

Je fus très heureux d'entendre une remarque faite par l'un des banquiers éminents qui visita les usines Edgar Thomson lors d'une convention qui se tenait à Pittsburgh. Il était membre d'un groupe de quelques centaines de délégués et après avoir traversé les usines, il dit à notre directeur :

« On voit que quelqu'un est aux rennes de ces usines ».

Il mettait le doigt sur un des secrets de la réussite. Elles appartenaient bien à quelqu'un. Le président d'une importante usine de fabrication s'est un jour vanté auprès de moi que ses hommes avaient chassé le premier inspecteur qui s'était aventuré parmi eux et qu'ils n'avaient jamais été inquiétés par un autre depuis. Il en était sincèrement fier, mais je me suis dit : « Cette entreprise ne résistera jamais à la concurrence ; elle est vouée à l'échec lorsque les temps seront durs ». La suite a prouvé la justesse de ma conviction. Le fondement le plus sûr d'une entreprise de fabrication est la qualité. Après cela, et bien après vient le coût.

J'ai accordé beaucoup d'attention personnelle pendant quelques années aux affaires des usines de pont Keystone et, lorsque d'importants contrats étaient en jeu, j'allais souvent moi-même rencontrer les parties prenantes. C'est ainsi qu'en 1868, je me rendis à Dubuque, dans l'Iowa, avec notre ingénieur, Walter Katte. Nous étions en compétition pour la construction du plus important pont ferroviaire qui avait été construit jusqu'alors, un pont sur le large Mississippi à Dubuque, dont l'enjambement était considéré comme une grande entreprise. Nous trouvâmes le fleuve gelé et le traversâmes sur un traîneau tiré par quatre chevaux.

Cette visite prouva à quel point le succès se décide sur de petits détails. Nous découvrîmes que notre offre n'était pas la moins chère. Notre principal rival était une entreprise de construction de ponts de Chicago à laquelle le conseil avait décidé d'attribuer le contrat. Je m'attardai et discutai avec certains des directeurs. Ils étaient délicieusement ignorants des mérites respectifs de la fonte et du fer forgé. Nous avions toujours fait le câble supérieur du pont dans ce dernier, tandis que celui de nos rivaux était en fonte. Cela m'a fourni mon argumentaire. J'imaginais le résultat d'un bateau à vapeur heurtant l'un, puis l'autre. Dans le cas du câble en fer forgé, il ne ferait probablement que plier. Dans le cas du câble en fonte, il se briserait certainement et le pont s'effondrerait. L'un des directeurs, le célèbre Perry Smith, fut heureusement capable de faire valoir mon argument, en déclarant au conseil que ce que je disais était à n'en pas douter vrai pour la fonte. L'autre nuit il avait embouti sa calèche dans le noir contre un lampadaire en fonte et le lampadaire s'était brisé en morceaux. Dois-je être blâmé si j'ai eu peu de difficulté à reconnaître ici quelque chose qui ressemble à la main de la providence, avec Perry Smith pour lui prêter main forte ?

« Ah, messieurs », dis-je, « c'est là le problème. Un peu plus d'argent et vous auriez pu avoir l'indestructible fer forgé et votre pont aurait résisté à n'importe quel bateau à vapeur. Nous n'avons jamais construit et nous n'allons jamais construire un pont bon marché. Les nôtres ne s'effondrent pas ».

Il y eut une pause. Puis le président de la compagnie du pont, M. Allison, le grand sénateur, me demanda de les excuser quelques instants. Je sortis. Ils me rappelèrent rapidement et m'offrirent le contrat, à condition que nous acceptions le prix inférieur, qui était seulement de quelques milliers de dollars moins chers. J'acceptai la concession. Ce lampadaire en fonte brisé de façon si opportune nous donna un de nos contrats les plus rentables et nous valut la réputation d'avoir enlevé le pont de Dubuque à tous les concurrents. Cela posa également les bases pour moi d'une amitié à vie avec l'un des hommes politiques américains les meilleurs et plus précieux, le sénateur Allison.

La morale de cette histoire se trouve à la surface. Si vous voulez un contrat, soyez sur place au moment de l'attribution. Un lampadaire brisé ou quelque chose de tout aussi insoupçonné peut vous assurer le prix si le soumissionnaire est présent. Et, si possible, restez sur place jusqu'à ce que vous puissiez emporter le contrat écrit dans votre poche. C'est ce que nous fîmes à Dubuque, bien qu'il nous fût suggéré de partir et que le contrat nous serait envoyé par la suite. Nous avons préféré rester, car nous étions impatients de découvrir les charmes de Dubuque.

Après la construction du pont de Steubenville, il est devenu nécessaire pour la Baltimore and Ohio Railroad Company de construire des ponts sur la rivière Ohio à Parkersburg et Wheeling, afin d'empêcher leur grand rival, la Pennsylvania Railroad Company, de posséder un avantage certain. L'époque des ferry-boats était alors en train de disparaître rapidement. C'est en rapport avec les contrats pour ces ponts que j'ai eu le plaisir de faire la connaissance d'un homme, alors fort puissant, M. Garrett, président de la Baltimore and Ohio.

Nous étions très désireux d'obtenir les deux ponts et leurs abords, mais je découvris que M. Garrett était résolument d'avis que nous étions tout à fait incapables de faire un tel travail dans le délai imparti. Il souhaitait construire les accès et les courtes travées dans ses propres ateliers et me demanda si nous l'autorisions à utiliser nos brevets. Je lui répondis que nous serions très honorés que sa compagnie le fasse. Le cachet d'approbation des chemins de fer de Baltimore et de l'Ohio vaudrait dix fois les frais de brevet. Il pourrait utiliser tout ce que nous avions.

Il n'y avait aucun doute quant à l'impression favorable que cela fit sur le grand magnat des chemins de fer. Il était très satisfait et, à ma grande surprise, il m'emmena dans ses appartements privés et entama une franche discussion sur des questions d'ordre général. Il parla surtout de ses querelles avec les gens des chemins de fer de Pennsylvanie, avec M. Thomson et M. Scott, le président et le vice-président, qu'il savait être mes amis proches. Cela me conduisit à dire que j'étais passé par Philadelphie en allant le voir et que M. Scott m'avait demandé où j'allais.

« Je lui ai dit que j'allais vous rendre visite pour obtenir les contrats pour vos grands ponts sur la rivière Ohio. M. Scott dit que ce n'était pas commun pour moi d'aller faire des folies, mais que j'en faisais certainement une, que M. Garrett ne songerait pas un instant à me donner ses contrats, car tout le monde savait que j'étais, en tant qu'ancien employé, toujours favorable aux chemins de fer de Pennsylvanie. Eh bien, j'ai dit que nous allions construire les ponts de M. Garrett ».

M. Garrett répondit promptement que lorsque les intérêts de sa société étaient en jeu, c'était toujours le meilleur qui l'emportait. Ses ingénieurs avaient signalé que nos plans étaient les meilleurs et que Scott et Thomson verraient qu'il n'avait qu'une seule règle : les intérêts de sa compagnie. Bien qu'il savait très bien que j'étais un homme des chemins de fer de Pennsylvanie, il estimait néanmoins qu'il était de son devoir de nous attribuer le contrat.

La négociation était encore insatisfaisante pour moi, car nous allions avoir toute la partie difficile du travail : les grandes travées pour lesquelles le risque était alors considérable, tandis que M. Garrett devait construire toutes les petites travées rentables dans ses propres ateliers, selon nos plans et nos brevets. Je me risquai à lui demander s'il divisait les tâches parce qu'il croyait sincèrement que nous ne pourrions pas ouvrir ses ponts à la circulation dès que sa maçonnerie le permettrait. Ce qu'il admit. Je lui dis qu'il n'avait aucune crainte à avoir sur ce point.

« M. Garrett, » ai-je dit, « considéreriez-vous ma caution personnelle comme une bonne garantie ? »

« Certainement », a-t-il répondu.

« Eh bien, maintenant », répondis-je, « engagez-moi ! Je sais ce que je fais. Je vais prendre le risque. Combien voulez-vous que je vous donne comme garantie que vos ponts seront ouverts à la circulation à la date spécifiée si vous nous donnez le contrat entier, à condition que vous ayez votre maçonnerie prête ? »

« Eh bien, il me faudrait cent mille dollars de votre part, jeune homme ».

« Très bien », dis-je, « préparez votre caution. Donnez-nous le travail. Notre compagnie ne va pas me laisser perdre cent mille dollars. Vous le savez ».

« Oui », dit-il, « je crois que si vous êtes caution pour cent mille dollars, votre compagnie travaillera jour et nuit et j'aurai mes ponts ».

Ce fut cet arrangement qui nous permit d'obtenir ce qui était alors les contrats gigantesques des chemins de fer de Baltimore et de l'Ohio. Il est inutile de préciser que je n'ai jamais eu à payer cette caution. Mes partenaires connaissaient bien mieux que M. Garrett les conditions de son travail. La rivière Ohio ne devait pas être prise à la légère et, bien avant que sa maçonnerie ne soit prête, nous nous étions libérés de toute responsabilité en plaçant la superstructure sur les berges en attendant l'achèvement de la sous-structure qu'il était encore en train de construire.

M. Garrett était très fier de son sang écossais, et après avoir parlé de Burns entre nous, nous sommes devenus de bons amis. Il m'emmena ensuite dans son beau manoir à la campagne. Il était l'un des rares Américains qui vivaient alors dans le grand style d'un gentilhomme de la campagne, avec plusieurs centaines d'ares de terres magnifiques, des allées ressemblant à des parcs, un haras de chevaux pur-sang, du bétail, des moutons et des chiens et une maison qui reflétait ce qu'on avait lu sur la vie à la campagne d'un noble en Angleterre.

Par la suite, il décida que sa compagnie de chemins de fer devait se lancer dans la fabrication de rails en acier et demanda le droit d'utiliser les brevets Bessemer. Cette affaire était d'une importance capitale pour nous. La compagnie de chemins de fer de Baltimore et de l'Ohio était l'un de nos meilleurs clients et nous étions naturellement désireux d'empêcher la construction de laminoirs de rails en acier à Cumberland. Cela aurait été perdant pour la compagnie de Baltimore et de l'Ohio, car j'étais sûr qu'elle pouvait acheter ses rails d'acier à un prix bien moins cher que celui auquel elle pourrait fabriquer la petite quantité dont elle avait besoin. Je rendis visite à M. Garrett pour discuter de la question avec lui. Il était alors très satisfait du commerce extérieur et des lignes de bateau à vapeur qui faisaient de Baltimore leur port. Il me conduisit, accompagné de plusieurs membres de son personnel, sur les quais où il devait décider de leur extension et tandis que les marchandises étrangères étaient déchargées du côté du bateau à vapeur et placées dans les wagons des chemins de fer, il se tourna vers moi et me dit :

« M. Carnegie, vous pouvez maintenant commencer à apprécier l'ampleur de notre vaste système et comprendre pourquoi il est nécessaire que nous fabriquions tout par nous-même, même nos rails en acier. Nous ne pouvons pas dépendre d'intérêts extérieurs pour nous fournir les principaux articles que nous consommons. Nous serons notre propre écosystème. »

« Eh bien », dis-je, « M. Garrett, tout cela est très beau, mais votre "écosystème" ne m'impressionne pas vraiment. J'ai lu votre dernier rapport annuel et j'ai vu que vous avez perçu l'an dernier la somme de quatorze millions de dollars pour transporter les biens d'autrui. Les entreprises que je contrôle ont extrait le matériau dans les collines, ont fabriqué leurs propres produits et les ont vendus à une valeur bien plus grande que celle-là. Vous êtes vraiment une toute petite entreprise comparée à Carnegie Brothers and Company ».

Mon apprentissage des chemins de fer y trouva son compte. Jamais plus la compagnie des chemins de fer de Baltimore et de l'Ohio n'entra en concurrence avec nous. M. Garrett et moi-même sommes restés bons amis jusqu'à la fin. Il m'offrit même un chien de race Collier écossais qu'il avait lui-même élevé. Le fait que j'avais été un homme des chemins de fer de Pennsylvanie fut noyé dans ce « petit verre de liquide écossais entre nous ».

# CHAPITRE X

# LES USINES DE FER

# CHAPITRE X

# LES USINES DE FER

Les usines de Keystone ont toujours été mes préférées comme aïeux de toutes les autres usines. Mais elles n'existaient pas depuis longtemps quand l'avantage du fer forgé sur la fonte est devenu manifeste. En conséquence, pour assurer une qualité uniforme et aussi pour fabriquer certaines formes qui ne pouvaient alors être obtenues, nous avons décidé de nous lancer dans la fabrication de fer. Mon frère et moi nous sommes intéressés à une petite usine de fer avec Thomas N. Miller, Henry Phipps et Andrew Kloman. Miller fut le premier à s'engager avec Kloman et il entraîna Phipps en lui prêtant huit cents dollars pour acheter un sixième des parts, en novembre 1861.

Je ne dois pas manquer de rappeler que M. Miller était le pionnier de nos projets de fabrication de fer. Nous étions tous redevables à Tom, qui vit encore (le 20 juillet 1911) et nous transmet la douceur et la lumière d'une nature des plus aimables, un ami qui devient plus précieux à mesure que les années s'écoulent. Il s'est adouci avec l'âge, et même ses explosions contre la théologie comme antagoniste de la vraie religion sont beaucoup moins alarmantes dans son bel âge. Nous sommes tous prompts à devenir philosophes avec l'âge, et c'est peut-être bien ainsi. [En relisant ces lignes, le 19 juillet 1912, depuis notre retraite sur les Highlands d'Aultnagar, je verse une larme pour mon ami intime, ce cher Tom Miller, qui est mort à Pittsburgh l'hiver dernier. Mme Carnegie et moi-même avons assisté à ses funérailles. Désormais, il manque quelque chose à la vie, il manque beaucoup : mon premier partenaire de jeunesse, mon ami le plus cher dans la vieillesse. Puissé-je aller là où il est, où que ce soit.]

Andrew Kloman avait un petit atelier d'usinage à la ville d'Allegheny. En tant que directeur des chemins de fer de Pennsylvanie, j'avais découvert qu'il faisait les meilleurs essieux. C'était un grand mécanicien. Il avait découvert, ce qui était alors inconnu à Pittsburgh, que tout ce qui valait la peine d'être fait avec des machines valait la peine d'être bien fait. Son esprit allemand le rendait minutieux. Ce qu'il construisait coûtait cher, mais une fois mis en route, faisait le travail pour lequel il était prévu, année après année. À l'époque, la question avec les essieux était en règle générale de savoir s'ils allaient fonctionner pendant un certain temps ou s'ils allaient se briser. Il n'y avait aucune analyse du matériel, aucun traitement scientifique du sujet.

Cet Allemand créa presque tout ! Il fut le premier homme à introduire la scie à froid qui coupait le fer froid à la longueur exacte. Il inventa des machines à refouler pour fabriquer les maillons des ponts et a également construit le premier moulin « universel » en Amérique. Toutes ces machines furent créées dans notre usine. Lorsque le capitaine Eads ne put obtenir les raccords pour les arches du pont de Saint-Louis (les entrepreneurs échouant à les produire) et que les choses étaient au point mort, Kloman nous dit qu'il pouvait les fabriquer et pourquoi les autres avaient échoué. Il réussit à les fabriquer. Jusqu'à ce jour il s'agissait des plus grands demi-cercles à avoir jamais été laminés. Notre confiance en M. Kloman se mesurait par le fait que, lorsqu'il disait qu'il pouvait fabriquer quelque chose, nous nous engagions sans hésitation à le fournir.

J'ai déjà parlé de l'intimité entre notre famille et celle des Phipps. Dans le temps mon principal compagnon était le frère aîné, John. Henry était de plusieurs années mon cadet, mais n'avait pas manqué d'attirer mon attention en tant que garçon brillant et malin. Un jour il demanda à son frère John de lui prêter vingt-cinq cents. John vit qu'il en avait un besoin important et lui passa la pièce brillante sans poser de question. Le lendemain matin, une publicité apparut dans le « Pittsburgh Dispatch » :

*« Un garçon volontaire souhaite un travail ».*

C'était l'utilisation que l'énergétique Harry plein de volonté avait faite de sa pièce, probablement la première pièce qu'il avait jamais dépensée dans sa vie. Une réponse vint du célèbre cabinet de Dilworth et Bidwell. Ils demandèrent au « garçon **volontaire** » d'appeler. Harry y alla et obtint un poste de garçon de courses et, comme le voulait alors la coutume, sa première mission chaque matin était de balayer le bureau. Il alla chez ses parents et obtint leur consentement et de cette manière le jeune garçon se lança dans les affaires. Rien ne pouvait arrêter un garçon comme ça. C'était toujours la même histoire. Il devint rapidement indispensable à ses employeurs, obtint une petite participation dans une branche secondaire de leur entreprise. Puis, toujours sur le qui-vive, ce ne fut pas long avant qu'il n'attire l'attention de M Miller, qui fit un petit investissement pour lui avec Andrew Kloman. Cela résulta finalement dans la construction de l'usine de fer de la vingt-neuvième rue. Il avait été un camarade de classe et un grand copain de mon frère Tom. Ils avaient joué ensemble dans leur enfance et tout au long de leur vie, jusqu'à la mort de mon frère en 1886. Ces deux-là formaient, pour ainsi dire, un partenariat dans un partenariat. Ils détenaient invariablement des intérêts égaux dans les diverses entreprises auxquelles ils étaient liés. Ce que le premier faisait, le second en faisait de même.

Le garçon de courses est maintenant l'un des hommes les plus riches des États-Unis et a commencé à prouver qu'il sait comment dépenser son excédent. Il y a quelques années, il a offert de magnifiques conservatoires aux parcs publics d'Allegheny et de Pittsburgh. Le fait qu'il ait spécifié « que ceux-ci devraient être ouverts les dimanches » montre qu'il est un homme de son temps. Cette clause dans le don suscita beaucoup d'émoi. Les ministères le dénoncèrent du haut de la chaire et les assemblées de l'église adoptèrent des résolutions contre la profanation du jour du Seigneur. Mais le peuple se souleva en masse contre cette contestation bornée et le conseil de la ville accepta le don par acclamation. Le bon sens de mon partenaire fut très bien exprimé lorsqu'il dit, en réponse à une remontrance des ministres :

« Tout cela est très bien pour vous, messieurs, qui travaillez un jour dans la semaine et qui êtes maîtres de votre temps les six autres jours pendant lesquels vous pouvez contempler les beautés de la nature. Très bien pour vous. Mais je pense que c'est honteux que vous vous efforciez d'exclure les masses laborieuses de tout ce qui est destiné à les divertir et les instruire pendant le seul jour que vous savez bien qu'elles ont à leur disposition ».

Ces mêmes ministres se sont récemment disputés dans leur

convention à Pittsburgh sur le sujet de la musique instrumentale dans les églises. Mais pendant qu'ils débattent de l'opportunité d'avoir des orgues dans les églises, des gens intelligents ouvrent des musées, des conservatoires et des bibliothèques le jour du sabbat. Or, à moins que la chaire n'apprenne rapidement à répondre aux besoins réels des gens dans cette vie (où se trouvent les seuls devoirs des hommes) bien mieux que ce qu'elle fait actuellement, ces prétendants rivaux à la faveur populaire pourraient bientôt vider leurs églises.

Malheureusement Kloman et Phipps ne tardèrent pas à avoir un différend avec Miller au sujet de l'entreprise, qui le força à partir. Étant convaincu que Miller fut traité injustement, je m'unis à lui pour construire de nouvelles usines. Ce furent les usines Cyclops de 1864. Après leur mise en service, il devint possible et par conséquent avisé, d'unir les anciennes et les nouvelles usines. Les Union Iron Mills furent formées par leur consolidation en 1867. Je ne pensais pas que la réticence de M. Miller à s'associer à nouveau avec ses anciens partenaires, Phipps et Kloman, soir insurmontable, car ils ne contrôleraient pas les usines de l'Union. M. Miller, mon frère et moi-même en détiendrions le contrôle. Mais M. Miller se montra obstiné et me supplia d'acheter sa participation, ce que je fis à contrecœur après que tous les efforts aient échoué pour l'inciter à oublier le passé. Il était Irlandais, et le sang irlandais, lorsqu'il bouillonne, est incontrôlable. M. Miller a depuis regretté (selon moi) son refus opposé à ma demande sincère, qui aurait permis au pionnier d'entre nous tous de récolter ce qui n'était que sa juste récompense : le statut de millionnaire pour lui-même et ses proches.

Nous étions alors jeunes dans la manufacture et nous obtînmes pour les usines Cyclops ce qui était considéré à l'époque comme une énorme étendue de terrain : sept acres. Pendant quelques années, nous offrîmes de louer une partie du terrain à d'autres. Il devint rapidement question de savoir si nous pouvions continuer à fabriquer du fer sur une si petite surface. M. Kloman réussit à fabriquer des poutres en fer et, pendant de nombreuses années, notre usine a été largement en avance sur n'importe quelle autre à cet égard. Nous commençâmes dans la nouvelle usine à fabriquer toutes les formes requises et surtout celles qu'aucune autre entreprise ne voulait entreprendre, en fonction de la demande croissante de notre pays en pleine croissance pour des choses qui n'étaient pas en grade demande au début. Ce que les autres ne pouvaient ou ne voulaient pas faire, nous le tentions. C'était une règle de notre entreprise qui était strictement respectée. En outre, nous ne fabriquions rien d'autre que de l'excellente qualité. Nous nous adaptions toujours à nos clients, bien que parfois à nos dépens et, en cas de litige, nous donnions à l'autre parti le bénéfice du doute et trouvions un arrangement. C'étaient nos règles. Personne ne nous a jamais fait aucun procès.

Alors que je me familiarisais avec la fabrication du fer, je fus grandement surpris de constater que le coût de chacun des différents procédés était inconnu. Les enquêtes menées auprès des principaux fabricants de Pittsburgh le prouvèrent. C'était un commerce de masse et jusqu'à ce que le stock soit fait et les livres comptables équilibrés à la fin de l'année, les fabricants étaient dans l'ignorance totale des résultats. J'entendis parler des hommes qui pensaient que leur commerce à la fin de l'année serait déficitaire alors qu'ils avaient fait du bénéfice et vice-versa. J'avais l'impression que nous étions des taupes creusant dans l'obscurité et cela m'était insupportable. J'insistai pour qu'un système de pesage et de comptabilité soit introduit dans toute l'usine, ce qui nous permettrait de savoir quel était le coût de chaque processus, ce que chaque homme faisait, qui économisait du matériel, qui le gaspillait et qui produisait les meilleurs résultats.

Y parvenir fut une tâche bien plus difficile que ce que l'on pourrait imaginer. Chaque directeur d'usine était naturellement contre le nouveau système. Cela prit des années avant qu'un système précis ne fût obtenu, mais finalement, grâce à l'aide de nombreux commis et à l'introduction de balances en différents lieux de l'usine, nous commençâmes à savoir non seulement ce que faisait chaque département, mais aussi ce que faisait chacun des nombreux hommes travaillant dans les fours, pouvant ainsi les comparer les uns aux autres. Une des principales raisons du succès dans la fabrication est l'introduction et le maintien strict d'un système parfait de comptabilité, de sorte que la responsabilité de l'argent ou des matériaux puisse être assumée par chaque homme. Les propriétaires qui, dans les bureaux, ne font pas confiance à un commis avec cinq dollars sans le suivre à la trace fournissaient cependant des tonnes de matériaux quotidiennement aux hommes dans les usines, sans exiger un compte rendu de leur gestion en pesant ce que chacun rendait sous une forme finie.

Le four à gaz Siemens avait été utilisé dans une certaine mesure en Grande-Bretagne pour chauffer l'acier et le fer, mais il était censé coûter trop cher. Je me souviens bien des critiques formulées par les plus anciens parmi les fabricants de Pittsburgh au sujet des dépenses extravagantes que nous faisions avec ces nouveaux fours. Mais en chauffant de grandes quantités de matériaux, quasiment la moitié des déchets pouvait être parfois réutilisée grâce à ces nouveaux fours. La dépense aurait été justifiée, même si elle avait été doublée. Pourtant, il fallut de nombreuses années avant que nous ne soyons suivis dans cette nouvelle voie. Certaines années, la marge de profit était si faible que la majorité de celle-ci fut compensée par les économies réalisées grâce à l'adoption des fours améliorés.

Notre système strict de comptabilité nous permit de détecter le grand gâchis de chauffage de grandes masses de fer. Cette amélioration nous révéla un homme de valeur en la personne d'un commis, William Borntraeger, un cousin éloigné de M. Kloman, qui venait d'Allemagne. Il nous surprit un jour en présentant un état détaillé des résultats pour une période qui semblait incroyable. Tout le travail nécessaire à préparer cette déclaration, il l'avait réalisé de nuit sans qu'on ne lui ait demandé et sans qu'on le sache. La forme adoptée était d'une originalité unique. Inutile de dire que William devint rapidement directeur des travaux, puis associé et que le pauvre Allemand mourut en millionnaire. Il a bien mérité sa fortune.

Ce fut en 1862 que les grands puits de pétrole de Pennsylvanie attirèrent l'attention. Mon ami M. William Coleman, dont la fille devint plus tard ma belle-sœur, fut profondément intéressé par cette découverte et rien ne pouvait m'empêcher de faire un voyage avec lui dans les régions pétrolières. Ce fut une excursion des plus intéressantes. Il y avait eu une ruée vers les champs de pétrole et l'afflux était si grand qu'il était impossible pour tout le monde de trouver un abri. Cependant, pour la catégorie d'hommes qui y affluaient, cela n'était qu'un léger inconvénient. Quelques heures suffisent pour construire une bicoque et il est surprenant de constater à quelle vitesse ils étaient capables de s'entourer d'un grand nombre des commodités de la vie. C'étaient des hommes au-dessus de la moyenne, des hommes qui avaient économisé des sommes considérables et qui étaient capables de tenter l'aventure de la quête de la fortune.

Ce qui me surprit était la bonne humeur qui régnait partout. C'était un vaste pique-nique, plein de moments amusants.

Tout le monde était joyeux, des fortunes étaient soi-disant à portée de main. Tout était en plein essor. Au sommet des derricks flottaient des drapeaux sur lesquels des devises étranges étaient affichées. Je me souviens, regardant en direction du fleuve, avoir vu deux hommes travaillant sur leurs machines pour extraire du pétrole sur les rives du fleuve. Sur leur drapeau était inscrit « L'Enfer ou la Chine ». Ils creusaient, peu importait la profondeur.

La capacité d'adaptation de l'Américain n'a jamais été mieux éprouvée que dans cette région. L'ordre a rapidement émergé du chaos. Lorsque nous avons visité l'endroit peu de temps après, nous avons reçu une sérénade d'une fanfare dont les joueurs étaient constitués des nouveaux habitants le long du ruisseau. On peut parier qu'un millier d'Américains dans un nouveau pays s'organiseraient eux-mêmes, créeraient des écoles, des églises, des journaux et des fanfares, en résumé, se doteraient de tous les appareils de la civilisation et iraient de l'avant pour développer leur pays avant qu'un nombre égal de Britanniques n'aient découvert qui, parmi eux, avait le rang héréditaire le plus élevé et les meilleures prétentions à la direction grâce à ses aïeux. Il n'y a qu'une seule règle pour les Américains : les outils à ceux qui peuvent les utiliser.

Aujourd'hui, Oil Creek est une ville de plusieurs milliers d'habitants, comme l'est aussi Titusville à l'autre bout du fleuve. Le district qui commença par fournir quelques barils de pétrole chaque saison, recueillis avec des couvertures à la surface du ruisseau par les Indiens Seneca, comptait désormais plusieurs villes et raffineries, avec des millions de dollars de capital. À cette époque, tous les arrangements étaient des plus rudimentaires. Lorsque le pétrole était obtenu, il était transporté dans des bateaux à fond plat qui fuyaient beaucoup. L'eau s'écoulait dans les navires et le pétrole se déversait dans la rivière. Le ruisseau était endigué à plusieurs endroits. À un jour et une heure stipulés, les barrages furent ouverts et, sur la crue, les bateaux de pétrole flottèrent jusqu'à la rivière Allegheny, et de là jusqu'à Pittsburgh.

De cette manière, non seulement le ruisseau, mais aussi la rivière Allegheny, furent littéralement recouverts de pétrole. La perte occasionnée par le transport jusqu'à Pittsburgh fut estimée à un tiers de la quantité totale. Avant la mise en service des bateaux à pétrole, on peut affirmer qu'un autre tiers fut perdu par des fuites. Le pétrole recueilli par les Indiens dans les premiers temps était mis en bouteille à Pittsburgh et vendu à prix élevé comme médicament : un dollar pour une petite fiole. Il avait la réputation d'être un remède sûr contre les rhumatismes. Comme il est devenu abondant et bon marché, ses vertus ont disparu. Que nous sommes idiots, nous les hommes !

Les puits les plus célèbres se trouvaient sur la ferme Storey. Sur ceux-ci, nous avons obtenu une option d'achat pour quarante mille dollars. Nous les achetâmes. M. Coleman, toujours prêt à faire des suggestions, proposa de faire un réservoir de pétrole en creusant un bassin suffisant pour contenir cent mille barils (le gaspillage devant être compensé chaque jour en y faisant couler des ruisseaux de pétrole) et de le garder pour le jour pas si distant où, comme nous nous y attendions alors, l'approvisionnement en pétrole cesserait. Cette décision fut prise rapidement, mais après avoir perdu plusieurs milliers de barils en attendant le jour venu (qui n'est pas encore arrivé) nous avons abandonné le réservoir. Coleman avait prédit que lorsque l'approvisionnement cesserait, le pétrole rapporterait dix dollars par baril et ainsi nous aurions l'équivalent d'un million de dollars dans le réservoir. Nous ne pensions pas alors aux réserves de la nature sous nos pieds, qui continuent à produire plusieurs milliers de barils par jour sans épuisement apparent.

Cet investissement de quarante mille dollars se révéla pour nous le meilleur de tous jusqu'à présent. Les revenus de celui-ci vinrent au moment le plus opportun[32]. La construction de la nouvelle usine de Pittsburgh exigeait non seulement tout le capital que nous pouvions réunir, mais aussi l'utilisation de notre crédit, ce que je considère, en regardant en arrière, comme remarquablement bon pour de jeunes hommes.

Comme je m'intéressais à cette entreprise pétrolière, je fis plusieurs excursions dans le district et aussi, en 1864, dans un champ pétrolifère de l'Ohio où un grand puits avait été trouvé, qui produisait une qualité particulière de pétrole convenant bien à la lubrification. Mon voyage là-bas avec M. Coleman et M. David Ritchie fut une des expériences les plus étranges que j'aie jamais vécues. Nous quittâmes la ligne de chemin de fer à quelques centaines de kilomètres de Pittsburgh et plongeâmes dans un district quasiment inhabité jusqu'aux eaux de Duck Creek pour voir le puits monstrueux. Nous l'achetâmes avant de partir.

Ce fut lors de notre retour que les aventures commencèrent. La météo avait été clémente et les routes tout à fait praticables lors de notre voyage, mais la pluie s'était invitée pendant notre séjour. Nous reprîmes le chemin du retour dans notre calèche, mais avant d'aller bien loin, nous rencontrâmes des difficultés. La route était devenue une masse de boue molle et tenace et notre calèche peinait terriblement. La pluie tombait en torrents et il devint

---

32 Les puits de la ferme Storey ont rapporté en un an un million de dollars en espèces et en dividendes et la ferme elle-même a fini par valoir, sur la base des actions, cinq millions de dollars.

rapidement évident que nous allions passer une nuit difficile. M. Coleman s'allongea de tout son long d'un côté de la calèche et M. Ritchie de l'autre. Étant alors très mince, ne pesant pas plus d'une centaine de livres, j'étais coincé entre ces deux gentlemen corpulents. De temps à autre, la calèche avançait de quelques pieds en se soulevant et s'abaissant de la manière la plus scandaleuse qui soit, pour finalement s'immobiliser. Nous passâmes la nuit de cette manière. Il y avait à l'avant un siège en travers, sous lequel nous nous installâmes, et malgré les désagréments, la nuit se déroula dans la gaieté.

La nuit suivante, nous réussîmes à atteindre une ville de campagne dans le pire état possible. Nous vîmes la petite église de la ville éclairée et entendîmes la cloche sonner. Nous venions d'atteindre notre auberge lorsqu'un comité d'accueil apparut, déclarant qu'il nous avait attendus et que la congrégation était rassemblée. Il semblait que l'on attendait un célèbre prêcheur, lui-même ayant été, sans aucun doute, retardé comme nous l'avions été. Je fus pris pour lui et on me demanda à quel moment je serais prêt pour les accompagner à la réunion. J'étais presque prêt, avec mes compagnons, à adhérer à la plaisanterie (nous avions envie de nous amuser), mais je me rendis compte que j'étais trop épuisé pour la tenter. Je n'avais jamais été aussi prêt d'occuper une chaire.

Mes investissements commençaient maintenant à requérir une part si importante de mon attention que je me résolus à quitter le service de la compagnie de chemins de fer et à me dévouer exclusivement à mes propres affaires. J'avais été honoré peu de temps avant cette décision en étant appelé par le président Thomson à Philadelphie. Il désirait me promouvoir au poste de directeur général adjoint, dont le siège est à Altoona, sous la direction de M. Lewis. Je déclinai, lui disant que j'avais décidé d'abandonner le service ferroviaire entièrement, que j'étais déterminé à faire fortune et que je ne voyais aucune manière d'y parvenir honnêtement quel que soit le salaire que la compagnie ferroviaire pouvait se permettre de m'offrir et que je ne le ferais pas de façon malhonnête. Lorsque je me coucherais le soir, j'obtiendrais un verdict d'approbation du plus haut de tous les tribunaux, le juge intérieur.

Je répétai cela dans ma lettre d'adieu au président Thomson, qui m'en félicita chaleureusement dans sa lettre de réponse. J'ai démissionné de mon poste le 28 mars 1865 et je reçus des cheminots une montre en or. Cette montre et la lettre de M. Thomson, je les chéris parmi mes souvenirs les plus précieux.

La lettre suivante fut écrite aux hommes de la Division :

*Compagnie des chemins de fer de Pennsylvanie*
*Bureau de la Direction, Division de Pittsburgh*

*À Pittsburgh, le 28 mars 1865*

*Aux officiers et aux employés de la Division de Pittsburgh*

*Messieurs,*

*Je ne peux permettre que ma relation avec vous cesse sans une expression du regret profond que je ressens alors que je vous quitte.*

*Douze années d'échanges agréables ont servi à inspirer des sentiments de respect pour ceux qui ont si loyalement travaillé avec moi au service de la compagnie. Le changement à venir est douloureux, car je ne serai plus à l'avenir, comme dans le passé, associé intimement à vous ni à beaucoup d'autres dans les différents départements, qui sont, au travers des échanges professionnels, devenus mes amis personnels. Je vous assure que, bien que les relations officielles existantes entre nous doivent bientôt se terminer, je ne pourrai jamais manquer de ressentir et d'exprimer l'intérêt le plus vif pour le bien-être de ceux qui ont été associés à la division de Pittsburgh dans le passé et qui, j'en suis sûr, contribueront au succès de la compagnie des chemins de fer de Pennsylvanie pendant de nombreuses années et participeront à sa prospérité justement méritée.*

*En vous remerciant de la manière la plus sincère pour la gentillesse sans faille que vous m'avez montrée, pour vos efforts zélés en tout temps pour répondre à mes souhaits et, en demandant un soutien similaire de votre part envers mon successeur, je vous dis adieu.*

*Très respectueusement,*

*(Signé) Andrew Carnegie*

Depuis lors, je n'ai plus jamais travaillé pour un salaire. Un homme qui est à la merci des autres évolue nécessairement dans un périmètre limité. Même s'il devient président d'une grande société, il n'est guère son propre maître, à moins qu'il ne détienne le contrôle des actions. Les présidents les plus doués sont empêchés par les conseils d'administration et les actionnaires qui ne connaissent pas grand-chose des affaires. Mais je suis heureux de dire que parmi mes meilleurs amis aujourd'hui se tiennent ceux avec qui j'ai travaillé dans le service de la compagnie des chemins de fer de Pennsylvanie.

Durant l'année 1867, M. Phipps, M. J.W Vandevort et moi-même avons visité l'Europe, parcourant l'Angleterre et l'Écosse et avons fait le tour du continent. « Vandy » était devenu mon compagnon le plus proche. Nous avions tous les deux été enthousiasmés en lisant « Views Afoot » de Bayard Taylor. C'était l'époque de la fièvre du pétrole et les actions montaient en flèche. Un dimanche, allongé sur l'herbe, je dis à « Vandy » :

« Si tu gagnais trois mille dollars, les dépenserais-tu dans un tour d'Europe avec moi ? »

« Un canard nagerait-il, ou un Irlandais mangerait-il des patates ? » fut sa réponse.

La somme fut rapidement gagnée en actions pétrolières par l'investissement de quelques centaines de dollars que « Vandy » avait économisés. C'était le début de notre excursion. Nous demandâmes à mon partenaire, Harry Phipps, qui était à cette époque tout à fait capitaliste, de joindre l'expédition. Nous avons visité la plupart des capitales européennes. Avec tout l'enthousiasme de la jeunesse, nous avons escaladé toutes les collines, dormi au sommet des montagnes et transporté nos affaires dans des sacs à dos. Nous avons terminé notre voyage sur le Vésuve, où nous avons décidé un jour de faire le tour du monde.

Ce voyage en Europe se révéla être des plus instructifs. Jusqu'alors, je ne connaissais rien de la peinture ou de la sculpture, mais il ne fallut pas longtemps pour que je sache classer les œuvres des grands peintres. On ne peut pas apprécier sur le moment à sa juste valeur l'avantage qu'on reçoit de l'examen des chefs d'œuvres, mais à notre retour en Amérique on se surprend inconsciemment à rejeter ce qui auparavant semblait vraiment beau et à juger les productions qui se présentent à nous selon de nouveaux standards. Ce qui est vraiment grand nous impressionne tellement que ce qui est faux ou prétentieux ne se révèle plus du tout attractif.

Ma visite en Europe me donna également ma première grande vision en musique. L'anniversaire de Haendel était alors célébré au Crystal Palace à Londres et je n'avais jamais jusqu'alors, ni souvent depuis, ressenti le pouvoir et la majesté de la musique avec une telle intensité. Ce que j'entendis au Crystal Palace et ce que j'entendis par la suite sur le continent dans les cathédrales et à l'opéra, élargirent de façon significative mon appréciation de la musique. À Rome, le chœur du Pape et les célébrations dans les églises à Noël et à Pâques constituèrent, pour ainsi dire, le point culminant de l'ensemble.

Ces visites en Europe furent aussi d'une grande utilité sur le plan commercial. On doit sortir du tourbillon de la grande République pour se faire une idée juste de la vitesse à laquelle elle tourne. J'avais le sentiment qu'une usine comme la nôtre pouvait difficilement se développer assez rapidement pour répondre aux besoins des Américains, mais à l'étranger rien ne semblait avancer. Si nous écartons certaines des capitales européennes, tout sur le continent semblait être quasiment au point mort, alors que la République représentait dans toute son étendue une scène digne de la Tour de Babel, comme dépeinte dans les livres d'histoires : des centaines de personnes courant ici et là, chacune plus active que son voisin et toutes engagées dans la construction du puissant édifice.

C'est au cousin « Dod » (M. George Lauder) que nous sommes redevables d'un nouveau développement dans nos opérations industrielles : le premier du genre en Amérique. C'est lui qui emmena notre M. Coleman à Wigan en Angleterre et lui expliqua le processus de lavage et de cokéfaction des déchets des mines de charbon. M. Coleman nous avait constamment répété comme ce serait formidable

*George Lauder*

d'utiliser ce qui était alors jeté dans nos mines et dont l'élimination représentait une dépense considérable. Notre cousin « Dod » était un ingénieur en mécanique, formé sous Lord Kelvin à l'université de Glasgow et, comme il corroborait tout ce que M. Coleman avait déclaré, en décembre 1871, j'entrepris d'avancer le capital pour fabriquer des ouvrages le long de la ligne des chemins de fer de Pennsylvanie. Des contrats de dix ans furent signés avec les principales compagnies de charbon pour obtenir leurs scories et avec les compagnies ferroviaires pour le transport. M. Lauder, qui vint à Pittsburgh et géra toute l'opération pendant des années, entama la construction de la première machine à laver le charbon en Amérique. Il en fit un succès : il n'échouait jamais à en faire ainsi dans toutes les opérations minières ou mécaniques qu'il entreprenait. Il amortit le coût des travaux rapidement. Pas étonnant que, plus tard, mes partenaires aient souhaité intégrer les cokeries dans notre entreprise générale et par là même récupérer non seulement celles-ci, mais également Lauder. « Dod » avait gagné ses galons.

Les fours ont été agrandis progressivement jusqu'à ce que nous en ayons cinq cents, nettoyant quasiment mille cinq cents tonnes de charbon par jour. J'avoue que je ne passe jamais devant ces fours à charbon à la station Larimer sans sentir que si celui qui fait pousser deux brins d'herbe là où un seul poussait auparavant est un bienfaiteur public et oblige notre espèce. Ceux qui produisent de la coke de qualité supérieure à partir de matériaux qui avaient été durant toutes les années précédentes jetés par-dessus bord, car considérés comme sans valeur, ont de grandes raisons pour se féliciter. C'est bien de créer quelque chose à partir du néant. C'est également bien d'être la première compagnie à le faire sur notre continent.

Nous avions un autre partenaire précieux en la personne d'un autre de mes cousins au second degré, un fils du cousin Morrison de Dunfermline. En marchant dans les ateliers un jour, le directeur me demanda si je savais que j'avais là un parent qui s'avérait être un mécanicien exceptionnel. Je répondis par la négative et demandai à lui parler en faisant le tour. Nous nous rencontrâmes. Je demandai son nom.

« Morrison » fut la réponse, « fils de Robert » : mon cousin Bob.

« Eh bien, comment es-tu arrivé là ? »

« J'ai pensé que nous pourrions avoir une meilleure vie », dit-il.

« Qui est avec toi ? »

« Ma femme » fut la réponse.

« Pourquoi n'êtes-vous pas venu d'abord voir ta famille qui aurait pu t'introduire ici ? »

« Eh bien, je pensais ne pas avoir besoin d'aide, juste de la chance ».

Ainsi parlait le vrai Morrison, à qui on avait appris à dépendre de lui-même et qui était indépendant comme Lucifer. Peu de temps après, j'eus vent de sa promotion à la direction de nos nouvelles usines à Duquesne. À partir de ce poste, il ne cessa de progresser. Il est aujourd'hui un millionnaire épanoui, mais encore raisonnable. Nous sommes tous fiers de Tom Morrison. [Une note qu'il a reçue hier de Mme Carnegie et moi-même l'invite à être notre hôte lors de notre visite de quelques jours à l'occasion de la célébration annuelle de l'Institut Carnegie].

J'ai toujours conseillé d'agrandir nos usines sidérurgiques et de développer la fabrication du fer et de l'acier, qui à mon avis n'en était qu'à ses débuts. Toute appréhension de son développement futur fut dissipée par l'action de l'Amérique concernant le tarif sur les importations étrangères. Il était clair pour moi que la guerre civile avait aboutie à une détermination ferme de la part du peuple américain de construire une nation en son sein, indépendante de l'Europe dans tous les domaines essentiels à sa sécurité. L'Amérique avait été obligée d'importer tout son acier sous toutes ses formes, ainsi que la majorité du fer nécessaire, la Grande-Bretagne étant le principal vendeur. Le peuple demandait un approvisionnement national et le Congrès accorda aux fabricants un tarif de vingt-huit pour cent *ad valorem* sur les rails d'acier. Le tarif étant alors égal à environ vingt-huit dollars la tonne. Les rails étaient alors vendus à environ cent dollars par tonne et les autres tarifs en proportion.

La protection a joué un grand rôle dans le développement de l'industrie manufacturière aux États-Unis. Avant la Guerre civile, c'était une question politique, le Sud étant en faveur du libre-échange et considérant qu'un tarif douanier n'était favorable qu'au Nord. La sympathie manifestée par le gouvernement britannique pour la Confédération, culminant avec l'évasion de l'Alabama et d'autres corsaires pour s'attaquer au commerce américain, suscita l'hostilité contre ce gouvernement, bien que la majorité de son peuple soit favorable aux États-Unis. Le tarif devint non plus une question politique, mais une politique nationale, approuvée par les deux partis. C'était devenu un devoir patriotique de développer les ressources vitales. Pas moins de quatre-vingt-dix démocrates du nord au Congrès, y compris le président de la Chambre, étaient d'accord sur ce point.

Le capital n'hésitait plus à se lancer dans la fabrication, confiant dans le fait que la nation le protégerait autant que nécessaire. Des années après la guerre, des demandes de réduction des tarifs douaniers surgirent et je fus entraîné dans la controverse. On accusait souvent les fabricants de corrompre les membres du Congrès. De ce que je sais, il n'y avait aucun fondement à cela. Certainement, les fabricants ne levèrent jamais de sommes supérieures à celles demandées pour maintenir l'Association de Fer et d'Acier, soit quelques milliers de dollars par an. Cependant, ils ont souscrit librement à une campagne quand la question était la protection contre le libre-échange.

Les droits sur l'acier furent successivement réduits, avec mon appui cordial, jusqu'à ce que la taxe de vingt-huit dollars sur les rails devînt seulement un quart, soit sept dollars par tonne. [Aujourd'hui (1911), la taxe est seulement d'environ la moitié et même cela devrait disparaître lors de la prochaine révision]. L'effort du président Cleveland pour faire passer un nouveau tarif plus drastique était intéressant. Il était trop sévère en de nombreux endroits et son adoption aurait porté préjudice à plus d'un fabricant. Je fus appelé à Washington, et tentai de modifier et, comme je le crois, d'améliorer le projet de loi Wilson. Le sénateur Gorman, leader démocrate du Sénat, le gouverneur Flower de New York et un certain nombre des démocrates les plus compétents étaient aussi protectionnistes que moi. Plusieurs d'entre eux étaient disposés à s'opposer au projet de loi Wilson comme étant inutilement sévère et certain de paralyser plusieurs de nos industries nationales. Le sénateur Gorman me dit qu'il souhaitait aussi peu que moi nuire à un producteur national. Il pensait que ses collègues avaient confiance en moi et qu'ils se laisseraient guider par moi en ce qui concerne les taxes sur le fer et l'acier, à condition que de grandes réductions soient faites et que les sénateurs républicains fassent front commun pour un projet de loi de cette nature. Je me souviens de ses mots : «Je peux me permettre de combattre le président et de le battre, mais je ne peux pas me permettre de le combattre et d'être vaincu».

Le gouverneur Flower partageait ces vues. Il y eut peu de problèmes à faire en sorte que notre parti accepte les larges réductions que je proposais. Le projet de loi sur le tarif Wilson-Gorman fut adopté. En rencontrant le sénateur Gorman plus tard, il expliqua qu'il avait dû céder sur les attaches de coton pour rallier plusieurs sénateurs du Sud. Les attaches de coton devaient être gratuites. Ainsi va la législation sur les tarifs.

Je n'étais pas suffisamment important dans la fabrication pour participer à la mise en place des tarifs immédiatement après la guerre. Il se trouve que ma contribution a toujours été de favoriser la réduction des droits de douane, en m'opposant aux extrêmes : les protectionnistes déraisonnables qui considèrent que plus les droits de douane sont élevés, mieux c'est et qui sont contre toute réduction, et les autres extrémistes qui dénoncent tous les droits de douane et adopteraient un libre-échange sans restriction.

Nous pouvions maintenant (1907) abolir toutes les taxes sur l'acier et le fer sans préjudice, aussi essentiels que ces droits l'aient été au début. L'Europe n'a pas beaucoup de surplus de production, de sorte que si les prix montaient de façon exorbitante ici, seule une petite quantité pourrait être prélevée là-bas et cela augmenterait instantanément les prix en Europe, de sorte que nos fabricants nationaux ne pourraient pas être sérieusement affectés. Le libre-échange n'empêcherait des prix exorbitants ici que lors de périodes où la demande serait excessive. Les fabricants nationaux de fer et d'acier n'ont rien à craindre du libre-échange. [J'ai récemment (1910) déclaré cela lors de mon témoignage devant la Commission tarifaire à Washington].

# CHAPITRE XI

# NEW YORK COMME SIEGE SOCIAL

# CHAPITRE XI

# NEW YORK COMME SIEGE SOCIAL

Notre commerce continua à s'étendre et nécessita des visites fréquentes de ma part dans l'Est, plus particulièrement à New York, qui est comme Londres pour la Grande-Bretagne : le siège de toutes les entreprises vraiment importantes en Amérique. Aucune grande entreprise ne pouvait vraiment se développer sans y être présente. Mon frère et M. Phipps avaient pleinement le contrôle des affaires à Pittsburgh. Mon domaine semblait être de diriger la politique générale des entreprises et de négocier les contrats importants.

Mon frère avait eu la chance d'épouser Miss Lucy Coleman, fille d'un de nos partenaires et amis les plus précieux. Notre résidence familiale à Homewood lui fut léguée, et je fus une fois de plus contraint de rompre de vieilles associations et de quitter Pittsburgh en 1867 pour m'installer à New York. Le changement fut assez dur pour moi, mais il le fut encore plus pour ma mère. Cependant elle était encore dans la fleur de l'âge et nous pouvions être heureux n'importe où du moment que nous étions ensemble. Pourtant, elle ressentit réellement le départ de notre foyer. Nous étions de parfaits étrangers à New York et au début nous prîmes nos quartiers à l'hôtel St Nicholas, alors dans toute sa splendeur. J'ouvris un bureau dans Broad Street.

Pendant quelque temps, les amis de Pittsburgh qui venaient à New York furent notre principale source de joie et les journaux de Pittsburgh semblaient nécessaires à notre existence. J'y faisais de fréquentes visites et ma mère m'accompagnait souvent, de sorte que notre lien avec l'ancien foyer était toujours maintenu. Mais, au bout d'un certain temps, de nouvelles amitiés furent formées et de nouveaux intérêts s'éveillèrent. New York commença à être considéré comme notre foyer. Lorsque les propriétaires du St Nicholas ouvrirent l'hôtel Windsor en ville, nous nous y installâmes et, jusqu'en 1887, c'était notre nouvelle maison à New York. M. Hawk, le propriétaire, devint un de nos amis les plus précieux et son neveu et homonyme le reste à ce jour.

Parmi les influences dont j'ai bénéficié à New York, aucune ne surpasse le Club du Dix-Neuvième Siècle organisé par M. et Mme Courtland Palmer. Le club se réunissait chez eux une fois par mois pour discuter de divers sujets et attira rapidement beaucoup d'hommes et de femmes remarquables. Je dois mon statut de membre à Madame Botta : une femme remarquable, épouse du professeur Botta, dont le salon est devenu plus que tout autre, si ce n'est l'unique qui ressemblait vraiment à un salon à cette époque. Je fus honoré par une invitation à dîner chez les Botta et j'y rencontrai pour la première fois plusieurs personnes distinguées, parmi lesquelles celui qui devint mon ami de toujours et mon sage conseiller, Andrew D White, alors président de l'université Cornell, plus tard ambassadeur en Russie et en Allemagne, et notre principal délégué à la conférence de La Haye.

Le Club du Dix-Neuvième Siècle était une véritable arène. Des hommes et des femmes compétents discutaient des principaux sujets d'actualité en bonne et due forme, s'adressant à l'auditoire l'un après l'autre. Les rassemblements devinrent rapidement trop importants pour une salle privée. Les réunions mensuelles furent alors tenues dans les galeries d'art américaines. Je me souviens que le premier soir où je pris part en tant qu'orateur, le sujet était « L'aristocratie du dollar ». Le colonel Thomas Wentworth Higgison était le premier orateur. Ce fut mon premier contact avec un public à New York. Par la suite, j'ai pris la parole ici et là. Ce fut un excellent entraînement, car il fallait étudier et préparer chaque intervention.

J'avais vécu assez longtemps à Pittsburgh pour acquérir l'esprit manufacturier, par opposition à l'esprit spéculatif. Ma connaissance des affaires, obtenue de ma position d'opérateur télégraphique, m'avait permis de connaître les quelques hommes ou entreprises de Pittsburgh qui avaient alors des opérations à la Bourse de New York et je suivais leur carrière avec un grand intérêt. Pour moi, leurs opérations semblaient n'être qu'une sorte de jeu de hasard. Je ne savais pas alors que le crédit de tous ces hommes ou de toutes ces entreprises était sérieusement compromis par le fait qu'ils étaient adeptes de la spéculation (ce qu'il est presque impossible de cacher). Mais ces entreprises étaient alors si peu nombreuses que j'aurais pu les compter sur les doigts d'une main. Les bourses du pétrole et des valeurs mobilières de Pittsburgh n'avaient pas encore été fondées et les bureaux de courtiers reliés avec des câbles aux bourses de l'Est étaient inutiles. Pittsburgh était résolument une ville manufacturière.

Je fus surpris de découvrir à quel point l'état des affaires était différent à New York. Il y avait peu d'hommes d'affaires qui n'avaient pas fait leurs armes à Wall Street dans une mesure plus ou moins grande. J'étais assailli par des demandes de renseignements de toutes parts concernant les différentes entreprises ferroviaires auxquelles j'étais lié. Des personnes souhaitant fournir du capital pour des investissements me firent des offres pour me permettre de les gérer. Le pré supposé étant que grâce à la vision interne que je pouvais avoir, je pourrais investir pour eux avec succès. On m'envoya des invitations pour rejoindre des groupes qui avaient l'intention d'acheter discrètement le contrôle de certaines propriétés. En fait, tout le champ spéculatif fut étalé devant moi sous son aspect le plus séduisant.

Je déclinai toutes ces tentatives de séduction. L'offre la plus notable de ce genre que je reçus fut un matin à l'hôtel Windsor, peu après mon déménagement à New York. Jay Gould, alors au sommet de sa carrière, m'aborda en disant qu'il avait entendu parler de moi et qu'il achèterait le contrôle de la compagnie des chemins de fer de Pennsylvanie pour me céder la moitié de tous les profits si j'acceptais de me dévouer à sa gestion. Je le remerciai et dis que, bien que M. Scott et moi-même étions séparés dans les affaires professionnelles, je ne ferais jamais rien qui aille contre ses intérêts. Par la suite, M. Scott me raconta qu'il avait entendu que j'avais été sélectionné par des investisseurs de New York pour lui succéder. Je ne sais pas comment il l'a appris, car je ne l'ai jamais mentionné. Je le rassurai en lui disant que la seule compagnie de chemins de fer dont je serai président serait celle dont je serais propriétaire.

Il est étrange de constater les changements qu'apporte le tourbillon du temps. Ce fut mon tour, un matin de 1900, trente ans plus tard, de parler au fils de M. Gould de l'offre de son père et de lui dire :

« Votre père m'a offert le contrôle du grand système de Pennsylvanie. J'offre maintenant à son fils en retour le contrôle d'une ligne internationale d'un océan à l'autre ».

Le fils et moi-même nous sommes mis d'accord sur la première étape, qui était l'acheminement de sa ligne de Wabash à Pittsburgh. Ce fut fait avec succès dans le cadre d'un contrat donné à la Wabash d'un tiers du trafic de notre société d'acier. Nous allions entreprendre l'extension orientale de Pittsburgh jusqu'à l'Atlantique lorsque M. Morgan me contacta en mars 1901, par l'intermédiaire de M. Schwab, pour me demander si je comptais réellement me retirer des affaires. Je répondis par l'affirmative et cela mit fin à nos activités ferroviaires.

Je n'ai jamais acheté ou vendu une action à des fins spéculatives de ma vie, excepté un petit lot d'actions des chemins de fer de Pennsylvanie que j'avais acheté tôt dans ma vie à des fins d'investissement et pour lequel je n'avais pas payé à l'époque, car les banquiers m'avaient proposé de le porter pour moi à un faible taux. J'ai adhéré à la règle de ne jamais acheter ce pour quoi je n'ai pas payé et de ne jamais vendre ce que je ne possédais pas. À cette époque, cependant, j'avais plusieurs intérêts qui furent acquis dans le cadre de mes activités. Ils incluaient quelques actions et des titres qui étaient cotés à la Bourse de New York. Je découvris que lorsque j'ouvrais mon journal le matin, j'étais tenté de regarder d'abord les cotations du marché boursier. Comme j'avais décidé de vendre tous mes intérêts dans toutes les entreprises extérieures et de concentrer mon attention sur nos activités manufacturières à Pittsburgh, je me résolus également à ne pas posséder d'actions qui avaient été achetées ou vendues sur une bourse. À l'exception de montants très faibles qui me vinrent de diverses manières, j'ai adhéré strictement à cette règle.

Une telle ligne de conduite devrait être recommandée à tout homme travaillant dans les affaires manufacturières et à tout professionnel. Pour l'industriel plus spécialement, la règle semble être d'une importance capitale. Son esprit doit rester calme et libre s'il veut décider sagement des problèmes qui se présentent continuellement à lui. Rien n'est plus efficace à long terme qu'un bon jugement et aucun bon jugement ne peut se faire chez l'homme dont l'esprit est perturbé par les changements mercuriels de la Bourse. Cela le met sous une influence proche de l'ivresse. Ce qui n'est pas, il le voit, et ce qu'il voit, n'est pas. Il ne peut pas juger des valeurs relatives ni saisir la vraie perspective des choses. La taupinière lui semble être une montagne et la montagne une taupinière. Il parvient à des conclusions auxquelles il devrait arriver par la raison. Son esprit se focalise sur la valeur des actions et pas sur les points qui nécessitent un raisonnement posé. La spéculation est un parasite se nourrissant de valeurs, mais n'en créant aucune.

Ma première entreprise importante après mon installation à New York fut ma construction d'un pont traversant le Mississippi à Keokuk[33]. M. Thomson, président des chemins de fer de Pennsylvanie et moi-même, avons passé un contrat pour la structure entière, les fondations, la maçonnerie et la superstructure, en prenant des obligations et des actions en paiement. L'entreprise fut un splendide succès à tous égards, hormis financiers. Un mouvement de panique jeta les chemins de fer de liaison dans la faillite. Ils furent incapables de payer les sommes stipulées. Des

---

33 Il s'agissait d'un pont en fer de 2 300 pieds de long avec une portée de 380 pieds.

sociétés rivales construisirent un pont traversant le Mississippi à Burlington et un chemin de fer sur la rive ouest du Mississippi jusqu'à Keokuk. Les beaux profits que nous voyions en perspective ne furent jamais réalisés. M. Thomson et moi-même, cependant, échappâmes aux pertes, bien qu'il n'y eut qu'une faible marge résiduelle.

La superstructure de ce pont fut construite à notre usine Keystone de Pittsburgh. L'entreprise m'obligea à visiter Keokuk occasionnellement et j'y fis la connaissance de personnes intelligentes et charmantes, dont le général et Mme Reid, ainsi que M. et Mme Leighton. En visitant Keokuk avec quelques amis anglais plus tard, je réalisai que l'impression qu'ils reçurent de la société dans le Far West, là où ils plaçaient les limites de la civilisation, fut surprenante. La réception qui nous fut donnée un soir par le général Reid réunit une assemblée digne de n'importe quelle ville de Grande-Bretagne. Plus d'un des invités s'était distingué pendant la guerre et avait atteint une certaine importance dans les conseils nationaux.

La réputation obtenue lors de la construction du pont de Keokuk me conduisit à être sollicité par les responsables du projet pour construire un pont sur le Mississippi à Saint-Louis, auquel j'ai déjà fait référence. C'était lié à ma première grande transaction financière. Un jour en 1869, le gentleman en charge de l'entreprise, M. Macpherson (il était très Écossais) appela à mon bureau de New York et dit qu'ils essayaient de lever des capitaux pour construire le pont. Il souhaitait savoir si je pouvais faire participer certaines des compagnies ferroviaires de l'Est à ce projet. Après un examen minutieux du projet, je rédigeai le contrat pour la construction du pont au nom des usines des ponts Keystone. J'obtins également une option sur quatre millions de dollars d'obligations de première hypothèque de la société des ponts et me mis en route pour Londres en mars

1869, pour négocier leur vente.

Pendant le voyage, je préparai un document que j'avais fait imprimer à mon arrivée à Londres. Ayant précédemment fait la connaissance de Junius S. Morgan, le grand banquier, je lui rendis visite un matin et entamai les négociations. Je lui laissai une copie du document et le lendemain matin, je fus ravi de constater que M. Morgan voyait l'affaire d'un bon œil. Je lui ai vendu une partie des obligations avec l'option de prendre le reste. Mais lorsque ses avocats furent appelés à donner leur avis, un ensemble de changements fut nécessaire dans le libellé des obligations. M. Morgan me dit que, vu que j'allais en Écosse, je ferais mieux d'y aller maintenant. Je pourrais écrire aux parties à Saint-Louis et m'assurer qu'elles accepteraient les changements proposés. Il y aurait assez de temps, disait-il, pour régler l'affaire lors de mon retour dans trois semaines.

Mais je n'avais pas l'intention de laisser le poisson jouer aussi longtemps avec l'appât. Je l'informai donc que j'aurais un télégramme dans la matinée acceptant tous les changements. Le câble de l'Atlantique était ouvert depuis un certain temps, mais je doutais qu'il ait déjà transporté un message privé aussi long que celui que j'envoyais ce jour-là. Ce fut une tâche simple de numéroter les lignes de l'obligation, puis de les relire attentivement pour indiquer les changements, les omissions ou les ajouts requis à chaque ligne. Je montrai à M. Morgan le message avant de l'envoyer et il dit :

« Eh bien, jeune homme, si vous y parvenez, vous mériterez des félicitations ».

Lorsque j'entrai dans le bureau le lendemain matin, je trouvai sur le bureau qui avait été mis à ma disposition dans le bureau privé de M. Morgan l'enveloppe colorée qui contenait la réponse. Elle tenait en ces mots : « Réunion du conseil d'administration hier soir. Tous les changements ont été approuvés ». « Maintenant, M. Morgan, » dis-je, « nous pouvons procéder, à supposer que la caution soit conforme au désir de vos avocats ». Les papiers furent rapidement signés.

*Junius Spencer Morgan*

Alors que j'étais dans le bureau, M. Sampson, le rédacteur financier du Times, entra. J'eus un entretien avec lui, en sachant bien que quelques mots de sa part contribueraient largement dans l'augmentation du prix des obligations à la Bourse. Les titres américains avaient été récemment attaqués férocement, en raison des procédures de Fisk et Gould concernant la compagnie de chemins de fer Érié et de leur contrôle sur les juges de New York, qui semblaient obéir à leurs ordres. Je savais que cela serait objecté et ainsi j'y répondis tout de suite. J'attirai l'attention de M. Sampson sur le fait que la charte de la compagnie des ponts de Saint-Louis émanait du gouvernement national. En cas de nécessité, il était possible de faire appel directement à la Cour Suprême des États-Unis, un organisme qui rivalisait avec leurs propres hauts tribunaux. Il dit qu'il serait ravi de mettre en évidence cette louable spécificité. Je décrivis le pont comme un poste de péage sur la route continentale et cela sembla lui plaire. Tout marchait à merveille et lorsqu'il quitta le bureau, M. Morgan me tapa sur l'épaule et dit :

« Merci, jeune homme. Vous avez augmenté le prix de ces obligations de cinq pour cent ce matin ».

« Très bien, M. Morgan », répondis-je ; « maintenant, montrez-moi comment je peux les augmenter de cinq pour cent de plus pour vous ».

L'émission fut un grand succès et l'argent pour le pont de Saint-Louis fut obtenu. J'obtins une marge considérable de profit suite à la négociation. C'était ma première négociation financière avec les banquiers d'Europe. M. Pullman me dit quelques jours plus tard que M. Morgan, lors d'un dîner, avait raconté la scène avec le télégramme et prédit : « On entendra parler de ce jeune homme ».

Après avoir conclu avec M. Morgan, je visitai ma ville

natale, Dunfermline, et je fis don à la ville de bains publics. Ce fut le premier don vraiment considérable que je faisais. Bien avant cela, j'avais, à la suggestion de mon oncle Lauder, envoyé une souscription au fonds pour le monument de Wallace sur les hauteurs de Stirling surplombant Bannockburn. Ce n'était pas beaucoup, mais j'étais alors au bureau télégraphique et c'était considérable sur un revenu de trente dollars par mois, avec les dépenses de la famille en tête. Ma mère ne m'en a pas voulu. Au contraire, elle était très fière que le nom de son fils figure sur la liste des contributeurs et son fils sentait qu'il était vraiment en train de devenir un homme. Des années plus tard, ma mère et moi visitâmes Stirling et nous y dévoilâmes, dans la Tour Wallace, un buste de Sir Walter Scott, qu'elle avait présenté au comité du monument. Nous avions alors fait beaucoup de progrès, du moins financièrement, depuis la première souscription. Mais la distribution n'avait pas encore commencé[34]. Jusque-là,

---

34 Les ambitions de M. Carnegie à cette époque (1868) sont exposées dans le mémorandum suivant qu'il a rédigé. Il n'a été mis au jour que récemment :

Hôtel St Nicholas, New York, décembre 1868.

Trente-trois ans et un revenu de 50 000 dollars par an ! D'ici deux ans, je peux organiser toutes mes affaires de manière à m'assurer au moins 50 000 $ par an. Au-delà, ne gagnez jamais rien, ne faites aucun effort pour augmenter votre fortune, mais dépensez l'excédent chaque année à des fins charitables. Laissez tomber les affaires pour toujours, sauf pour les autres.

S'installer à Oxford et recevoir une éducation approfondie, en faisant la connaissance d'hommes de lettres (cela prendra trois ans de travail actif) en s'appliquant tout particulièrement à parler en public. S'installer ensuite à Londres et acheter une participation

j'avais vécu la période de l'accumulation.

Pendant que je visitais le continent européen en 1867 et que j'étais profondément intéressé par ce que je voyais, il ne faut pas croire que mon esprit n'était pas aux affaires de mon pays. Des lettres fréquentes me tenaient avisé. La question de la communication ferroviaire avec le Pacifique avait été portée au premier plan par la guerre civile et le Congrès avait passé une loi pour encourager la construction d'une ligne. Le premier coup de pioche venait d'être donné à Omaha et il était prévu que la ligne soit finalement prolongée jusqu'à San Francisco. Un jour, alors que j'étais à Rome, il m'est apparu que cela pourrait être fait bien plus tôt que prévu. La nation s'étant résolue à relier son territoire pouvait être assurée qu'on ne perde pas de temps à le faire. J'écrivis à mon ami, M. Scott, pour lui suggérer d'obtenir le contrat pour installer des wagons-lits sur la grande ligne de

---

majoritaire dans un journal ou une revue vivante et en assurer la gestion générale, en prenant part aux affaires publiques, surtout celles qui concernent l'éducation et l'amélioration des classes pauvres.

L'homme doit avoir une idole. L'accumulation de richesses est l'une des pires formes d'idolâtrie. Aucune idole n'est plus avilissante que le culte de l'argent. Quel que soit le domaine dans lequel je m'engage, je dois le pousser de façon démesurée. Je dois donc veiller à choisir la vie qui sera la plus élevée dans son caractère. Si je continue plus longtemps à être accablé par les soucis des affaires et à ne penser qu'aux moyens de gagner plus d'argent en un minimum de temps, je me dégraderai au-delà de tout espoir de guérison permanente. J'abandonnerai les affaires à trente-cinq ans, mais pendant les deux années qui suivront, je souhaite consacrer mes après-midi à recevoir des instructions et à lire systématiquement.

la Californie. Sa réponse contenait ces mots :

« Eh bien, jeune homme, vous saisissez vraiment les opportunités quand elles se présentent ».

Néanmoins, à mon retour en Amérique, je poursuivis l'idée. Le commerce des wagons-lits, auquel je m'intéressais, avait pris une telle ampleur si rapidement qu'il était impossible d'obtenir suffisamment de wagons pour répondre à la demande. Cela conduisit à la formation de l'actuelle compagnie Pullman. La compagnie de transports centrale était simplement incapable de couvrir le territoire avec une rapidité suffisante et M. Pullman, en commençant par le plus grand de tous les centres ferroviaires du monde (Chicago) rivalisa rapidement avec la société mère. Il avait aussi vu que le chemin de fer du Pacifique serait la plus grande ligne de wagons-lits du monde et je le trouvai en train de travailler sur ce que j'avais commencé à entrevoir. Il s'avérait être un lion sur mon chemin. De nouveau, on peut tirer leçon, à partir d'un épisode que j'ai entendu de M. Pullman lui-même, par quelles bagatelles les questions importantes sont parfois déterminées.

Le président des chemins de fer de l'Union Pacifique était de passage à Chicago. M. Pullman lui rendit visite et on le fit entrer dans sa chambre. Sur la table se trouvait un télégramme adressé à M. Scott disant « Votre proposition de wagons-lits est acceptée ». M. Pullman ne put s'empêcher de le voir et le lit involontairement. Lorsque le président Durrant entra dans la pièce, il lui expliqua et dit :

« J'espère que vous ne prendrez pas de décision à ce sujet avant que je ne vous aie fait une proposition ».

M. Durrant promit d'attendre. Une réunion du conseil d'administration de la compagnie de l'Union Pacifique fut tenue peu après à New York. M. Pullman et moi-même étions présents, chacun s'efforçant d'obtenir le prix que ni lui ni moi ne sous-estimions. Un soir, nous commençâmes à monter le large escalier de l'hôtel St Nicholas de concert. Nous nous étions déjà rencontrés auparavant, mais nous ne nous connaissions pas bien. Je dis, cependant, alors que nous montions les escaliers :

« Bonsoir, M. Pullman ! Nous voilà ensemble et ne sommes-nous pas en train de faire un beau couple de fous ? »

Il n'était pas disposé à admettre quoi que ce soit, et dit :

« Que voulez-vous dire ? »

Je lui expliquai la situation. Nous étions en train de détruire, par nos propositions rivales, ce que nous désirions obtenir.

« Eh bien », dit-il, « que proposez-vous face à cela ? »

« Nous unir », dis-je. « Faire une proposition commune à l'Union Pacifique, votre parti et le mien, en créant une compagnie ».

« Comment l'appelleriez-vous ? » demanda-t-il.

« La Pullman Palace, Car Company », répondis-je.

Cela lui convint parfaitement et cela me convenait tout autant.

« Venez dans ma chambre et parlons-en », dit le grand homme des wagons-lits.

Ce que je fis, et le résultat fut que nous obtînmes le contrat conjointement. Notre compagnie fut ensuite fusionnée dans la compagnie Pullman générale et nous prîmes des actions de cette société pour nos intérêts dans le Pacifique. Jusqu'à ce que je sois obligé de vendre mes actions pendant la crise financière de 1873 pour protéger nos intérêts dans le fer et l'acier, j'étais, je crois, l'actionnaire le plus important de la compagnie Pullman.

Cet homme, Pullman, et sa carrière, sont tellement américains que quelques mots sur lui ne seront pas de trop. M. Pullman était d'abord un charpentier, mais lorsque Chicago avait dû être surélevée, il prit un contrat à son compte pour déplacer ou surélever des maisons pour une certaine somme. Bien sûr, il réussit, et de ce début modeste, il devint un des entrepreneurs les plus importants et les plus connus du domaine. Si un grand hôtel devait être surélevé de dix pieds sans déranger ses centaines de clients ni interférer d'aucune manière avec son activité, M. Pullman était l'homme de la situation. Il était un de ces rares personnages qui peuvent voir l'évolution des choses et on le trouvait toujours, pour ainsi dire, nageant dans le sens du courant, là où le mouvement était le plus rapide. Il comprit rapidement, comme moi, que le wagon-lit était une nécessité absolue sur le continent américain. Il commença à construire quelques wagons à Chicago et à obtenir des contrats sur les lignes qui s'y trouvaient.

L'entreprise de l'Est n'était pas en mesure de faire face à celle d'un homme extraordinaire comme M. Pullman. Je m'en suis vite rendu compte. Bien que les brevets originaux étaient détenus par la compagnie de l'Est et que M. Woodruff, lui-même détenteur du brevet original, était un actionnaire important, nous aurions pu encourir des dommages et intérêts pour violation de brevet après quelques années de litige. Le temps perdu avant que cela ne soit réglé aurait été suffisant pour faire de la compagnie de Pullman la plus grande compagnie du pays. Je recommandai donc vivement de nous unir à M. Pullman, comme je l'avais fait auparavant pour le contrat de l'Union Pacifique. Comme les relations personnelles entre M. Pullman et quelques membres de la compagnie de l'Est n'étaient pas au mieux, il fut jugé préférable que je prenne en main les négociations, étant sur un pied d'égalité avec les deux parties. Nous tombâmes rapidement d'accord sur le fait que la compagnie Pullman absorberait notre société, la compagnie de transport centrale. Par ce biais, M. Pullman, au lieu d'être confiné à l'Ouest, obtint le contrôle des droits sur la grande ligne principale de Pennsylvanie vers le littoral atlantique. Cela plaça sa société au-dessus de tous les rivaux possibles. M. Pullman était l'un des hommes d'affaires les plus compétents que j'aie jamais rencontrés et je lui suis redevable, parmi d'autres choses, d'une histoire qui comporte une morale.

M. Pullman, comme n'importe quel autre homme, a eu ses difficultés et ses déceptions et n'a pas toujours atteint son but. Personne n'y parvient. En effet, je ne connais personne à part lui qui aurait pu surmonter les difficultés entourant l'exploitation des wagons-lits d'une manière satisfaisante et en conservant les quelques droits que les compagnies ferroviaires étaient tenues de respecter. Les compagnies ferroviaires devraient, bien entendu, exploiter leurs propres wagons-lits. À une occasion où nous comparions nos notes, il me dit qu'il avait toujours trouvé du réconfort dans cette histoire. Un vieil homme, dans un comté de l'Ouest, ayant souffert de tous les maux de la vie, bien plus qu'on n'en peut rencontrer habituellement, ayant été pris en pitié par ses voisins, répondit :

« Oui, mes amis, tout ce que vous dites est vrai. J'ai eu une vie longue, longue et pleine de problèmes, mais il y a quelque chose de curieux à leur sujet : neuf dixièmes d'entre eux ne se sont jamais produits ».

C'est vrai en effet : la plupart des ennuis de l'humanité sont imaginaires et devraient faire l'objet d'un fou rire. C'est une folie de traverser un pont avant d'y arriver, ou de saluer le diable avant de le rencontrer. De la folie pure. Tout va bien jusqu'à ce que le coup tombe, et même là neuf fois sur dix, ce n'est pas aussi grave que prévu. Un optimiste farouche est un homme sage.

Le succès dans ces diverses négociations m'avait fait connaître à New York, et ma prochaine opération de grande ampleur fut en rapport avec le chemin de fer de l'Union Pacifique en 1871. Un de ses directeurs vint me voir pour me dire que ces derniers devaient réunir d'une manière ou d'une autre un montant de six cent mille dollars (équivalent à plusieurs millions de nos jours) pour les aider à traverser une crise. Certains de mes amis qui faisaient partie du comité exécutif de cette voie avaient suggéré que je pourrais obtenir l'argent et en même temps obtenir le contrôle virtuel de cette ligne occidentale importante pour la compagnie des chemins de fer de Pennsylvanie. Je crois que M. Pullman est venu avec le directeur, ou peut-être que c'est M. Pullman, lui-même qui est venu me voir pour la première fois, à ce sujet.

Je pris en main le sujet et je m'aperçus que si les directeurs des chemins de fer de l'Union Pacifique étaient disposés à élire à leur conseil d'administration quelques hommes que les chemins de fer de Pennsylvanie nommeraient, le trafic ainsi obtenu par la Pennsylvanie justifierait l'aide apportée à l'Union Pacifique. J'allai à Philadelphie et exposai le sujet au président Thomson. Je suggérai que si la compagnie des chemins de fer de Pennsylvanie me confiait des titres sur lesquels l'Union Pacifique pourrait emprunter de l'argent à New York, nous pourrions contrôler l'Union Pacifique dans l'intérêt de la Pennsylvanie. Parmi les nombreuses marques de confiance de M. Thomson, celle-ci fut jusqu'alors la plus importante. Il était bien plus prudent lorsqu'il manipulait l'argent de la compagnie ferroviaire que le sien, mais la récompense était trop grande pour que l'on passe à côté. Même si les six cent mille dollars avaient été perdus, cela n'aurait pas été un investissement perdant pour sa société et il y avait peu de risque que cela arrive, car nous étions prêts à lui remettre les titres que nous avions obtenus en échange du prêt à l'Union Pacifique.

Mon entretien avec M. Thomson eut lieu chez lui, à Philadelphie. Alors que je me levai pour partir, il posa sa main sur mon épaule, et dit :

« Souvenez-vous, Andy, je vous fais confiance sur cette affaire. C'est en vous que j'ai confiance et je compte sur vous pour conserver tous les titres que vous obtiendrez et pour veiller à ce que les chemins de fer de Pennsylvanie ne soient jamais dans une position où ils puissent perdre un seul dollar ».

J'acceptai la responsabilité et le résultat fut un succès triomphal. L'entreprise de l'Union Pacifique souhaitait ardemment que M. Thomson lui-même prenne la présidence, mais cela, dit-il, était hors de question. Il proposa la candidature de M. Thomas A. Scott, vice-président des chemins de fer de Pennsylvanie, pour ce poste. M. Scott, M. Pullman et moi-même avons donc été élus directeurs de la compagnie des chemins de fer de l'Union Pacifique en 1871.

Les garanties obtenues pour le prêt consistaient en trois millions d'actions de l'Union Pacifique, qui étaient alors verrouillées dans mon coffre-fort, avec la possibilité de les acheter à un certain prix. Comme on pouvait s'y attendre, l'arrivée des chemins de fer de Pennsylvanie rendit les actions de l'Union Pacifique infiniment plus précieuses. Les actions progressèrent énormément. À cette époque, j'entrepris de négocier des obligations à Londres pour un pont traversant le Missouri à Omaha et alors que j'étais absent pour cette affaire, M. Scott décida de vendre nos actions de l'Union Pacifique. J'avais laissé des instructions à mon secrétaire pour que M. Scott, en tant que partenaire de l'entreprise, puisse entrer dans la chambre forte, car il pourrait être nécessaire en mon absence que les titres soient **accessibles**. Mais l'idée que ces titres soient vendus, ou que nous perdions la position splendide que nous avions acquise en lien avec l'Union Pacifique ne m'effleura jamais l'esprit.

Je revins pour découvrir qu'au lieu d'être un collègue de confiance pour les directeurs de l'Union Pacifique, on me voyait comme les ayant utilisés à des fins spéculatives. Aucun quatuor d'hommes n'a jamais eu plus belle occasion de s'associer à une œuvre aussi grande que la nôtre. Et jamais occasion ne fut à ce point imprudemment gâchée. M. Pullman ignorait l'affaire et en fut autant indigné que moi. Je crois qu'il a réinvesti directement ses bénéfices dans les actions de l'Union Pacifique. Je sentis que, même si je souhaitais en faire de même et répudier ce qui avait été fait, ce serait inconvenant et peut-être ingrat de ma part de me séparer aussi nettement du premier de mes amis, M. Scott.

À la première occasion, nous fûmes expulsés de manière ignoble, mais à juste titre, du conseil de l'Union Pacifique. C'était une pilule amère à avaler pour un jeune homme. Et cette transaction marqua mon premier différent sérieux avec l'homme qui, jusqu'à ce moment-là, avait eu la plus grande influence sur moi, le gentil et affectueux employeur de mon enfance, Thomas A. Scott. M. Thomson regretta l'incident, mais, comme il le dit, n'y ayant prêté aucune attention et ayant laissé le contrôle total de l'entreprise entre les mains de M. Scott et de moi-même, il a présumé que j'avais pensé qu'il était préférable de vendre. Pendant un certain temps, je craignais d'avoir perdu un ami précieux en la personne de Levi P. Morton, de Morton, Bliss&Co., qui était intéressé par l'Union Pacifique, mais au final il découvrit que j'étais innocent.

Les négociations concernant deux millions et demi d'obligations pour la construction du pont d'Omaha aboutirent et comme ces obligations avaient été achetées par des personnes liées à l'Union Pacifique avant que je n'aie quoi que ce soit à voir avec la compagnie, ce fut pour elles et non pour l'Union Pacifique que les négociations furent menées. Cela ne me fut pas expliqué par le directeur qui parla avec moi avant mon départ pour Londres. Malheureusement, lorsque je retournai à New York, je découvris que le produit entier des obligations, y compris mon profit, avait été affecté par les parties pour payer leurs propres dettes, et je fus donc privé d'une somme importante, et je dus créditer mes dépenses et mon temps aux pertes et profits. On ne m'avait jamais trompé auparavant et je ne l'avais jamais découvert de façon si crue et si claire. Je vis que j'étais encore jeune et que j'avais encore beaucoup à apprendre. On peut faire confiance à beaucoup d'hommes, mais il faut en surveiller quelques-uns.

# CHAPITRE XII

# NÉGOCIATIONS COMMERCIALES

# CHAPITRE XII

## NÉGOCIATIONS COMMERCIALES

Un succès complet a salué une négociation que j'ai menée à peu près à cette époque pour le colonel William Phillips, président de l'Allegheny Valley Railway à Pittsburgh. Un jour, le colonel est entré dans mon bureau de New York et m'a dit qu'il avait un grand besoin d'argent, mais qu'aucune maison en Amérique ne pouvait lui acheter cinq millions d'obligations de sa compagnie, même si elles étaient garanties par la Pennsylvania Railroad Company. Le vieil homme était persuadé que les banquiers le faisaient tourner en rond parce qu'ils avaient convenu entre eux de n'acheter les obligations qu'à leurs propres conditions. Il en demandait quatre-vingt-dix cents pour un dollar, mais les banquiers considéraient cette somme comme exagérément élevée. C'était l'époque où les obligations des chemins de fer de l'Ouest étaient souvent vendues aux banquiers à quatre-vingts cents par dollar.

Le colonel Phillips a dit qu'il était venu pour voir si je ne pouvais pas lui proposer une solution. Il avait un besoin pressant de deux cent cinquante mille dollars, que M. Thomson, du chemin de fer de la Pennsylvanie, ne pouvait pas lui donner. Les obligations de l'Allegheny étaient de sept pour cent, mais elles étaient payables, non pas en or, mais en monnaie, en Amérique. Elles étaient donc tout à fait inadaptées au marché étranger. Mais je savais que la Pennsylvania Railroad Company avait dans son trésor une grande quantité d'obligations en or à six pour cent de la Philadelphia and Erie Railroad. Ce serait un échange des plus enviables pour lui, pensais-je, de donner ces obligations contre les obligations Allegheny à sept pour cent qui portaient sa garantie.

J'ai télégraphié à M. Thomson, lui demandant si la Pennsylvania Railroad Company accepterait de prendre deux cent cinquante mille dollars à intérêt et de les prêter à l'Allegheny Railway Company. M. Thomson a répondu : « Certainement. » Le colonel Phillips était heureux. Il a accepté, en contrepartie de mes services, de me donner une option de soixante jours pour prendre ses cinq millions d'obligations au taux souhaité de quatre-vingt-dix cents par dollar. J'ai présenté l'affaire à M. Thomson et j'ai suggéré un échange, que cette société était trop heureuse de faire, car elle économisait un pour cent d'intérêt sur les obligations. J'ai embarqué immédiatement pour Londres avec le contrôle de cinq millions d'obligations de première hypothèque de Philadelphie et d'Érié, garanties par la Pennsylvania Railroad Company. Un titre magnifique pour lequel je voulais un prix élevé. Et c'est là qu'intervinrent successivement l'un des plus grands succès et échecs de ma vie financière.

J'écrivis aux Barings de Queenstown que j'avais à vendre un titre que même leur maison pourrait considérer sans hésitation. À mon arrivée à Londres, j'ai trouvé à l'hôtel une note de leur part me demandant de les appeler. Je l'ai fait le lendemain matin et avant de quitter leur banque, j'avais conclu un accord selon lequel ils devaient faire cet emprunt. Jusqu'à ce qu'ils vendent les obligations au pair, moins leur commission de deux et demi pour cent, ils avanceraient à la Pennsylvania Railroad Company quatre millions de dollars à cinq pour cent d'intérêt. La vente m'a laissé un bénéfice net de plus d'un demi-million de dollars.

J'ai ordonné la rédaction des documents, mais au moment de partir, M. Russell Sturgis m'a dit qu'ils venaient d'apprendre que M. Baring lui-même arrivait en ville dans la matinée. Ils avaient prévu de tenir une conférence et comme il serait approprié de lui présenter la transaction par courtoisie, ils remettaient la signature des documents au lendemain. Si j'appelais à deux heures, la transaction serait conclue.

Je n'oublierai jamais le sentiment d'oppression qui m'a envahi lorsque je suis sorti et que je me suis rendu au bureau du télégraphe pour envoyer un message au président Thomson. Quelque chose me disait de ne pas le faire. J'attendrais jusqu'au lendemain, lorsque j'aurais le contrat en poche. J'ai marché de la banque à l'hôtel Langham : quatre longs kilomètres. Quand j'y suis arrivé, j'ai trouvé un messager qui attendait, essoufflé, avec une note scellée des Barings. Bismarck avait enfermé une centaine de millions à Magdebourg. Le monde de la finance était en panique et les Barings se permettaient de dire que, dans ces circonstances, ils ne pouvaient pas conseiller à M. Baring cette affaire. Il y avait autant de chances que je sois frappé par la foudre en rentrant chez moi que de voir rompre un accord conclu par Barings. Et pourtant, ce fut le cas. C'était un coup trop violent pour produire quoi que ce soit qui ressemble à de l'irritation ou de l'indignation. J'étais assez doux pour être tout à fait résigné et je me félicitai simplement de ne pas avoir télégraphié à M. Thomson.

J'ai décidé de ne pas retourner à la Barings et bien que J.S. Morgan & Co. ait sorti un grand nombre de titres américains, je leur ai ensuite vendu les obligations à un prix réduit par rapport à celui convenu par Barings. J'ai pensé qu'il valait mieux ne pas aller chez Morgan & Co. au début, parce que j'avais cru comprendre avec le colonel Phillips que les obligations avaient déjà été offertes sans succès à leur maison en Amérique. Je supposais que les Morgan de Londres pourraient se considérer comme liés aux négociations de leur maison à New York. Mais dans toutes les négociations ultérieures, j'ai eu pour règle de toujours faire la première offre à Junius S. Morgan, qui m'a rarement permis de quitter sa banque sans prendre ce que j'avais à offrir. S'il ne pouvait pas acheter pour sa propre maison, il me mettait en contact avec une maison amie qui le faisait, en s'intéressant à la question. C'est une grande satisfaction de constater que je n'ai jamais négocié un titre qui n'ait pas donné lieu à une prime. Bien sûr, dans ce cas, j'ai commis une erreur en ne retournant pas chez Barings, en leur donnant du temps et en laissant la panique retomber. Ce qui ne tarda pas à se produire. Lorsqu'une partie à un marché s'emballe, l'autre doit garder son sang-froid et sa patience.

Dans le cadre de mes opérations financières, je me souviens avoir dit un jour à M. Morgan :

« M. Morgan, je vous donnerai une idée et vous aiderai à la réaliser si vous me donnez un quart de tout l'argent que vous gagnerez en y donnant suite. »

Il a répondu en riant : « Cela semble juste et comme j'ai la possibilité d'y donner suite ou pas, nous devrions certainement être prêts à vous payer un quart des bénéfices. »

J'ai attiré l'attention sur le fait que les obligations de l'Allegheny Valley Railway que j'avais échangées contre les obligations de Philadelphie et d'Érié portaient la garantie de la Pennsylvania Railroad Company et que cette grande compagnie avait toujours besoin d'argent pour des extensions essentielles. Un prix pourrait être offert pour ces obligations, ce qui pourrait inciter la compagnie à les vendre. À ce moment, il semblait y avoir une telle demande pour les titres américains que je n'avais aucun doute sur le fait qu'ils puissent être émis. Je rédigerais donc un prospectus qui, selon moi, permettrait de lancer les obligations. Après avoir examiné la question avec le soin habituel, il fut donné suite à ma suggestion.

M. Thomson était alors à Paris et j'ai couru là-bas pour le voir. Sachant que la Pennsylvania Railroad avait besoin d'argent, je lui ai dit que j'avais recommandé ces titres à M. Morgan et que s'il me donnait un prix pour ceux-ci, je verrais si je ne pouvais pas les vendre. Il m'a indiqué un prix qui était alors très élevé, mais inférieur au prix que ces obligations ont atteint depuis. M. Morgan en a acheté une partie avec l'option d'en acheter d'autres et c'est ainsi que les neuf ou dix millions d'obligations d'Allegheny ont été commercialisées et que la Pennsylvania Railroad Company a été placée dans des fonds.

La vente des obligations n'était pas très avancée lorsque la panique de 1873 s'est abattue sur nous. L'une des sources de revenus dont je disposais alors était M. Pierpont Morgan. Il m'a dit un jour :

« Mon père a câblé pour demander si vous souhaitez vendre vos parts dans l'idée que vous lui avez donnée. »

J'ai répondu : « Oui, je veux. De nos jours, je suis prêt à vendre n'importe quoi pour de l'argent. »

« Eh bien », a-t-il dit, « que demanderiez-vous ? »

J'ai dit que je croyais qu'un relevé qui m'avait été rendu récemment montrait qu'il y avait déjà cinquante mille dollars à mon crédit et que j'en demanderais soixante mille. Le lendemain matin, quand j'ai appelé, M. Morgan m'a remis des chèques pour ce montant.

« M. Carnegie », a-t-il dit, « vous vous êtes trompé. Vous avez vendu pour dix mille dollars de moins que ce que le relevé indiquait à votre crédit. Il indique maintenant non pas cinquante, mais soixante mille dollars à votre crédit, et les dix mille supplémentaires font soixante-dix. »

Les paiements ont été effectués en deux chèques, l'un pour soixante mille dollars et l'autre pour les dix mille supplémentaires. Je lui ai rendu le chèque de dix mille dollars en disant :

« Eh bien, c'est très digne de votre part. Voulez-vous bien accepter ces dix mille avec mes remerciements ? ».

« Non, merci », a-t-il répondu, « je ne peux pas faire cela ».

De tels actes, qui montrent un beau sens de l'honneur au-delà de la simple légalité, ne sont pas si rares que le non-initié pourrait le croire dans les affaires. Après cela, il ne faut pas s'étonner que j'aie décidé que, dans la mesure où cela était en mon pouvoir, ni Morgan, ni le père, ni le fils, ni leur maison ne devaient souffrir à cause de moi. Ils comptaient désormais avec moi un ami fidèle.

*John Pierpont Morgan*

Une grande entreprise se construit rarement, voire jamais, si ce n'est sur la base de la plus stricte intégrité. Une réputation de « mollesse » et de mauvaise foi est fatale dans les affaires. Ce n'est pas la loi, mais l'esprit, qui doit être la règle. Les standards de la moralité commerciale sont maintenant très élevés. Une erreur commise par quiconque en faveur de l'entreprise est corrigée aussi rapidement que si l'erreur était en faveur de l'autre partie. Il est essentiel pour un succès durable qu'une maison obtienne la réputation d'être gouvernée par ce qui est juste plutôt que par ce qui est simplement légal. Une règle que nous avons adoptée et à laquelle nous avons adhéré a donné des résultats plus importants que ce que l'on pourrait croire possible. À savoir : toujours laisser à l'autre partie le bénéfice du doute. Bien entendu, cette règle ne s'applique pas chez les spéculateurs. Une atmosphère entièrement différente règne dans cet univers. Les hommes n'y sont que des joueurs. Les paris sur les actions et les affaires honorables sont incompatibles. Ces dernières années, il faut admettre que le « banquier » à l'ancienne, comme Junius S. Morgan de Londres, est devenu rare.

Peu après avoir été destitué de sa fonction de président de l'Union Pacific, M. Scott s'est résolu à construire le Texas Pacific Railway. Il m'a télégraphié un jour à New York de le rejoindre à Philadelphie sans faute. Je l'y ai rencontré avec plusieurs autres amis, parmi lesquels M. J. N. McCullough, vice-président de la Pennsylvania Railroad Company à Pittsburgh. Un prêt important pour le Texas Pacific était arrivé à échéance à Londres et son renouvellement avait été accepté par Morgan & Co, à condition que je me joigne aux emprunteurs. J'ai refusé. On m'a alors demandé si je conduisais sciemment tous mes amis à la ruine en leur refusant mon soutien. Ce fut l'un des moments les plus éprouvants de toute ma vie. Pourtant, je n'ai pas été tenté un seul instant par l'idée de m'impliquer. La question de savoir quel était mon devoir est passée au premier plan et m'en a empêché. Tout mon capital était dans la fabrication et chaque dollar était nécessaire. J'étais le capitaliste (modeste à l'époque, d'ailleurs) de notre entreprise. Tout dépendait de moi. Mon frère, sa femme et sa famille, M. Phipps et sa famille, M. Kloman et sa famille, tous se sont levés devant moi et ont réclamé ma protection.

J'ai dit à M. Scott que j'avais fait de mon mieux pour

l'empêcher de commencer à construire un grand chemin de fer avant d'avoir obtenu le capital nécessaire. J'avais insisté sur le fait que des milliers de kilomètres de lignes de chemin de fer ne pouvaient être construits au moyen de prêts temporaires. De plus, j'avais payé deux cent cinquante mille dollars en espèces pour un intérêt dans le projet, qu'il m'a dit à mon retour d'Europe qu'il m'avait réservé, bien que je n'aie jamais approuvé le projet. Mais rien au monde ne m'inciterait à me rendre coupable d'endosser le contrat d'emprunt de cette société de construction, ni d'ailleurs d'aucune autre entreprise que la nôtre.

Je savais qu'il me serait impossible de payer le prêt Morgan en soixante jours, ni même de payer ma part. De plus, ce n'était pas ce prêt en lui-même, mais la demi-douzaine d'autres prêts qui seraient nécessaires par la suite qu'il fallait considérer. Cela marquait une nouvelle étape dans la séparation totale des affaires qui devait intervenir entre M. Scott et moi-même. Cela me fit plus de mal que toutes les épreuves financières auxquelles j'avais été soumis jusqu'alors.

Ce n'est que peu de temps après cette réunion que le désastre est arrivé et que le pays a été surpris par l'échec de ceux qu'il avait considérés comme ses hommes les plus forts. Je crains que la mort prématurée de M. Scott (décédé le 21 mai 1881) ne soit en grande partie attribuable à l'humiliation qu'il a dû subir. C'était un homme sensible plus qu'orgueilleux et son échec apparemment imminent l'a coupé dans son élan. M. McManus et M. Baird, partenaires dans l'entreprise, sont également décédés rapidement. Ces deux hommes étaient des fabricants comme moi et n'étaient pas en mesure de s'engager dans la construction d'un chemin de fer.

L'homme d'affaires ne rencontre pas d'obstacle plus

dangereux dans sa carrière que d'endosser des contrats commerciaux. Il peut facilement l'éviter s'il se pose deux questions. Premièrement : ai-je un excédent de moyens qui me permettrait de payer sans difficulté la somme maximale dont je suis redevable ? Deuxièmement : suis-je prêt à perdre cette somme pour l'ami pour lequel je me porte garant ? S'il peut répondre par l'affirmative à ces deux questions, il peut prêter à son ami, mais pas dans le cas contraire, s'il est raisonnable. Et s'il peut répondre à la première question par l'affirmative, il serait bon qu'il examine s'il ne serait pas préférable, à ce moment précis, de payer la totalité de la somme pour laquelle son nom est requis. Je suis sûr que ce serait le cas. Les moyens d'un homme sont un fidéicommis qui doit être sacrément tenu pour ses propres créanciers, aussi longtemps qu'il a des dettes et des obligations.

Malgré mon refus d'endosser le renouvellement de la Morgan, j'ai été invité à accompagner les parties à New York le lendemain matin dans leur voiture spéciale dans le but de les conseiller. Je n'ai été que trop heureux de le faire. Anthony Drexel a également été appelé pour nous accompagner. Pendant le voyage, M. McCullough a fait remarquer qu'il avait regardé autour de la voiture et qu'il s'était rendu compte qu'il n'y avait qu'un seul homme sensé à bord, les autres étant tous des « idiots ». Andy avait payé ses actions et ne devait plus le moindre dollar et il n'avait aucune responsabilité dans cette affaire. Une position dans laquelle ils auraient tous dû se trouver.

M. Drexel dit qu'il aimerait que je lui explique comment j'avais pu éviter ces problèmes. J'ai répondu : en m'en tenant strictement à ce que je croyais être mon devoir de ne jamais mettre mon nom sur quelque chose que je savais ne pas pouvoir payer à l'échéance. Ou, pour rappeler le dicton familier d'un ami occidental, de ne jamais nager là où on n'avait pas pied. Cette eau était trop profonde pour moi.

Le respect de cette règle a permis non seulement à moi-même, mais aussi à mes partenaires, d'éviter les problèmes. En effet, nous étions allés si loin dans notre contrat de partenariat qu'il nous était interdit d'endosser ou de nous engager de quelque manière que ce soit au-delà de sommes dérisoires, sauf pour la firme. J'ai également donné cette raison pour justifier pourquoi je ne pouvais pas donner mon aval.

Au cours de la période que couvrent ces événements, j'ai fait de nombreux voyages en Europe pour négocier divers titres et j'ai vendu en tout quelque trente millions de dollars. C'était à une époque où le câble de l'Atlantique n'avait pas encore fait de New York une place considérée financièrement par Londres et où les banquiers de Londres prêtaient à Paris, Vienne ou Berlin pour une différence insignifiante du taux d'intérêt plutôt qu'aux États-Unis à un taux plus élevé. La République était considérée comme moins sûre que le Continent par ces braves gens. Mon frère et M. Phipps dirigeaient l'entreprise de fer avec tant de succès que je pouvais m'absenter pendant des semaines sans inquiétude. Il y avait un danger que je m'éloigne de l'industrie manufacturière pour me tourner vers les affaires financières et bancaires. Mes succès à l'étranger m'ont offert des opportunités tentantes, mais ma préférence est toujours restée à la fabrication. Je souhaitais fabriquer quelque chose de tangible et le vendre. J'ai donc continué à investir mes bénéfices dans l'extension des usines de Pittsburgh.

Les petits ateliers construits à l'origine pour la Keystone Bridge Company avaient été loués à d'autres fins et dix acres de terrain avaient été obtenus à Lawrenceville, sur lesquels de nouveaux et vastes ateliers furent érigés. Des ajouts répétés à l'Union Iron Mills en avaient fait les principales usines des États-Unis pour toutes sortes de formes structurelles. Les affaires étaient prometteuses et tous les gains excédentaires que je réalisais dans d'autres domaines étaient nécessaires pour développer l'entreprise de fer. Je m'étais intéressé, avec mes amis de la Pennsylvania Railroad Company, à la construction de quelques chemins de fer dans les états de l'Ouest, mais je me suis progressivement retiré de toutes ces entreprises et j'ai décidé d'aller tout à fait à l'encontre de l'adage selon lequel il ne faut pas mettre tous ses œufs dans le même panier. J'ai déterminé que la politique appropriée était de « mettre tous les bons œufs dans un seul panier et de surveiller ce panier ».

Je crois que le véritable chemin vers le succès prééminent dans n'importe quelle ligne est de s'en rendre maître. Je n'ai aucune foi dans la politique qui consiste à disperser ses ressources. De mon expérience, j'ai rarement, voire jamais, rencontré un homme prééminent dans le domaine des finances et encore moins dans le domaine de la fabrication, qui s'intéressait à de nombreuses entreprises. Les hommes qui ont réussi sont ceux qui ont choisi une ligne et s'y sont tenus. Il est surprenant de constater combien peu d'hommes apprécient les énormes dividendes que l'on peut tirer d'un investissement dans sa propre entreprise. Il n'y a guère de fabricant dans le monde qui n'ait pas dans ses usines des machines qui devraient être jetées et remplacées par des appareils plus modernes, ou qui, faute de machines supplémentaires ou de nouvelles méthodes, ne perde pas plus qu'il n'en faut pour payer le plus gros dividende que l'on puisse obtenir en investissant au-delà de son propre domaine. Et pourtant, la plupart des hommes d'affaires que j'ai connus investissent dans des actions de banques et dans des entreprises lointaines, alors que la véritable mine d'or se trouve dans leurs propres usines.

J'ai toujours essayé de m'en tenir à ce fait important. J'ai toujours considéré comme une doctrine fondamentale que je pouvais gérer mon propre capital mieux que quiconque, bien mieux que n'importe quel conseil d'administration. Les pertes que les hommes rencontrent au cours de leur vie professionnelle et qui les embarrassent sérieusement se produisent rarement dans leur propre entreprise, mais dans des entreprises dont l'investisseur n'est pas maître. Je conseillerais aux jeunes hommes non seulement de consacrer tout leur temps et toute leur attention à la seule entreprise dans laquelle ils s'engagent, mais aussi d'y investir chaque dollar de leur capital. S'il une affaire ne se développe pas, la vraie politique est d'investir l'excédent dans des titres de première classe qui produiront un revenu modeste, mais certain si l'on ne trouve pas d'autre affaire en expansion. En ce qui me concerne, ma décision fut prise très tôt. Je me concentrerais sur la fabrication du fer et de l'acier et je serais maître dans ce domaine.

Mes visites en Grande-Bretagne m'ont donné d'excellentes occasions de renouer et de faire connaissance avec les personnes les plus en vue dans le domaine du fer et de l'acier. Bessemer au premier rang, Sir Lothian Bell, Sir Bernard Samuelson, Sir Windsor Richards, Edward Martin, Bingley, Evans et toute une série de capitaines dans cette industrie. Mon élection au conseil et finalement à la présidence du British Iron and Steel Institute suivit bientôt. Je fus le premier président qui n'était pas un sujet britannique. Cet honneur a été très apprécié, bien que je l'aie d'abord refusé, car je craignais de ne pas pouvoir consacrer suffisamment de temps à ces fonctions, en raison de ma résidence en Amérique.

Comme nous avions été obligés de nous engager dans la fabrication de fer forgé pour construire des ponts et d'autres structures, nous avons pensé qu'il était souhaitable de fabriquer notre propre fonte brute. C'est ainsi que fut érigée la Lucy Furnace en 1870, une entreprise qui aurait été remise à plus tard si nous en avions pleinement apprécié l'ampleur. Nous avons entendu de temps en temps les prédictions inquiétantes faites par nos frères plus âgés dans l'industrie manufacturière concernant la croissance et l'expansion rapides de notre jeune entreprise, mais nous n'avons pas été découragés. Nous pensions avoir suffisamment de capital et de crédit pour justifier la construction d'un haut-fourneau.

Les estimations faites de son coût, cependant, ne couvraient pas plus de la moitié de la dépense. Il s'agissait pour nous d'une expérience. M. Kloman ne connaissait rien à l'exploitation d'un haut-fourneau. Mais même sans connaissance exacte, aucune erreur grave ne fut commise. Le rendement du four Lucy (du nom de ma brillante belle-sœur) dépassa nos attentes les plus optimistes et le rendement alors sans précédent de cent tonnes par jour fut atteint à partir d'un seul haut-fourneau, en une semaine. Un rendement dont le monde n'avait jamais entendu parler auparavant. Nous avons détenu le record et de nombreux visiteurs sont venus contempler cette merveille.

Cependant, tout ne fut pas rose dans notre industrie du fer. Des années de panique se succédèrent. Nous avions traversé sans encombre la chute des valeurs qui avait suivi la guerre, lorsque le fer était passé de neuf cents la livre à trois. De nombreux échecs se produisirent et notre directeur financier eut tout le temps de fournir des fonds pour faire face aux urgences. Au travers des nombreux naufrages, notre entreprise a su conserver son crédit intact. Mais la fabrication de la fonte brute nous a donné plus d'inquiétude que tout autre département de notre entreprise. Le plus grand service qui nous fut rendu dans cette branche de la fabrication le fut par M. Whitwell, des célèbres frères

Whitwell d'Angleterre, dont les fourneaux étaient si globalement utilisés. M. Whitwell était l'un des visiteurs les plus célèbres venus s'émerveiller devant Lucy. Je lui fis part de la difficulté que nous rencontrions alors. Il a immédiatement répondu :

« Cela vient du fait que l'angle de la cloche est mauvais. »

Il m'a expliqué comment le changer. Notre M. Kloman mit un certain temps à y croire, mais j'insistai pour qu'un petit fourneau en verre et deux cloches soient fabriqués. L'un comme le Lucy était et l'autre comme M. Whitwell l'avait conseillé. Ce fut fait et lors de ma visite suivante, des expériences furent faites avec chacun d'eux. Le résultat étant exactement celui que M. Whitwell avait prédit. Notre cloche distribuait les gros morceaux sur les côtés du fourneau, laissant au centre une masse dense à travers laquelle le souffle ne pouvait que partiellement pénétrer. La cloche Whitwell projetait les morceaux vers le centre, laissant la périphérie dense. Cela a fait toute la différence. Les problèmes avec Lucy étaient terminés.

Quel homme bon, grand et généreux, M. Whitwell ! Il n'était pas étriqué par la jalousie, il ne dissimulait pas son savoir ! Dans certains départements, nous avions appris de nouvelles choses et nous étions en mesure de rendre la pareille à son entreprise en retour. En tout cas, après cela, tout ce que nous avions était ouvert aux Whitwell [Au moment où j'écris, je me réjouis que l'un des deux soit encore avec nous et que notre amitié soit encore chaleureuse. Il était mon prédécesseur à la présidence de l'Institut britannique du fer et de l'acier].

# CHAPITRE XIII

# L'AGE DE L'ACIER

# CHAPITRE XIII

# L'AGE DE L'ACIER

En regardant en arrière aujourd'hui, il semble incroyable qu'il y a seulement quarante ans (en 1870), la chimie aux États-Unis était un élément quasiment inconnu dans la fabrication de la fonte brute. C'était pourtant le moyen, plus que tous les autres, indispensable à la fabrication du fer et de l'acier. Le directeur du haut-fourneau à l'époque était généralement une brute grossière, qui en plus de ses autres compétences était capable d'assommer un homme de temps en temps pour donner une leçon aux autres esprits indisciplinés sous ses ordres. Il était censé diagnostiquer l'état du fourneau par instinct, posséder un pouvoir de divination presque surnaturel, comme son semblable des faubourgs ruraux qui avait la réputation de pouvoir localiser un puits de pétrole ou une source d'eau au moyen d'une baguette de noisetier. C'était un véritable charlatan qui appliquait n'importe quel remède lui venant à l'esprit pour soigner les maux de ses patients.

Le fourneau Lucy quittait un problème pour en rencontrer un autre, en raison de la grande variété de minerais, de calcaire et de coke qui étaient alors fournis avec peu, voire pas d'attention, à leurs composants. Cet état des choses devint intolérable. Nous décidâmes finalement de nous passer de l'intuition et de placer un jeune homme aux commandes du fourneau. Nous avions un jeune clerc aux expéditions, Henry M. Curry, qui s'était distingué et nous décidâmes de le nommer directeur.

M. Phipps était responsable du fourneau Lucy. Ses visites quotidiennes nous préservèrent de l'échec. Non pas que le fourneau ne soit pas aussi rentable que les autres fourneaux de l'ouest, mais étant beaucoup plus grand que les autres fourneaux, ses défaillances avaient des conséquences beaucoup plus graves. J'ai peur que mon partenaire n'ait eu à répondre de ses visites du dimanche matin au fourneau Lucy lorsque son bon père et sa sœur quittaient la maison pour des devoirs plus dévots. Mais même s'il était allé avec eux, ses prières les plus sincères n'auraient pas pu ignorer l'état précaire du fourneau Lucy, qui absorbait alors ses pensées.

La prochaine étape consistait à trouver un chimiste qui serait le guide et l'assistant de M. Curry. Nous trouvâmes l'homme de la situation en la personne d'un Allemand érudit, Dr Fricke. Le docteur partagea avec nous de grands secrets. La pierre de fer des mines qui était considéré de haute qualité s'était avérée contenir dix, quinze et même vingt pour cent de fer en moins que ce qu'on lui attribuait. Des mines qui avaient jusqu'alors une mauvaise réputation donnaient maintenant du minerai de qualité supérieure. Le bon était mauvais et le mauvais était bon et tout était sens dessus dessous. Neuf dixièmes de toutes les incertitudes de la fabrication du fer furent effacées sous le soleil brûlant de la science chimique.

À une période des plus critiques, lorsqu'il fut nécessaire pour le crédit de la compagnie que le haut-fourneau donne son meilleur produit, il fut arrêté, car un minerai excessivement riche et pur avait été substitué à un minerai de qualité inférieure : un minerai qui ne donnait que deux tiers de la quantité de fer de l'autre. Le fourneau avait subi un désastre, car trop de chaux avait été utilisée pour fondre cette pierre de fer exceptionnellement pure. La supériorité des matériaux nous avait fait subir de graves pertes.

Quels idiots nous avions été ! Mais il y avait cette consolation : nous n'étions pas aussi ignorants que nos concurrents. Ce fut des années après que nous ayons choisi la chimie pour nous guider qu'il fut avoué par les propriétaires d'autres fourneaux qu'ils n'avaient pas les moyens d'employer un chimiste. S'ils avaient su la vérité à l'époque, ils auraient compris qu'ils ne pouvaient pas se permettre de s'en passer. En regardant en arrière, il semble pardonnable que nous ayons été les premiers à employer un chimiste pour les hauts-fourneaux : ce que nos compétiteurs jugeaient extravagant.

Le fourneau Lucy devint la branche la plus rentable de notre entreprise, car nous avions quasiment le monopole de la gestion scientifique. Ayant découvert le secret, ce ne fut pas long (1872) avant que nous ne décidions de construire un autre fourneau. Ce fut fait avec beaucoup d'économies par rapport à notre première expérience. Les mines qui n'avaient alors aucune réputation et dont beaucoup de compagnies ne voulaient pas utiliser les produits dans leurs hauts-fourneaux trouvèrent acquéreurs avec nous. Les mines qui étaient en mesure d'obtenir un prix énorme pour leurs produits, en raison d'une réputation de qualité, nous les avons sereinement ignorées. Un exemple fut la célèbre mine Pilot Knob dans le Missouri. Son produit avait, pour ainsi dire, mauvaise réputation. Seulement une petite portion du minerai pouvait être utilisée, disait-on, sans obstruer le fourneau. La chimie nous expliquait qu'il était pauvre en phosphore, mais très riche en silicium. Il n'y avait pas de meilleur minerai et pratiquement aucun d'aussi riche, s'il était correctement fluxé. Nous achetâmes alors massivement de celui-ci et reçûmes les remerciements des propriétaires pour avoir rendu leur mine si précieuse.

Il est à peine croyable que pendant plusieurs années, nous ayons pu écouler la cendre riche en phosphore des fourneaux de puddlage à un prix plus élevé que celui de la cendre pure des fourneaux de nos concurrents. Une cendre plus riche en fer que celle de puddlage et bien plus faible en phosphore. À certaines occasions, un haut-fourneau avait bien tenté de fondre la cendre de cheminée et, en raison de sa plus grande pureté, le fourneau ne fonctionnait pas correctement avec un mélange conçu pour un matériau plus impur. Ainsi donc, pendant des années, nos concurrents la jetaient sur les berges de la rivière à Pittsburgh, la considérant comme inutile. Dans certains cas, nous avions même pu échanger un mauvais matériau contre un bon et obtenir une prime.

Mais il est encore plus incroyable qu'un préjugé, tout aussi infondé, existait alors contre le fait de mettre dans les hauts-fourneaux du laminoir, un oxyde de fer pur. Cela me rappelle mon cher ami et voisin de Dunfermline, M. Chisholm, de Cleveland. Nous avons fait beaucoup de farces ensemble. Un jour, alors que je visitais son usine à Cleveland, je vis des hommes qui transportaient ce précieux matériau dans la cour. Je demandai à M. Chisholm où ils allaient avec et il me répondit :

«Le jeter sur la berge. Nos directeurs se sont toujours plaints de n'avoir pas eu de chance lorsqu'ils tentaient de le refondre dans le haut-fourneau. »

Je ne dis rien, mais dès mon retour à Pittsburgh, je me mis en tête de faire une blague à ses dépens. Nous avions alors un jeune homme à notre service nommé Du Puy, dont le père était connu comme l'inventeur d'un procédé direct de fabrication du fer qu'il expérimentait alors à Pittsburgh. Je recommandai à nos gens d'envoyer Du Puy à Cleveland pour acheter tout ce précieux matériau à l'établissement de mon ami. Ce qu'il fit, l'achetant pour cinquante cents la tonne et se faisant livrer directement. Cela continua pendant un certain temps. Je m'attendais toujours à entendre parler de la découverte de la plaisanterie. La mort prématurée de M. Chisholm se produisit avant que je ne puisse l'en informer, ses successeurs, cependant, ne tardèrent pas à suivre notre exemple.

Je n'avais pas manqué de remarquer l'essor du procédé Bessemer. S'il se montrait concluant, je savais que le fer était destiné à laisser la place à l'acier. L'âge du fer allait disparaître et que l'âge de l'acier allait lui succéder. Mon ami, John A. Wright, président des usines de Fer de la Liberté à Lewiston, en Pennsylvanie, avait visité la Grande-Bretagne spécialement pour étudier le nouveau procédé. Il était un de nos meilleurs et plus expérimentés fabricants et sa décision fut si bénéfique qu'il conduisit sa compagnie à construire des usines Bessemer. Il avait tout à fait raison, mais il était juste un peu en avance sur son temps. Le capital nécessaire était plus important que ce qu'il avait estimé. En plus de cela, on ne devait pas s'attendre à ce qu'un procédé qui en était alors à une phase expérimentale en Grande-Bretagne puisse être transposé dans le nouveau pays et opérer avec succès dès le départ. L'expérience allait certainement être longue et coûteuse et mon ami n'en avait pas suffisamment tenu compte.

Plus tard, lorsque le procédé s'est établi en Angleterre, les capitalistes commencèrent à construire les actuelles usines d'acier de Pennsylvanie à Harrisburg. Ces usines devaient également passer par une phase expérimentale et, à un moment critique, elles auraient probablement été détruites, sans l'aide opportune de la compagnie des chemins de fer de Pennsylvanie. Il fallait un homme imposant et compétent comme le président Thomson, des chemins de fer de Pennsylvanie, pour recommander à son conseil d'administration qu'une somme aussi importante que six cent mille dollars soit avancée à une entreprise manufacturière sur sa route, afin que des rails d'acier puissent être obtenus pour la ligne. Le résultat justifia pleinement son action.

La question du remplacement des rails de fer sur les chemins de fer de Pennsylvanie et d'autres lignes principales était devenue très sérieuse. Dans certaines courbes à Pittsburgh, sur la route reliant la Pennsylvanie à Fort Wayne, j'avais vu de nouveaux rails en fer remplacés toutes les six semaines ou deux mois. Avant que le procédé Bessemer ne soit connu, j'avais attiré l'attention du président Thomson sur les efforts de M. Dodds en Angleterre, qui avait carbonisé les têtes des rails en fer avec de bons résultats. J'allai en Angleterre et j'obtins le contrôle des brevets de Dodds. Je recommandai au président Thomson de consacrer vingt mille dollars à des expériences à Pittsburgh, ce qu'il fit. Nous fabriquâmes un fourneau sur notre terrain à l'usine supérieure et traitâmes plusieurs centaines de tonnes de rails pour la compagnie des chemins de fer de Pennsylvanie, avec des résultats remarquables, comparés aux rails en fer. Ce furent les premiers rails à têtes renforcées utilisés en Amérique. Nous les plaçâmes sur certaines des courbes les plus serrées et leurs performances supérieures compensèrent largement l'avance réalisée par M. Thomson. Si le procédé Bessemer n'avait pas été développé avec succès, je crois bien que nous aurions pu au final améliorer le procédé Dodds suffisamment pour le faire adopter par tous. Mais il n'y avait rien de comparable au produit en acier robuste que le procédé Bessemer permettait d'obtenir.

Nos amis de la compagnie de fer de Cambria à Johnstown près de Pittsburgh, les principaux fabricants de rails en Amérique, décidèrent de construire une usine Bessemer. En Angleterre, j'avais vu la démonstration, du moins à ma satisfaction, que le procédé pouvait être couronné de succès sans dépenses excessives de capitaux ni grands risques. M. William Coleman, qui était toujours à l'affût des nouvelles méthodes, arriva à la même conclusion. Il fut convenu que nous devions nous lancer dans la fabrication de rails en acier à Pittsburgh. Il devint un associé, ainsi que mon ami proche M. David McCandless, qui avait si gentiment offert de l'aide à ma mère à la mort de mon père. Ce dernier n'avait pas été oublié. M. John Scott et M. David A. Stewart, entre autres, me rejoignirent ; M. Edgar Thomson et M. Thomas A. Scott, président et vice-président des chemins de fer de Pennsylvanie, devinrent également des actionnaires, soucieux d'encourager le développement de l'acier. La compagnie des rails d'acier fut créée le 1er janvier 1873.

La question de la localisation fut la première à retenir notre attention. Je ne pouvais pas me résoudre à accepter les différents emplacements proposés. Je me rendis donc à Pittsburgh pour consulter mes partenaires à ce sujet. La question était constamment présente à mon esprit et, dans mon lit le dimanche matin, le site idéal m'apparut soudainement. Je me levai et appelai mon frère :

« Tom, toi et M. Coleman avez raison sur l'emplacement : juste à Braddock, entre la Pennsylvanie, la Baltimore et l'Ohio, et la rivière, c'est la meilleure situation en Amérique. Nommons l'usine d'après notre cher ami Edgar Thomson. Allons voir M. Coleman et allons jusqu'à Braddock ».

C'est ce que nous avons fait ce jour-là et le lendemain matin, M. Coleman était au travail pour tenter de sceller la transaction. M. McKinney, le propriétaire, avait une haute opinion de la valeur de sa ferme. Ce que nous avions prévu d'acheter pour cinq cents ou six cents dollars l'acre nous revint à deux mille dollars. Mais depuis lors, nous avons été contraints d'ajouter à notre achat initial un coût de cinq mille dollars par acre.

Là, sur le champ même de la défaite de Braddock, nous commençâmes la construction de nos usines de rails d'acier. En creusant pour les fondations, beaucoup de reliques de la bataille furent déterrées : des baïonnettes, des épées, etc. C'était là que celui qui était alors le prévôt de Dunfermline, Sir Arthur Halkett, et son fils avaient été tués. On se demandera tout naturellement comment ils firent pour en arriver là. Il ne faut pas oublier qu'à cette époque les prévôts des villes de Grande-Bretagne étaient des membres de l'aristocratie : les grands hommes du district qui condescendaient à jouir de l'honneur de la position sans en remplir les fonctions. Aucun homme de métier n'était considéré assez bon pour le poste de prévôt. Nous trouvons des vestiges de cette notion aristocratique à travers la Grande-Bretagne aujourd'hui. Il n'y a guère de compagnie d'assurance, de compagnie de chemins de fer ou, dans certains cas, de manufactures qui n'ait à sa tête, pour jouir des honneurs de la présidence, une personne avec un titre, mais totalement ignorante des devoirs de la position. Ainsi il se trouva que Sir Arthur Halkett, en tant que gentilhomme, était prévôt de Dunfermline, mais il suivit sa vocation des armes et fut tué à cet endroit. C'était une coïncidence que le lieu qui vit mourir deux natifs de

Dunfermline devienne la ruche industrielle de deux autres.

Une autre curiosité a récemment été découverte. Le discours de M. John Morley en 1904 à l'occasion de la journée du Fondateur à l'Institut Carnegie de Pittsburgh faisait référence à la capture de Fort Duquesne par le général Forbes et au fait qu'il avait écrit au Premier ministre Pitt pour lui dire qu'il avait rebaptisé « Pittsburgh » en son honneur. Ce général Forbes était alors Lord de Pittencrieff et il était né dans le vallon que j'ai acheté en 1902 et offert à Dunfermline pour en faire un parc public. Ainsi, deux hommes de Dunfermline ont été Lords de Pittencrieff et travaillèrent principalement à Pittsburgh. L'un donna son nom à Pittsburgh et l'autre œuvra à son développement.

En nommant les aciéries comme nous l'avons fait, la volonté était d'honorer mon ami Edgar Thomson, mais lorsque je demandai la permission d'utiliser son nom, sa réponse fut marquante. Il répondit qu'en ce qui concerne les rails d'acier américains, il ne souhaitait pas y associer son nom, car ils s'étaient avérés être loin d'être crédibles. L'incertitude était, bien sûr, inséparable du stade expérimental. Mais, lorsque je lui assurai qu'il était maintenant possible de fabriquer des rails en acier en Amérique aussi bons en tous points que les rails étrangers et que nous avions l'intention d'obtenir pour nos rails la réputation dont jouissent les ponts Keystone et les essieux Kloman, il consentit.

Il souhaitait nous faire acheter du terrain sur les chemins de fer de Pennsylvanie, car sa première pensée était toujours fidèle à cette compagnie. Cela aurait donné à la Pennsylvanie le monopole de notre trafic. Lorsqu'il visita Pittsburgh quelques mois plus tard et que M. Robert Pitcairn, mon successeur en tant que directeur de la division de Pittsburgh de la Pennsylvanie, lui fit remarquer la situation des nouveaux travaux à la station Braddock, qui nous donnaient non seulement une connexion avec sa propre ligne, mais aussi avec la ligne rivale de la Baltimore et de l'Ohio, et avec un rival à un égard plus grand que les autres, la rivière Ohio, il dit, avec un clin d'œil à Robert, comme ce dernier me le raconta :

« Andy aurait dû placer ses usines quelques kilomètres plus à l'est ». Mais M. Thomson connaissait les excellentes raisons qui avaient déterminé la sélection de ce site inégalé.

Les travaux étaient bien avancés lorsque la panique financière de septembre 1873 s'abattit sur nous. J'entrai alors dans la période la plus angoissante de ma vie professionnelle. Tout allait bien lorsqu'un matin, dans notre maison d'été, dans les montagnes Allegheny à Cresson, un télégramme arriva, annonçant la faillite de Jay Cooke & Co. Quasiment toutes les heures qui suivirent amenèrent des nouvelles d'un nouveau désastre. Une maison après l'autre faisait faillite. La question qui se posait chaque matin était de savoir quelle serait la prochaine. Chaque échec vidait les ressources d'autres entreprises. Les pertes se succédaient, jusqu'à ce qu'une paralysie totale des affaires s'installa. Chaque maillon faible lâchait l'un après l'autre et des entreprises qui en d'autres circonstances auraient été solides s'effondrèrent en grande partie parce que notre pays manquait d'un système bancaire adapté.

Nous n'avions pas beaucoup de raison de nous inquiéter de nos dettes. Ce n'est pas ce que nous devions payer de nos propres dettes qui pouvait nous causer préjudice, mais plutôt ce que nous pouvions avoir à payer pour nos débiteurs. Ce n'étaient pas nos factures à payer, mais nos factures à percevoir qui nécessitaient notre attention, car nous devions prochainement faire face aux deux. Même nos propres banques durent nous supplier de ne pas puiser dans nos soldes. Un incident éclaira la situation financière. Un jour de paie approchait. Cent mille dollars en petites coupures étaient absolument nécessaires et pour les obtenir nous payâmes une prime de deux mille quatre cents dollars à New York pour les faire envoyer à Pittsburgh. Il était impossible d'emprunter de l'argent, même avec les meilleures garanties. Mais en vendant des titres que j'avais en réserve, des sommes considérables furent obtenues. La compagnie s'engageant à les remplacer plus tard.

Il se trouve que certaines des compagnies de chemin de fer dont les lignes se centralisaient à Pittsburgh nous devaient de grandes sommes pour le matériel fourni. La route du Fort Wayne étant le plus grand débiteur. Je me souviens avoir appelé M. Thaw, le vice-président du Fort Wayne pour lui dire que nous devions récupérer notre argent. Il répondit :

« Vous devriez avoir votre argent, mais nous ne payons rien ces jours-ci qui ne soit pas contestable. »

« Très bien », dis-je, « vos factures de fret sont dans cette catégorie et nous allons suivre votre excellent exemple. Je vais maintenant ordonner que nous ne payions pas un dollar pour le fret. »

« Eh bien, si vous faites cela, » dit-il, « nous arrêterons votre fret. »

Je lui dis que nous allions prendre ce risque. La compagnie de chemins de fer ne pouvait pas s'engager dans cet extrême. En fait, nous avons fonctionné pendant quelque temps sans payer les factures de fret. Il était tout simplement impossible pour les fabricants de Pittsburgh de payer leurs dettes accumulées lorsque leurs clients cessaient de payer. Les banques furent forcées de renouveler les obligations arrivant à échéance. Elles se comportèrent splendidement avec nous, comme elles l'ont toujours fait et nous passâmes entre les gouttes sans encombre. Mais dans une période critique comme celle-ci, il y avait une seule pensée omniprésente en moi, celle de rassembler plus de capitaux et de les garder dans notre entreprise afin que quoi qu'il arrive, nous ne soyons plus jamais appelés à endurer de telles nuits et de telles journées d'angoisse.

Pour ma part, dans cette grande crise, j'étais le plus excité et le plus anxieux des partenaires. Je pouvais à peine me contrôler. Mais lorsque je vis finalement la solidité de notre position financière, je retrouvai mon sang-froid et me trouvai totalement prêt, si nécessaire, à entrer dans les bureaux des directeurs des différentes banques avec lesquelles nous faisions affaire, pour exposer toute notre position devant leurs conseils. J'avais le sentiment que cela ne pouvait avoir aucun résultat déshonorant pour nous. Personne n'étant impliqué dans nos affaires n'avait vécu de façon excessive. Notre mode de vie avait été tout le contraire de cela. Aucun argent n'avait été retiré de l'entreprise pour construire des maisons coûteuses et, par-dessus tout, aucun d'entre nous n'avait fait de spéculation en bourse ou investi dans d'autres entreprises que celles liées à notre activité principale. Nous n'avions pas non plus échangé de créances avec d'autres. En plus de cela, nous pouvions présenter une entreprise prospère qui gagnait de l'argent tous les ans.

Je pus donc dissiper les craintes de mes partenaires, mais aucun d'entre eux ne se réjouit plus que moi d'échapper à la nécessité de prendre la parole sur nos finances. M. Coleman, un bon et fidèle ami, avec beaucoup de moyens et un crédit splendide, ne manqua pas de se porter volontaire pour nous endosser. En cela, nous étions seuls. Le nom de William Coleman, une référence inébranlable, n'était avancé en garantie que pour nous. Le grand homme me revient à l'esprit au moment où j'écris. Son patriotisme ne connaissait aucune limite. Une fois, en visitant ses usines, arrêtées pour le 4 juillet comme elles l'étaient toujours, il trouva un groupe d'hommes au travail, réparant les chaudières. Il appela le directeur et lui demanda ce que cela signifiait. Il ordonna de suspendre tout le travail.

« Travailler le quatre juillet ! » s'exclama-t-il, « alors qu'il y a plein de dimanches pour les réparations ! » Il était furieux.

Lorsque le cyclone de 1873 nous frappa, nous commençâmes directement à réduire les voiles de tous les côtés. Nous décidâmes, à contrecœur, que la construction de la nouvelle aciérie devait cesser pendant un temps. Plusieurs personnes importantes, qui avaient investi dans celles-ci, devinrent incapables de faire face à leurs paiements et je fus contraint de prendre en charge leurs intérêts, en remboursant le coût total à tous. C'est ainsi que le contrôle de la société est passé entre mes mains.

La première vague avait touché le monde financier lié à la Bourse. Il a fallu un certain temps avant qu'elle n'atteigne le monde commercial et manufacturier. Mais la situation s'empira de plus en plus et conduisit finalement au krach qui impliqua mes amis de l'entreprise Texas Pacific, dont j'ai déjà parlé. Ce fut pour moi le coup le plus dur de tous. Les gens pouvaient difficilement croire qu'en ayant des relations aussi intimes que celles que j'avais avec le groupe Texas, je pouvais m'échapper à leurs obligations financières.

M. Schoenberger, Président de la banque de change de Pittsburgh, avec lequel nous faisions de grosses affaires, était à New York lorsque les nouvelles de l'embarras de M. Scott et de M. Thomson lui parvinrent. Il se hâta d'aller à Pittsburgh et, à une réunion de son conseil le lendemain matin, il déclara qu'il était simplement impossible que je ne sois pas impliqué avec eux. Il suggéra que la banque refuse d'escompter davantage de nos factures à recevoir. Il fut alarmé de découvrir que le montant de ces factures portant notre aval et sous notre escompte était si élevé. Une action rapide de ma part était nécessaire pour éviter de sérieux problèmes. Je pris le premier train pour Pittsburgh et je pus y annoncer à tous les intéressés que, bien que je sois un actionnaire de l'entreprise texane, ma participation était déjà payée. Mon nom ne figurait sur aucun de leurs dollars ou contrats en circulation. Je n'avais aucune obligation financière ni aucune propriété qui n'était pas entièrement payée. Mes seules obligations étaient celles en lien avec notre entreprise et j'étais prêt à mettre en gage chaque dollar que je possédais personnellement pour endosser toutes les obligations de l'entreprise.

Jusque là, j'avais la réputation dans le monde des affaires d'être un jeune homme audacieux, intrépide et peut-être un peu téméraire. Nos opérations avaient été étendues, notre croissance rapide et, bien qu'encore jeune, j'avais manipulé des millions. Ma propre carrière était vue par les plus anciens de Pittsburgh comme ayant été plus brillante que substantielle. Je connais quelqu'un d'expérimenté qui déclara que si « l'intelligence d'Andrew Carnegie ne l'avait pas mené à bien, la chance l'aurait fait ». Mais je pense que rien ne peut être plus éloigné de la vérité. Je suis sûr que tout juge compétent serait surpris de découvrir le peu que j'ai risqué pour moi-même ou mes partenaires. Lorsque je faisais de grandes choses, une grande société comme les chemins de fer de Pennsylvanie était derrière moi. Ma réserve de prudence écossaise n'a jamais faibli ; mais j'étais apparemment quelque peu téméraire de temps en temps pour les pères fabricants de Pittsburgh. Ils étaient vieux et j'étais jeune, ce qui faisait toute la différence.

La crainte que les institutions financières de Pittsburgh avaient à mon égard et à l'égard de nos entreprises fit rapidement place à une confiance peut-être un peu déraisonnable. Notre crédit devint inattaquable et, par la suite, en période de pression financière, les offres d'argent à notre égard augmentèrent au lieu de diminuer, tout comme les dépôts de la vieille banque de Pittsburgh n'étaient jamais aussi grands que lorsque les dépôts dans les autres banques étaient faibles. C'était la seule banque en Amérique qui remboursait en or, dédaignant se réfugier derrière la loi et payer ses obligations en billets verts. Elle avait peu de billets et je ne doute pas que cette décision fit aussi sa réputation.

En plus de l'embarras de mes amis M. Scott, M. Thomson et d'autres, il nous arriva plus tard une épreuve encore plus sévère en découvrant que notre partenaire, M. Andrew Kloman, avait été entraîné par un groupe de spéculateurs dans la compagnie de fer Escabana. On lui avait assuré que l'entreprise allait devenir une société par actions, mais avant que cela ne soit fait, ses collègues avaient réussi à créer un énorme passif : environ sept cent mille dollars. Il n'y avait plus que la faillite comme moyen de rétablir M. Kloman.

Cela nous fit un choc plus grand que tout ce qui avait précédé, car M. Kloman, en tant qu'associé, n'avait pas le droit d'investir dans une autre entreprise de fer, ou dans toute autre compagnie impliquant des dettes personnelles, sans en informer ses associés. Il y a une règle d'or chez les hommes d'affaires : pas de secrets entre associés. Le non-respect de cette règle mettait en péril non seulement M. Kloman, mais aussi notre société, en raison des difficultés rencontrées par mes amis du Texas Pacifique avec lesquels j'avais été intimement associé. La question, pendant un temps, fut de savoir s'il y avait quoi que ce soit de vraiment solide. Où trouver des fondations sur lesquelles nous pouvions nous appuyer ?

Si M. Kloman avait été un homme d'affaires, il aurait été impossible de lui permettre de redevenir notre associé après cette découverte. Il ne l'était pas, cependant, mais il était le plus habile des mécaniciens avec quelques compétences dans les affaires. L'ambition de M. Kloman était d'être au bureau, où il était plus qu'inutile, au lieu d'être à l'usine pour concevoir et faire fonctionner de nouvelles machines, où il n'avait pas son pareil. Nous eûmes quelques difficultés à le placer et à le maintenir à son poste, ce qui l'a peut-être conduit à chercher un poste ailleurs. Il était peut-être flatté par les hommes bien connus dans la communauté et en la matière il était dirigé par des personnes qui savaient comment l'atteindre en vantant ses merveilleuses capacités commerciales en plus de son génie mécanique. Des capacités que ses propres partenaires, comme déjà suggéré, ne reconnaissaient que silencieusement.

Après que M. Kloman soit passé par le tribunal des faillites et qu'il soit de nouveau libre, nous lui avons offert dix pour cent de participation dans notre entreprise, lui facturant seulement le capital réel investi, rien pour la bonne volonté. Nous devions porter cet intérêt pour lui jusqu'à ce que les bénéfices le rémunèrent. Nous devions facturer des intérêts seulement sur le coût et il ne devait assumer aucune responsabilité. L'offre était accompagnée de la condition de ne pas s'engager dans d'autres affaires ou en endosser pour d'autres. Il devait consacrer tout son temps et son attention à la gestion mécanique et non commerciale des usines. S'il avait pu être persuadé d'accepter cette condition, il serait devenu multimillionnaire. Mais son orgueil et plus particulièrement celui de sa famille, sans doute, ne le permit pas. Il voulait se lancer dans les affaires à son propre compte et, malgré les avertissements les plus pressants de ma part et de celle de mes collègues, il persista dans sa détermination à créer une nouvelle entreprise concurrente avec ses fils comme directeurs commerciaux. Le résultat fut l'échec et une mort prématurée.

Comme nous sommes idiots de ne pas reconnaître ce pour quoi nous sommes faits et que nous pouvons accomplir, pas seulement avec facilité, mais avec plaisir, en maîtres. Plus d'un homme habile que j'ai connu a persisté à se tromper dans un bureau alors qu'il avait du talent pour le travail manuel et s'est épuisé, oppressé par les soucis et l'anxiété, sa vie n'étant qu'un cercle perpétuel de misère et le résultat final étant l'échec. Je n'ai jamais regretté de rompre avec un homme autant qu'avec M. Kloman. Il avait un bon cœur, une grande logique mécanique et s'il avait été laissé à lui-même, il aurait été heureux, je pense, de rester avec nous. Les offres de capitaux de la part d'autres, des offres qui n'ont pas abouti au moment voulu, lui ont fait perdre la tête. Le grand mécanicien se révéla bientôt être le misérable homme d'affaires.[35]

---

[35] Longtemps après les circonstances relatées ici, M. Isidor Straus a rendu visite à M. Henry Phipps et lui a demandé si deux déclarations qui avaient été faites publiquement sur M. Carnegie et ses partenaires dans l'entreprise sidérurgique étaient vraies. M. Phipps a répondu qu'elles ne l'étaient pas. Alors M. Straus a dit : « M. Phipps, vous devez à vous-même et à M. Carnegie de le dire publiquement ». C'est ce que M. Phipps a fait dans le New York Herald du 30 janvier 1904, de la manière suivante et sans que M. Carnegie en soit informé.

Question : « Dans une publication récente, il a été mentionné que M. Carnegie n'avait pas traité correctement M. Miller, M. Kloman et vous-même au début et à la fin de votre partenariat. Pouvez-vous me dire quelque chose à ce sujet ? »

Réponse : « M. Miller a déjà parlé pour lui-même à ce sujet, et je peux dire que le traitement reçu de M. Carnegie pendant notre partenariat, en ce qui me concerne, a toujours été juste et libéral.

« Mon association avec M. Kloman dans les affaires remonte à quarante-trois ans. Tout ce qui a trait au partenariat entre M. Carnegie et M. Kloman a été de nature agréable.

« À une date beaucoup plus récente, lorsque la société Carnegie, Kloman and Company a été créée, les partenaires étaient Andrew Carnegie, Thomas M. Carnegie, Andrew Kloman et moi-même. Les Carnegie détenaient la majorité des parts.

« Après la signature de l'accord de partenariat, M. Kloman m'a dit que les Carnegie, qui détenaient la plus grande participation, pourraient être trop entreprenants en apportant des améliorations, ce qui pourrait nous causer de sérieux problèmes ; il pensait qu'ils devraient consentir à un article dans l'accord de partenariat exigeant le consentement de trois partenaires pour rendre effectif tout vote pour des améliorations. Je lui ai dit que nous ne pouvions pas exiger ce qu'il demandait, car leur participation plus importante leur assurait le contrôle, mais que je leur en parlerais. Lorsque le sujet a été abordé, M. Carnegie a rapidement déclaré que s'il ne pouvait pas avoir M. Kloman ou moi-même avec son frère pour toute amélioration, il ne souhaiterait pas qu'elle soit faite. D'autres questions ont été réglées par courtoisie pendant notre partenariat de la même manière. »

Question : « Ce que vous m'avez dit suggère la question suivante : pourquoi M. Kloman a-t-il quitté l'entreprise ? »

Réponse : « Pendant la grande dépression qui a suivi la panique de 1873, M. Kloman, par le biais d'un partenariat malheureux dans l'Escanaba Furnace Company, a perdu ses moyens, et sa participation dans notre entreprise a dû être cédée. Nous l'avons achetée à sa valeur comptable à une époque où les propriétés manufacturières se vendaient à des prix ruineux, souvent aussi bas que le tiers ou la moitié de leur coût.

« Après l'accord conclu avec les créanciers de la société Escanaba, M. Kloman s'est vu offrir par M. Carnegie une participation de 100 000 dollars dans notre société, qui ne serait payée que par les bénéfices futurs. M. Kloman a refusé, car il n'avait pas envie de prendre une participation qui avait été beaucoup plus importante auparavant. M. Carnegie lui a donné 40 000 dollars de la société pour prendre un nouveau départ. Cette somme a été investie dans une entreprise concurrente, qui a rapidement fermé ses portes.

« Je n'ai eu connaissance d'aucun désaccord durant cette période initiale avec M. Carnegie, et leurs relations sont restées agréables aussi longtemps que M. Kloman a vécu. L'harmonie a toujours marqué leurs rapports, et ils avaient l'un pour l'autre les sentiments les plus aimables. »

# CHAPITRE XIV

# PARTENAIRES, LIVRES ET VOYAGES

# CHAPITRE XIV

# PARTENAIRES, LIVRES ET VOYAGES

Lorsque M. Kloman a rompu ses liens avec nous, il n'a pas hésité à confier la direction des usines à William Borntraeger. C'est toujours avec un plaisir particulier que j'ai souligné la carrière de William. Il est arrivé directement d'Allemagne, un jeune homme qui ne parlait pas l'anglais, mais qui, ayant un lien lointain avec M. Kloman, a été employé dans les usines. D'abord dans une fonction mineure. Il a rapidement appris l'anglais et est devenu commis aux expéditions pour six dollars par semaine. Il n'avait pas la moindre connaissance en mécanique, mais son zèle et son initiative infatigables pour les intérêts de son employeur étaient tels qu'il se fit rapidement remarquer par sa présence partout dans l'usine, par le fait qu'il savait tout et s'occupait de tout.

William était un personnage. Il ne s'est jamais remis de ses idiomes allemands et son anglais inversé rendait ses remarques très efficaces. Sous sa direction, l'Union Iron

Mills est devenue une branche très rentable de notre entreprise. Il s'était surmené après quelques années d'efforts et nous avons décidé de lui offrir un voyage en Europe. Il est venu à New York en passant par Washington. Lorsqu'il m'a rendu visite à New York, il s'est dit plus désireux de retourner à Pittsburgh que de retourner en Allemagne. En gravissant le Washington Monument, il avait vu les poutres Carnegie dans l'escalier et à d'autres endroits dans les bâtiments publics et comme il l'a exprimé :

« Cela m'a tellement marqué que j'ai envie de revenir en arrière et de voir si tout va bien au moulin ».

Tôt le matin et tard la nuit, William était au moulin. Sa vie était là. Il a été l'un des premiers jeunes hommes que nous avons admis comme associé et, à sa mort, le pauvre garçon allemand recevait un revenu, si je me souviens bien, d'environ 50 000 $ par année, dont chaque cent était mérité. Les histoires à son sujet sont nombreuses. Lors d'un dîner de nos partenaires pour célébrer les affaires de l'année, de courts discours ont été prononcés par chacun. William résuma ainsi son discours :

« Ce que nous devons faire, messieurs, c'est augmenter les prix et baisser les coûts et faire en sorte que chaque homme se tienne debout sur son propre postérieur. » Il y eut des rires forts, prolongés et répétés.

Le capitaine Evans (« Fighting Bob ») était autrefois inspecteur du gouvernement dans nos usines. Il était très sévère. William était parfois très perturbé et a fini par offenser le capitaine, qui s'est plaint de son comportement. Nous avons essayé de faire comprendre à William l'importance de plaire à un fonctionnaire du gouvernement. La réponse de William fut :

« Mais il entre et fume mes cigares » (audacieux Capitaine ! William se délectait du tabac de Wheeling à un centime) « et ensuite il va et contamine mon fer. Qu'est-ce que vous pensez d'un homme comme ça ? Mais je m'excuse et je le traiterai correctement demain. »

Le capitaine était sûr que William avait accepté de faire amende honorable, mais il nous a dit en riant après coup que les excuses de William étaient les suivantes :

« Bien, capitaine, j'espère que vous allez bien ce matin. Je n'ai rien contre vous, capitaine », en tendant une main que le capitaine a finalement prise et tout est rentré dans l'ordre.

William a un jour vendu à notre voisin, le pionnier de l'acier de Pittsburgh, James Park, un gros lot de vieux rails que nous ne pouvions pas utiliser. M. Park les a trouvés de très mauvaise qualité. Il a réclamé des dommages et intérêts et on a dit à William qu'il devait aller avec M. Phipps rencontrer M. Park et régler le problème. M. Phipps est allé dans le bureau de M. Park, tandis que William a fait le tour de l'usine à la recherche du matériel incriminé, qui n'était nulle part. William savait très bien où chercher. Il est finalement entré dans le bureau et avant que M. Park n'ait eu le temps de dire un mot, William a commencé :

« M. Park, je suis heureux d'apprendre que les vieux rails que je vous ai vendus ne conviennent pas à l'acier. Je vous les rachète tous, avec un bénéfice de cinq dollars la tonne pour vous. » William savait bien qu'ils avaient tous été utilisés. M. Park n'était pas froissé et l'affaire était terminée. William avait triomphé.

Lors d'une de mes visites à Pittsburgh, William m'a dit qu'il avait quelque chose de « particulier » qu'il souhaitait me dire. Quelque chose qu'il ne pouvait dire à personne d'autre.

C'était à son retour de son voyage en Allemagne. Là-bas, il avait été invité à rendre visite pendant quelques jours à un ancien camarade de classe, qui était devenu professeur :

« Eh bien, M. Carnegie, sa sœur qui gardait sa maison était très gentille avec moi et quand je suis arrivé à Hambourg, j'ai voulu lui envoyer un petit cadeau. Elle m'a écrit une lettre, puis je lui ai écrit une lettre. Elle m'a écrit et je lui ai écrit, puis je lui ai demandé si elle voulait m'épouser. Elle était très instruite, mais elle a répondu oui. Puis je lui ai demandé de venir à New York et je l'ai rencontrée là-bas. Mais, M. Carnegie, ces gens ne connaissent rien aux affaires et aux usines. Son frère m'a écrit qu'il voulait que je retourne là-bas et que je l'épouse à Chairmany, mais je ne peux plus quitter les usines. J'ai pensé que je devais vous demander votre avis. »

« Bien sûr que tu peux y retourner. Tu as tout à fait raison, William, tu devrais y aller. Je pense que c'est une bonne chose pour son peuple de penser ainsi. Vas-y tout de suite et ramène-la à la maison. Je vais arranger ça. » Puis, en partant, j'ai dit : « William, je suppose que ta fiancée est une belle et grande jeune femme allemande, du genre "pêche à la crème". »

« Oui, M. Carnegie, elle est un peu corpulente. Si j'avais le rouleau, je lui donnerais juste une passe de plus. » Toutes les illustrations de William étaient fondées sur la pratique des usines. [Je me retrouve ce matin (juin 1912) à éclater de rire en relisant cette histoire. Mais je l'ai fait aussi quand j'ai lu que « Chaque homme doit se tenir sur son propre postérieur »].

M. Phipps avait été à la tête du département commercial des usines, mais lorsque notre entreprise s'est agrandie, on a eu besoin de lui pour le secteur de l'acier. Un autre jeune homme, William L. Abbott, a pris sa place. L'histoire de M. Abbott ressemble un peu à celle de M. Borntraeger. Il est arrivé chez nous en tant que commis avec un petit salaire et a été rapidement affecté en charge des affaires des usines sidérurgiques. Il n'a pas eu moins de succès que William. Il devint associé avec un intérêt égal à celui de William et fut finalement promu à la présidence de la société.

M. Curry s'était distingué à ce moment-là dans sa gestion de Lucy Furnaces et il prit naturellement sa place parmi les partenaires, partageant également avec les autres. Il n'y a pas d'autre moyen de faire réussir une entreprise que de promouvoir ceux qui rendent des services exceptionnels. Nous avons finalement transformé la société Carnegie, McCandless & Co. en Edgar Thomson Steel Company et nous y avons inclus mon frère et M. Phipps, qui avaient d'abord refusé de se lancer dans l'acier avec leur aîné trop entreprenant. Mais lorsque je leur ai montré les gains de la première année et que je leur ai dit que s'ils ne se lançaient pas dans l'acier, ils se retrouveraient dans le mauvais bateau, ils ont tous deux reconsidéré leur décision et nous ont rejoints. C'était une chance pour eux comme pour nous.

Mon expérience m'a montré qu'aucune association de nouvelles recrues dans divers domaines ne s'avère à long terme être une bonne organisation de travail dès le départ. Des changements sont nécessaires. Notre société Edgar Thomson Steel Company n'a pas fait exception à cette règle. Avant même que nous ayons commencé à fabriquer des rails, M. Coleman n'était pas satisfait de la gestion d'un fonctionnaire des chemins de fer qui nous était arrivé avec une grande réputation, méritée, de méthode et de compétence. Il n'a pas fallu longtemps, cependant, pour constater que son jugement était correct. Le nouvel arrivé avait été vérificateur des chemins de fer et était excellent en comptabilité, mais il était injuste d'attendre de lui, ou de tout autre employé de bureau qu'il puisse se lancer dans la fabrication et réussir dès le début. Il n'avait ni les connaissances ni la formation pour ce nouveau travail. Cela ne veut pas dire qu'il n'était pas un excellent auditeur. C'est nous qui avions fait une erreur en lui demandant l'impossible.

Les usines étaient enfin sur le point de démarrer et l'organisation proposée par le vérificateur me fut soumise pour approbation. J'ai découvert qu'il avait divisé les travaux en deux départements et donné le contrôle de l'un à M. Stevenson, un Écossais qui s'est ensuite illustré comme fabricant et le contrôle de l'autre à M. Jones. Rien, j'en suis certain, n'a jamais affecté le succès de l'entreprise sidérurgique plus que la décision que j'ai prise par la suite. En aucun cas deux hommes ne pourraient se trouver dans la même usine avec une autorité équivalente. Une armée avec deux commandants en chef, un navire avec deux capitaines, ne pourrait pas connaître un sort plus désastreux qu'une entreprise manufacturière avec deux hommes aux commandes sur le même terrain, même dans deux départements différents. J'ai dit :

« Cela ne marchera pas. Je ne connais pas M. Stevenson et je ne connais pas M. Jones, mais l'un ou l'autre doit être nommé capitaine et lui seul doit vous rendre des comptes ».

Le choix se fit sur M. Jones et c'est ainsi que nous obtînmes « Le Capitaine », qui par la suite rendit son nom célèbre partout où la fabrication de l'acier Bessemer est connue.

Le Capitaine était alors assez jeune, économe et actif, portant les traces de son ascendance galloise jusque dans sa stature, car il était plutôt petit. Il nous est arrivé de l'usine voisine de Johnstown comme mécanicien à deux dollars par jour. Nous avons vite compris que c'était un personnage. Chacun de ses mouvements en témoignait. Il s'était engagé comme simple soldat pendant la guerre civile et s'était si bien comporté qu'il était devenu capitaine d'une compagnie qui n'avait jamais bronché. Une grande partie du succès de l'usine Edgar Thomson est due à cet homme.

Plus tard, il a refusé une participation dans l'entreprise qui aurait fait de lui un millionnaire. Je lui ai dit un jour que certains des jeunes hommes qui avaient reçu une participation gagnaient maintenant beaucoup plus que lui et que nous avions voté pour qu'il devienne associé. Cela n'impliquait aucune responsabilité financière, car nous avions toujours prévu que le coût de l'intérêt donné ne serait payable que sur les bénéfices.

« Non », dit-il, « je ne veux pas que mes pensées soient consacrées aux affaires. J'ai assez de mal à m'occuper de ces travaux. Donnez-moi juste un petit salaire si vous pensez que j'en vaux la peine. »

« Très bien, capitaine, le salaire du président des États-Unis est à vous. »

« C'est ce qu'on dit », dit le petit Gallois.[36]

---

36 On raconte que lorsque M. Carnegie sélectionnait ses jeunes partenaires, il a un jour fait venir un jeune Écossais, Alexander R. Peacock, et lui a demandé assez brusquement :
« Peacock, que donneriez-vous pour devenir millionnaire ? »
« Un rabais généreux en espèces, monsieur », fut sa réponse.
Il était un partenaire détenant une participation de deux pour cent lorsque la Carnegie Steel Company fusionna avec la United States Steel Corporation.

Nos concurrents dans le domaine de l'acier étaient d'abord disposés à nous ignorer. Connaissant les difficultés qu'ils avaient à démarrer leurs propres aciéries, ils ne pouvaient pas croire que nous serions prêts à livrer des rails avant un an et refusèrent de nous reconnaître comme concurrents. Le prix des rails d'acier lorsque nous avons commencé était d'environ soixante-dix dollars la tonne. Nous avons envoyé notre agent à travers le pays avec pour instruction de prendre des commandes aux meilleurs prix qu'il pouvait obtenir. Avant que nos concurrents ne le sachent, nous avions obtenu un grand nombre de rails, bien assez pour commencer.

Les machines étaient si parfaites, les plans si admirables, les hommes choisis par le capitaine Jones si habiles et lui-même si grand gestionnaire, que notre succès fut phénoménal. Je pense que je fais une déclaration unique en son genre en disant que le résultat des opérations du premier mois laissait une marge de profit de 11 000 dollars. Il est également remarquable que notre système de comptabilité fût si parfait que nous connaissions le montant exact du bénéfice. Nous avions appris par expérience dans nos usines de fer ce que signifiait une comptabilité exacte. Il n'y a rien de plus rentable que des commis pour vérifier chaque transfert de matériel d'un département à un autre en cours de fabrication.

La nouvelle entreprise sidérurgique ayant démarré de façon si prometteuse, j'ai commencé à envisager de prendre des vacances et le projet de faire le tour du monde que je caressais depuis longtemps est devenu réalité. Nous partîmes donc, M. J. W. Vandevort (« Vandy ») et moi, à l'automne 1878. J'emportai plusieurs blocs et crayons et commençai à prendre quelques notes jour après jour, sans avoir l'intention de publier un livre, mais en pensant que je pourrais peut-être imprimer quelques exemplaires de mes notes pour une diffusion privée. La sensation que l'on éprouve lorsqu'on voit pour la première fois ses notes sous la forme d'un livre imprimé est grande. Lorsque le paquet est arrivé de l'imprimeur, j'ai relu le livre en essayant de décider si cela valait la peine d'envoyer des copies à mes amis. Je suis arrivé à la conclusion que, dans l'ensemble, il valait mieux le faire et attendre leur verdict.

L'auteur d'un livre destiné à ses amis n'a aucune raison de s'attendre à un accueil désobligeant, mais il y a toujours un risque qu'il soit condamné par des éloges peu enthousiastes. Dans mon cas, cependant, les réponses ont dépassé les attentes et étaient de nature à me convaincre que les lecteurs avaient réellement apprécié le livre, ou qu'ils pensaient au moins une partie de ce qu'ils en disaient. Tout auteur est enclin à croire les mots doux. Parmi les premières, il y avait une lettre d'Anthony Drexel, le grand banquier de Philadelphie, qui se plaignait que je l'avais privé de plusieurs heures de sommeil. Ayant commencé le livre, il n'a pas pu le poser et s'est retiré à deux heures du matin après l'avoir terminé. Plusieurs lettres similaires furent reçues. Je me souviens que M. Huntington, président de la Central Pacific Railway, me rencontra un matin et me dit qu'il allait me faire un grand compliment.

« De quoi s'agit-il ? » lui ai-je demandé.

« Oh, j'ai lu votre livre de bout en bout. »

« Eh bien », lui ai-je répondu, « ce n'est pas un si grand compliment. D'autres de nos amis communs l'ont fait. »

« Oh, oui, mais probablement qu'aucun de vos amis n'est comme moi. Je n'ai pas lu de livre depuis des années, à l'exception de mon grand livre et je n'avais pas l'intention de lire le vôtre, mais lorsque je l'ai commencé, je n'ai pas pu le reposer. Mon grand livre est le seul livre que j'ai parcouru pendant cinq ans ».

Je n'étais pas disposé à croire tout ce que mes amis disaient, mais d'autres personnes qui avaient obtenu le livre en étaient satisfaites et j'ai vécu pendant quelques mois sous le coup de flatteries enivrantes, mais, je l'espère, pas trop dangereusement pernicieuses. Plusieurs éditions du livre furent imprimées pour répondre à la demande. Quelques avis à son sujet et des extraits parvinrent dans les journaux et finalement Charles Scribner's Sons demanda à le publier. C'est ainsi que « Le tour du monde »[37] fut présenté au public et que je devins enfin « un auteur ».

Un nouvel horizon s'est ouvert à moi grâce à ce voyage. Il a complètement changé mes perspectives intellectuelles. Spencer et Darwin étaient alors au zénith, et je m'étais profondément intéressé à leurs travaux. J'ai commencé à considérer les différentes phases de la vie humaine du point de vue de l'évolutionniste. En Chine, j'ai lu Confucius. En Inde, Bouddha et les livres sacrés des hindous. Chez les Parsis, à Bombay, j'ai étudié Zoroastre. Le résultat de mon voyage fut une certaine paix mentale. Là où il y avait eu du chaos, il y avait maintenant de l'ordre. Mon esprit était en paix. J'avais enfin une philosophie. Les paroles du Christ « Le Royaume des Cieux est en vous » avaient une nouvelle signification pour moi. Non pas dans le passé ou dans le futur, mais maintenant et ici, le Ciel est en nous. Tous nos devoirs se situent dans ce monde et dans le présent et il est aussi vain que stérile d'essayer de scruter avec impatience ce qui se trouve au-delà.

---

37 Le tour du monde, par Andrew Carnegie. New York et Londres, 1884

Tous les vestiges de la théologie dans laquelle j'étais né et avais été élevé, toutes les impressions que Swedenborg avait faites sur moi, cessaient maintenant de m'influencer ou d'occuper mes pensées. J'ai découvert qu'aucune nation n'avait toute la vérité dans la révélation qu'elle considère comme divine et qu'aucune tribu n'est assez basse pour ne pas avoir une part de vérité. Que chaque peuple a eu son grand maître. Bouddha pour l'un, Confucius pour un autre, Zoroastre pour un troisième, le Christ pour un quatrième. J'ai trouvé que les enseignements de tous ceux-ci étaient éthiquement proches, de sorte que je pouvais dire avec Matthew Arnold, que j'étais si fier d'appeler mon ami :

> *« Enfants des hommes ! La Puissance invisible, dont l'œil*
> *Accompagne à jamais l'humanité*
> *N'a regardé aucune religion avec mépris*
> *Que les hommes n'aient jamais trouvé.*
> *Qui n'a pas enseigné aux faibles volontés combien elles peuvent ?*
> *Qui n'est pas tombé dans le cœur sec comme la pluie ?*
> *Qui n'a pas crié à l'homme épuisé, las de lui-même*
> *Tu dois naître à nouveau. »*

« The Light of Asia », d'Edwin Arnold, est sorti à cette époque et m'a procuré plus de plaisir que toute autre œuvre poétique similaire que j'avais lue récemment. Je venais d'aller en Inde et ce livre m'y a ramené. L'appréciation que j'en ai faite est parvenue aux oreilles de l'auteur et plus tard, ayant fait sa connaissance à Londres, il m'a offert le manuscrit original du livre. C'est l'un de mes plus précieux trésors. Toute personne qui peut, même au prix d'un sacrifice, faire le voyage autour du monde devrait le faire. Tous les autres voyages, comparés à celui-ci, semblent incomplets, ne nous donnent que de vagues impressions de parties du tout. Lorsque la boucle est bouclée, on a le sentiment au retour d'avoir vu (bien sûr seulement dans les grandes lignes) tout ce qu'il y a à voir. Les parties du puzzle s'emboîtent dans un tout symétrique et vous voyez l'humanité, où qu'elle soit, travailler à une destinée tendant vers une fin définie.

Le voyageur du monde qui étudie attentivement les bibles des diverses religions de l'Orient sera bien récompensé. Il en conclura que les habitants de chaque pays considèrent leur propre religion comme la meilleure de toutes. Ils se réjouissent que leur sort ait été jeté là et sont disposés à plaindre les moins chanceux condamnés à vivre au-delà de leurs frontières sacrées. Les masses de toutes les nations sont généralement heureuses, chaque masse étant certaine que :

> *« Est ou Ouest*
> *La maison est la meilleure »*

Deux illustrations de ceci tirées de notre « Tour du monde » peuvent être notées.

> *Nous avons rendu visite aux travailleurs du tapioca dans les bois près de Singapour et nous les avons trouvés très occupés. Les enfants courant tout nus, les parents vêtus des habituelles guenilles. Notre groupe a attiré une grande attention. Nous avons demandé à notre guide de dire aux gens que nous venions d'un pays où l'eau d'un étang comme celui qui se trouvait devant nous devenait solide à cette saison de l'année et que nous pouvions alors marcher dessus. Que parfois elle était si dure que les chevaux et les chariots traversaient de larges rivières sur la glace. Ils se demandaient pourquoi nous ne venions pas vivre parmi eux. Ils étaient vraiment très heureux.*

La seconde illustration :

> *En route vers le Cap Nord, nous avons visité un camp de rennes*

*des Lapons. Un marin du navire a été désigné pour accompagner le groupe. J'ai fait le chemin du retour avec lui et, en approchant du fjord et en regardant vers la rive opposée, nous avons vu quelques huttes éparses et une maison à deux étages en construction. À quoi sert ce nouveau bâtiment ? avons-nous demandé.*

*« C'est la maison d'un homme né à Tromso qui a fait beaucoup d'argent et qui est revenu passer ses jours ici. Il est très riche. »*

*« Vous m'avez dit que vous aviez voyagé dans le monde entier. Vous avez vu Londres, New York, Calcutta, Melbourne et d'autres endroits. Si vous faisiez une fortune comme cet homme, dans quel endroit construiriez-vous votre maison pour vos vieux jours ? » Son œil scintilla lorsqu'il répondit :*

*« Ah, il n'y a pas d'endroit comme Tromso. » C'est dans le cercle arctique, six mois de nuit, mais il était né à Tromso. La maison, douce, douce maison !*

Parmi les conditions de la vie ou les lois de la nature, dont certaines nous semblent défaillantes, d'autres apparemment injustes et sans pitié, il y en a beaucoup qui nous étonnent par leur beauté et leur douceur. L'amour du foyer, quel que soit son caractère ou son emplacement, est certainement l'une d'entre elles. Et quel plaisir de constater qu'au lieu que l'Être suprême confine la révélation à une race ou à une nation, chaque race a le message qui lui convient le mieux au stade actuel de son développement. La Puissance inconnue n'en a négligé aucune.

# CHAPITRE XV

# VOYAGE EN CALECHE ET MARIAGE

# CHAPITRE XV

## VOYAGE EN CALECHE ET MARIAGE

Les Clés de ma ville natale (Dunfermline) m'ont été confiées le 12 juillet 1877, les premières Clés et le plus grand honneur que je n'ai jamais reçu. J'étais subjugué. Seulement deux signatures sur le parchemin sont venues entre la mienne et celle de Sir Walter Scott, qui avait été promu Comte. Mes parents l'avaient vu un jour en train de dessiner l'abbaye de Dunfermline et me parlaient souvent de ses apparitions. Mon discours de remerciement pour les Clés était l'objet de beaucoup de préoccupations. Je parlai à mon oncle Bailie Morrison, lui racontant que j'étais d'humeur à parler de ceci et de cela, vu que c'était ce que je pensais vraiment. Il était lui-même un grand orateur et il me prononça alors ces mots emplis de sagesse :

« Dis-le, Andra, tout simplement. Il n'y a rien de tel que d'exprimer ce que tu ressens réellement. »

C'était une leçon d'art oratoire que je pris à cœur. Il y a une règle que je pourrais suggérer aux jeunes orateurs. Lorsqu'on se tient devant un public, il faut se rappeler qu'il n'y a en face de nous que des hommes et des femmes. On devrait leur parler de la même manière qu'on parle à d'autres hommes et femmes dans des échanges quotidiens. Si on n'essaie pas d'être quelque chose de différent de nous-mêmes, il n'y a pas plus d'occasions d'être gêné que si on parle dans son bureau à un groupe de proches : aucune. C'est le fait d'essayer d'être autre que soi qui nous déshumanise. Soyez vous-même et lancez-vous. J'ai, un jour, demandé au Colonel Ingersoll, l'orateur le plus talentueux dont j'ai jamais entendu parler, à quoi il attribuait son talent.

« Évitez les professeurs d'élocution comme la peste », il répondit, « et soyez vous-même. »

*Un carrosse américain à quatre chevaux en Grande-Bretagne*

Je pris de nouveau la parole à Dunfermline, le 27 juillet 1881, lorsque ma mère posa la première pierre de la première bibliothèque publique dont je fis don. Mon père était un des cinq tisserands qui fondèrent la plus ancienne bibliothèque de la ville, en partageant leurs propres livres avec leurs voisins. Dunfermline nomma le bâtiment que j'offris « Carnegie Library ». L'architecte me demanda mes armoiries. Je l'informai que je n'en avais pas, mais je proposai qu'au-dessus de la porte il puisse y avoir une gravure d'un soleil levant, dardant ses rayons avec le slogan « Que la lumière soit. » Ce qu'il accepta.

*L'entrée de la bibliothèque est ornée d'une pierre sculptée portant l'inscription « Let There Be Light », qu'Andrew Carnegie a placée au-dessus de nombreuses entrées de bibliothèques Carnegie pour symboliser l'ouverture des esprits par le biais de l'éducation.*

Nous étions venus à Dunfermline en calèche. Lors de notre voyage à travers l'Angleterre en 1867 avec George Lauder et Harry Phipps, j'avais formulé l'idée d'aller de Brighton à Inverness en calèche avec un groupe de mes plus proches amis. Le jour arriva enfin pour le tant attendu voyage et au printemps 1881 nous naviguâmes de New York, un groupe de onze, pour vivre l'une des excursions les plus joyeuses de ma vie. C'était l'un des congés professionnels qui m'ont permis de rester jeune et heureux et qui valaient tous les médicaments du monde.

Toutes les notes que j'écrivis sur le voyage en calèche consistaient en quelques lignes par jour dans des petits livres de notes à deux sous achetés avant notre départ.

Comme avec le livre « Round the World », je pensais que je pourrais un jour écrire un article de magazine, ou faire un compte-rendu de l'excursion pour ceux qui m'accompagnaient. Mais un jour d'hiver je décidai que ça ne valait presque pas la peine de descendre au bureau de New York à 3 miles de là et la question fut de savoir comment j'allais occuper le temps libre. Je pensai au voyage en calèche et décidai d'écrire quelques lignes, juste pour voir comment je pourrais démarrer. La narration se fit toute seule et avant la fin du jour, j'avais écrit entre trois et quatre mille mots.

Je continuai cette tâche agréable chaque jour d'orage, lorsqu'il n'était pas nécessaire pour moi de visiter le bureau. En exactement vingt séances, j'avais terminé un livre. Je transmis les notes aux employés de Scribner et leur demandai d'en imprimer quelques centaines de copies pour un usage privé. L'ouvrage plut à mes amis, comme « Round the World » l'avait fait. M. Champlin, un jour, me raconta que M. Scribner avait lu le livre et aurait beaucoup aimé le publier pour son compte, avec une redevance.

L'auteur vaniteux est facilement persuadé que ce qu'il a fait est méritoire, j'acceptai donc. [Chaque année cela me rapporte encore une petite somme en droits d'auteur. Et 30 ans se sont écoulés depuis, en 1912.] Les lettres que je reçus suite à la publication[38] de celui-ci étaient si nombreuses et certaines si enthousiastes que mes proches les conservèrent. Elles sont maintenant reliées dans un format d'album photo, auquel des ajouts sont faits de temps

---

38 Publié de manière privée en 1882 sous le titre « Notre Voyage en Calèche, de Brighton à Inverness ». Publié par les Scribners en 1883 sous le titre « Un carrosse à quatre-chevaux américain en Grande-Bretagne ».

en temps. Le nombre d'invalides qui avaient apprécié m'écrire, déclarant que le livre avait illuminé leurs vies, fut gratifiant. Sa réception en Grande-Bretagne fut favorable : le « *Spectator* » lui donna un avis positif. Mais tout le mérite que le livre a vient, j'en suis sûr, de l'absence totale d'efforts de ma part pour faire bonne impression. J'ai écrit pour mes amis et ce que quelqu'un fait facilement, il le fait bien. Je me suis autant délecté à écrire le livre que durant le voyage lui-même.

L'année 1886 s'acheva dans une profonde tristesse pour moi. Ma vie en tant que jeune homme insouciant et heureux, avec tous ses besoins satisfaits, était terminée. Je suis resté seul au monde. Ma mère et mon frère sont décédés en novembre, à quelques jours d'intervalle, alors que j'étais alité à cause d'une grave fièvre typhoïde, incapable de bouger et, peut-être heureusement, incapable de ressentir tout le poids de la catastrophe, étant moi-même face à face avec la mort.

Je fus le premier frappé, revenant alors d'une visite dans l'est, de notre maison de campagne à Cresson Springs, surplombant les Alleghanies, où ma mère et moi-même passions nos heureux étés. Je ne me sentais déjà pas en forme un jour ou deux avant de partir de New York. Un médecin avait été appelé, et déclaré que je souffrais d'une fièvre typhoïde. Le professeur Dennis avait été appelé de New York et corrobora le diagnostic. Un médecin auxiliaire et une infirmière qualifiée furent mis à disposition immédiatement. Peu de temps après, ma mère tomba malade, puis ce fut le tour de mon frère à Pittsburgh.

J'étais désespéré, j'étais si faible, puis tout mon être sembla changer. Je me réconciliai avec moi-même, m'adonnai à des méditations agréables, je vivais sans la moindre douleur. L'état de santé critique de ma mère et de mon frère ne m'avait pas été révélé et lorsque je fus informé que les deux m'avaient quitté pour toujours, il parut naturel que je doive les suivre. Nous n'étions jamais séparés : pourquoi le serions-nous maintenant ? Mais il en fut décidé autrement.

Je récupérai lentement et le futur commença à occuper mes pensées. Il n'y avait qu'une seule lueur d'espoir et de confort dans celui-ci. Mes pensées tournaient toujours vers cela. Durant plusieurs années, j'avais connu Miss Louise Whitfield. Sa mère l'autorisait à chevaucher avec moi à Central Park. Nous étions tous les deux passionnés de promenades à cheval. D'autres jeunes femmes étaient sur ma liste. J'avais de bons chevaux et chevauchais souvent dans le parc et à New York avec l'une ou l'autre de ces jeunes filles. Au final, les autres se sont toutes effacées pour devenir des êtres ordinaires. Miss Whitfield demeura comme la plus parfaite de toutes celles que j'avais rencontrées. Finalement, je commençai à trouver et à admettre au fond de moi qu'elle avait réussi le test suprême que je faisais passer à plusieurs belles personnes en mon temps. Elle seule le fit, de toutes celles que j'avais connues. Je pourrais recommander aux jeunes hommes d'appliquer ce test avant de s'engager. S'ils peuvent honnêtement croire les lignes suivantes comme je le fis, alors tout va bien :

« J'ai regardé bien des dames de l'œil le plus doux,
et souvent l'harmonie de leur voix a subjugué ma trop complaisante oreille.
Pour des qualités diverses j'ai aimé diverses femmes, mais jamais de toute mon âme ;
car toujours quelque défaut se querellait en elles avec les plus nobles grâces,
et leur portait un coup fatal… Mais vous ! ô vous ! si parfaite ! si incomparable !
Vous êtes créée avec ce que chaque créature a de

meilleur.[39] »

Ces mots résonnent au plus profond de mon âme. Aujourd'hui, après avoir vécu vingt ans avec elle, si je pouvais trouver des mots plus forts, je pourrais les utiliser en toute sincérité.

Mes avances rencontrèrent un succès mitigé. Elle n'était pas sans d'autres et plus jeunes admirateurs. Ma fortune et mes plans futurs jouaient en ma défaveur. J'étais riche et j'avais tout et elle sentait qu'elle ne pouvait pas m'être utile ou bénéfique. Son idéal était d'être la véritable assistante d'un jeune homme en difficulté pour lequel elle pourrait être et serait indispensable, tout comme sa mère l'avait été envers son père. La charge de sa propre famille était largement retombée sur ses épaules après la mort de son père, alors qu'elle avait vingt et un ans. Elle avait maintenant vingt-huit ans ; sa vision du monde était faite. Parfois, elle semblait plus ouverte et nous correspondions. Une fois, cependant, elle renvoya mes lettres, prétextant qu'elle sentait qu'elle devait abandonner toute idée de m'accepter.

Le professeur et Mme Dennis m'emmenèrent de Cresson à leur propre maison à New York dès que je pus partir et je restai là-bas quelque temps sous la surveillance personnelle du premier. Miss Whitfield demanda à me voir, vu que je lui avais écrit les premières lettres de Cresson que j'étais capable d'écrire. Elle voyait maintenant que j'avais besoin d'elle. J'étais seul au monde. Maintenant, elle pouvait être pleinement « l'assistante ». Son cœur aussi bien que son esprit le voulaient et le jour fut fixé. Nous nous mariâmes à New York, le 22 avril 1887 et naviguâmes pour notre lune de miel que nous passâmes sur l'île de Wight.

---

39 Ferdinand à Miranda dans « *La Tempête* »

*Andrew Carnegie (autour de 1878)*

Sa joie de vivre était intense lorsqu'elle cherchait des fleurs sauvages. Elle avait lu des articles sur le Willie vagabond, la rose d'amour, les myosotis, la primevère, le thym sauvage et la liste entière de noms familiers qui n'avaient été pour elle que des noms jusqu'à maintenant. Tout l'enchanta. Oncle Lauder et un de mes cousins vinrent d'Écosse et nous rendirent visite et bientôt nous les suivions à la résidence à Kilgraston qu'ils avaient choisi pour nous pour passer l'été. L'Écosse la conquit. Il n'y avait aucun doute là-dessus. Ses lectures de petite fille se déroulaient en Écosse : les romans de Scott et « Scottish Chiefs » étant ses préférés. Elle devint rapidement plus Écossaise que moi. Tout ceci était la réalisation de mes rêves les plus chers.

Nous passâmes quelques jours à Dunfermline et les appréciâmes beaucoup. Les lieux et incidents de mon enfance furent revisités et lui furent récités par tout le monde. Elle n'obtint que des comptes-rendus flatteurs sur son mari, ce qui me donna un bon départ avec elle.

On m'a remis les Clés d'Édimbourg alors que nous allions vers le nord. Lord Rosebery faisait le discours. La foule à Édimbourg était formidable. Je m'adressai aux ouvriers dans le plus grand hall et reçus un cadeau de leur part, tout comme Mme Carnegie. Une broche qu'elle chérit grandement. Elle entendit et vit les joueurs de cornemuse dans toute leur gloire et supplia pour qu'on en ait une chez nous. Un joueur de cornemuse pour se promener et nous réveiller le matin et aussi nous signaler l'heure du dîner. Américaine jusqu'au bout des ongles et puritaine du Connecticut de surcroît, elle déclara que si elle était condamnée à vivre sur une île isolée et qu'elle ne pouvait choisir qu'un seul instrument de musique, alors ce serait la cornemuse. Le joueur de cornemuse fut trouvé assez rapidement. Quelqu'un appela et présenta des lettres de recommandation de Cluny McPherson. Nous l'engageâmes et nous fûmes précédés par lui jouant de sa cornemuse alors que nous rentrions dans notre maison à Kilgraston.

Nous apprécions Kilgraston, bien que Mme Carnegie demanda encore une maison dans un style plus Highland. Matthew Arnold nous rendit visite, tout comme M. et Mme Blaine, le sénateur et Mme Eugene Hale et beaucoup d'amis.[40] Mme Carnegie faisait venir ma famille de Dunfermline et plus particulièrement les oncles et tantes les plus âgés. Elle charma tout le monde. Ils me firent part de leur stupéfaction qu'elle m'ait même épousé, mais je leur répondis que j'étais tout aussi surpris. L'union était, de toute évidence, prédestinée.

Nous avons emmené notre joueur de cornemuse avec nous lorsque nous sommes retournés à New York, ainsi que notre gouvernante et quelques domestiques. Mme Nicoll reste encore avec nous et est maintenant, après 20 années de loyaux services, considérée comme membre de la famille. George Irvine, notre majordome, nous rejoignit un an plus tard et est également considéré comme l'un des nôtres. Pareil pour Maggie Anderson, une de nos domestiques. Ce

---

40 John Hay, écrivant à son ami Henry Adams le 25 août 1887 de Londres, à propos de la fête à Kilgraston : « Après cela, nous sommes allés chez Andy Carnegie dans le Perthshire, qui est en lune de miel, car il vient d'épouser une jolie fille… La maison est bondée de visiteurs — seize quand nous sommes partis — nous ne sommes restés que trois jours : les autres sont restés quinze jours. Parmi eux, vos amis Blaine et Hale du Maine. Carnegie aime tellement cet endroit qu'il va le faire chaque été et examine tous les grands domaines du comté en vue de les louer ou de les acheter. Nous sommes allés avec lui un jour au château de Dupplin, où j'ai vu les plus beaux arbres que j'ai jamais vus dans ma vie de vagabond. Le vieux Earl est misérablement pauvre, incapable d'acheter une bouteille de seltzer, avec un domaine valant des millions entre les mains de ses créanciers, et sûr d'être vendu un de ces jours à quelque entreprenant fabricant de boutons yankee ou britannique. J'aimerais que vous ou Carnegie l'achetiez. Je vous rendrais visite fréquemment. » (Thayer, Life and Letters of John Hay, vol. II, p. 74.)

sont des gens dévoués, d'un caractère élevé et d'une véritable loyauté.[41]

L'année suivante, on nous proposa de prendre le château de Cluny. Notre joueur de cornemuse était l'homme idéal pour nous en parler. Il était né et nourri ici et peut-être que cela influença notre choix de résidence où nous passâmes plusieurs étés.

Le 30 mars 1897 vit la naissance de notre fille. Alors que je la vis pour la première fois, Mme Carnegie dit :

— Son nom est Margaret, comme ta mère. Maintenant, j'ai une requête à formuler.
— Qu'est-ce, Lou ?
— Nous devons avoir une maison d'été vu que ce petit être nous a été offert. Nous ne pouvons pas en louer une et être obligés d'y entrer et d'en sortir à une certaine date. Ce devrait être notre maison.
— Oui, acquiesçai-je.
— Je ne pose qu'une seule condition.
— Quelle est-elle ? demandai-je.
— Ça doit être dans les Highlands en Écosse.
— Sois bénie, fût ma réponse. Cela me convient. Tu sais que je dois rester loin des rayons du soleil et où pouvons-nous aller, si ce n'est dans la lande ? Je serai un comité d'une personne pour enquêter et faire un rapport.

Le château de Skibo fut élu.

Cela fait maintenant 20 ans que Mme Carnegie est apparue

---

41 « Aucun homme n'est un vrai gentleman qui n'inspire pas l'affection et la dévotion de ses serviteurs. » (Problems of To-day, par Andrew Carnegie, New York, 1908, p. 59).

et a changé ma vie, quelques mois après que les disparitions de ma mère et de mon seul frère me laissèrent seul au monde. Elle a rendu ma vie si heureuse que je ne peux m'imaginer vivre sans sa protection. Je pensais la connaître lorsqu'elle passa le test de Ferdinand[42], mais ce n'était que la surface de ses qualités que j'avais vue. De sa pureté, sa Majesté, sa sagesse, je n'avais pas sondé les profondeurs. Dans chaque urgence de notre vie active, changeante et des années plus tard dans notre vie publique, dans toutes ses relations avec les autres, aussi bien ma famille que la sienne, elle a prouvé qu'elle était la diplomate et la pacificatrice. La paix et la bonne volonté accompagnent ses pas où que porte son influence bénie. Dans les rares occasions requérant une action héroïque, c'est elle qui réagit en premier et joue ce rôle.

La pacificatrice n'a jamais eu de querelle de sa vie, pas même avec un camarade de classe. Il n'existe pas âme qui vive sur Terre l'ayant rencontrée qui ait la moindre raison de se plaindre d'être négligée. Non pas qu'elle n'accueille pas le meilleur et gentiment évite l'indésirable : aucun n'est plus fastidieux qu'elle. Mais ni le rang, ni la richesse, ni la position sociale ne l'affecte un tant soit peu. Elle est incapable d'agir ou de parler de façon vulgaire ; tout est d'un goût exquis. Pourtant, elle ne baisse jamais la barre. Elle n'a pour intimes que les meilleurs. Elle pense toujours à comment elle pourrait faire le bien sur ceux qui l'entourent : en étant prévenante pour les uns et les autres en cas de besoin et en faisant des arrangements ou des cadeaux judicieux pour surprendre ceux qui coopèrent avec elle.

Je ne peux m'imaginer traverser ces vingt ans sans elle. Je ne peux pas non plus supporter la pensée de vivre après elle.

---

42 Fait référence à la citation de « The Tempest »

Selon le cours naturel des choses, je ne devrais pas avoir à affronter cela. Mais ensuite, la pensée de ce qui lui incombera, à une femme laissée seule, demandant tellement d'attention et ayant besoin d'un homme pour décider, m'inflige une douleur intense et je prie parfois d'avoir à endurer cela pour elle. Mais elle aura notre fille adorée dans sa vie et peut-être que cela lui permettra de rester patiente. Qui plus est, Margaret a besoin d'elle plus qu'elle n'a besoin de son père.

*Madame Andrew Carnegie*

*Margaret Carnegie à quinze ans*

Pourquoi, oh pourquoi sommes-nous obligés de quitter le paradis que nous avons trouvé sur Terre pour aller on ne sait où ! Car je peux dire avec Jessica :

« Il est très important
Que le Seigneur Bassanio mène une vie droite,
Car, ayant une telle bénédiction dans sa dame,
Il trouve les joies du ciel ici sur terre. »

# CHAPITRE XVI

# LES USINES ET LES HOMMES

# CHAPITRE XVI

## LES USINES ET LES HOMMES

L'une des leçons essentielles que j'ai apprises en Grande-Bretagne sur le fer et l'acier est la nécessité de posséder des matières premières et de fabriquer un produit fini, prêt à être utilisé. Après avoir résolu le problème des rails en acier à l'usine Edgar Thomson, nous sommes rapidement passés à l'étape suivante. Les difficultés et incertitudes pour l'obtention d'un approvisionnement régulier en fonte brute nous poussèrent à entreprendre la construction de hauts fourneaux. Trois d'entre eux furent construits et un autre a été acheté à la Escanaba Iron Company, avec laquelle M. Kloman avait des contacts. Comme il est habituel dans de tels cas, le fourneau nous coûta autant qu'un neuf et ne fut jamais aussi performant. Il n'y a rien de plus frustrant que l'achat d'équipements industriels de qualité inférieure.

Mais, bien que cet achat ait été une erreur au premier abord, il se révéla ultérieurement être, une source de grand profit parce qu'il nous donna un four suffisamment petit pour la fabrication de spiegel[43] et, à une date ultérieure, de ferromanganèse. Nous étions la seconde entreprise aux États-Unis à fabriquer notre propre spiegel et, durant des années, la seule entreprise en Amérique à fabriquer du ferromanganèse. Nous avions été dépendants d'étrangers pour l'approvisionnement de ce matériau indispensable, payant jusqu'à quatre-vingts dollars la tonne. Le gestionnaire de nos hauts fourneaux, M. Julian Kennedy, eut le mérite de suggérer qu'avec les minerais à notre portée nous pourrions créer du ferromanganèse dans notre petit four. L'expérience valait la peine d'être tentée et le résultat fut un franc succès. Nous étions en capacité d'approvisionner toute la demande américaine et les prix chutèrent en conséquence de quatre-vingts à cinquante dollars par tonne.

Pendant que nous testions les minerais de Virginie, nous nous rendîmes compte que ceux-ci étaient discrètement achetés par des Européens pour produire du ferromanganèse. Les propriétaires de la mine en déduirent que ceux-ci étaient utilisés pour d'autres fins. Notre cher M. Phipps entreprit directement d'acheter cette mine. Il obtint une option des propriétaires, qui n'avaient ni le capital ni les compétences pour l'exploiter efficacement. Un prix élevé leur fut payé pour leurs intérêts et (avec l'un d'entre eux, M. Davis, un jeune homme très compétent) nous sommes devenus les propriétaires, mais pas avant qu'une étude approfondie de la mine eut prouvé qu'il y avait suffisamment de minerai de manganèse disponible pour nous rembourser. Tout cela fut fait avec rapidité. Pas une seule journée ne fut perdue. C'est là que réside le grand

---

43 Spiegel : alliage contenant du manganèse et une petite proportion de carbone et de silicium, anciennement utilisé pour purifier et améliorer la qualité des fontes et aciers

avantage d'un partenariat par rapport à une entreprise. Le président de celle-ci aurait dû consulter un regroupement de directeurs et attendre plusieurs semaines, voire plusieurs mois, leur décision. À cet instant, la mine serait probablement devenue la propriété d'autres personnes.

Nous avons continué à développer notre usine de hauts fourneaux, chaque nouveau fourneau étant une grande amélioration du précédent, jusqu'à ce que nous pensions être arrivés à un fourneau standard. Des améliorations mineures seraient sans doute apportées, mais pour autant que nous le sachions, nous avions une installation parfaite et notre capacité était alors de cinquante mille tonnes par mois de fonte brute.

Le département des hauts fourneaux n'avait pas encore été ajouté qu'une autre étape a été jugée essentielle à notre indépendance et à notre succès. L'approvisionnement en coke de qualité supérieure était réglé : l'usine de Connellsville étant la source. Nous avons constaté que nous ne pouvions pas continuer sans un approvisionnement de fioul, essentiel pour la fusion de la fonte brute. Une analyse approfondie de la question nous conduisit à la conclusion que la Frick Coke Company avait non seulement le meilleur charbon et la meilleure coke, mais qu'elle tenait en la personne de M. Frick lui-même un homme avec un génie incontestable pour la gestion. Il avait prouvé son habileté en commençant comme un pauvre commis de chemin de fer et en réussissant. En 1882, nous avons acheté la moitié des actions de cette société et par des achats ultérieurs à d'autres détenteurs, nous sommes devenus propriétaires de la grande majorité des actions.

Il ne restait maintenant qu'à acquérir l'approvisionnement en fer. Si nous pouvions l'obtenir, nous serions dans la même position que celle occupée par deux ou trois des entreprises concurrentes européennes. Nous avons cru à un moment donné avoir réussi à découvrir en Pennsylvanie ce dernier maillon de la chaîne. Nous avons été trompés cependant par notre investissement dans la région de Tyrone et avons perdu des sommes considérables à la suite de nos tentatives d'exploitation et d'utilisation ses minerais. De la bonne qualité fut promise en périphérie des mines, là où l'action du temps avait nettoyé toutes les impuretés pendant des siècles et avait enrichi le minerai. Mais, lorsque nous creusâmes un peu en profondeur, le minerai s'avéra être trop « pauvre » pour être exploité.

Notre chimiste, M. Prousser, fut ensuite envoyé à un fourneau de Pennsylvanie dans les collines que nous avions louées, avec l'instruction d'analyser tous les matériaux lui étant envoyés par le district et d'encourager les gens à lui transmettre des spécimens de minéraux. Un exemple frappant de la crainte inspirée par le chimiste durant cette période était qu'il ne put obtenir qu'avec difficulté un homme ou un garçon pour l'assister dans son laboratoire. Il était soupçonné de pactiser avec les forces du mal lorsqu'il entreprit de décrire, grâce à son appareil à l'aspect suspect, ce que contenait une pierre. Je crois me souvenir que, finalement, nous avions dû lui envoyer un homme de notre bureau de Pittsburgh.

Un jour, il nous envoya un rapport d'analyse de minerai remarquable pour son absence de phosphore. C'était vraiment un minerai convenable pour faire de l'acier Bessemer. Une telle découverte attira notre attention immédiatement. Le propriétaire était Moses Thompson, un fermier riche, propriétaire de sept mille ares des plus belles terres agricoles du Center County, en Pennsylvanie. Un rendez-vous fut convenu pour le rencontrer sur le terrain où le minerai avait été obtenu. Nous découvrîmes que la mine avait été exploitée pour un haut fourneau à charbon de bois cinquante ou soixante ans auparavant. Mais à ce moment-là, elle n'avait pas joui d'une bonne réputation. La raison étant sans aucun doute que son produit était tellement pur comparé aux autres minerais qu'il entraînait des problèmes lors de la fusion. Il était si bon qu'il n'était bon à rien, à l'époque.

Nous avons finalement obtenu le droit de reprendre la mine dans un délai de six mois et nous avons donc commencé le travail d'examen, que tout acheteur de propriété minière devrait faire avec la plus grande attention. Nous avons tracé des lignes sur le flanc de la colline, espacées de quinze mètres, avec des lignes transversales tous les trente mètres, et à chaque point d'intersection, nous creusâmes un puits dans le minerai. Je crois qu'il y avait quatre-vingts puits de la sorte en tout. Le minerai fut analysé à quelques pieds de profondeur, de telle sorte que nous savions exactement ce que la mine avait à offrir au moment de payer les cent mille dollars demandés. Nos attentes furent dépassées. Grâce à l'habileté de mon cousin et partenaire, M. Lauder, le coût de l'extraction et du nettoyage fut réduit à un faible montant et le minerai de la Scotia compensa toutes les pertes que nous avions subies dans les autres mines, se remboursant lui-même et laissant un bénéfice supplémentaire. Dans cette situation, au moins, nous avons arraché la victoire au bord de la défaite. Nous avions avancé sur un terrain sûr avec le chimiste comme guide. Vous constaterez que nous étions déterminés à obtenir des matières premières et que nous nous sommes employés activement à les rechercher.

Nous avions perdu et gagné, mais les victoires durent rarement dans le monde des affaires. Un jour, en quittant les usines avec M. Phipps, nous sommes passés devant les bureaux de la National Trust Company sur Penn Street, à Pittsburgh. Je notai les grandes lettres dorées sur la fenêtre

« Actionnaires individuellement responsables ». Le matin même, en examinant un rapport sur nos affaires, j'avais remarqué vingt actions « National Trust Company » sur la liste des actifs. Je dis à Harry :

« Si c'est la société dont nous sommes actionnaires, ne pourriez-vous pas les vendre avant de retourner au bureau cet après-midi ? »

Il ne vit aucune raison de se hâter. Cela serait fait le moment venu.

« Non, Harry, ayez l'obligeance de le faire au plus vite. »

Ce qu'il fit. Il s'avéra que ce fut une heureuse initiative, car en peu de temps la banque fit faillite avec un énorme déficit. Mon cousin, M. Morris, était parmi les actionnaires ruinés. Beaucoup d'autres subirent le même sort. Les temps étaient durs et si nous avions été individuellement responsables de toutes les dettes de la National Trust Company, notre crédit aurait inévitablement été sérieusement mis en péril. Nous l'avions échappé belle, avec seulement vingt actions (deux mille dollars d'action), prises pour faire plaisir à des amis qui souhaitaient que notre nom figure sur leur liste d'actionnaires ! La leçon n'était pas perdue. La grande règle du business est que vous pouvez donner de l'argent librement lorsque vous avez un excédent, mais jamais engager votre nom ni en tant qu'endosseur, ni en tant que membre d'une société à responsabilité individuelle. Un investissement risible de quelques milliers de dollars, une bagatelle certes, mais une bagatelle dotée d'une puissance explosive mortelle.

La substitution rapide du fer par l'acier dans un avenir proche était devenue une évidence pour nous. Même dans notre usine de Keystone Bridge, l'acier était de plus en plus utilisé à la place du fer. Le Fer Roi allait être destitué par le nouveau Roi : l'Acier. Et nous étions en train de devenir de plus en plus dépendants. Nous étions sur le point de conclure, en 1886, la construction de nouvelles usines à côté des aciéries Edgar Thomson, pour la fabrication de diverses formes en acier. Lorsqu'il nous fut suggéré que les cinq ou six principaux fabricants de Pittsburgh, qui s'étaient associés pour fabriquer des aciéries à Homestead, étaient disposés à nous vendre leurs usines.

Ces usines avaient été montées au départ par un syndicat de fabricants, avec comme objectif d'obtenir les fournitures d'acier dont ils avaient besoin dans leurs diverses entreprises. Mais l'industrie des rails d'acier étant à ce moment en pleine expansion, ils avaient eu la tentation de changer leurs plans et de construire une usine de rails d'acier. Ils avaient pu faire des rails tant que les prix restaient élevés, mais, comme les usines n'avaient pas été spécialement prévues pour cette tâche, ils étaient dépourvus des indispensables hauts fourneaux pour l'approvisionnement en fonte brute, et n'avaient pas de cokeries pour l'approvisionnement en combustibles. Ils n'étaient pas en mesure de rentrer en compétition avec nous.

Il était avantageux pour nous d'acheter ces usines. Je sentis qu'il n'y avait qu'une seule manière dont nous pourrions faire affaire avec leurs propriétaires. C'était de proposer une fusion avec Carnegie Brothers & Co. Nous avons proposé de le faire sur un pied d'égalité, chaque dollar qu'ils avaient investi devant être comparé à nos dollars. La négociation fut rapidement conclue sur cette base. Cependant, nous avons donné à toutes les parties la possibilité de récupérer de l'argent en espèces et heureusement pour nous, tous choisirent de le faire, à l'exception de M. George Singer, qui continua avec nous à son entière satisfaction comme à la nôtre. M. Singer nous raconta par la suite que ses associés s'étaient grandement interrogés sur la manière dont ils pourraient répondre à la proposition que je devais leur soumettre. Ils craignaient d'être trop exigeants, mais lorsque je leur proposai l'égalité totale, dollar pour dollar, ils restèrent sans voix.

Cette acquisition conduisit à la reconstruction de toutes nos entreprises. La nouvelle société Carnegie, Phipps & Co. fut mise en place en 1886 pour gérer les usines de Homestead. La société Wilson, Walker & Co. fut englobée dans celle de Carnegie, Phipps & Co., M. Walker étant élu président. Mon frère était le président de Carnegie Brothers & Co. et à la tête de tout. Une extension supplémentaire de nos activités fut la création de l'aciérie Hartman à Beaver Falls, conçue pour travailler le produit des usines de Homestead dans une centaine de formes différentes.

Nous fabriquions donc maintenant quasiment tout en acier, du clou métallique jusqu'à la poutrelle en acier de vingt pouces. Il était alors peu probable que nous entrions dans un nouveau domaine.

Il peut être intéressant ici de noter la progression de nos travaux durant la décennie de 1888 à 1897. En 1888, nous avions vingt millions de dollars investis ; en 1897 plus du double, soit plus de quarante-cinq millions. Les 600 000 tonnes de fonte brute que nous produisions par an en 1888 furent triplées. Nous en fabriquions presque 2 000 000 de tonnes. Notre production de fer et d'acier était en 1888 de, disons, 2 000 tonnes par jour. Elle passa à plus de 6 000 tonnes. Nos cokeries regroupaient alors environ 5 000 fours. Ils triplèrent en nombre et notre capacité, alors de 6 000 tonnes, passa à 18 000 tonnes par jour. Notre Frick Coke Company possédait 42 000 acres de charbon en 1897, soit plus des deux tiers de la veine principale de

Connellsville. Dix ans plus tard, on peut constater que l'augmentation de la production avait été tout aussi rapide. Il pourrait être considéré comme un axiome qu'une entreprise manufacturière dans un pays en croissance comme le nôtre commence à décliner lorsqu'elle arrête d'étendre ses activités.

Pour fabriquer une tonne d'acier, une tonne et demie de minerai de fer doit être extraite, transportée par chemin de fer sur une centaine de miles jusqu'aux lacs, transportée par bateau sur une centaine de miles, transférée dans des wagons, puis transportée par voie ferroviaire sur cent cinquante miles jusqu'à Pittsburgh. **Par ailleurs,** une tonne et demie de charbon doit être minée et transformée en coke et transportée sur une cinquantaine de miles par voie ferroviaire. Enfin, une tonne de calcaire doit être minée et transportée sur cent cinquante miles jusqu'à Pittsburgh. Comment alors l'acier pouvait-il être fabriqué et vendu sans perte, à trois livres contre deux cents ? Cela, je l'avoue, me semblait incroyable et proche du miracle, mais c'était ainsi.

L'Amérique va bientôt passer du statut de pays producteur d'acier le plus cher à celui de pays le moins cher. Les chantiers navals de Belfast sont déjà nos clients. Mais ce n'est que le début. Sous les conditions actuelles, les États-Unis d'Amérique peuvent produire de l'acier aussi bon marché que n'importe quel autre pays, malgré le prix élevé de la main-d'œuvre. Il n'est pas en réalité de main-d'œuvre aussi bon marché que la plus chère dans le domaine mécanique, à condition qu'elle soit libre, satisfaite, zélée et qu'elle récolte une récompense à la hauteur du travail fourni. Et sur ce point, l'Amérique est en tête.

Un grand avantage que l'Amérique aura dans la compétition sur les marchés internationaux est que ses fabricants auront le meilleur marché intérieur. Ils peuvent compter sur le rendement de leur capital et le surplus de production peut être exporté avantageusement. Même lorsque les gains reçus pour cela ne font pas plus que couvrir les coûts réels, à condition que les exportations soient facturées au prorata de toutes les dépenses. La nation qui a le meilleur marché intérieur, plus particulièrement si les produits sont standardisés, comme le sont les nôtres, peut rapidement surclasser n'importe quel producteur étranger. La phrase que j'utilisais en Grande-Bretagne à ce sujet était : « La Loi du Surplus ». Ce concept s'est par la suite généralisé dans les discussions commerciales.

# CHAPITRE XVII

# LA GRÈVE DE HOMESTEAD

# CHAPITRE XVII

# LA GRÈVE DE HOMESTEAD

Alors que nous parlons de nos intérêts manufacturiers, je dois signaler que le 1ᵉʳ juillet 1892, durant mon séjour dans les Highlands d'Écosse, se déroula la seule querelle vraiment sérieuse avec nos ouvriers de toute notre histoire. Depuis vingt-six ans, j'avais été activement en charge des relations entre nous et nos hommes et c'était la fierté de ma vie de penser à quel point elles avaient été et étaient toujours satisfaisantes. J'espère avoir pleinement mérité ce que mon principal associé, M. Phipps, raconta dans sa lettre du 30 janvier 1904 au New York Herald, en réponse à quelqu'un qui avait déclaré que j'étais resté à l'étranger pendant la grève de Homestead, au lieu de rentrer pour soutenir mes associés. Il avait dit que « j'étais toujours prêt à accéder aux demandes des hommes, même les plus déraisonnables ». En conséquence de quoi quelques-uns de mes partenaires ne voulaient pas que je revienne.[44]

---

44 La déclaration complète de Mr Phipps est la suivante.

Faisant abstraction de la satisfaction d'avoir une relation amicale avec les employés et ne m'appuyant que sur les résultats économiques, je crois que verser des salaires plus importants aux hommes qui respectent leurs employeurs et sont heureux au travail sera toujours un investissement très rentable.

La fabrication de l'acier fut révolutionnée par le fourneau Bessemer et les inventions de base. La machinerie jusqu'alors utilisée était devenue obsolète. Notre société en fit le constat et déboursa plusieurs millions à Homestead pour reconstruire et agrandir les usines. La nouvelle machine fabriqua jusqu'à soixante pour cent plus d'acier que l'ancienne. Deux cent dix-huit hommes-tonne (signifiant que les hommes étaient payés par tonne d'acier produite) travaillaient sous un contrat de trois ans. Une partie de la dernière année se fit avec la nouvelle machine. Ainsi, leurs revenus avaient augmenté de quasiment soixante pour cent avant la fin de leur contrat.

---

Question : « Il a été déclaré que M. Carnegie avait agi lâchement en ne retournant pas en Amérique depuis l'Écosse et en n'étant pas présent lorsque la grève était en cours à Homestead »
Réponse : « Lorsque M. Carnegie a eu vent du problème à Homestead, il écrivit directement qu'il prendrait le premier navire vers l'Amérique, mais ses partenaires le supplièrent de ne pas se montrer, car ils étaient d'avis que le bien-être de la société exigeait qu'il ne soit pas dans le pays à ce moment-là. Ils connaissaient son extrême disposition à toujours accéder aux requêtes des travailleurs, aussi déraisonnables soient-elles.
Je n'ai jamais entendu qui que ce soit dans l'entreprise se plaindre de l'absence de M. Carnegie à ce moment, mais tous les partenaires se réjouissèrent d'avoir la permission de gérer l'affaire à leur façon » (Henry Phipps dans le New York Herald, 30 janvier 1904)

La société proposa de diviser ces soixante pour cent avec eux dans le nouveau barème qui serait élaboré plus tard. Autrement dit, les gains des travailleurs auraient été trente pour cent plus élevés que sous l'ancien barème et les trente pour cent restants seraient allés à la société pour la dédommager de ses dépenses. Le travail des hommes n'aurait pas été bien plus dur que jusqu'à présent, vu que la machine optimisée effectuait le travail. Ce n'était pas seulement juste, c'était généreux, et sous des circonstances ordinaires, cela aurait été accepté par les salariés avec des remerciements. Mais la société était alors engagée dans la fabrication de blindage pour le gouvernement des États-Unis, ce que nous avions décliné deux fois, mais dont le besoin était urgent. Nous devions également honorer le contrat pour fournir le matériel pour l'Exposition de Chicago. Quelques-uns des meneurs parmi les salariés connaissaient ces engagements et insistèrent pour obtenir leurs soixante pour cent intégralement, pensant que l'entreprise n'aurait d'autre choix que de les verser. La société ne pouvait pas accepter, et n'aurait pas dû accepter, une telle tentative de la prendre à la gorge et de lui faire passer le message : « Tenez-vous prêt ». La demande fut donc très justement refusée. Si j'avais été présent, rien ne m'aurait incité à céder à cette tentative d'extorsion déloyale.

Jusqu'à ce point, tout s'était assez bien passé. La politique que j'avais menée en cas de différends avec nos travailleurs était d'attendre patiemment, de discuter avec eux et de montrer pourquoi leurs demandes étaient infondées. Mais sans jamais essayer d'embaucher de nouveaux hommes à leur place : jamais. Le directeur de Homestead, cependant, fut assuré que les trois mille hommes qui n'étaient pas concernés par la dispute, pourraient faire tourner les usines et étaient désireux de se débarrasser des deux cent dix-huit hommes qui avaient rejoint une union qui avait jusqu'alors refusé d'accepter les ouvriers des autres départements : seuls les « réchauffeurs » et les « rouleurs » d'acier étaient admissibles.

Mes partenaires furent bernés par ce directeur, qui avait été lui-même berné. Il n'avait pas une grande expérience dans de telles affaires, ayant été récemment promu.

Les demandes injustes des quelques hommes syndiqués, et l'opinion des trois mille hommes non syndiqués qui ne sympathisaient pas avec ces demandes l'ont très naturellement amené à penser qu'il n'y aurait pas de problème et que les ouvriers feraient ce qu'ils avaient promis. Il y avait beaucoup d'hommes parmi les trois mille qui pouvaient prendre, et souhaitaient prendre, les places des deux cent dix-huit. Du moins c'est ce qu'on m'a rapporté.

Il est facile aujourd'hui de regarder en arrière et dire que la décision en forme de ligne rouge de rouvrir les usines n'aurait jamais dû être prise. Tout ce que l'entreprise avait à faire était alors de dire aux hommes : « Il y a un conflit de travail ici et vous devez le régler entre vous. L'entreprise vous a fait une offre très généreuse. L'usine fonctionnera lorsque le conflit sera réglé, et pas avant. En attendant, vos places vous restent acquises. ». Ou bien, il aurait été bon que le directeur dise aux trois mille hommes : « Très bien, si vous le voulez, venez et faites fonctionner les usines sans surveillance, » leur transmettant ainsi la responsabilité de se surveiller eux-mêmes. Trois mille hommes contre deux cent dix-huit. Au lieu de cela, on jugea opportun (une précaution supplémentaire des fonctionnaires de l'État, si j'ai bien compris) d'avoir le shérif et des gardes pour protéger les milliers contre les centaines. Les meneurs étaient des hommes violents et vindicatifs. Ils avaient des fusils et des pistolets et, comme cela fut prouvé rapidement, ils pouvaient intimider les milliers de volontaires.

Je cite ce que j'ai une fois couché par écrit comme notre règle : « Mon idée est que la Compagnie devrait être connue comme étant déterminée à laisser les hommes de n'importe quelle usine cesser le travail ; qu'elle s'entretiendra librement avec eux et attendra patiemment jusqu'à ce qu'ils décident de retourner au travail, en ne pensant jamais à prendre à l'essai de nouveaux hommes : jamais. » Les meilleurs travailleurs et les meilleurs ouvriers sont rares parmi ceux qui arpentent les rues à la recherche d'un travail. Seuls les moins qualifiés, de façon générale, sont oisifs. Le type d'hommes que nous cherchions est rarement autorisé à quitter son poste, même en temps de crise. Il est impossible de trouver des hommes nouveaux pour faire fonctionner avec succès les machines complexes d'une aciérie moderne. La tentative d'embaucher de nouveaux hommes acheva de convaincre les milliers d'anciens qui souhaitaient travailler en opposants à notre politique. Les ouvriers s'opposeront toujours systématiquement à l'emploi de remplaçants. Qui peut les blâmer ?

Si j'avais été sur place, cependant, j'aurais peut-être été persuadé de rouvrir les usines, comme le directeur l'avait fait, pour vérifier si nos anciens iraient au travail comme ils l'avaient promis. Mais il devrait être noté que les usines ne furent pas ouvertes au début par mes partenaires pour les nouveaux travailleurs. Au contraire c'est, comme je l'ai appris à mon retour, à la demande de milliers de nos anciens qu'elles ont été rouvertes. J'y vois un point essentiel. Mes partenaires n'étaient en aucun cas blâmables pour avoir fait l'essai recommandé par le directeur. Notre règle de ne jamais employer de nouveaux hommes, mais d'attendre le retour des anciens, n'avait jamais été outrepassée jusqu'à présent. En ce qui concerne la deuxième ouverture de l'usine, après que les grévistes eurent abattu les officiers du shérif, il est également facile de regarder en arrière et de dire : « Il aurait mieux valu fermer l'usine jusqu'à ce que les anciens votent le retour ». Mais le gouverneur de la Pennsylvanie, armé de huit mille soldats, avait entre-temps pris la situation en main.

J'étais en voyage dans les Highlands en Écosse lorsque l'incident se produisit, et n'en eus vent que deux jours après. Rien de ce que j'avais eu à affronter dans ma vie, avant ou depuis lors, ne me blessa si profondément. Il ne reste d'ailleurs aucune blessure issue de ma vie professionnelle, à l'exception de la grève de Homestead. C'était tellement inutile. Les travailleurs avaient catégoriquement tort. Les grévistes, avec la nouvelle machine, auraient gagné de quatre à neuf dollars de la journée avec le nouveau barème : trente pour cent de plus que ce qu'ils gagnaient avec l'ancienne machine. Pendant que j'étais en Écosse, je reçus la note suivante des officiers de l'union de nos travailleurs :

« Cher Patron, dites-nous ce que vous voulez qu'on fasse, et nous le ferons pour vous. »

C'était des plus touchant, mais, hélas, trop tard. Le mal était fait, les usines étaient aux mains du Gouverneur. C'était trop tard.

Je reçus, pendant mon séjour à l'étranger, de nombreux messages aimables d'amis au courant de ma situation, qui compatissaient à mon malheur. Le suivant, de M. Gladstone, fut grandement apprécié :

*Mon cher Mr Carnegie,*

*Ma femme vous a remercié, il y a longtemps, ainsi que moi-même, pour vos plus aimables félicitations. Mais je n'oublie pas que vous avez souffert vous-même d'angoisses et que vous avez été exposé à des accusations en raison des efforts courageux que vous avez faits pour orienter les hommes riches vers une ligne de conduite plus éclairée que celle qu'ils suivent habituellement. Je voudrais pouvoir vous délivrer de ces accusations de journalistes, trop souvent téméraires, vaniteux ou manipulés, rancuniers, mauvais joueurs. Je voudrais faire le peu, le très peu, qui est en mon pouvoir, c'est-à-dire simplement vous dire combien je suis sûr qu'aucun de ceux qui vous connaissent ne sera incité par les malheureux événements d'outre-mer (dont nous ne pouvons évidemment pas connaître les tenants exacts de la revendication) à nuancer le moins du monde sa confiance dans vos vues généreuses ou son admiration pour la bonne et grande œuvre que vous avez déjà accompli.*

*La richesse est devenue un monstre menaçant d'engloutir la morale d'un homme. Vous, par précepte et par exemplarité, lui avez appris à s'en libérer.*

*Pour ma part, je vous en remercie.*

*Croyez-moi.*

*Très sincèrement vôtre,*

*(Signé) W.E. Gladstone*

J'insère ceci comme preuve formelle, si preuve était nécessaire, de la nature sympathique de M. Gladstone, sensible à tout ce qui se passe de nature à susciter la sympathie : Napolitains, Grecs, et Bulgares un jour, ou un ami blessé le jour suivant.

Le grand public, bien sûr, ne savait pas que j'étais en Écosse et ne savait rien de la débâcle d'origine à Homestead. Des travailleurs avaient été tués aux usines Carnegie, desquelles j'étais le propriétaire. C'était suffisant pour faire de mon nom un mot d'ordre durant des années. Mais, enfin, un peu de satisfaction arriva. Le sénateur Hanna était président de la National Civic Federation, un organisme composé de capitalistes et d'ouvriers, qui exerçait une influence bienveillante tant sur les employeurs que sur les employés. L'honorable Oscar Straus, qui était alors vice-président, m'invita à dîner chez lui et rencontrer les responsables de la Fédération. Mais avant la date fixée, Mark Hanna, mon ami de toujours et ancien agent à Cleveland, est subitement décédé. Je participai cependant au dîner. À la fin de celui-ci, M. Straus se leva et déclara que la question du successeur de M. Hanna avait été examinée et qu'il devait signaler que toutes les organisations salariales entendues sur la question m'avaient recommandé pour ce poste. Plusieurs des représentants des salariés, l'un après l'autre, se levèrent et corroborèrent les propos de M. Straus.

Je ne me souviens pas d'une telle surprise et, je dois l'avouer, j'en étais infiniment reconnaissant. Je sentais que j'avais un certain mérite auprès du monde des travailleurs. Je savais que je suscitais une sympathie chaleureuse chez les travailleurs et aussi que j'avais l'estime de nos propres ouvriers. Mais dans tout le pays, c'était naturellement le contraire, à cause de l'émeute de Homestead. Les usines Carnegie signifiaient pour le grand public la guerre de M. Carnegie contre les justes revenus des travailleurs.

Je me levai pour expliquer aux officiels au dîner de Straus que je ne pouvais accepter un tel honneur, parce que je devais échapper à la chaleur de l'été et que le chef de la Fédération devait être opérationnel toute l'année, pour faire face à un débordement, si cela se produisait. Ma gêne était importante, mais je réussis à tous leur faire comprendre que c'était l'hommage le plus apprécié que je puisse recevoir. Un baume pour mon esprit blessé. Je conclus en disant que si j'étais élu à la place de mon regretté ami au sein du Comité exécutif, ce serait pour moi un honneur de le servir. Je fus élu à ce poste à l'unanimité, ce qui me soulagea du sentiment d'être considéré responsable par le prolétariat de l'émeute de Homestead et du meurtre d'ouvriers.

Je dois cette réhabilitation à M. Oscar Straus, qui avait lu mes articles et discours des premiers jours sur les questions de travail et qui les avait cités fréquemment aux travailleurs. Les deux dirigeants syndicaux de l'Union Amalgamée, White and Schaeffer de Pittsburgh, qui étaient présents au dîner, furent également capables et désireux d'éclairer leurs collègues membres du Conseil au sujet de mes antécédents avec la main-d'œuvre. Ils ne manquèrent pas de le faire.

Un grand meeting des ouvriers et de leurs épouses fut par la suite tenu dans le Library Hall à Pittsburgh en mon honneur. Je leur adressai la parole tant avec ma tête qu'avec mon cœur. La seule phrase dont je me souviens et dont je me souviendrai toujours, était que le capital, la main-d'œuvre et l'employeur formaient un tabouret à trois pieds, aucun d'entre eux n'étant plus important que les deux autres, tous autant indispensables. Puis vint une poignée de main cordiale et tout se déroula bien. Ayant ainsi retissé le lien avec nos employés et leurs épouses, je sentis qu'un grand poids s'était effectivement envolé, mais j'avais traversé une expérience terrible, même à plusieurs milliers de miles des événements.

Un incident découlant du problème de Homestead est

raconté par mon ami, Professeur John C. Van Dyke, du Rutgers College.

« Durant l'été 1900, je voyageais de Guaymas, dans le golfe de Californie, jusqu'au ranch d'un ami à La Noria Verde, pensant passer une semaine de chasse dans les montagnes de Sonora. Le ranch était suffisamment éloigné de la civilisation et je pensais ne rencontrer là que quelques Mexicains et beaucoup d'Indiens Yaqui. Mais, à ma grande surprise, je trouvai un homme parlant anglais, qui s'avéra être Américain. Je n'eus pas à attendre longtemps pour découvrir ce qui l'avait amené ici, comme il était esseulé et ouvert à la discussion. Son nom était McLuckie et, jusqu'en 1892, il avait été un mécanicien talentueux employé par les aciéries Carnegie à Homestead. Il était ce qu'on appelait un mécanicien qualifié, recevait de gros salaires, était marié et à cette époque possédait une maison et des biens considérables. En plus, il avait été honoré par ses concitoyens et avait été nommé maire de Homestead.

Lorsque la grève de 1892 arriva, McLuckie rejoignit naturellement le camp des grévistes et, en sa qualité de maire, donna l'ordre d'arrêter les enquêteurs de Pinkerton qui étaient venus à Homestead en bateau à vapeur pour protéger les usines et préserver l'ordre. Il croyait avoir parfaitement le droit de le faire. Comme il me l'expliqua, les enquêteurs étaient une force armée envahissant son territoire et il avait le droit de les arrêter et les désarmer. L'ordre conduisit à une effusion de sang et c'est ainsi que le conflit commença réellement.

L'histoire de la grève est, bien sûr, bien connue de tous. Les grévistes furent finalement vaincus. En ce qui concerne McLuckie, il fut inculpé pour meurtre, émeute, trahison et je ne sais quelles autres offenses. Il fut contraint de fuir l'État, blessé, affamé, poursuivi par les officiers de la loi et obligé de se cacher le temps que la tempête passe. Il s'est alors retrouvé sur la liste noire de tous les sidérurgistes des États-Unis et n'a pu trouver d'emploi nulle part. Son argent avait disparu et, pour couronner le tout, sa femme mourut et sa maison fut démolie. Après beaucoup de vicissitudes, il se résolut à aller au Mexique et, à l'époque où je le rencontrai, il essayait de trouver du travail dans les mines à environ quinze miles de La Noria Verde. Mais c'était un mécanicien trop qualifié pour les Mexicains, qui n'avaient besoin pour le minage que de la main-d'œuvre la moins chère et la moins qualifiée. Il ne pouvait trouver aucun travail et n'avait pas d'argent. Il ne lui restait littéralement plus un centime. Naturellement, lorsqu'il a raconté ses malheurs, j'ai eu beaucoup de peine pour lui, d'autant plus que c'était une personne très intelligente et qu'il ne se plaignait pas exagérément de son sort.

Je ne pense pas lui avoir dit à ce moment que je connaissais M. Carnegie et que j'étais avec lui à Cluny, en Écosse, peu de temps après la grève de Homestead, ni que je connaissais, par M. Carnegie, l'autre point de vue de l'histoire. Mais McLuckie s'était bien gardé de blâmer Mr Carnegie, en me disant plusieurs fois que si "Andy" avait été là, alors le problème ne se serait jamais posé. Il semblait penser que "les garçons" pouvaient très bien s'entendre avec "Andy", mais moins bien avec certains de ses partenaires.

J'étais au ranch pour une semaine et j'en appris beaucoup sur McLuckie le soir. Lorsque je quittai les lieux, j'allai directement à Tucson, en Arizona et de là, j'eus l'occasion d'écrire à M. Carnegie. Dans la lettre, je lui racontai ma rencontre avec McLuckie. J'ajoutai que j'avais beaucoup de peine pour cet homme et pensai qu'il avait été traité assez durement. M. Carnegie me répondit immédiatement et, dans la marge de la lettre, écrivit au crayon à papier : "Donnez à McLuckie tout l'argent qu'il veut, mais ne mentionnez pas mon nom." J'écrivis à McLuckie immédiatement, lui proposant l'argent dont il avait besoin, ne mentionnant aucune somme, mais lui laissant comprendre que ce serait suffisant pour le remettre sur pied. Il refusa. Il dit qu'il allait se battre et faire son propre chemin, ce qui était digne de l'esprit américain. Je ne puis m'empêcher de l'admirer.

De ce que je me rappelle maintenant, je parlai de lui plus tard à un ami, Mr J. A. Naugle, le directeur général de Sonora Railway. Quoi qu'il en soit, McLuckie obtint un emploi avec le chemin de fer aux puits de forage, et il en tira un grand succès. Un an plus tard, ou peut-être en automne de la même année, je le rencontrai de nouveau à Guaymas, où il supervisait des réparations sur les machines dans les ateliers du chemin de fer. Il avait beaucoup changé, semblait heureux et, pour ajouter à sa félicité, avait pris une épouse Mexicaine. Et maintenant que son horizon s'était éclairé, j'avais hâte de lui dire la vérité à propos de mon offre afin qu'il ne pense pas injustement à ceux qui avaient été obligés de se battre contre lui. Donc, avant de le quitter, je lui dis :

"McLuckie, je veux que vous sachiez maintenant que l'argent que je vous avais proposé ne venait pas de moi. C'était l'argent d'Andrew Carnegie. C'était son offre, faite à travers moi."

McLuckie était assez stupéfait et tout ce qu'il put dire fut :

"Et bien, c'était sacrement généreux d'Andy, n'est-ce pas ?" »

Je préférerais me fier à ce verdict de McLuckie comme

passeport pour le paradis plutôt qu'à tous les dogmes théologiques inventés par les hommes. Je savais que McLuckie était un bon gars. On disait que sa propriété à Homestead valait trente mille dollars. Il était en état d'arrestation pour avoir tiré sur des officiers de police parce qu'il était le maire et, en même temps, le président du comité des ouvriers de Homestead. Il avait dû fuir, abandonnant tout derrière lui.

Après la publication de cette histoire, la caricature suivante apparut dans les journaux parce que j'avais déclaré que je préférerais avoir les quelques mots de McLuckie sur ma pierre tombale que n'importe quelle autre épitaphe, car ils indiquaient que j'avais été généreux envers un de nos travailleurs :

« JUSTE, EN PASSANT »<br>Sandy sur Andy

Oh, avez-vous entendu ce qu'Andy s'est efforcé de faire pour avoir une tombe,
Quand son bon Dieu fut prêt et que la mort scella son destin !
Aucune de ces gravures en hommage que les marchands gardent toujours à portée de main,
Seulement cette phrase irrévérencieuse : « C'est sacrément généreux d'Andy ! »

Le bon Écossais se moque des épitaphes qui ne visent qu'à flatter,
Mais jamais elles n'ont été aussi profanes, et ce n'est pas une blague.
Pourtant, s'il donne tout son argent mon gars, c'est un dandy,

Et nous admettrons qu'il en a le droit, car « C'est sacrément généreux de la part d'Andy ! »

Il ne faut pas qu'il y ait un « grand, grand D », et puis un trait après,
car Andy ne gâcherait pas le mot en essayant de le rendre plus sûr.
Il n'est pas du genre à jongler avec les mots, ou à faire des discours enjôleurs.
C'est un homme franc et direct, et « C'est sacrément généreux d'Andy ! ».

Alors, quand il aura décidé, nous ferons attention, et nous l'écrirons comme il l'a demandé.
Nous le graverons sur sa pierre tombale et nous le tamponnerons sur son cercueil :
« Celui qui meurt riche est déshonoré » et je m'appelle Sandy,
Ce ne sera pas un homme riche qui sera célébré et ça,
« C'est sacrément généreux de la part d'Andy ! »[45]

---

45 M. Carnegie aimait beaucoup cette histoire, car, étant très humain, il aimait les applaudissements et, étant un adepte de Robert Burns, il préférait les lauriers du Travail à ceux du Rang. Le fait que l'un de ses hommes ait pensé qu'il avait agi « généreusement » lui plaisait énormément. Il ne parla plus jamais de cet hommage et ne demanda jamais, ne sut jamais, pourquoi ou comment cette histoire avait été racontée. C'est peut-être le moment et le lieu de raconter l'histoire derrière l'histoire.

En 1901, lors d'un dîner à New York, j'ai entendu une déclaration concernant M. Carnegie selon laquelle il ne donnait jamais rien sans exiger que son nom soit attaché au don. La remarque venait d'un homme éminent qui aurait dû savoir qu'il disait n'importe quoi. Cela m'a plutôt mis en colère. J'ai démenti l'affirmation, en disant que j'avais personnellement donné de l'argent de M. Carnegie dont lui seul et moi étions au courant. Et qu'il avait donné plusieurs milliers de dollars de cette manière par l'intermédiaire d'autres personnes. En guise d'illustration, j'ai raconté l'histoire de McLuckie. Un homme de Pittsburgh présent à la table a rapporté l'histoire à Pittsburgh, l'a racontée là-bas et elle a finalement été publiée dans les journaux. Bien sûr, l'argument de l'histoire, à savoir que M. Carnegie donnait parfois sans publicité, a été perdu de vue et seul le refrain « C'était sacrément généreux de la part d'Andy » est resté. M. Carnegie n'a jamais su qu'il y avait une polémique. Il aimait le refrain. Quelques années plus tard, à Skibo (1906), alors qu'il écrivait cette autobiographie, il me demanda si je ne voulais pas écrire l'histoire pour lui. Je l'ai fait. Je suis maintenant heureux d'avoir l'occasion d'écrire une note explicative à ce sujet. John C. Van Dyke.

# CHAPITRE XVIII

# LES CONFLITS AU TRAVAIL

# CHAPITRE XVIII

## LES CONFLITS AU TRAVAIL

J'aimerais relater ici quelques-uns des conflits professionnels que j'ai eu à gérer, car ils peuvent donner une leçon de morale au capital et au travail.

Les ouvriers des hauts fourneaux dans nos usines de rails en acier envoyèrent un jour une « pétition » en déclarant qu'ils abandonneraient les hauts fourneaux, à moins que la société ne leur verse une avance de salaire au plus tard le lundi après-midi à quatre heures. Or, le barème sur lequel ces hommes avaient accepté de travailler était valable jusqu'à la fin de l'année, soit plusieurs mois plus tard. Je trouvai alors que si les hommes rompaient un accord, il était inutile de conclure un deuxième accord avec eux. Mais j'ai néanmoins pris le train de nuit de New York et fus présent à l'usine tôt le lendemain matin.

Je demandai au directeur de rassembler les trois comités qui géraient les usines. Pas seulement le comité des hauts fourneaux qui était le seul concerné, mais les comités de l'usine et des usines de transformation également. Ils se sont présentés et, bien sûr, j'ai été reçu avec beaucoup de courtoisie, non pas parce qu'il était de coutume d'être courtois, mais parce que j'avais toujours apprécié rencontrer nos hommes. Je dois dire que plus j'en apprends sur les ouvriers, plus je reconnais leurs qualités. Mais il en va avec eux, comme il en va avec les femmes selon Barrie : « *Sans doute le Seigneur a-t-il bien fait les choses, mais il a laissé quelques bizarreries chez les femmes*». Ils ont leur lot de préjudices et leurs « muletas », qui doivent être respectés, parce que la racine des problèmes est l'ignorance, pas l'hostilité. Le comité s'assit en demi-cercle devant moi. Tous retirèrent leur chapeau bien sûr, moi y compris, et tout donnait l'apparence d'une assemblée modèle.

M'adressant au président du comité de l'usine, je dis :

« M. Mackay » (c'était un vieux gentleman qui portait des lunettes), « avons-nous un accord avec vous pour le reste de l'année ? »

En retirant lentement ses lunettes et en les tenant dans sa main, il dit :

« Oui, Monsieur Carnegie, vous en avez un et vous n'avez pas assez d'argent pour nous le faire rompre non plus »

« Voilà qu'a parlé le vrai ouvrier américain », dis-je. « Je suis fier de vous. »

« M. Johnson » (qui était président du comité des transformateurs ferroviaires), « avons-nous un accord similaire avec vous ? »

M. Johnson était un homme petit et dépouillé. Il parla de manière très posée :

« Monsieur Carnegie, lorsqu'un accord m'est présenté pour être signé, je le lis attentivement et, s'il ne me convient pas, je ne le signe pas. Mais s'il me convient, je le signe et, lorsque je le signe, je m'y engage ».

« Là encore, l'ouvrier américain qui se respecte a parlé », dis-je.

Me tournant maintenant vers le président du comité des hauts fourneaux, un Irlandais nommé Kelly, je lui adressai la même question :

« M. Kelly, avons-nous un accord avec vous pour le reste de l'année ? »

Mr Kelly répondit qu'il ne pouvait pas répondre précisément. Il y avait un document qui avait été envoyé et il l'avait signé, mais ne l'avait pas lu avec attention, et ne comprenait pas ce qu'il y avait dessus. À ce moment, notre directeur, Capitaine Jones, excellent gestionnaire, mais impulsif, s'exclama de façon abrupte :

« Voyons, M. Kelly, vous savez que je l'ai lu deux fois et que j'en ai discuté avec vous ! »

« Du calme, Capitaine, du calme ! M. Kelly a le droit de donner son explication. Je signe beaucoup de documents que je ne lis pas, des documents que nos légistes et partenaires me présentent pour être signés. M. Kelly déclare qu'il a signé ce document dans ces circonstances et sa déclaration doit être reçue. Mais, M. Kelly, j'ai toujours trouvé que la meilleure façon est d'appliquer les dispositions de l'accord qu'on signe négligemment et de se résoudre à être plus prudent la prochaine fois. Ne serait-il pas préférable pour vous de continuer encore quatre mois sous ces conditions et ensuite, lorsque vous signerez le suivant, de vérifier que vous le comprenez ? »

Il n'y eut aucune réponse, alors je me levai et dis :

« Gentlemen du comité des hauts fourneaux, vous avez menacé notre société de rompre votre accord et d'abandonner ces hauts fourneaux (ce qui signifie un désastre) à moins d'obtenir une réponse favorable à votre menace avant quatre heures aujourd'hui. Il n'est pas encore trois heures, mais votre réponse est prête. Vous pouvez quitter les hauts fourneaux. L'herbe poussera autour d'eux avant que nous ne cédions à vos menaces. Le pire jour que le monde du travail ait jamais vu est celui durant lequel il se déshonore en rompant son accord. Vous avez votre réponse. »

Le comité se retira lentement et le silence s'abattit sur les partenaires. Un étranger qui venait pour les affaires rencontra le comité en chemin et raconta :

« En entrant, un homme portant des lunettes s'est approché d'un Irlandais qu'il appelait Kelly et il a dit : "C'est aussi clair maintenant que ce le sera plus tard. Il n'y aura pas de conneries dans ces usines." »

C'était du sérieux. Plus tard, nous entendîmes d'un de nos employés ce qu'il se passa aux fourneaux. Kelly et son comité s'y rendirent. Bien sûr, les hommes attendaient et surveillaient le retour du comité et une foule s'était rassemblée. Lorsqu'il atteint les fourneaux, Kelly s'adressa à elle :

« Retournez au travail, fainéants, que faites-vous là ? Nom de Dieu, le petit chef vient juste de botter en touche. Il ne se battra pas, mais il dit qu'il campera sur ses positions et, nom de Dieu, nous savons tous qu'il sera mort de vieillesse avant de bouger. Allez travailler, bons à rien ».

Les Irlandais et les Écossais sont étranges, mais ce sont les types les plus simples et les plus agréables à fréquenter, si vous savez comment vous y prendre. Ce Kelly devint mon plus fidèle ami et admirateur depuis ce jour, alors qu'il était avant un de nos hommes les plus belliqueux. D'après mon expérience, on peut toujours compter sur la grande majorité des travailleurs pour faire ce qui est juste, à condition qu'ils n'aient pas pris position et promis à leurs chefs de les soutenir. Mais leur loyauté envers leurs chefs, même lorsqu'ils se trompent, a de quoi nous rendre fiers d'eux. On peut tout faire avec des hommes qui ont en eux ce sentiment de loyauté. Ils ont seulement besoin d'être traités équitablement.

La façon dont une grève fut une fois brisée dans nos aciéries ferroviaires est intéressante. Ici encore, je suis désolé de le dire, cent trente-quatre hommes dans un département s'étaient engagés sous serment secret de demander des salaires accrus à la fin de l'année, d'ici plusieurs mois. La nouvelle année s'était montrée très défavorable pour les affaires et d'autres fabricants de fer et d'acier avaient dû réduire les salaires dans tout le pays. Néanmoins, ces hommes, ayant secrètement juré plusieurs mois auparavant qu'ils ne travailleraient pas, à moins d'obtenir une augmentation de salaire, pensèrent qu'ils étaient contraints d'insister sur leur demande. Nous ne pouvions pas augmenter les salaires alors que nos concurrents les réduisaient. Les usines furent par conséquent arrêtées. Chaque département avait été mis à l'arrêt par ces grévistes. Les hauts fourneaux furent abandonnés un jour ou deux avant la date convenue et nous fûmes par conséquent grandement inquiets.

J'allai à Pittsburgh et fus surpris de constater que les fourneaux avaient été mis en position de repos, contrairement à l'arrangement prévu. Je devais rencontrer les hommes dans la matinée à mon arrivée à Pittsburgh, mais un message me fut envoyé des usines expliquant que les hommes avaient « abandonné les fourneaux et voulaient me rencontrer demain ». En voilà une belle réception ! Ma réponse fut :

« Non. Dites-leur que je ne serai pas là demain. N'importe qui peut arrêter le travail ; la prouesse est de le redémarrer. Un jour ces hommes voudront que les usines soient redémarrées et ils chercheront quelqu'un dans les alentours pour le faire et je leur dirai alors ce que je leur dis maintenant : que les usines ne seront jamais redémarrées sans un barème mobile basé sur les prix que nous obtenons sur nos produits. Ce barème sera valide trois ans et ne sera pas dicté par les hommes. Ils nous ont soumis beaucoup trop de barèmes. C'est notre tour maintenant et nous allons leur soumettre notre barème. »

« Maintenant, ai-je dit à mes partenaires, je retourne à New York dans l'après-midi. Il n'y a plus rien à faire. »

Peu de temps après que mon message fut reçu par les hommes, ils demandèrent s'ils pouvaient venir me voir avant mon départ.

Je répondis : « Certainement ! »

Ils entrèrent et je leur dis :

« Gentlemen, votre président ici présent, M. Bennett, vous a assuré que j'apparaîtrais et que je m'arrangerais avec vous d'une façon ou d'une autre, comme je l'ai toujours fait. C'est vrai. Et il vous a dit que je ne me battrai pas, ce qui est aussi vrai. C'est un vrai prophète. Mais il vous a dit quelque chose d'autre où il s'est légèrement trompé. Il a dit que je ne *pourrais* pas me battre. Gentlemen, » en regardant M. Bennett dans les yeux et en fermant et brandissant mon poing, « il a oublié que je suis Écossais. Mais je vais vous dire quelque chose : je ne me battrai jamais contre vous. Je sais qu'il vaut mieux ne pas se battre contre les travailleurs. Je ne me battrai pas, mais je peux vaincre n'importe quel comité jamais créé en campant sur mes positions. Ces usines ne redémarreront jamais tant que les hommes ne voteront pas à la majorité la reprise et, ensuite, comme je vous l'ai dit ce matin, ils redémarreront sur notre barème mobile. Je n'ai rien d'autre à ajouter. »

Ils se retirèrent. C'était environ deux semaines plus tard qu'un des domestiques vint à ma bibliothèque à New York avec une carte. Je découvris sur celle-ci les noms de deux de nos ouvriers, ainsi que celui d'un révérend. Ils disaient des usines de Pittsburgh et voulaient me rencontrer.

« Demandez si l'un de ces gentlemen appartient au groupe des ouvriers des hauts fourneaux qui mit en repos les fourneaux contrairement à notre accord ».

L'homme revint et dit « Non ». Je répliquai : « Dans ce cas, retournez en bas et dites-leur que je serai heureux de les faire monter. »

Bien sûr, ils furent reçus avec une chaleur et une cordialité authentiques et nous nous assîmes et parlâmes de New York quelques instants, cela étant leur première visite ici.

« M. Carnegie, si nous sommes venus c'est pour parler des problèmes aux usines », dit enfin le révérend.

« Oui, bien sûr ! » répondis-je. « Les hommes ont-ils voté ? »

« Non », répondit-il.

Ma réplique fut la suivante :

« En ce cas je n'aborderai pas ce sujet. J'ai dit que je n'en discuterais pas jusqu'à ce qu'ils aient voté à la majorité pour redémarrer les usines. Gentlemen, vous n'avez jamais vu New York. Laissez-moi vous faire visiter et vous montrer la Cinquième Avenue et le Parc, puis nous reviendrons ici pour déjeuner à une heure et demie. »

Ce que nous fîmes, parlant de tout sauf du sujet qu'ils souhaitaient aborder. Nous passâmes un bon moment et je sais qu'ils apprécièrent leur déjeuner. Il existe une grande différence entre le travailleur américain et l'étranger. L'Américain s'assied à table avec les autres comme s'il était (comme il l'est de façon générale) un gentleman né. C'est splendide.

Ils retournèrent à Pittsburgh, aucun autre mot n'ayant été prononcé à propos des usines. Mais les hommes votèrent rapidement (il y avait très peu de voix contre la reprise) et je retournai à Pittsburgh. Je présentai devant la commission le barème selon lequel ils devraient travailler. C'était une échelle mobile basée sur le prix du produit. Une telle échelle fait réellement du capital et des travailleurs des partenaires, partageant les temps prospères et désastreux comme un seul homme. Bien sûr, elle a un minimum, de telle sorte que les hommes soient toujours sûrs d'avoir un salaire décent. Quand les hommes virent ces échelles, il n'était pas nécessaire de les détailler. Le représentant dit :

« M. Carnegie, nous acceptons tout. Et maintenant, » dit-il de façon hésitante, « nous avons une faveur à vous demander et nous espérons que vous ne nous la refuserez pas ».

« Eh bien, gentlemen, si elle est raisonnable, je vous l'accorderai ».

« Eh bien, c'est ceci : que vous autorisez les officiers du syndicat à signer ces papiers pour les hommes ! »

« Ah, mais certainement, messieurs ! Avec le plus grand plaisir ! Et ensuite, j'ai une petite faveur à vous demander, que j'espère que vous n'allez pas refuser, vu que je vous ai accordé la mienne. Pour me faire plaisir, après que les officiers auront signé, laissez également chaque ouvrier signer aussi en son nom. Vous voyez, M. Bennett, ce barème dure trois ans et un homme, ou groupe d'hommes, pourrait contester le fait que votre président de l'union ait l'autorité de les engager pour si longtemps. Mais si nous avons également sa signature, il ne peut y avoir aucun malentendu. »

Il y eut un blanc. Puis un homme à côté de lui murmura à M. Bennett (mais je l'entendis parfaitement) :

« Bon sang, la fête est finie ! »

Il en fut ainsi, mais ce n'était pas via une attaque directe, mais latérale. Si je n'avais pas autorisé les officiers de l'union à signer, ils auraient eu un grief et une excuse pour la guerre. Tel que c'était, en les ayant autorisés à agir ainsi, comment pouvaient-ils refuser une requête aussi simple que la mienne, que chaque individu américain libre et indépendant devrait aussi signer pour lui-même. Mon souvenir est qu'en fait, les officiers de l'union ne signèrent jamais, mais ils auraient pu le faire. Pourquoi le feraient-ils, si la signature de chaque homme était demandée ? En outre, les travailleurs, sachant que l'union ne pouvait rien faire pour eux lorsque le barème fut adopté, ne prirent pas la peine de payer les cotisations et l'union fut désertée. Nous n'en avons plus jamais entendu parler. [C'était en 1889, il y a maintenant vingt-sept ans. Le barème n'a jamais été changé. Les hommes ne l'auraient pas changé s'ils l'avaient pu : il est à leur avantage, comme je leur avais promis.]

De tous les services que j'ai rendus au monde du travail, l'introduction du barème mobile est le plus grand. C'est la solution au problème du capital et du travail, parce qu'elle les rend partenaires : égaux dans la prospérité et dans l'adversité. Il y avait un barème annuel en vigueur dans le district de Pittsburgh dans les premières années, mais ce n'était pas un bon plan, car il annonçait une lutte qui allait très certainement se produire. Il est bien plus intéressant, aussi bien pour les employeurs que pour les employés, de ne mettre aucune date de fin à un barème convenu. Il devrait faire l'objet d'un préavis d'échéance de six mois ou un an de part et d'autre et, de cette façon, il pourrait probablement durer des années.

Pour illustrer encore une fois sur quelles bagatelles peut tourner une compétition entre capital et masse salariale, laissez-moi vous raconter deux cas qui furent réglés à l'amiable par de simples événements apparemment sans conséquence. Une fois, alors que je m'en allai rencontrer un comité d'hommes, qui de notre point de vue avait fait des demandes injustes, je fus informé qu'ils étaient influencés par un homme qui possédait secrètement un bar, bien que travaillant dans les usines. C'était une grande brute. Les hommes sobres et tranquilles avaient peur de lui et les ivrognes étaient ses débiteurs. Il était l'instigateur réel du mouvement.

Nous nous rencontrâmes selon la même procédure amicale. J'étais heureux de voir mes hommes, j'en connaissais depuis longtemps et je pouvais les appeler par leur nom. Lorsque nous nous assîmes à la table, le siège du meneur était à une extrémité et le mien à l'autre. Nous nous faisions donc face. Après avoir déposé notre proposition avant la rencontre, je vis le chef de file ramasser son chapeau sur le sol et le mettre lentement sur sa tête, signalant qu'il allait s'en aller. C'était ma chance.

« Monsieur, vous êtes en présence de gentlemen ! S'il vous plaît, ayez la gentillesse d'enlever votre chapeau ou de quitter la pièce ! »

Mes yeux étaient braqués sur lui. Un silence pesant régnait. La grande brute hésita, mais je savais que quoi qu'il fît, il était vaincu. S'il partait, c'était parce qu'il avait traité l'assemblée de manière discourtoise en gardant son chapeau, il n'était pas un gentleman. S'il restait et retirait son chapeau, alors il avait été écrasé par la réprimande. Peu m'importait quelle voie il empruntait. Il en avait seulement deux et chacune serait fatale. Il s'était livré à moi. Il retira très lentement son chapeau et le déposa par terre. Il ne prononça plus un seul mot de tout le reste de la réunion. On me raconta plus tard qu'il avait dû quitter les lieux. Les hommes se réjouirent de cet épisode et un accord fut conclu de manière harmonieuse.

Lorsque le barème de trois ans fut proposé aux hommes, un comité de seize fut élu pour s'entretenir avec nous. Un léger progrès fut réalisé au début, et j'annonçai que mes engagements me forçaient à retourner à New York le lendemain. On nous demanda si nous accepterions de rencontrer un comité de trente-deux, car les hommes souhaitaient que d'autres membres soient ajoutés au comité : un signe certain de division dans leurs rangs. Bien sûr, nous acceptâmes. Le comité vint des usines pour me rencontrer au bureau à Pittsburgh. La séance fut ouverte par un de nos meilleurs hommes. Billy Edwards (je me souviens bien de lui, il gravit les échelons et obtint un poste important par la suite), qui pensait que le total accordé était juste, mais que le barème n'était pas équitable. Quelques départements étaient satisfaits, d'autres ne s'estimaient pas traités équitablement. La plupart des hommes étaient naturellement de cette opinion, mais lorsqu'il s'agissait de désigner les sous-payés, il y avait des désaccords, comme on pouvait s'y attendre. Aucun des différents départements ne pouvait se mettre d'accord. Billy commença :

« M. Carnegie, nous sommes d'accord que la somme totale à être payée par tonne est juste, mais nous pensons que ce n'est pas proprement distribué parmi nous. Maintenant, M. Carnegie, vous prenez mon travail… »

« Du calme, du calme ! » criai-je « Pas de ça, Billy. M. Carnegie ne prend le travail de personne. Prendre le travail d'un autre est une offense impardonnable entre des ouvriers de haute qualité. »

Il y eut de forts rires, suivi par des applaudissements, puis de nouveau des rires. Je riais avec eux. Nous avions marqué un point au détriment de Billy. Bien sûr, la querelle fut rapidement réglée. Ce n'est pas seulement et c'est même rarement une question d'argent avec les ouvriers. Le respect, un traitement aimable, un accord juste : ce sont souvent les forces vives des travailleurs américains.

Les employeurs peuvent faire tant de choses appréciables pour leurs travailleurs pour un coût dérisoire. Lors d'une réunion, lorsque je leur demandai ce que nous pouvions faire pour eux, je me rappelle que le même Billy Edwards se leva et dit que la plupart des hommes devaient contracter des dettes auprès des commerçants parce qu'ils étaient payés au mois. Je me souviens bien de ses paroles :

« J'ai une épouse qui se débrouille bien. Nous allons à Pittsburgh un samedi après-midi sur quatre et nous achetons nos provisions en gros pour le mois suivant et nous en économisons un tiers. Peu de vos hommes peuvent faire ça. Les commerçants d'ici font payer si cher. Et autre chose, ils font payer très cher pour le charbon. Si vous payez vos hommes toutes les deux semaines, au lieu de tous les mois, ce serait aussi bien pour les hommes prévoyants qu'une augmentation de salaire de dix pour cent, voire plus. »

« M. Edwards, ce sera fait », répondis-je.

Cela impliqua une augmentation de la main-d'œuvre et quelques employés en plus, mais c'était une mince affaire. La remarque sur les prix élevés pratiqués me fit me demander pourquoi les hommes ne pourraient pas ouvrir un magasin coopératif. Ce fut également arrangé, la société acceptant de payer la location du bâtiment, mais insistant pour que les hommes eux-mêmes tiennent le stock. C'est ainsi qu'est née la Braddock's Cooperative Society, une institution précieuse pour de nombreuses raisons, notamment parce qu'elle apprit aux hommes que les affaires avaient leur lot de difficultés.

Le problème du charbon fut réglé de manière efficace en acceptant que l'entreprise vende du charbon à tous ses hommes à prix coûtant (environ la moitié de ce qui était facturé par les vendeurs de charbon, à ce qu'on m'avait dit) et en s'arrangeant pour le livrer : l'acheteur ne payant que le coût réel du transport.

Il y avait une autre question. Nous découvrîmes que les

économies des hommes leur causaient de l'anxiété, à cause du peu de confiance qu'avaient les hommes prudents et économes en les banques et, de manière infortunée, notre gouvernement à cette époque ne suivait pas les Britanniques en créant des banques de dépôt postales. Nous proposâmes de garder les économies de chaque travailleur, jusqu'à deux mille dollars et de payer six pour cent d'intérêt sur celles-ci, pour encourager l'épargne. Leur argent était gardé séparément du business dans un fonds fiduciaire et prêté à ceux qui souhaitaient se construire une maison. Je considère cela comme l'une des meilleures choses qui peuvent être faites pour l'ouvrier qui épargne.

Ce furent des concessions telles que celles-ci qui se montrèrent être les investissements les plus profitables faits par la société, même d'un point de vue économique. C'est toujours payant d'aller au-delà des engagements contractuels avec vos hommes. Deux de mes partenaires, comme l'avait souligné M. Phipps, « connaissaient ma disposition extrême à toujours exaucer les demandes des travailleurs, même les plus déraisonnables », mais quand je repense à mon échec à cet égard, j'aurais aimé que ce fût plus important, bien plus important. Aucune dépense n'a rapporté autant de dividendes que l'amitié de nos ouvriers.

Nous avons rapidement eu un corps d'ouvriers, je crois sincèrement, totalement inégalé : les meilleurs ouvriers et les meilleurs hommes jamais réunis. Les disputes et les grèves devinrent des choses du passé. Si les hommes de Homestead avaient été nos anciens, au lieu d'être des hommes que nous avons dû prendre en remplacement, les problèmes de 1892 ne se seraient sans doute jamais produits. Le barème des aciéries, introduit en 1889, a fonctionné jusqu'à nos jours (1914) et je pense qu'il n'y a plus eu de conflits de travail aux usines depuis ce moment-là. Les hommes, comme je l'ai déjà déclaré, avaient dissous leur vieille union parce qu'il n'y avait aucun intérêt à payer des cotisations avec un contrat de trois ans. Bien que leur syndicat fût dissous, un autre, meilleur, a pris sa place : une union cordiale entre les employeurs et leurs hommes, la meilleure union pour chacun des partis.

C'est dans l'intérêt de l'employeur que ses hommes gagnent bien leur vie et aient un travail régulier. Le barème mobile permet à l'entreprise de répondre au marché et, parfois, de prendre des commandes et de faire tourner l'usine, ce qui est l'essentiel pour les ouvriers. Des salaires élevés, c'est bien, mais il ne faut pas les comparer à un emploi stable. Les usines d'Edgar Thomson sont, à mon avis, les usines idéales par rapport aux relations entre le capital et le travail. On me dit que les hommes de notre époque et même jusqu'à ce jour (1914), préfèrent deux à trois quarts, mais trois quarts sont garantis d'arriver. Les heures de travail vont être réduites, alors que nous progressons. Huit heures seront la règle : huit pour le travail, huit pour le sommeil et huit pour le repos et la récréation.

Il y a eu de nombreux incidents dans ma vie professionnelle qui m'ont montré que les problèmes au travail ne sont pas uniquement fondés sur les salaires. Je crois que la meilleure prévention des querelles est la reconnaissance des hommes et l'intérêt sincère qu'on leur porte. Vous devez leur prouver que vous vous souciez vraiment d'eux et que vous vous réjouissez de leur réussite. J'ai toujours, je peux le dire sincèrement, apprécié mes réunions avec nos ouvriers, pas toujours sur le sujet des salaires. Plus je connaissais mes hommes, plus je les appréciais. Ils ont doublement plus de vertus que leur employeur et ils sont certainement plus généreux les uns que les autres.

Le travail est généralement impuissant face au capital. L'employeur, peut-être, décide de fermer les magasins. Il cesse de faire du profit durant une courte période. Il n'y a pas de modifications dans ses habitudes, son alimentation, ses vêtements, ses plaisirs, pas de peur angoissante du manque. Comparez cela à l'ouvrier que la diminution des moyens de survie tourmente. Il a peu de réconfort, à peine le nécessaire pour sa femme et ses enfants en bonne santé et certainement pas assez pour ceux qui sont malades. Ce n'est pas le capital que nous avons besoin de protéger, mais le travail fragile. Si je retournais au travail demain, la peur des problèmes ne me viendrait pas à l'esprit, seulement de la tendresse pour les pauvres, parfois malavisés, souvent bien intentionnés, qui me remplirait le cœur et l'adoucirait et par là même, adoucirait le leur.

Lors de mon retour à Pittsburgh en 1892 après le problème de Homestead, j'allai aux usines et rencontrai beaucoup d'anciens ouvriers qui n'avaient pas pris part à l'émeute. Ils exprimèrent l'opinion que si j'avais été présent, la grève n'aurait jamais eu lieu. Je leur dis que l'entreprise avait offert des conditions généreuses et que je ne serais pas allé au-delà de cette offre, qu'avant que leur télégramme ne me parvienne en Écosse, le Gouverneur de l'État était entré en scène avec des militaires et qu'il souhaitait que la loi soit défendue, **mais** que la question fut ensuite retirée des mains de mes partenaires. J'ajoutai :

« Vous avez été mal conseillés. L'offre de mes partenaires aurait dû être acceptée. C'était très généreux. Je ne sais pas si j'aurais offert autant. »

À cela, l'un des rouleurs me dit :

« Oh, M. Carnegie, ce n'était pas une question d'argent. Les garçons vous auraient laissé les frapper, mais ils n'auraient jamais laissé l'autre leur caresser les cheveux ».

Les sentiments comptent autant dans les affaires pratiques de la vie, même dans les classes ouvrières. Ceux qui ne les connaissent pas ne le croient généralement pas, mais je suis certain que les disputes sur les salaires ne représentent pas la moitié des désaccords entre le capital et le travail. Les employeurs n'apprécient pas les employés à leur juste valeur et ne les traitent pas avec bienveillance.

Des poursuites avaient été engagées contre de nombreux grévistes, mais à mon retour, elles ont été rapidement abandonnées. Tous les anciens qui restèrent et qui ne furent pas coupables de violences furent réembauchés. J'avais envoyé un télégramme d'Écosse demandant instamment que M. Schwab soit renvoyé à Homestead. Il n'avait été promu que récemment aux usines Edgar Thomson. Il revint et « Charlie », comme il était appelé affectueusement, restaura rapidement l'ordre, la paix et l'harmonie. S'il était resté aux usines de Homestead, aucun problème sérieux ne serait probablement advenu. « Charlie » appréciait ses ouvriers et ils l'appréciaient. Mais il restait encore à Homestead un élément d'insatisfaction chez les hommes qui avaient été précédemment écartés de nos différentes usines pour de bonnes raisons et qui avaient trouvé un emploi dans les nouvelles usines avant que nous ne les achetions.

# CHAPITRE XIX

## L'ÉVANGILE DE LA RICHESSE

# CHAPITRE XIX

# L'ÉVANGILE DE LA RICHESSE

Après que mon livre, « L'Évangile de la Richesse »[46], fut publié, il était inévitable que je doive vivre selon ses enseignements en cessant de lutter pour plus de fortune. Je me résolus à arrêter d'accumuler et à commencer la tâche infiniment plus sérieuse et difficile d'une sage redistribution. Nos profits avaient atteint quarante millions de dollars par

---

[46] « L'Évangile de la Richesse » (Century Company, 1900, à New York) contient divers articles de magazines écrits entre 1886 et 1899 et publiés dans le Youth's Companion, le Century Magazine, la North American Review, le Forum, la Contemporary Review, la Fortnightly Review, le Nineteenth Century et le Scottish Leader. Gladstone demanda que l'article de la North American Review fût imprimé en Angleterre. Il fut publié dans le Pall Mall Budget et baptisé « L'Évangile de la Richesse ». Gladstone, le cardinal Manning, le révérend Hugh Price et le révérend Dr Hermann Adler y répondirent, et M. Carnegie leur répondit à son tour.

an et la perspective d'une augmentation des revenus était extraordinaire. Nos successeurs, avec la United States Steel Corporation, peu après l'achat, gagnèrent soixante millions en un an. Si notre entreprise avait continué les affaires et adhéré à nos plans d'extension, nous avions prévu de gagner soixante-dix millions cette année.

L'acier avait atteint des sommets et avait chassé tous les matériaux inférieurs. Il était clairement visible qu'il y avait un futur brillant. Mais, en ce qui me concerne, je savais que la tâche de redistribution qui m'attendait me mettrait à rude épreuve dans ma vieillesse. Comme d'habitude, Shakespeare avait mis sa touche talismanique sur cette pensée et avait formulé la phrase suivante :

> *« Donc la redistribution devrait annuler les excès,*
> *Et chaque homme avoir assez. »*

À ce tournant, c'est-à-dire en mars 1901, M. Schwab me dit que M. Morgan lui avait dit qu'il aimerait vraiment savoir si je souhaitais me retirer du business. Si c'était le cas, il pensait pouvoir tout arranger. Il dit aussi qu'il avait consulté nos partenaires et qu'ils étaient prêts à vendre, étant attirés par les termes que M. Morgan avait offerts. Je dis à M. Schwab que si mes partenaires voulaient vendre, j'accepterais. Nous vendîmes enfin.

*Charles M.Schwab*

Il y avait eu tant de tromperie de la part des spéculateurs achetant les vieilles usines sidérurgiques et les vendant à des acheteurs innocents à des prix exorbitants. Des actions de cent dollars dans certains cas vendues pour une bagatelle. J'ai donc refusé de vendre les actions ordinaires. Si je l'avais fait, cela m'aurait donné environ cent millions de plus d'obligations à cinq pour cent. Ce que M. Morgan dit par la suite que j'aurais pu obtenir. Telle était la prospérité et telle était la valeur monétaire de notre business de l'acier. Les événements prouvèrent que j'aurais été bien avisé de demander cette somme additionnelle, car les actions ordinaires ont payé cinq pour cent sans interruption depuis.[47] Mais j'en avais assez pour être plus occupé que jamais auparavant, en essayant de le redistribuer.

Ma première redistribution fut pour les hommes des usines. Les lettres et papiers suivants expliqueront ce don :

*New York, N.Y, le 12 mars 1901*

Je fais ce premier usage de l'excédent de richesse, quatre millions d'obligations de première hypothèque à 5 %, en me retirant des affaires, comme une reconnaissance de la dette profonde que j'ai envers les ouvriers qui ont contribué si grandement à mon succès. Ce don est destiné à soulager ceux qui pourraient souffrir d'accidents et à apporter de petites pensions à ceux en auraient besoin pour leur

---

[47] La Carnegie Steel Company a été achetée par M. Morgan au prix fixé par M. Carnegie. On a dit à l'époque qu'il avait demandé un prix plus élevé que celui qu'il avait reçu, mais dans son témoignage devant une commission de la Chambre des représentants en janvier 1912, M. Carnegie avait déclaré : « J'ai considéré ce qui était juste : c'est l'option que Morgan a obtenue. Schwab est descendu et a arrangé cela. Je n'ai jamais vu Morgan à ce sujet, ni aucun homme en relation avec lui. Il n'y a jamais eu un mot entre lui et moi. J'ai donné mon mémorandum et Morgan a vu que c'était éminemment juste. Depuis, des initiés m'ont dit à maintes reprises que j'aurais dû demander 100 millions de dollars de plus et que j'aurais pu les obtenir facilement. Une fois pour toutes, je veux mettre un terme à toutes ces discussions sur le fait que M. Carnegie "impose des prix élevés pour n'importe quoi".

vieillesse.

De plus, je donne un million de dollars de ces obligations, dont le produit sera utilisé pour entretenir les bibliothèques et les salles que j'ai construites pour nos ouvriers.


En réponse, les ouvriers de Homestead écrivirent la lettre suivante :


*Munhall, Pa, le 23 février 1903*


M. Andrew Carnegie
New York, N. Y


Cher Monsieur,


Nous, les employés de l'usine sidérurgique de Homestead, souhaitons par la présente exprimer par notre Comité, notre grande reconnaissance pour la bienveillance dont vous avez fait preuve à établir le « Fonds de Secours Andrew Carnegie », dont le premier rapport annuel de fonctionnement nous a été présenté au cours du mois dernier.

L'intérêt que vous avez toujours manifesté pour vos ouvriers vous a valu une reconnaissance qui ne peut être exprimée par de simples mots. Parmi les nombreux canaux par lesquels vous avez cherché à faire le bien, nous croyons que le « Fonds de Secours Andrew Carnegie » occupe la première place. Nous avons des exemples personnels où les soucis ont été allégés et où l'espoir et la force sont revenus dans des foyers où les perspectives humaines semblaient obscures et décourageantes.

Respectueusement vôtre,

> Le comité,
> > Harry F. Rose, Rouleur
> > John Bell, Jr, Forgeron
> > J. A. Horton, Chronométreur
> > Walter A. Greig, Contremaître électricien
> > Harry Cusack, Chef de chantier

Les hommes du fourneau Lucy m'ont offert une belle plaque d'argent sur laquelle était inscrite la note suivante :

> Fonds de Secours Andrew Carnegie
> Fourneaux de Lucy

Attendu que Mr Andrew Carnegie, dans sa généreuse philanthropie, a créé le « Fonds de Secours Andrew Carnegie » pour le bénéfice des employés de la Carnegie Company. Par conséquent, il est :

Résolu, que les employés des fourneaux Lucy, réunis en assemblée spéciale, transmettent à M. Carnegie leurs sincères remerciements et leur appréciation de sa dotation inégalée et généreuse, et de plus,

Résolu que c'est leur souhait et leur prière les plus chers que sa vie soit épargnée longtemps afin qu'il puisse jouir du fruit de ses travaux.

> Le comité,
> James Scott, **Président**

> Louis A. Hutchison, **Secrétaire**
> James Daly
> R.C. Taylor
> John V. Ward
> Frederick Voelker
> John M. Veigh

J'embarquai peu de temps après vers l'Europe, et comme d'habitude quelques-uns de mes partenaires ne manquèrent pas de m'accompagner jusqu'au paquebot pour me dire au revoir. Mais, oh! Quelle différence pour moi! Disons ce que l'on veut, faisons ce que l'on veut, le changement solennel était arrivé. Je ne pouvais pas manquer de m'en rendre compte. La déchirure était en effet sévère et il y avait une douleur dans cet au revoir qui était également un adieu.

À mon retour à New York quelques mois plus tard, je ne me sentis pas du tout à ma place, mais j'étais très réconforté en voyant plusieurs des « garçons » sur le quai pour m'accueillir. Les mêmes amis précieux, mais si différents. J'avais perdu mes partenaires, mais pas mes amis. C'était quelque chose, c'était beaucoup. Mais il y avait quand même un vide qui restait. Je devais maintenant m'atteler à la tâche que je m'étais assignée, à savoir disposer sagement de mon excédent de richesse. Cela me garderait profondément concentré.

Un jour, mes yeux virent une ligne dans ce prestigieux journal, le « Scottish American », dans lequel j'avais trouvé de nombreuses pépites. La ligne était la suivante :

*« Les dieux envoient des fils pour une toile commencée. »*

C'était comme si cela avait été envoyé directement pour moi. Cela resta gravé dans mon cœur et je me résolus à commencer immédiatement ma première toile. C'est vrai, les dieux envoyèrent du fil dans la forme appropriée. Dr J. S. Billings, des bibliothèques publiques de New York, vint en tant qu'agent et cinq millions et quart de dollars sont allés d'un seul coup à soixante-huit bibliothèques annexes, promises pour la ville de New York. Vingt bibliothèques de plus suivirent pour Brooklyn.

Mon père, comme je l'avais déclaré, avait été l'un des cinq pionniers à Dunfermline qui se regroupèrent et donnèrent accès à leurs quelques livres à leurs voisins moins fortunés. J'avais suivi ses traces en donnant une bibliothèque à ma ville natale, dont la pierre fondatrice avait été déposée par ma mère, de telle sorte que cette bibliothèque publique fut réellement mon premier cadeau. Cela fut suivi par l'offrande d'une bibliothèque et d'un hall publics à la ville d'Allegheny, notre premier foyer en Amérique. Le président Harrison m'accompagna gentiment depuis Washington et fit l'inauguration de ces bâtiments. Peu de temps après, Pittsburgh fit la demande d'une bibliothèque, qui lui fut donnée. Cela se développa, en temps voulu, en un groupe de bâtiments comprenant un musée, une galerie d'art, des écoles techniques et l'école Margaret Morrison pour les Jeunes Femmes. J'ouvris ce groupe de bâtiments au public le 5 novembre 1895. À Pittsburgh, j'avais fait fortune et, des vingt-quatre millions déjà dépensés pour ce groupe[48], la ville récupéra seulement une faible part de ce qu'elle me donna et auquel elle a largement droit.

Le deuxième grand cadeau fut de fonder l'Institution Carnegie de Washington. Le 28 janvier 1902, je donnai dix millions de dollars en obligations à cinq pour cent, auxquels il avait été ajouté des montants suffisants pour faire totaliser

---

[48] Le total des dons à l'Institut Carnegie de Pittsburgh s'est élevé à environ vingt-huit millions de dollars.

vingt-cinq millions de dollars en liquide, les ajouts étant faits en fonction des résultats obtenus. Je voulais naturellement consulter le président Roosevelt sur la question et si possible inciter le secrétaire d'État, M. John Hay, à en être le président, ce qu'il accepta volontiers. Avec lui furent associés en tant que directeurs mon vieil ami Abram S. Hewitt, Dr Billings, William E. Dodge, Elihu Root, Colonel Higginson, D. O. Mills, Dr S. Weir Mitchell, et d'autres.

Lorsque je présentai au président Roosevelt la liste des hommes distingués qui avaient accepté de servir, il remarqua : « Vous ne pourriez pas la dupliquer. » Il était fortement en faveur de la fondation, qui fut constituée par une loi du Congrès le 28 avril 1904, comme suit :

Encourager de la manière la plus large et la plus libérale les recherches, les études et les découvertes, ainsi que l'application de la connaissance pour l'amélioration de l'humanité ; et, en particulier, pour conduire, financer et assister la recherche dans tous les départements de la science, de la littérature ou de l'art, et à cette fin coopérer avec les gouvernements, les universités, les lycées, les écoles techniques, les sociétés savantes, et les individus.

## L'institut Carnegie à Pittsburgh

J'avais une dette envers le Dr Billings en tant que guide, pour la sélection du Dr Daniel C. Gilman en tant que premier président. Il décéda quelques années plus tard. Dr Billings recommanda alors le président actuel, qui connaît un grand succès, Dr Robert S. Woodward. Pourvu qu'il puisse continuer de guider les affaires de l'Institution **encore longtemps** ! L'histoire de ses réalisations est si connue au travers de ses publications qu'il est inutile de donner des détails ici. Je peux, cependant, me référer à deux de ses entreprises qui sont uniques. Elle rend un service mondial avec le yacht de bois et de bronze « Carnegie », qui est en train de voyager à travers le monde, corrigeant les erreurs des précédents relevés. Beaucoup de ces relevés océaniques se sont révélés trompeurs, dus à des variations du compas. Le bronze n'étant pas magnétique, alors que le fer et l'acier le sont fortement, il a été prouvé que les observations précédentes étaient sujettes à des erreurs. Un exemple notable est celui d'un navire à vapeur de la Cunard échoué près des Açores. Le capitaine Peters, du « Carnegie », jugea bon de tester ce cas et découvrit que le capitaine du malheureux bateau à vapeur suivait le cap indiqué sur la carte de l'amirauté et n'était pas à blâmer. L'observation originale était fausse. L'erreur causée par la variation fut rapidement corrigée.

Ce n'est là qu'une des nombreuses corrections signalées aux nations qui naviguent en mer. Leurs remerciements sont notre récompense. Dans l'acte de donation, j'exprimai l'espoir que notre jeune République puisse un jour être en mesure de rembourser, au moins en une certaine mesure, la grande dette qu'elle avait envers les pays plus anciens. Rien ne me donne plus de satisfaction que de savoir qu'elle a déjà commencé à le faire, d'une certaine façon.

Avec le service unique rendu par le « Carnegie », nous pouvons classer celui de l'observatoire fixe du mont Wilson, en Californie, à une altitude de 5886 pieds. Le professeur Hale en est le responsable. Il a assisté à la réunion des principaux astronomes à Rome une année et ses révélations étaient telles que ces savants décidèrent que leur prochaine réunion devrait être au sommet du mont Wilson. Et il en fut ainsi.

Il n'y a qu'un seul mont Wilson. À une altitude de soixante-douze pieds, des photographies ont été prises de nouvelles étoiles. Sur le premier de ces clichés, beaucoup de Nouveaux Mondes, je crois seize, furent découverts. Sur le second, je crois que c'étaient soixante nouveaux mondes qui étaient entrés dans notre champ de vision. Sur le troisième cliché, ils étaient estimés à plus de cent, plusieurs d'entre eux devant faire vingt fois la taille de notre soleil. Certaines d'entre elles étaient si éloignées qu'il fallait huit ans pour que leur lumière nous parvienne, ce qui nous incite à baisser la tête en nous murmurant : « Tout ce que nous savons n'est rien face à l'inconnu. » Lorsque la nouvelle lentille monstrueuse, trois fois plus grande que toutes celles qui existent, sera en service, quelles révélations nous attendent ! Je suis sûr que si une race habite la lune, on la verra clairement.

La troisième tâche agréable fut de fonder le Fonds des Héros, dans lequel j'ai mis tout mon cœur. J'avais eu vent d'un accident sévère dans une mine de charbon à proximité de Pittsburgh et comment l'ancien directeur, M. Taylor, bien qu'engagé alors dans d'autres activités, s'était immédiatement rendu sur les lieux, dans l'espoir d'être d'une aide quelconque. Ralliant des volontaires, qui répondirent avec empressement, il les fit descendre dans la mine pour secourir ceux encore coincés. Hélas, hélas, lui, le leader héroïque, y perdit la vie.

Je ne pus sortir la vision de cette scène hors de mon esprit. Mon cher, très cher ami, M. Richard Watson Gilder, m'avait envoyé le vrai et beau poème suivant, et je le relis le matin après l'accident, et me résolus ensuite à établir le Fonds des Héros.

## EN TEMPS DE PAIX

On a dit : « Lorsque les grondements des tambours et de la bataille

Cesseront de rugir sur la Terre, Ô, alors plus jamais

Nous ne verrons de ce blason — de cette race — des héros sur notre sol. »

Mais timidement ce mot fut de nouveau murmuré lorsqu'une petite main
Fut victorieuse contre une autre main, géante
Qui avait elle aussi écrasé ses victimes au cours des âges ;

Lorsqu'une femme offre son visage, pâle et tremblant
Immuable comme un rocher, à la disgrâce d'un homme ;

Qu'un petit enfant souffre en silence de peur que
Sa douleur à vif ne blesse le cœur de sa mère ;

Alors un sage jeta son gantelet
Et risqua, au nom de la Vérité, le courroux du synode ;

Un héros civil, au royaume tranquille des lois,
Fit ce qui subitement déclencha le grondement des applaudissements du monde ;

Et fort des tourments que son petit corps avait subis,
Il sauva ainsi des milliers de vies. Pour qu'il puisse
sauver des milliers de milliers de vies.

C'est ainsi qu'est né le fond de cinq millions de dollars pour récompenser les héros, ou pour soutenir les familles des héros, qui périssent dans l'effort de servir ou sauver leurs semblables, ainsi qu'à compléter la contribution des employeurs ou d'autres au soutien des familles des personnes laissées sans ressources par de tels accidents. Ce fond, établi le 15 avril 1904, s'est avéré être un succès de tous points de vue. J'ai un regard paternel sur lui, car personne ne me l'a suggéré. Pour autant que je sache, on n'y a jamais pensé. C'est pourquoi il s'agit clairement de « mon bébé ». Plus tard, je l'étendis à mon pays natal, la Grande-Bretagne, avec ses quartiers généraux à Dunfermline : le Carnegie Dunfermline Trust et ses administrateurs ont réussi de façon splendide. En temps voulu, il fut étendu à la France, à l'Allemagne, à l'Italie, à la Belgique, aux Pays-Bas, à la Suède, à la Suisse et au Danemark.

Par rapport à ses réalisations en Allemagne, je reçus une lettre de David Jayne Hill, notre ambassadeur américain à Berlin, dont je cite un extrait :

L'objet principal de mon écrit maintenant est de vous dire à quel point Sa Majesté est satisfaite du travail du Fonds des Héros allemand. Il est enthousiaste à ce sujet et parla en termes élogieux de votre discernement, autant que de votre générosité à le fonder. Il ne pensait pas que celui-ci prendrait une place si importante que celle qu'il occupe. Il me parla de plusieurs cas qui sont vraiment touchants et qui autrement auraient été complètement délaissés. L'un d'entre eux fut le cas d'un jeune homme qui sauva un garçon de la noyade et, au moment où ils allaient le sortir de l'eau, après avoir hissé l'enfant dans un bateau, son cœur lâcha et il se noya. Il laisse derrière lui une jeune femme charmante et un petit garçon. Elle a déjà été aidée par le Fonds des Héros pour établir un petit commerce qui lui permettra de vivre, et l'éducation du garçon, qui est très brillant, sera prise en charge. Ceci n'est qu'un exemple.

Valentini (Chef du Cabinet civil), qui était quelque peu sceptique au début quant à la nécessité d'un tel fonds, rayonne maintenant d'enthousiasme à son propos et me raconte que la Commission, qui est composée d'hommes soigneusement choisis, se consacre sincèrement à la meilleure utilisation des moyens et a consacré beaucoup de temps à peser ses décisions.

Ils ont correspondu avec la Commission anglaise et française, se sont arrangés pour échanger des rapports et ont prévu de garder le contact pour leur travail. Ils étaient profondément inspirés par le rapport américain et ont beaucoup appris de celui-ci.

Le roi Edward de Grande-Bretagne était profondément impressionné par les dispositions du fonds et m'écrivit une lettre de remerciements pour ce don et d'autres offrandes à mon pays natal, que j'apprécie profondément, et insère donc ici :

Château de Windsor, le 21 novembre 1908

Cher M. Carnegie,

Depuis quelque temps, j'ai tenu à vous exprimer mon sentiment sur votre générosité pour les grands projets publics que vous avez offert à ce pays, votre terre natale.

Aussi admirables que les cadeaux eux-mêmes, il y a le grand soin et la réflexion que vous avez apportés pour éviter leur mauvaise utilisation.

Je tiens à vous dire combien je reconnais chaleureusement vos très généreux bienfaits et les grands services qu'ils sont susceptibles de rendre à la nation.

En guise de reconnaissance, j'espère que vous allez accepter mon portrait, que je vous envoie.

Je vous transmets mes respectueuses salutations, cher M. Carnegie

Sincèrement vôtre,

Edward R. & I.

Certains des journaux en Amérique doutaient du bien-fondé du Fonds des Héros et le premier rapport annuel fut critiqué, mais tout cela s'est dissipé et l'action du fonds est maintenant chaleureusement louée. Il a conquis et il se passera beaucoup de temps avant que la confiance ne soit autorisée à périr ! Les héros du passé barbare blessaient ou tuaient leurs semblables. Les héros de notre civilisation les servent ou les sauvent. Telle est la différence entre le courage physique et le courage moral, entre la barbarie et la civilisation. Ceux qui appartiennent à la première catégorie disparaîtront bientôt, car nous finirons par considérer les hommes qui s'entretuent lcomme nous considérons aujourd'hui les cannibales qui s'entredévorent. Mais ceux de la seconde catégorie ne mourront pas tant que l'homme existera sur la terre, car l'héroïsme dont ils font preuve est divin.

Le Fonds des Héros s'avérera être principalement un fonds de pension. Il a déjà de nombreux pensionnaires, des héros, des veuves ou des enfants de héros. Une étrange fausse idée se répandit à ses débuts. Beaucoup pensèrent que son but était de stimuler les actions héroïques, que les héros devaient être amenés à jouer leur rôle pour obtenir leur récompense. Cela ne me traversa jamais l'esprit. C'est absurde. Les vrais héros ne pensent pas à la récompense. Ils sont inspirés et pensent seulement à leurs semblables en danger jamais à eux-mêmes. Le fonds a pour but d'assurer une pension ou à subvenir de la façon la plus appropriée aux besoins d'un héros s'il devenait invalide, ou pour ceux qui dépendent de lui s'il venait à périr dans sa tentative de sauver les autres. Il a fait un bon début et continuera à gagner en popularité année après année, au fur et à mesure que ses objectifs et services seront mieux compris. Aujourd'hui, nous avons 1 430 pensionnaires héros ou leurs familles sur notre liste.

J'ai trouvé le président pour le Fonds des Héros chez un vétéran de Carnegie, un des garçons du début, Charlie Taylor. Aucun salaire pour Charlie : il ne prendra jamais un seul centime. Il aime tellement ce travail que je pense qu'il serait prêt à payer cher pour avoir le droit de le faire. Il est la bonne personne, à la bonne place. Il a aussi la responsabilité, avec l'aimable assistance de M. Wilmot, des pensions pour les ouvriers de Carnegie (le Fond de Secours

Carnegie[49]) et aussi les pensions pour les employés des chemins de fer de mon ancienne division. Trois fonds de secours et tous bénéficient aux autres.

J'eus ma revanche un jour sur Charlie, qui me poussait toujours à en faire plus pour les autres. C'est un diplômé de l'université de Lehigh et un de ses fils les plus fidèles. Lehigh voulait un bâtiment et Charlie était son principal défenseur. Je ne dis rien, mais j'écrivis au président Drinker pour lui offrir les fonds pour le bâtiment, à la condition que je puisse le nommer. Il approuva, et je l'appelai « le Hall Taylor ». Lorsque Charlie le découvrit, il vint et protesta que cela le rendrait ridicule, qu'il n'avait été qu'un modeste diplômé et qu'il ne méritait pas d'avoir son nom publiquement honoré. Je me suis amusé de sa situation, j'ai attendu qu'il ait terminé, puis j'ai dit que cela le rendrait probablement un peu ridicule si j'insistais sur « Taylor Hall », mais qu'il devait être prêt à se sacrifier un peu pour Lehigh. S'il n'était pas autant consommé par la vanité, il ne se soucierait pas beaucoup de la façon dont son nom était utilisé si cela aidait son Alma Mater. Taylor n'était pas un grand nom de toute façon. C'était son insupportable vanité qui faisait tant d'histoires. Il devait la surpasser. Il pouvait prendre sa décision. Il pouvait sacrifier son nom, ou sacrifier Lehigh, comme il le voulait, mais : « Pas de Taylor, pas de Hall. » Je l'ai eu ! Les visiteurs qui regarderont cette structure dans le futur et se demanderont qui est Taylor peuvent être assurés que c'était un enfant loyal de Lehigh, un apôtre travailleur, pas seulement un prêcheur de l'évangile du service à son prochain et l'un des meilleurs hommes à avoir vécu. Tel est notre haut-commissaire aux pensions.

---

[49] Ce fonds est maintenant géré séparément.

# CHAPITRE XX

# LES FONDS DE PENSION ET D'EDUCATION

# CHAPITRE XX

## LES FONDS DE PENSION ET D'EDUCATION

Le fonds de pension de quinze millions de dollars pour les professeurs d'université âgés (la fondation Carnegie pour l'avancement de l'apprentissage), le quatrième don important, datant de juin 1905, a nécessité la sélection de vingt-cinq administrateurs parmi les présidents des établissements d'enseignement des États-Unis. Lorsque vingt-quatre d'entre eux (le président Harper, de l'université de Chicago, étant absent pour cause de maladie) me firent l'honneur de se réunir chez nous pour l'organisation, j'obtins une adhésion importante de ceux qui allaient devenir des amis plus intimes. M. Frank A. Vanderlip se montra d'une grande aide dès le départ : son expérience de Washington se montra être fort précieuse. Dans notre président, Dr Henry S.Pritchett, nous trouvâmes l'homme de la situation.

Ce fonds m'est très cher, connaissant

beaucoup de ceux qui vont bientôt en devenir bénéficiaires et convaincu de leur valeur du service qu'ils ont déjà rendu. De toutes les professions, l'enseignement est probablement la plus injustement, oui, la plus misérablement payée, bien qu'elle devrait s'élever au rang des mieux payées. Des hommes instruits, dévouant leurs vies à enseigner aux plus jeunes, ne reçoivent que des sommes dérisoires. Lorsque je regardai tout d'abord mon siège en tant qu'administrateur de l'université de Cornell, je fus choqué de découvrir à quel point les salaires des professeurs étaient bas, en général inférieurs aux salaires de certains de nos employés. Il leur est impossible d'épargner pour les vieux jours. C'est pourquoi les universités sans fonds de pension sont forcées de conserver les hommes qui ne sont plus en mesure de remplir leurs fonctions, ou qu'ils ne sont plus tenus de le faire. Aucun doute ne peut être émis sur l'utilité du fonds[50]. La première liste de bénéficiaires qui fut publiée était concluante sur ce point, contenant plusieurs noms de renommée mondiale, tant leurs contributions avaient été importantes pour les connaissances humaines. Beaucoup de ces bénéficiaires et leurs veuves m'ont écrit des lettres des plus touchantes. Je ne pourrai jamais les détruire, car si jamais j'ai un moment de mélancolie, je sais que le remède consiste à relire ces lettres.

Mon ami, M. Thomas Shaw (maintenant Lord Shaw), de Dunfermline, avait écrit un article pour une des revues anglaises, montrant que beaucoup de pauvres gens en Écosse ne pouvaient pas payer les frais de scolarité requis pour donner à leurs enfants une éducation universitaire, bien que certains se soient privés de tout confort pour y arriver. Après avoir lu l'article de M. Shaw, l'idée me vint de donner dix millions en obligations à cinq pour cent, une

---

[50] La valeur totale de ce fonds en 1919 valait 29 250 000 dollars.

moitié des 104 000 livres sterling de recettes annuelles devant être utilisée pour payer les frais d'admission des pauvres étudiants méritants et l'autre moitié pour améliorer les universités.

Le premier rendez-vous des administrateurs de ce fonds (le Fonds Carnegie pour les Universités d'Écosse) fut tenu dans le bureau d'Édimbourg du Secrétaire d'État pour l'Écosse en 1902. Lord Balfour de Burleigh présidait. C'était un groupe d'hommes remarquables : le Premier ministre Balfour, Sir Henry Campbell-Bannerman (plus tard Premier ministre), John Morley (maintenant vicomte Morley), James Bryce (maintenant vicomte Bryce), le comte d'Elgin, Sire Rosebery, Sire Reay, M. Shaw (maintenant Lord Shaw), Dr John Ross de Dunfermline, « l'homme à tout faire » qui contribue au bonheur ou à l'instruction de ses semblables, et d'autres. J'expliquai que je leur avais demandé d'agir parce que je ne pouvais pas confier les fonds aux facultés des universités écossaises, après avoir lu le rapport d'une commission récente. M. Balfour s'exclama promptement : « Pas un centime, pas un centime ! » Le comte d'Elgin, qui avait été membre de la commission, approuva complètement.

Après avoir lu les détails du fonds proposé, le comte d'Elgin n'était pas certain d'accepter une administration qui n'était pas stricte et spécifique. Il souhaitait savoir quelles étaient ses missions. J'avais donné à la majorité des administrateurs le droit de changer les objectifs de bienfaisance et modes d'affectation des fonds, s'ils décidaient par la suite que les buts et modes prescrits pour l'éducation en Écosse étaient devenus inadaptés ou inutiles pour les temps modernes. Balfour de Burleigh fut d'accord avec le comte, tout comme le Premier ministre Balfour, qui déclara qu'il n'avait jamais entendu parler d'un bienfaiteur auparavant qui souhaitait donner de tels pouvoirs.

*Andrew Carnegie et le Vicomte Bryce*

Il s'interrogea sur l'opportunité d'agir ainsi.

« Eh bien », dis-je, « M. Balfour, je n'ai jamais connu de groupes d'hommes capables de légiférer pour la génération à venir et, dans certains cas, ceux qui tentent de légiférer même pour leur propre génération ne sont pas considérés comme éminemment performants. »

Il y eut une vague de rires à laquelle le Premier ministre se joignit de bon cœur et puis il dit :

« Vous avez raison, vraiment raison. Mais vous êtes, je pense, le premier grand donateur qui ait été assez sage pour adopter ce point de vue. »

J'avais proposé qu'une majorité devrait avoir le pouvoir, mais Sire Balfour suggéra pas plus des deux tiers. Ce fut accepté par le comte d'Elgin et approuvé par tout le monde. Je suis vraiment sûr que c'est une sage disposition, comme le futur le prouvera. Elle est incorporée dans tous mes dons importants et je reste assuré que cette caractéristique se montrera précieuse à l'avenir. Le comte d'Elgin, de Dunfermline, n'hésita pas à devenir président de ce fonds. Lorsque je dis au Premier ministre Balfour que j'espérai qu'Elgin pourrait être incité à assurer ce poste, il dit sans hésiter : « Vous n'auriez pas pu trouver meilleur homme en Grande-Bretagne ».

Nous sommes tous maintenant satisfaits jusqu'ici. La question est la suivante : où pourrions-nous obtenir son équivalent ?

C'est une étrange coïncidence qu'il y a seulement quatre hommes vivants qui aient été nommés bourgmestre et ont reçus les Clés de Dunfermline, et que tous soient connectés au fonds pour l'université d'Écosse, Sire Henry Campbell-

Bannerman, le comte d'Elgin, Dr John Ross, et moi-même. Mais il y a une dame dans le cercle aujourd'hui, la seule à avoir été grandement honorée avec les Clés de Dunfermline, Mme Carnegie, dont la dévotion à la ville, comme la mienne, est intense.

Mon élection au rang de Sire recteur de St Andrews, en 1902, se montra être un événement très important de ma vie. Cela me fit entrer dans le monde de l'université, auquel j'étais resté étranger. Peu de choses dans ma vie m'avaient si profondément impressionné, comme la première réunion de la faculté, lorsque je pris place dans le vieux fauteuil occupé successivement par tant de Sires recteurs distingués durant les cinq cents ans qui s'étaient écoulés depuis que St Andrews avait été fondé. J'ai lu le recueil des discours rectoraux pour me préparer à celui que j'allais bientôt prononcer. Le paragraphe le plus remarquable que j'ai trouvé dans l'un d'entre eux était le conseil du doyen Stanley aux étudiants « d'aller à Burns pour votre théologie ». Qu'un haut dignitaire de l'Église et un des favoris de la reine Victoria s'aventura à dire cela aux étudiants de l'université John Knox illustre que même la théologie s'améliore au fil du temps. Les meilleures règles de conduite sont à Burns. Premièrement, il y a : « Ne crains que ton propre reproche ». Je le pris comme une devise très tôt dans ma vie. Et, deuxièmement :

> « La peur de l'enfer, c'est le fouet du bourreau
> Pour mettre le malheureux dans le rang. ;
> Mais que là où vous sentez votre honneur vous saisir,
> Demeure toujours votre frontière. »

Le discours du recteur de John Stuart Mill aux étudiants de St Andrews était remarquable. Il souhaitait manifestement leur transmettre le meilleur de lui-même. L'importance qu'il accorde à la musique en tant qu'aide à une vie meilleure et à un plaisir pur et raffiné est remarquable. Telle est ma propre expérience.

L'invitation faite aux directeurs des quatre universités écossaises et à leurs épouses ou filles de passer une semaine à Skibo a suscité beaucoup de joie chez Mme Carnegie et moi-même. Le comte d'Elgin, président du Fonds pour les universités d'Écosse, Sire Balfour de Burleigh, secrétaire pour l'Écosse, et Madame Balfour assistèrent à la première réunion. Par la suite, la « semaine des directeurs » est devenue une coutume annuelle bien établie. Ils sont devenus des amis et, de ce fait, ils sont tous d'accord, les universités en ont tiré un grand profit. Un esprit de coopération est stimulé. En me prenant la main au moment de partir après la première visite annuelle, le principal Lang me dit :

« Il a fallu cinq cents ans aux directeurs des universités écossaises pour apprendre comment commencer nos séances. Passer une semaine ensemble est la solution. »

Un des résultats mémorables de la rencontre à Skibo en 1906 fut que Mademoiselle Agnes Irwin, doyenne du Radcliffe College et arrière-petite-fille de Benjamin Franklin, passa la semaine des directeurs avec nous et tous fument charmés par sa présence. Franklin reçut son premier doctorat de l'université de St Andrew, quasiment cent cinquante ans auparavant. Le deuxième centenaire de sa naissance fut célébré à Philadelphie et St Andrew, avec de nombreuses autres universités à travers le monde, envoya des invitations. St Andrew envoya également un certificat à l'arrière-petite-fille. En tant que Sire recteur, je fus désigné pour l'introduire et lui remettre la distinction. Ce fut fait le premier soir devant un large public, avec plus de deux cents discours présentés.

Le public a été profondément impressionné, comme il se devait. L'université de St Andrew, la première à décerner ce diplôme à l'arrière-grand-père, décerna le même diplôme à son arrière-petite-fille, cent quarante-sept ans plus tard (et cela sur la base de ses propres mérites en tant que doyenne du Radcliffe College). Diplôme que St Andrew envoya par-delà l'Atlantique pour être remis par les mains de son Sire recteur, le premier qui n'était pas un sujet britannique, mais qui était né là-bas, comme Franklin, et qui devint un citoyen américain comme Franklin. La cérémonie eut lieu à Philadelphie où Franklin repose, en présence d'une assemblée brillante constituée pour honorer sa mémoire. Tout cela était très beau et je m'estimai privilégié, en effet, d'être l'intermédiaire d'une cérémonie si gracieuse et si appropriée. Le directeur Donaldson de St Andrew était bien inspiré lorsqu'il y pensa !

Ma réélection unanime par les étudiants de St Andrew pour un second mandat, fut profondément appréciée. Et j'ai aimé les soirées du Recteur, lorsque les étudiants le réclament pour eux-mêmes, aucun membre de la faculté n'étant invité. Nous passions toujours un bon moment. Après la première, le principal Donaldson me donna le verdict du secrétaire tel qu'il lui avait remis : « Le recteur Untel nous parla, l'autre recteur nous adressa la parole, chacun depuis la plateforme. M. Carnegie s'assit dans notre cercle et parla *avec* nous. »

La question de l'aide à nos propres institutions d'enseignement supérieur se posa souvent à moi, mais ma conviction était que nos universités phares, comme Harvard et Columbia, avec cinq à dix mille étudiants[51], étaient

---

[51] L'université de Colombia, en 1920, dénombrait entout 25 000 étudiants dans les différents départements.

suffisamment fréquentées. Une croissance supplémentaire n'était pas souhaitable, mais les institutions plus petites (les collèges surtout) avaient davantage besoin d'aide et ce serait une meilleure utilisation de l'excédent de richesse que de les aider. En conséquence, je me suis ensuite limité à ces institutions et je suis convaincu que ce fut une sage décision. Plus tard, nous découvrîmes que le splendide fonds d'éducation de M. Rockefeller, le General Education Board, et nous-mêmes, œuvrions dans ce champ fécond sans consultation, avec parfois des résultats indésirables. M. Rockefeller souhaitait que je rejoigne son conseil d'administration, ce que je fis. La coopération s'avéra rapidement être à notre avantage mutuel et nous travaillions maintenant à l'unisson.

En donnant aux collèges, un certain nombre de mes amis avaient été honorés, comme ce fut le cas pour mon partenaire Charlie Taylor. Le Hall de Conway au collège Dickinson fut nommé pour Moncure D Conway, dont l'autobiographie, publiée récemment, est qualifiée de « littérature » par l'Athenæum. On y lit : « Ces deux volumes sont posés sur la table, brillants comme des pierres précieuses parmi les piles de déchets autobiographiques qui les entourent ». C'est assez suggestif pour un livre qui s'ajoute à la pile.

Le dernier chapitre dans l'autobiographie de M. Conway se termine par le paragraphe suivant :

Implore la paix, ô lecteur, dont je me sépare maintenant. Implore la paix, non pas auprès de nuages divinisés, mais auprès de chaque homme, femme et enfant que tu rencontreras. Ne te contente pas d'offrir la prière « Donne la paix en notre temps », mais fais ta part pour l'exaucer ! Alors, au moins, même si le monde est en conflit, il y aura la paix en toi.

Mon ami a mis le doigt sur notre disgrâce la plus profonde. Cela doit bientôt être aboli entre nations civilisées.

La chaire d'économie Stanton au Kenyon College, dans l'Ohio, a été fondée à la mémoire d'Edwin M. Stanton, qui m'a gentiment salué lorsque j'étais enfant à Pittsburgh et que je lui remettais des télégrammes, et qui a toujours été cordial avec moi à Washington, lorsque j'étais assistant du secrétaire Scott. La chaire Hanna à la Western Reserve University de Cleveland, la bibliothèque John Hay à la Brown University, le deuxième fonds Elihu Root pour Hamilton, la bibliothèque Mrs Cleveland pour Wellesley, m'ont donné le plaisir de les baptiser en l'honneur de ces amis. J'espère que d'autres suivront, commémorant ceux que j'ai connus, aimés et honorés. Je souhaitais également qu'une bibliothèque General Dodge et une bibliothèque Gayley soient érigées grâce à mes dons, mais ces amis avaient déjà obtenu cet honneur de leurs Alma Maters respectives.

Mon premier cadeau au collège Hamilton devait être baptisé Fondation Elihu Root. Mais le plus compétent de tous nos secrétaires d'État, et de l'opinion du président Roosevelt, « l'homme le plus sage qu'il ait jamais connu » prit soin, paraît-il, de ne pas mentionner ce fait aux autorités du collège. Lorsque je lui reprochai sa négligence, il répondit en riant :

« Et bien, je promets de ne pas vous décevoir au prochain cadeau que vous nous ferez. »

Et, par un second don, ce manquement fut réparé, mais je pris soin de ne pas lui confier directement l'affaire. Le

Fonds Root de Hamilton[52] est maintenant établi envers et contre sa négligence. Root est un grand homme, et, comme les plus grands, il est sublime dans sa simplicité. Le président Roosevelt déclara qu'il ramperait à quatre pattes de la Maison-Blanche jusqu'au Capitole si cela pouvait assurer la nomination de Root à la présidence avec une chance de succès. On le considérait vulnérable, car il avait été avocat d'entreprises et qu'il était trop peu bavard et démagogue, trop modeste, trop réservé pour se faire entendre du petit peuple.[53] Le parti décida bêtement de ne pas présenter Root.

Mes liens avec les instituts de Hampton et de Tuskegee, qui favorisent l'élévation de la race de couleur[54] que nous

---

[52] Il s'élève à 250 000 dollars.

[53] Lors de la réunion en mémoire de la vie et de l'œuvre d'Andrew Carnegie qui s'est tenue le 25 avril 1920 dans le Engineering Societies Building de New York, M. Root a prononcé un discours au cours duquel, parlant de M. Carnegie, il a dit : « Il appartenait à cette grande catégorie de bâtisseurs de nations qui ont fait du développement de l'Amérique la merveille du monde… C'était l'homme le plus aimable que j'aie jamais connu. La richesse ne lui avait pas durci le cœur et ne lui avait pas fait oublier les rêves de sa jeunesse. Gentil, affectueux, charitable dans ses jugements, sans retenue dans ses sympathies, noble dans ses impulsions, je souhaiterais que tous ceux qui le considèrent comme un homme riche donnant de l'argent dont il n'avait pas besoin puissent connaître les centaines de choses bienveillantes qu'il a faites et dont le monde n'a pas connaissance. »

[54] Note du traducteur : Contexte d'époque aux États-Unis : le mot « race » était utilisé pour distinguer les populations de différentes origines ethniques. Les « blancs » comme les « noirs » utilisaient ce

maintenions autrefois en esclavage, ont été une source de satisfaction et de plaisir, et connaître Booker Washington est un rare privilège. Nous devrions tous tirer notre chapeau à l'homme qui non seulement s'est sorti de l'esclavage, mais a aidé à élever des millions de personnes de sa race à un stade supérieur de civilisation. M. Washington m'a rendu visite quelques jours après que mon don de six cent mille dollars ait été fait à Tuskegee et m'a demandé s'il pouvait me faire une suggestion. J'ai répondu : « Certainement. »

« Vous avez aimablement spécifié qu'une somme de ce fonds soit mise de côté pour notre soutien futur à moi et à ma femme pendant notre vie et nous vous en sommes très reconnaissants, mais, M. Carnegie, la somme est bien au-delà de nos besoins et apparaîtra comme une fortune pour ma race. Certains pourraient penser que je ne suis plus un homme pauvre offrant ses services sans penser à économiser de l'argent. Auriez-vous la moindre objection à changer cette clause, en supprimant la somme et en la remplaçant par "seulement une provision suffisante" ? Je vais faire confiance aux administrateurs. Mme Washington et moi-même n'avons besoin que de peu. »

Je fis comme il me l'avait demandé et l'acte est maintenant en vigueur. Mais lorsque M. Baldwin demanda la lettre originale pour l'échanger contre le substitut, il me dit que l'âme noble s'y opposa. Le document qui lui était adressé devait être conservé pour toujours et être remis aux générations futures, mais il le mettait de côté et laissait le texte de remplacement dans le dossier.

---

mot d'après le texte, le traducteur a donc laissé le mot tel quel, sans connotation péjorative comme le terme peut en revêtir actuellement.

*Booker Washington en 1903*

Ceci est une indication du caractère du meneur de sa race. Il n'y avait pas d'hommes plus vrais, pas de héros plus dévoués : un homme porteur de toutes les vertus. Cela rend un homme meilleur, simplement de connaître des âmes aussi nobles et pures : la nature humaine dans ces plus hauts attributs est déjà divine ici sur terre. Si l'on demande quel homme de notre temps, ou même des époques passées, s'est élevé du plus bas au plus haut, la réponse doit être Booker Washington. Il s'éleva de l'esclavage à la direction de son peuple : un Moïse et un Josué modernes combinés, menant son peuple à la fois vers le haut et vers le futur.

En lien avec ces institutions, je rentrai en contact avec leurs officiers et leurs administrateurs : des hommes comme le principal Hollis B. Frissell d'Hampton, Robert C.Ogden, George Foster Peabody, V. Everit Macy, George McAneny et William H. Baldwin (que nous avons récemment perdus, hélas !). Des hommes qui œuvrent pour les autres. C'était une bénédiction de les connaître intimement. La Cooper Union, la Mechanics and Tradesmen's Society, en fait toutes les institutions[55] auxquelles je me suis intéressé, ont révélé que beaucoup d'hommes et de femmes consacraient leur temps et leurs pensées, non pas à des « objectifs misérables qui se terminent par le moi », mais à des idéaux élevés qui signifient le secours et l'élévation de leurs frères moins fortunés.

J'offris des orgues aux églises très tôt dans ma carrière, ayant offert un orgue à moins de cent membres de l'église Swedenborgian d'Allegheny, que mon père favorisait, après avoir refusé de contribuer à la construction d'une nouvelle église pour si peu de gens. Des demandes d'autres églises

---

[55] Les universités, collèges et établissements d'enseignement auxquels M. Carnegie fit don (soit sous forme de fonds de dotation, soit sous forme de bâtiments) sont au nombre de cinq cents. Au total, ses dons à ces établissements atteignent 27 000 000 de dollars.

commencèrent bientôt à affluer, de la grande cathédrale catholique de Pittsburgh à la petite église du village de campagne et je fus très occupé. Chaque église semblait avoir besoin d'un meilleur orgue que ce qu'elle avait déjà et comme le coût total du nouvel instrument était payé, ce que l'ancien apportait était un bénéfice évident. Certains commandaient des orgues pour de toutes petites églises qui devaient presque fendre les chevrons, ce qui fut le cas avec le premier orgue donné aux Swedenborgians. D'autres avaient acheté des orgues avant de s'inscrire, mais notre chèque pour couvrir les dépenses était le bienvenu. Finalement, cependant, un système rigoureux de dons fut développé. Une demande imprimée demandant des réponses à de nombreuses questions devait maintenant être complétée et renvoyée avant qu'une action ne soit entreprise. Le département est maintenant parfaitement organisé et fonctionne admirablement, puisque nous répartissons les dons en fonction de la taille de l'église.

Des accusations ont été portées dans les Highlands écossais rigides, selon lesquelles je démoralisais le culte chrétien en offrant des orgues aux églises. Les presbytériens très stricts de la région dénoncent toujours comme malfaisante une tentative « d'adorer Dieu avec une boîte pleine de sifflets », au lieu d'utiliser la voix humaine donnée par lui. Après cela, je décidai que j'aurais besoin d'un partenaire dans mon péché et ainsi je demandai à chaque congrégation de payer la moitié du nouvel orgue convoité. Sur cette base, le département des orgues continue d'opérer et de faire des affaires florissantes, la demande pour des orgues améliorés étant toujours aussi importante. De plus, de nombreuses nouvelles églises sont nécessaires en raison de l'augmentation de la population et les orgues sont indispensables à cet égard.

Je n'en vois pas la fin. En demandant à la congrégation de

payer la moitié du coût pour de meilleurs instruments, il y a l'assurance d'une dépense nécessaire et raisonnable. Convaincu par ma propre expérience qu'il est salutaire pour la congrégation d'écouter de la musique sacrée à certains moments du service, puis de se disperser lentement aux sons de l'orgue qui inspire le respect après des sermons qui nous montrent souvent peu de choses sur le Père céleste, je sens que l'argent dépensé pour les orgues est bien dépensé. Donc nous continuons le département des orgues.[56]

De toutes mes œuvres à caractère philanthropique, mon fonds de pension privée me donne le retour le plus important et le plus noble. Aucune satisfaction n'équivaut celle de sentir qu'on a été autorisé à placer dans des circonstances confortables, dans leur vieil âge, des gens qu'on a connus depuis longtemps comme étant généreux et bons et méritants de quelque manière que ce soit, mais qui, sans que ce soit leur faute, n'avaient pas suffisamment de moyens pour vivre de façon respectable. Des sommes modestes assurent cette liberté. Cela me surprit de découvrir à quel point ceux qui avaient besoin d'un peu d'aide pour faire la différence entre une vieillesse de bonheur et une vieillesse de malheur étaient nombreux. Certains de ces cas s'étaient présentés avant que je ne me retire des affaires et j'en retirai une douce satisfaction. Je n'ai jamais placé aucune personne sur la liste des pensions[57] qui ne méritait aucunement une assistance. C'est un véritable tableau d'honneur et d'affection réciproque. Tous le méritent. Il n'y a pas de débats à avoir là-dessus.

---

[56] Le « département des orgues », jusqu'en 1919, avait fait don de 7 689 orgues à autant d'églises différentes, pour un coût de plus de six millions de dollars.

[57] Cela s'élevait à plus de 250 000 dollars par an.

Personne ne sait qui est aidé. Pas un mot n'est jamais divulgué.

C'est ma meilleure réponse et ma préférée à la question qui ne disparaîtra jamais de mon esprit : « Quel bien fais-je au monde pour mériter toutes mes miséricordes ? » Eh bien, mes chers amis de la liste de pension me donnent une réponse satisfaisante et cela vient toujours à mon esprit en quête de réassurance. J'ai reçu bien plus que ma juste part des bénédictions de la vie. Par conséquent, je ne demande jamais rien au Tout-Puissant. Nous sommes en présence d'une loi universelle et devrions baisser la tête en silence et obéir au Juge, sans rien demander, sans rien craindre, faisant seulement notre devoir, ne cherchant aucune récompense ici ou dans l'avenir.

C'est en effet plus gratifiant de donner que de recevoir. Ces chers amis feraient pour moi et mes proches ce que je fais pour eux si les rôles étaient inversés. Je suis sûr de cela. J'ai reçu beaucoup de précieux remerciements. Certains s'aventurent à me dire qu'ils pensent à moi chaque nuit dans leurs prières et me bénissent. Souvent, je ne peux pas m'empêcher d'exprimer mes sentiments réels en retour.

« Priez, mais pas pour moi », dis-je, « Ne demandez rien de plus pour moi. J'ai déjà reçu bien plus que ma part. N'importe quel comité équitable qui se pencherait sur mon cas m'enlèverait plus de la moitié des bénédictions m'ayant été accordées ». Ce ne sont pas de simples mots. Je ressens leur véracité.

Le Fonds de Pension des chemins de fer est de nature similaire. Beaucoup des anciens de la division de Pittsburgh (ou leurs veuves) sont pris en charge par celui-ci. Il a été créé il y a des années et a atteint ses proportions actuelles. Il bénéficie maintenant aux hommes des chemins de fer de valeur qui ont servi sous mon commandement, lorsque j'étais directeur de Pennsylvanie, ou à leurs veuves, qui ont besoin d'aide. J'étais seulement un garçon lorsque je rencontrai pour la première fois ces agents des trains et que j'appris à les connaître par leur nom. Ils étaient très bons envers moi. La plupart des hommes bénéficiaires du fonds, je les avais connus personnellement. Ce sont des amis précieux.

Bien que le fonds de quatre millions de dollars que je donnai pour les ouvriers dans les usines (la pension des Travailleurs de l'Acier) englobe des centaines de personnes que je n'avais jamais vues, il y a un nombre suffisant de bénéficiaires dont je me souviens pour donner à ce fonds une forte emprise sur moi.

# CHAPITRE XXI

# LE PALAIS DE LA PAIX ET PITTENCRIEFF

# CHAPITRE XXI

# LE PALAIS DE LA PAIX ET PITTENCRIEFF

La PAIX, au moins entre les nations parlant l'anglais[58], a dû faire partie de mes premières préoccupations. En 1869, lorsque la Grande-Bretagne lança le monstre Monarque, alors le plus grand navire de guerre jamais connu, il y eut, pour quelque raison maintenant oubliée, des rumeurs sur le fait qu'elle pourrait facilement exiger un tribut de nos villes américaines, l'une après l'autre. Rien ne pouvait lui résister. J'envoyai un télégramme à John Bright, alors membre du cabinet britannique (le télégramme avait été ouvert récemment) :

---

[58] « Que les hommes disent ce qu'ils veulent, je dis qu'aussi sûrement que le soleil dans les cieux a un jour brillé sur la Grande-Bretagne et l'Amérique unies, aussi sûrement se lèvera-t-il un matin, brillera-t-il et saluera-t-il à nouveau les États réunis — l'Union britannico-américaine. » (Cité dans Andrew Carnegie, L'Homme et Son Travail d'Alderson, p. 108. New York, 1909)

«Premier et meilleur service possible pour le Monarque, ramener le corps de Peabody ».[59]

*Gravure représentant le HMS Monarch, par William Frederick Mitchel*

Je n'avais pas signé le message. Étrangement, ce fut fait, et par la suite le Monarque devint le messager de la paix, pas de la destruction. Plusieurs années plus tard, je rencontrai M. Bright lors d'un petit dîner à Birmingham et lui dis que j'étais son jeune correspondant anonyme. Il était surpris qu'aucune signature n'eût été attachée et dit que son cœur était dans l'action. J'en étais certain. Il a droit à tout le mérite.

Il était l'ami de la République lorsqu'elle avait besoin d'amis durant la guerre civile. Il avait toujours été mon héros

---

[59] George Peabody, le marchand et philanthrope américain, qui mourut à Londres en 1869.

vivant préféré dans la vie publique, comme il l'avait été pour mon père. Dénoncé comme un radical sauvage au début, il persévéra jusqu'à ce que la nation adopte son point de vue. Toujours pour la paix, il aurait évité la guerre de Crimée, dans laquelle la Grande-Bretagne s'était rangée du mauvais côté, comme Lord Salisbury le reconnut par la suite. C'était un grand privilège que la famille Bright m'accorda, en ami, de me charger de faire remplacer une statue quelconque par une réplique de la statue de Bright située à Manchester au Parlement.

Lors d'une de mes premières visites, je me suis intéressé à la Peace Society of Great Britain et j'ai assisté à plusieurs de ses réunions. Plus tard, je fus plus particulièrement attiré par l'Union du Parlement établie par M. Cremer, le fameux représentant des travailleurs au Parlement. Peu d'hommes en vie peuvent être comparés à M. Cremer. Lorsqu'il reçut le prix Nobel de 8 000 livres sterling comme étant celui ayant œuvré le plus pour la paix cette année-là, il fit don rapidement au comité d'arbitrage de tout, moins 1000 livres sterling nécessaires pour des besoins urgents. C'était un sacrifice noble. Qu'est-ce que l'argent, sinon de la poussière, pour le vrai héros ? M. Cremer gagne quelques dollars la semaine, qui lui permettent de subsister à Londres en tant que membre du Parlement. Et voilà que la fortune était jetée à ses pieds, mais qu'il choisit de la consacrer à la cause de la paix. Ceci est l'héroïsme dans sa plus belle forme.

J'ai eu le grand plaisir de présenter le comité au président Cleveland à Washington en 1887, qui reçut les membres cordialement et les assura de sa coopération sincère. À partir de ce jour, l'abolition de la guerre a pris de l'importance à mes yeux jusqu'à ce qu'elle éclipse finalement toutes les autres questions. L'action surprenante de la première conférence de La Haye me procura une joie intense. Tout d'abord organisée pour considérer le désarmement (qui s'avéra être une utopie), elle engendra la réalité imposante d'un tribunal permanent pour régler les différends internationaux. Je vis en cela le plus grand pas en direction de la paix que l'humanité n'avait jamais fait, sur la simple base de l'inspiration, sans beaucoup de discussions préliminaires. Ce n'est pas étonnant que cette idée sublime captivât la conférence.

Si M. Holls, dont je déplore profondément la mort, était vivant aujourd'hui et participait en tant que délégué à la prochaine conférence avec son chef, Andrew D. White, je crois que ces deux personnes pourraient, peut-être, amener à la création de la nécessaire Cour internationale pour l'abolition de la guerre. C'était lui qui avait quitté La Haye de nuit pour l'Allemagne, à la demande de son chef et rencontré le ministre des Affaires étrangères allemand et l'Empereur et qui finalement réussit à les convaincre d'approuver la Haute Cour, et de ne pas retirer leurs délégués comme ils avaient menacés de le faire. Un service pour lequel M. Holls mérite d'être inscrit parmi les plus grands serviteurs de l'humanité. Hélas, la mort vint à lui alors qu'il était encore dans la fleur de l'âge.

Le jour où la Cour internationale sera créée deviendra l'un des jours les plus mémorables de l'histoire du monde.[60] Cela sonnera le glas pour l'homme qui tue l'homme : le plus vil

---

[60] « Je soutiens que la seule mesure requise aujourd'hui pour le maintien de la paix mondiale est un accord entre trois ou quatre des principales puissances civilisées (et autant d'autres que désirent s'y joindre, plus il y en a, mieux c'est) qui s'engagent à coopérer contre les perturbateurs de la paix mondiale, s'il en survient. (Andrew Carnegie, dans son discours lors du dévoilement d'un buste de William Randall Cremer au Palais de la Paix de La Haye, le 29 août 1913).

et le plus sombre des crimes. Il devrait être célébré dans chaque pays comme je pense qu'il le sera un jour. Ce jour, peut-être, n'est pas si éloigné qu'espéré. Dans cette ère, un grand nombre de ceux qui étaient jusqu'à présent considérés comme des héros seront tombés dans l'oubli parce qu'ils ont échoué à promouvoir la paix et la bonne entente au lieu de la guerre.

Lorsqu'Andrew D White et M. Holls, suite à leur retour de La Haye, suggérèrent que j'offre les fonds nécessaires à la construction d'un temple de la paix à La Haye, je leur ai dit que je ne pourrais jamais être si présomptueux, mais que si le gouvernement des Pays-Bas m'informait de son désir d'avoir un tel temple et espérait que je puisse fournir les moyens, la requête serait favorablement considérée. Ils hésitèrent, en disant qu'on ne pouvait guère attendre cela d'un gouvernement. Alors je dis que je ne pourrais jamais agir dans ce domaine.

Finalement, le gouvernement néerlandais fit une demande, par le biais de son ministre, le baron Gevers à Washington et je m'en réjouis. Dans ma lettre, j'ai toutefois pris soin de lui dire que les projets de son gouvernement seraient dûment honorés. Je n'envoyai pas l'argent. Le gouvernement fit appel à moi pour cela et la facture d'un million et demi est conservée en souvenir. Il me semble presque excessif qu'une personne seule puisse avoir l'autorisation d'exécuter une tâche si noble que celle de fournir les moyens pour ce Temple de la Paix : le bâtiment le plus sacré au monde parce que c'est l'objectif le plus sacré à atteindre. Je n'aspire pas à bâtir Saint-Pierre ou aucun autre bâtiment érigé à la gloire de Dieu que, comme Luther dit, « nous ne pouvons pas servir ou aider ; il n'a besoin d'aucune aide de notre part ». Ce temple sert à apporter la paix, laquelle est tellement **attendue** par ses créatures errantes. « Le plus grand culte de Dieu est le service rendu à l'homme ». En tout cas, je ressens la même chose que Luther et Franklin.

Lorsqu'en 1907 des amis vinrent et me demandèrent d'accepter la présidence de la Société de la Paix de New York, qu'ils avaient décidé d'organiser, je déclinai, alléguant que j'étais très occupé par de nombreuses affaires, ce qui était vrai. Mais ma conscience me troubla ensuite d'avoir refusé. Si je ne souhaitais pas me sacrifier pour la cause de la paix, pour quoi me sacrifierais-je ? À quoi étais-je bon ? Heureusement, quelques jours plus tard, le révérend Lyman Abbott, le révérend M. Lynch et d'autres serviteurs remarquables des bonnes causes m'appelèrent pour me demander de reconsidérer ma décision. Je devinai leur but et leur dis franchement qu'ils n'avaient pas besoin de plaider. Ma conscience m'avait tourmenté d'avoir décliné et j'allais accepter la présidence et faire mon devoir. Après cela vint le grand rassemblement national (en avril suivant) lorsque, pour la première fois dans l'histoire des réunions de la Société de la Paix, des délégués de trente-cinq des états de l'Union participèrent à la réunion, en plus de beaucoup d'étrangers distingués.[61]

Ma première décoration vint de manière inattendue. Le gouvernement français m'avait nommé chevalier de la Légion d'honneur, et, au banquet de la paix de New York que je présidais, le baron d'Estournelles de Constant fit une

---

[61] M. Carnegie ne mentionne pas le fait qu'en décembre 1910, il a donné à un conseil d'administration 10 000 000 de dollars, dont le revenu devait être administré pour « l'abolition de la guerre internationale, la tâche la plus infâme sur notre civilisation. » Cette fondation est connue sous le nom de Dotation Carnegie pour la paix internationale. L'honorable Elihu Root est le président du conseil d'administration.

apparition sur la scène et, dans un discours convaincant, m'investit des insignes au milieu des acclamations de la société. C'était un grand honneur, en effet, que j'appréciais, car donné pour mes services pour la cause de la paix internationale. De tels honneurs rendent humble, ils n'exaltent pas, alors, laissez-les venir.[62] Ils servent aussi à me rappeler que je dois m'efforcer plus que jamais et surveiller avec plus d'attention chaque acte et chaque mot, afin de me rapprocher un peu plus des standards que les gens qui me font ces honneurs − des âmes trompées − supposent à tort dans leurs discours, que j'ai déjà atteints.

■

Aucun cadeau que j'ai offert ou que je ne puisse jamais offrir ne peut possiblement approcher celui de Pittencrieff Glen, à Dunfermline. Il est rempli de sentiments propres aux enfants : des sentiments les plus purs et les plus doux. Je dois raconter cette histoire :

Parmi mes souvenirs les plus anciens, il y a les luttes de Dunfermline pour obtenir les droits de la cité sur une partie des terrains de l'abbaye et des ruines du palais. Mon grand-père Morrison commença la campagne, ou du moins fut l'un de ceux qui le firent. Le combat fut continué par mes oncles Lauder et Morrison, le dernier ayant eu l'honneur d'être accusé d'avoir incité et mené un groupe d'hommes à démolir un certain mur. Les citoyens remportèrent une

---

[62] M. Carnegie a également reçu la Grande Croix de l'Ordre d'Orange-Nassau de Hollande, la Grande Croix de l'Ordre de Danebrog du Danemark, une médaille d'or des vingt et une Républiques américaines et des diplômes de docteur d'innombrables universités et collèges. Il était également membre de nombreux instituts, sociétés savantes et clubs − plus de 190.

victoire devant la plus haute cour et le duc de l'époque ordonna qu'à partir de ce moment-là « aucun Morrison ne soit admis dans le Glen ». Moi-même étant un Morrison comme mon frère-cousin, Dod, je fus exclu. Les ducs de Pittencrieff sont en désaccord avec les habitants depuis des générations.

Le Glen est unique, de ce que je sais. Il jouxte les terrains de l'abbaye et du palais et s'étend à l'ouest et au nord le long de deux des principales rues de la ville. Sa superficie (entre soixante et soixante-dix ares) est bien protégée, ses hautes collines grandement boisées. Il a toujours été synonyme de paradis pour les enfants de Dunfermline. Il l'avait été pour moi. Lorsque j'entendais parler de paradis, je traduisais le mot en Pittencrieff Glen, le croyant être aussi proche du paradis que tout ce que je pouvais imaginer. Heureux étions-nous si, par la porte ouverte d'un pavillon, ou par-dessus le mur, ou sous la grille de fer au-dessus du feu, nous en apercevions de temps en temps l'intérieur.

Presque tous les dimanches, oncle Lauder emmenait « Dod » et « Naig » faire un tour autour de l'abbaye jusqu'à une partie qui surplombait le Glen. Les corbeaux voltigeant entre les grands arbres en contrebas. Son Duc était pour nous, les enfants, la personnification du rang et de la fortune. Nous savions que la Reine vivait au château de Windsor, mais elle ne possédait pas Pittencrieff, pas même elle ! M. Hunt de Pittencrieff ne l'échangerait ni avec elle ni avec quiconque. De cela nous étions sûrs, parce qu'aucun d'entre nous ne l'aurait fait. Dans tous les rêves de mon enfance, et aussi dans les premières années de ma majorité (qui n'étaient pas rien), rien de comparable en grandeur ne se rapprochait de Pittencrieff. Mon oncle Lauder m'a prédit beaucoup de choses lorsque je serais un homme, mais s'il avait prédit qu'un jour je serais suffisamment riche et que j'aurais la chance suprême de devenir Duc de Pittencrieff, il m'aurait peut-être fait tourner la tête. Par la suite, être capable de le céder à Dunfermline pour en faire un parc public (le paradis de mon enfance !) ? Je n'échangerais ce privilège pour aucune couronne.

Lorsque D. Ross me glissa à l'oreille que le Colonel Hunt pourrait être incité de vendre, mes oreilles se dressèrent instantanément. Il demandait un prix exorbitant selon le docteur et je n'ai plus entendu parler de lui pendant un certain temps. Lorsque j'étais indisposé à Londres durant l'automne 1902, mon esprit retourna à ce sujet et j'eus l'intention d'envoyer un télégramme à M. Ross pour qu'il vienne me voir. Un matin, Mme Carnegie vint dans ma chambre et me demanda de deviner qui venait d'arriver et je sus qu'il s'agissait du Dr Ross. Bien sûr, il était là. Nous parlâmes de Pittencrieff. Je suggérai que si jamais notre ami commun et citadin, M. Shaw à Édimbourg (Sire Shaw de Dunfermline) rencontrait un jour les agents du colonel Hunt, il pourrait leur dire que son client pourrait regretter un jour de ne pas avoir conclu avec moi, car un autre acquéreur aussi désireux d'acheter pourrait ne jamais être rencontré. Je pourrais changer d'avis ou décéder. M. Shaw dit au docteur, lorsqu'il mentionna cela, qu'il avait un rendez-vous avec l'avocat de Hunt pour d'autres affaires le lendemain matin et qu'il en ferait mention sans faute.

J'embarquai peu après pour New York et reçus là-bas, un jour, un télégramme de M. Shaw annonçant que le Duc accepterait quarante-cinq mille livres. Devait-il conclure ? J'envoyai un télégramme : « Oui, sous réserve que ce soit sous les conditions de Ross ». À la veille de Noël, je reçus la réponse de Shaw : « Salutations, Duc de Pittencrieff ! » J'étais donc l'heureux possesseur du plus grand titre sur terre à mes yeux. Le Roi, eh bien, lui n'était que le Roi. Il ne possédait ni la tour du Roi Malcolm ni le sanctuaire de Sainte-Marguerite ni Pittencrieff Glen. Pas lui, le pauvre homme. Moi. Et je serais ravi de montrer avec condescendance ces trésors au Roi, s'il visitait un jour Dunfermline.

En tant que propriétaire du parc et du Glen, j'ai eu l'occasion de découvrir ce que l'argent pouvait faire pour le bien d'une communauté, s'il était placé entre les mains d'un groupe de citoyens soucieux du bien public. Dr Ross fut mis dans la confidence en ce qui concerne le parc de Pittencrieff, et, sur ses conseils, certains hommes destinés à former un corps d'administrateurs ont été choisis et invités à Skibo pour organiser le parc. Ils pensaient que c'était à propos du transfert du parc à la ville. Aucun autre sujet ne fut mentionné, même au Dr Ross. Lorsqu'ils entendirent qu'un demi-million de livres sterling d'obligations, portant un intérêt de cinq pour cent, devait également leur revenir au profit de Dunfermline, ils furent surpris.[63]

Cela fait douze ans depuis que le Glen fut confié aux administrateurs et certainement qu'aucun parc ne fut plus cher à un citoyen. La journée annuelle de gala pour les enfants, les expositions florales et l'utilisation quotidienne du parc par la population sont surprenantes. Le Glen attire maintenant des gens des communes alentour. De bien des façons, les administrateurs avaient réussi brillamment à aller dans la direction indiquée dans l'acte de fiducie, à savoir :

> Introduire dans les vies monotones des travailleurs de Dunfermline, plus « de douceur et de lumière », pour leur donner, plus particulièrement aux jeunes, un peu de charme,

---

[63] Des dons supplémentaires, offerts plus tard, ont porté le total à 3 750 000 dollars au total.

un peu de bonheur, des conditions de vie plus élevées que résider ailleurs leur aurait refusées, pour que l'enfant de ma ville natale, en regardant en arrière après des années, aussi loin de chez lui qu'il ait erré, ait le sentiment que la vie a été rendue plus joyeuse et meilleure. Si tel est le fruit de vos efforts, vous aurez réussi. Dans le cas contraire, vous aurez échoué.

C'est à ce paragraphe que je dois l'amitié du comte Grey, ancien gouverneur général du Canada. Il écrivit à M. Ross :

« Je dois connaître l'homme qui a écrit ce document dans le *Times* ce matin ».

Nous nous rencontrâmes à Londres et sympathisâmes immédiatement. Il a une grande âme qui touche instantanément le cœur et y reste. Sir Grey est aussi aujourd'hui un membre (administrateur) du fonds de dix millions de dollars pour le Royaume-Uni.[64]

---

[64] M. Carnegie fait référence au don de dix millions de dollars au Fonds Carnegie du Royaume-Uni uniquement en rapport avec le comte Grey. Ses références à ses dons sont occasionnelles, en ce sens qu'il ne fait référence qu'à ceux qui l'intéressent pour le moment. Ceux qu'il mentionne ne sont qu'une partie de l'ensemble. Il a donné à l'Union pacifique de l'Église plus de 2 000 000 $, à la United Engineering Society 1 500 000 $, au Bureau international des Républiques américaines 850 000 $, et à une vingtaine de conseils de recherche, d'hôpitaux et d'éducation des sommes allant de 100 000 $ à 500 000 $. Il a donné à diverses villes plus de 2 800 bibliothèques, pour un coût de plus de 60 millions de dollars. Il ne mentionne pas du tout le plus important de ses dons. Il a été fait en 1911 à la Carnegie

Ainsi, Pittencrieff Glen est le cadeau public le plus plaisant à mon âme que j'ai jamais offert, ou que je ne puisse jamais offrir. C'est une justice poétique que le petit-fils de Thomas Morrison, meneur radical en son temps, neveu de Bailie Morrison, son fils et successeur et, par-dessus tout, fils de mon Saint-Père et de ma mère si héroïque, sorte de l'ombre et dépossède les ducs, pour devenir l'agent qui transmet le Glen et le parc aux habitants de Dunfermline pour toujours. C'est une véritable histoire d'amour, qu'aucune utopie ne peut vraiment égaler ou aucune fiction concevoir. La main du destin semble planer dessus et j'entends quelque chose me chuchoter « Tu n'as pas vécu en vain… Tu n'as pas vécu en vain ». C'est le couronnement de ma carrière ! Je le mets à part de tous mes autres cadeaux publics. En vérité, le tourbillon du temps offre d'étranges revanches.

---

Corporation de New York et s'élevait à 125 millions de dollars. La Corporation est le légataire résiduel en vertu du testament de M. Carnegie et on ne sait pas encore quelle autre somme peut lui revenir par le biais de cet instrument. L'objet de la société, tel que défini par M. Carnegie lui-même dans une lettre adressée aux administrateurs, est le suivant :

« Promouvoir l'avancement et la diffusion de la connaissance et de la compréhension parmi le peuple des États-Unis en aidant les écoles techniques, les institutions d'enseignement supérieur, les bibliothèques, la recherche scientifique, les fonds pour les héros, les publications utiles et par d'autres agences et moyens qui seront de temps en temps jugés appropriés à cet effet. »

Les dons de Carnegie, dans l'ensemble, s'élèvent à un peu plus de 350 000 000 $ : une somme énorme rassemblée et ensuite redistribuée par un seul homme.

Cela fait maintenant treize ans que j'ai cessé d'accumuler de la fortune et commencé à la redistribuer. Je n'aurais jamais pu réussir ni dans l'un ni dans l'autre, si je m'étais contenté d'avoir assez d'argent pour me retirer, mais rien vers quoi me retirer. Mais j'ai toujours eu l'habitude et l'amour de la lecture, de l'écriture et de la parole à l'occasion, ainsi que la l'entourage et l'amitié d'hommes instruits, nouée avant d'abandonner les affaires. Durant plusieurs années après avoir pris ma retraite, je ne pouvais pas me résoudre à visiter les usines. Cela, hélas, me rappellerait tellement de gens qui avaient disparu. À peine un seul de mes premiers amis serait peut-être encore présent pour me serrer la main, comme au bon vieux temps. Seulement un ou deux de ces anciens m'appelleraient encore « Andy ».

Ne croyez pas, cependant, que mes jeunes partenaires étaient oubliés, ou qu'ils n'avaient pas joué une part très importante en me soutenant dans l'effort de me réconcilier avec les nouvelles conditions. Bien au contraire ! L'influence la plus apaisante de toutes fut leur organisation rapide de l'Association des Vétérans de Carnegie, qui ne prendra fin que lorsque le dernier des membres mourra. Notre dîner annuel, dans notre foyer de New York, est l'un des plus grands plaisirs : tellement grand qu'il dure d'une année à l'autre. Certains des vétérans viennent de loin pour être présents et ce qu'il se produit entre nous constitue une de mes plus grandes joies de ma vie. Je porte avec moi l'affection de « mes garçons ». J'en suis certain. Il n'y a pas d'erreurs possibles à ce propos parce que je suis de tout cœur avec eux. Je compte cela parmi mes nombreuses bénédictions et dans bien des heures de réflexion, ce fait m'apparut, et je me dis : « Je préfère cela sans la fortune, qu'une fortune de plusieurs millions sans cela : oui, mille fois oui ».

Mme Carnegie et moi nous sommes privilégiés de connaître beaucoup d'amis, hommes et femmes, grands et bons, mais ceux-ci ne changeront jamais notre amour commun pour les « garçons ». Car, à mon plus grand plaisir, elle est de tout cœur proche d'eux, tout comme moi. C'est elle qui baptisa notre nouvelle maison à New York avec le premier dîner des vétérans. « Les partenaires d'abord » étaient ses mots. Ce n'était pas une simple formalité lorsqu'ils élurent Mme Carnegie comme première membre honoraire et notre fille comme second. Leur place dans nos cœurs est assurée. Bien que je sois le plus ancien, nous étions quand même « des garçons ensemble ». Une confiance absolue et des buts communs, pas seulement pour soi, mais les uns pour les autres, et une affection profonde, firent de nous une fraternité. Nous étions d'abord des amis et ensuite des partenaires. Quarante-trois des quarante-cinq partenaires sont ainsi liés pour la vie.

Un autre événement annuel qui rassemble beaucoup de personnalités de qualité est notre dîner littéraire, chez nous, à la maison, avec notre cher ami M. Richard Watson Gilder, éditeur du « Century ».[65] Ses réparties et citations des écrits

---

[65] « Hier, nous avons eu une journée bien remplie à Toronto. Le grand événement était un dîner à six heures où nous avons tous pris la parole, A.C. faisant un discours remarquable… Je ne peux pas vous dire à quel point j'apprécie cela. Non seulement de voir de nouveaux endroits, mais aussi de discuter avec notre propre parti. C'est, en effet, une éducation libérale. A.C. est vraiment un "grand" homme, c'est-à-dire un homme doté d'une énorme faculté et d'une grande imagination. Je ne me souviens pas d'un ami qui ait un tel éventail de citations poétiques, à part peut-être Stedman. (Un répertoire de nombreuses citations de Shakespeare, Burns, Byron, etc.) Ses vues sont vraiment larges et prophétiques. Et, à moins que je ne me trompe, il a une éthique authentique. Il

de l'invité de l'année, placées sur les cartes de nos invités, sont si appropriées qu'elles provoquent l'hilarité générale. Ensuite, les discours des novices donnent du piquant à l'événement. John Morley fut l'invité d'honneur lors de son passage chez nous en 1895 et une citation de ses œuvres figurait sur la carte de chaque assiette.

Une année, Gilder est apparu tôt dans la soirée, car il souhaitait placer les invités. Cela avait été fait, mais il est venu me voir en me disant qu'il avait bien fait de les vérifier. Il avait découvert que John Burroughs et Ernest Thompson Seton étaient assis côte à côte. Comme ils étaient engagés dans une polémique sulfureuse sur les habitudes des animaux et des oiseaux, dans lesquelles les deux étaient allés trop loin dans leurs critiques, ils étaient maintenant à couteaux tirés. Glider avait dit que cela ne marcherait jamais de les asseoir l'un à côté de l'autre. Il les avait séparés. Je ne dis rien, mais me glissai dans la salle à manger sans être vu et replaçai les cartes comme avant. La surprise de Glider était grande lorsqu'il vit les deux hommes l'un à côté de l'autre, mais le résultat fut comme je l'avais espéré. Une réconciliation eut lieu et ils se quittèrent en bons amis. La morale : si vous voulez jouer les pacificateurs, placez les adversaires l'un à côté de l'autre, où ils devront s'efforcer d'être courtois.

Burroughs et Seton avaient tous les deux apprécié le piège que je leur avais tendu. Il est vrai que nous ne haïssons que

---

n'est pas parfait, mais il est très intéressant et remarquable. C'est un vrai démocrate. Ses actions bienveillantes ont une racine dans le Principe et le Caractère. Il n'est pas par hasard l'ami intime de natures aussi élevées qu'Arnold et Morley. » (Lettres de Richard Watson Gilder, éditées par sa fille Rosamond Gilder, p. 374. New York, 1916).

ceux que nous ne connaissons pas. C'est souvent la voie vers la paix que d'inviter votre adversaire à dîner et même de le supplier de venir, sans accepter de refus. La plupart des querelles s'intensifient parce que les parties ne se voient pas et ne communiquent pas entre elles et qu'elles entendent trop parler de leur désaccord par les autres. Elles ne comprennent pas complètement le point de vue de l'autre et tout ce qui peut être dit dessus. Sage est celui qui tend la main pour la réconciliation en cas de différend avec un ami. Malheureux celui qui la refuse jusqu'à la fin de ses jours. Rien ne peut compenser la perte d'un ami, même si celui-ci vous est devenu un peu moins cher qu'auparavant. Il s'agit encore de quelqu'un avec qui vous avez été intime et, avec l'âge, les amis disparaissent rapidement et vous laissent.

L'homme heureux sent qu'il n'y a pas un seul être humain à qui il ne souhaite pas du bonheur, une longue vie et un succès mérité. Il n'en est aucun sur le chemin duquel il jetterait un obstacle, ni à qui il ne rendrait pas service s'il le pouvait. Il peut ressentir tout cela sans être forcé de conserver comme ami celui qui a prouvé son indignité de façon indiscutable par une conduite déshonorante. Pour un tel homme, il ne devrait y avoir aucun ressenti hormis de la pitié, une pitié infinie. Et de la pitié pour votre propre perte également, car la véritable amitié ne peut se nourrir et se développer que sur les vertus.

∎

*« Lorsque l'amour commence à s'empoisonner*
*et à se dégrader,*
*Il utilise une cérémonie forcée »*

∎

La générosité d'antan peut avoir disparu pour toujours, mais chacun ne peut souhaiter à l'autre autre chose que du bonheur.

Aucun de mes amis ne salua ma retraite des affaires aussi chaudement que Mark Twain. Je reçus de sa part la note suivante, à une époque où les journaux parlaient beaucoup de ma richesse.


Cher Monsieur et Ami,

Vous semblez être prospère ces jours-ci. Pourriez-vous prêter un dollar et demi à un admirateur pour qu'il s'achète un livre de chants ? Dieu vous bénira si vous le faites ; je le sens, je le sais. J'en ferai de même. S'il y a d'autres demandes, celle-ci ne compte pas.

Bien à vous,

Mark

P.S. N'envoyez pas le livre de chants, envoyez l'argent. Je veux le choisir moi-même.

M.


Lorsqu'il était malade à New York, je suis allé le voir fréquemment et nous avons passé de bons moments ensemble, car même alité, il était toujours aussi brillant. Je l'ai appelé une fois pour lui dire au revoir, avant mon départ pour l'Écosse. Le fonds de pension pour les professeurs d'université a été annoncé à New York peu après. Une lettre de Mark à ce sujet, adressée à « Saint-Andrew », m'est parvenue en Écosse, dont voici un extrait :

> Vous pouvez prendre mon auréole. Si vous m'aviez dit ce que vous aviez fait à mon chevet, vous l'auriez reçue sur-le-champ.

Ceux qui étaient intimes avec M. Clemens (Mark Twain) certifieront qu'il était l'un des hommes les plus charmants. Joe Jefferson est le seul homme qui peut être considéré comme son jumeau par ses manières et son discours, leur charme étant du même ordre. « Oncle Remus » (Joel Chandler Harris) est un autre de ces individus ayant autant de charme, tout comme George W. Cable : oui, et Josh Billings en avait aussi. De telles personnes illuminent la vie de leurs amis. Ils illuminent le quotidien où qu'ils aillent. Dans les mots de Rip Van Winkle : « Tous à peu près pareils, ces gars-là ». Chacun d'entre eux est altruiste et a le cœur chaleureux.

Le grand public connaît seulement une facette de M. Clemens : la facette amusante. Il ne se doute pas que c'était un homme avec des convictions fortes sur les questions politiques et sociales et un moraliste de premier ordre. Par exemple, à la suite de la capture d'Aguinaldo par la duperie, sa plume fut la plus tranchante de toutes. Junius était faible en comparaison.

Le rassemblement pour célébrer son soixante-dixième anniversaire était unique. Le milieu littéraire était là en force, mais Mark n'avait pas oublié de demander d'avoir le multimillionnaire, M. H. H. Rogers, qui avait été son ami dans le besoin, et réciproquement, placé près de lui. Sans exception, les grands hommes de lettres s'attardaient dans leurs discours exclusivement sur l'œuvre littéraire de l'invité.

Lorsque vint mon tour, je fis référence à cela et leur demanda que fut noté que ce qu'avait fait notre ami en tant qu'homme vivrait aussi longtemps que ce qu'il avait écrit. Sir Walter Scott et lui-même étaient liés par un lien indéfectible. Notre ami, comme Scott, avait été ruiné par les erreurs de ses partenaires, qui avaient fait faillite. Deux chemins s'ouvraient à lui. L'un étant la voie douce, facile et courte : la voie légale. Abandonner toute propriété, traverser la banqueroute et repartir de zéro. C'était tout ce qu'il devait aux créanciers. L'autre voie, était longue, épineuse et pénible, un combat de toute une vie, avec tous les sacrifices. Il y avait deux chemins, et cela fut sa décision :

« La question n'est pas de savoir ce que je dois à mes créanciers, mais ce que je me dois à moi-même. »

Il y a des moments dans la vie de la plupart des hommes qui testent s'ils sont des déchets ou de l'or pur. C'est la décision prise au cœur de l'adversité qui dévoile l'homme. Notre ami entra dans la fournaise ardente en tant qu'homme et en émergea en tant que héros. Il paya ses dettes jusqu'au dernier centime en donnant des conférences dans le monde entier. « Mark Twain est un grincheux amusant », c'est un bon verdict populaire, mais qu'en est-il de l'homme et du héros qu'est M. Clemens, car il est les deux à la fois, comme Sir Walter.

Sa femme était son héroïne. C'était elle qui l'avait soutenu et avait voyagé autour du monde avec lui comme son ange gardien et qui lui avait permis de triompher comme Sir Walter le fit. Il ne manquait jamais de raconter cela à ses amis intimes. Jamais de ma vie, trois mots ne laissèrent un souvenir aussi douloureux que ceux prononcés lors de mon appel à la suite du décès de Mme Clemens. Je l'ai heureusement trouvé seul et alors que ma main était encore dans la sienne, avant qu'un seul mot n'ait été formulé par l'un ou l'autre, il a prononcé, avec une pression plus forte sur ma main, ces mots : « Une maison en ruine, une maison en ruine. » Le silence ne fut pas rompu. J'écris ces lignes des années plus tard, mais j'entends encore ces mots et mon cœur y répond.

Une grâce refusée à nos ancêtres nous est accordée aujourd'hui. Si le Juge nous donne un verdict d'acquittement pour avoir bien vécu cette vie, nous n'avons aucun autre Juge à craindre.

■

« Sois sincère envers toi-même,
Et, comme la nuit laisse place au jour,
Tu ne peux être faux envers aucun homme. »

■

Une punition éternelle, à cause de quelques années de manquements ici sur terre, serait contraire à ce que Dieu fit. Satan lui-même reculerait.

# CHAPITRE XXII

# MATTHEW ARNOLD ET LES AUTRES

# CHAPITRE XXII

# MATTHEW ARNOLD ET LES AUTRES

L'homme le plus charmant que nous ayons connu était Matthew Arnold[66], John Morley et moi sommes d'accord là-dessus. Il avait, en effet, « un charme » : c'est le seul mot qui exprime l'effet de sa présence et de sa conversation. Même son apparence et ses longs silences charmaient.

Il voyagea avec nous en 1880, je crois, à travers le sud de l'Angleterre : William Black et Edwin A.Abbey étaient également de la partie. Alors que nous approchions d'un joli village, il me demanda si la calèche pourrait s'arrêter là quelques minutes. Il expliqua que c'était le lieu où son parrain était enterré : l'évêque Keble. Il voulait visiter sa tombe. Il continua :
« Ah, cher, cher, Keble ! Je lui ai causé bien de la peine par

---

[66] Matthew Arnold (24 décembre 1822 - 15 avril 1888) est un poète et critique anglais.

mes positions sur des sujets théologiques, ce qui m'a causé également de la peine, mais, malgré son profond chagrin, ami précieux comme il l'était, il a voyagé jusqu'à Oxford et a voté pour moi pour le poste de Professeur de poésie anglaise ».

*Photographie d'Underwood & Underwood, N.Y.*
**Matthew Arnold**

Nous marchâmes ensemble jusqu'au paisible cimetière. Matthew Arnold, dans ses pensées silencieuses, sur la tombe de Keble, me laissa une impression durable. Plus tard, le sujet de ses positions théologiques fut abordé. Il dit qu'elles avaient causé de la peine à ses meilleurs amis.

« M. Gladstone exprima une fois sa profonde déception, ou quelque chose comme du déplaisir, disant que j'aurais dû être évêque. Aucun doute que mes écrits empêchèrent ma promotion, en plus de déplaire à mes amis, mais je ne pouvais rien faire contre cela. Je devais exprimer mes positions ».

Je me souviens bien de la tristesse dans le ton de sa voix, lorsque ces derniers mots furent prononcés, et avec quelle lenteur. Ils venaient du plus profond de son être. Il devait livrer son message. L'époque a progressé pour le recevoir. Ses enseignements passent presque inaperçus aujourd'hui. Si jamais il y avait un homme sérieusement religieux, c'était Matthew Arnold. Aucun mot irrévérencieux ne s'échappait jamais de ses lèvres. En cela, lui et M. Gladstone étaient tout aussi irréprochables. Malgré cela il avait tué le surnaturel en une seule courte phrase. « Le dossier sur les miracles est clos. Ils ne se produisent pas. »

Lui et sa fille, devenue Mme Whitridge, ont été nos invités à New York en 1883et également dans notre maison à la montagne dans les Alleghanies, de sorte que je le vis beaucoup, mais pas assez. Ma mère et moi-même le conduisîmes dans le hall lors de sa première apparition publique à New York. Il n'y avait jamais eu de meilleur public rassemblé. Le discours ne fut pas un succès, cela étant seulement dû à son incapacité à bien parler en public. On ne parvenait pas à l'entendre. Lorsque nous retournâmes chez nous, ses premiers mots furent :

« Alors, qu'avez-vous tous à dire ? Dites-moi ! Serais-je bon comme conférencier ? »

J'étais si intéressé par son succès que je n'hésitai pas à lui dire que ça ne fonctionnerait jamais pour lui s'il ne se préparait pas à parler en public. Il devait faire appel à un professeur d'art oratoire pour lui donner des leçons sur deux ou trois points. J'insistai tellement qu'il accepta de le faire. Après que nous ayons tous dit ce que nous avions à dire, il se tourna vers ma mère, lui disant :

« Maintenant, chère Mme Carnegie, ils m'ont tous donné leur opinion, mais j'aimerais savoir ce que vous avez à dire à propos de ma première soirée en tant que conférencier en Amérique ».

« Trop ministériel, M. Arnold, trop ministériel » fut la réponse donnée, lentement et doucement. Et, jusqu'à la fin, M. Arnold s'y référerait de temps en temps, en disant qu'il pensait que cela avait fait mouche. Lorsqu'il retourna à New York après sa tournée dans l'Ouest, il s'était tellement amélioré que sa voix remplissait complètement l'Académie de musique de Brooklyn. Il avait pris quelques leçons d'un professeur en élocution à Boston, comme conseillé et tout alla bien par la suite.

Il exprima le désir d'entendre le célèbre prédicateur, M. Beecher alors nous partîmes pour Brooklyn un dimanche matin. M. Beecher avait été informé de notre venue, afin qu'il puisse rester après le service pour rencontrer M. Arnold. Lorsque je présentai M. Arnold, il fut salué chaleureusement. M. Beecher exprima sa joie de rencontrer en chair et en os celui dont il connaissait si bien l'esprit et, lui prenant la main, il dit :

« Il n'y a rien de ce que vous avez écrit, M. Arnold, que je n'ai pas lu avec attention au moins une fois et ensuite relu de nombreuses fois. Et toujours avec profit, toujours avec profit ! »

« Ah, alors je crains, M. Beecher », répondit Arnold, « que vous n'ayez trouvé quelques références à vous-même qui auraient mieux fait d'être omises ».

« Oh, non, non, ce sont celles-là qui m'ont fait le plus de bien », dit Beecher en souriant. Ils rirent tous les deux.

M. Beecher n'était jamais à court d'idées. Après lui avoir présenté Matthew Arnold, j'eus le plaisir de présenter la fille du Colonel Ingersoll, en disant :

« M. Beecher, c'est la première fois que Mlle Ingersoll entre dans une église chrétienne ».

Il leva les deux mains et prit les siennes et en la regardant directement et en parlant doucement, il dit :

« Eh bien, eh bien, vous êtes la plus belle païenne que je n'ai jamais vue ». Ceux qui se souviennent de Miss Ingersoll dans sa jeunesse ne vont pas contredire M. Beecher. Puis il dit : « Comment va votre père, Miss Ingersoll ? J'espère qu'il va bien. Nous nous sommes souvent retrouvés ensemble en première ligne. Quelle chance pour moi que nous ayons été du même côté ! »

Beecher était, en effet, un homme bon, ouvert et généreux, qui absorbait ce qui était bon partout où il le trouvait. La philosophie de Spencer, la perspicacité d'Arnold tempérée par le bon sens, le soutien sans failles d'Ingersoll à des objectifs politiques élevés étaient des forces positives dans la République. M. Beecher était assez grand pour apprécier et saluer en tant qu'ami tous ces hommes.

Arnold nous rendit visite en Écosse en 1887 et, parlant un jour de sport, il dit qu'il ne tirait pas, qu'il ne pouvait pas tuer quelque chose qui avait des ailes et pouvait s'envoler dans le ciel bleu clair. Mais il ajouta qu'il ne pouvait pas abandonner la pêche : « les accessoires sont si ravissants ». Il parla de sa joie lorsqu'un certain duc lui offrait une journée de pêche deux ou trois fois par an. J'oublie qui était ce gentil duc, mais il y avait quelque chose de peu recommandable à son propos et l'on en fit mention. On lui demanda comme il en était arrivé à être en termes intimes avec un tel homme.

« Ah ! » dit-il, « un duc est toujours un personnage chez nous, toujours un personnage, indépendamment de la cervelle ou de la moralité. Nous sommes tous des snobs. Des centaines d'années nous ont faits ainsi, tous des snobs. Nous n'y pouvons rien. C'est dans notre sang ».

Ce fut dit en souriant, et je suis sûr qu'il avait eu quelques réticences mentales. Il n'était pas un snob lui-même, mais quelqu'un qui naturellement « souriait aux revendications d'une longue descendance » car, généralement, la « descendance » ne peut pas être mise en doute.

Il était intéressé, cependant, par les hommes de rang et de fortune. Je me souviens que, quand on était à New York, il souhaitait tout particulièrement rencontrer M. Vanderbilt. Je m'aventurai à dire qu'il ne le trouverait pas différent des autres hommes.

« Non, mais c'est quelque chose de connaître les hommes les plus riches du monde », répliqua-t-il. « Certainement que l'homme qui crée sa propre fortune éclipse ceux qui héritent du rang des autres ».

Je lui demandai un jour pourquoi il n'avait jamais écrit de critiques sur Shakespeare et ne lui avait jamais assigné sa place sur le trône parmi les poètes. Il dit que des pensées en ce sens avaient émergé, mais que la réflexion l'avait toujours convaincu qu'il était incompétent pour écrire sur Shakespeare et encore plus pour le critiquer. Il croyait que ça ne pouvait pas être fait avec succès. Shakespeare était par-dessus tout, ne pouvait être mesuré par aucune règle de critique. Bien qu'il eût aimé approfondir son génie transcendant, il avait toujours reculé devant ce sujet. Je dis que je m'attendais à cela, après son hommage qui reste aujourd'hui inégalé et je rappelai les lignes de son sonnet :

■

## SHAKESPEARE

Les autres supportent notre question. Tu es libre.
Nous demandons et demandons. Tu souris et tu restes immuable.
Au-delà de la connaissance. La plus haute colline
Qui, jusqu'aux étoiles, dévoile sa majesté,

Plantant ses pas inébranlables dans la mer,
Faisant du ciel des cieux sa demeure,
N'épargne que la frontière nuageuse de sa base
Aux questions des mortels ;

Et toi, que les étoiles et les rayons du soleil connaissaient,
Toi qui étais autoscolarisé, auto-examiné, autohonoré, autoassuré,
Tu te tenais sur la terre sans être jugé – Mieux vaut cela !

Quelles douleurs l'esprit immortel doit endurer,

Toutes les faiblesses qui amoindrissent, tous les chagrins qui courbent,
Trouvent leur voix dans ce front victorieux.

∎

Je connaissais M. Shaw (Josh Billings) et souhaitais que M. Arnold, l'apôtre de la douceur et de la lumière, rencontre ce diamant brut. Brut, mais diamant nonobstant. Heureusement, un matin, Josh vint me voir à l'Hôtel Windsor, où nous vivions alors et fit référence à notre invité, exprimant son admiration pour lui. Je lui répondis :

« Vous allez dîner avec lui ce soir. Les dames sont de sortie et Arnold et moi-même allons dîner seuls ; vous compléterez la trinité ».

Face à cette proposition, il hésita, étant un homme modeste, mais je fus intraitable. Aucune excuse ne serait acceptée. Il devait venir pour me faire plaisir. Ce qu'il fit. Je m'assis entre eux au dîner et apprécia cette rencontre des extrêmes. M. Arnold devint profondément intéressé par la façon dont M. Shaw présentait les choses et apprécia ses anecdotes sur l'ouest, riant plus ouvertement que je ne l'avais jamais vu faire auparavant. Un événement après l'autre était raconté à partir de l'expérience du conférencier, car M. Shaw avait donné des conférences pendant quinze ans dans toutes les villes de dix mille habitants ou plus aux États-Unis.

M. Arnold était désireux d'entendre comment le conférencier tenait ses audiences.

« Eh bien », dit-il, « vous ne devez pas les faire rire trop longtemps, ou ils penseront que vous vous moquez d'eux. Après avoir amusé l'auditoire, vous devez devenir sérieux et jouer un rôle sérieux. Par exemple, "il y a deux choses dans cette vie pour lesquelles aucun homme n'est jamais préparé. Qui me dira ce que sont ces deux choses ?" Finalement, quelqu'un lance "La mort". "Eh bien, qui me donne l'autre ?" Beaucoup de réponses : la richesse, le bonheur, le pouvoir, le mariage, les impôts… Enfin, Josh reprenait, solennellement : "Aucun d'entre vous n'a donné la deuxième. Il y a deux choses sur terre pour lesquelles aucun homme n'est jamais préparé. Et ce sont des jumeaux. L'assemblée rit". M. Arnold fit de même.

« Vous continuez à inventer de nouvelles histoires ? » lui demanda-t-on.

« Oui, toujours. Vous ne pouvez pas donner des conférences année après année sans trouver de nouvelles histoires. Parfois celles-ci ne font pas d'effet. J'avais une accroche qui, j'en étais sûr, ferait de l'effet et plairait au public, mais j'ai eu beau essayer, elle ne s'est jamais rendu justice, tout cela parce que je n'ai pas pu trouver le mot indispensable, juste un mot. J'étais assis devant un bon feu de bois un soir dans le Michigan lorsque le mot, qui, je le savais, allait claquer comme un fouet, me vint. Je l'ai essayé sur les garçons et ça a marché. Il a duré plus longtemps que n'importe quel autre mot que j'ai utilisé. J'ai commencé : "Nous vivons une époque très critique. Les gens ne vont pas croire tant qu'ils n'auront pas compris complètement. Maintenant, il y a Jonas et la baleine. Ils veulent tout savoir et c'est mon opinion que ni Jonas ni la baleine n'ont bien été compris. Et ensuite ils demandent ce que Jonas faisait dans le ventre de la baleine. »

*Jonas rejeté par le grand poisson*[67]
*extrait de la Bible du pape Jean XXII (xive siècle).*

M. Shaw était en train de marcher sur Broadway un jour, lorsqu'il se fit accoster par un vrai occidental, qui dit :

« Je pense que vous êtes Josh Billings ».

« Eh bien, parfois on m'appelle ainsi ».

« J'ai cinq mille dollars pour vous, juste là, dans mon portefeuille ».

---

[67] (souvent désigné à tort comme une baleine)

« Voici le Delmonico, entrez et racontez-moi tout ».

Après s'être assis, l'étranger dit qu'il était copropriétaire d'une mine d'or en Californie et expliqua qu'il y avait eu un différend par rapport à la propriété et que la réunion avec les partenaires s'était terminée dans des querelles. L'étranger dit qu'il était parti, en menaçant de prendre le taureau par les cornes et d'entamer une procédure judiciaire. 'Le matin suivant, je me suis rendu à la réunion et leur dis que j'avais consulté l'almanach de Josh Billings ce matin-là et la leçon du jour était la suivante : « Lorsque vous voulez prendre le taureau par les cornes, prenez-le par la queue. Vous pourrez mieux le tenir et le lâcher quand vous en aurez envie. » Nous avons ri et nous avons estimé que c'était plein de bon sens. Nous avons suivi votre conseil, apaisé la situation, et nous nous sommes quittés en bons amis. Quelqu'un a proposé qu'on donne cinq mille dollars à Josh, et, vu que j'allais à l'Est, ils m'ont nommé trésorier et j'ai promis de les remettre. Les voici ».

La soirée se termina avec M. Arnold qui dit :

« Eh bien, M. Shaw, si jamais vous venez donner une conférence en Angleterre, je serais ravi de vous accueillir et de vous présenter votre premier auditoire. N'importe quel homme stupide appelé lord pourrait vous servir mieux que moi en vous présentant, mais j'aimerais tellement le faire ».

Imaginez Matthew Arnold, l'apôtre de la douceur et de la lumière, présentant Josh Billings, le plus grand des bouffons, à un public londonien trié sur le volet.

Par la suite, il ne manquait jamais de demander des nouvelles de « notre ami léonin, M. Shaw ».

Je rencontrai Josh au Windsor un matin après le dîner des

notables, je m'assis avec lui dans la rotonde et il sortit un petit carnet de notes, en disant ce qu'il faisait :

'Où est Arnold ? Je me demande ce qu'il dirait sur cela. Le « Century » me donne 100 dollars par semaine, si j'accepte de leur envoyer toutes les petites choses qui me passent par la tête. J'essaye de leur donner quelque chose. Il y a ceci de l'oncle Zekiel, mon budget hebdomadaire : "Bien sûr, le critique est un homme plus grand que l'auteur. Celui qui peut pointer les erreurs qu'un autre a commises est un homme sacrément plus intelligent que celui qui les a faites".'

Je racontai à M. Arnold une histoire de Chicago, ou plutôt une histoire sur Chicago. Une dame de la haute société de Boston qui rendait visite à son amie d'école à Chicago, sur le point de se marier, fut submergée d'attention. Interrogée par un citoyen notable, un soir, sur ce qui l'avait charmé le plus à Chicago, elle répondit gracieusement :

« Ce qui me surprend le plus n'est pas l'agitation des affaires, ni votre développement matériel remarquable, ni vos grandes résidences. C'est le degré de culture et de raffinement que je trouve ici ». La réponse vint promptement :

« Oh, nous sommes juste enivrés de culture ici, vous savez ».

M. Arnold n'était pas préparé à apprécier Chicago, qui lui avait fait l'impression d'être le quartier général du philistinisme. Il fut, cependant, surpris et satisfait au contact de tant de « culture et raffinement ». Avant de débuter, il était curieux de savoir ce qu'il trouverait le plus intéressant. Je dis en riant qu'on l'emmènerait sans doute d'abord voir le spectacle le plus merveilleux de la région, à savoir les abattoirs, avec leurs nouvelles machines, si perfectionnées que le porc entré d'un côté sortait en jambon de l'autre côté avant que l'on ait pu entendre son premier couinement. Puis, après une pause, il demanda en réfléchissant :

« Mais pourquoi aller dans les abattoirs, pourquoi devrait-on entendre des porcs couiner ? » Je ne pus donner de raison, alors la question resta en suspens.

Le favori de M. Arnold dans l'Ancien Testament était certainement Isaïe : en tout cas, ses citations fréquentes de ce grand poète, comme il l'appelait, conduisaient à cette conclusion. J'ai constaté dans mon tour du monde que les livres sacrés des autres religions avaient été dépouillés des scories qui s'étaient nécessairement accumulées autour de leurs légendes. Je me suis souvenu que M. Arnold disait que les Écritures devaient être traitées de la même manière. Les joyaux de Confucius et d'autres qui ravissent le monde ont été sélectionnés avec beaucoup de soin et apparaissent comme des « collections ». On ne présente pas les accrétions répréhensibles d'un passé ignorant au disciple.

Plus on réfléchit à la question, plus on est convaincu que le chrétien devra suivre l'exemple de l'Orient et trier le bon grain de l'ivraie. Pire que l'ivraie, à vrai dire, les déchets parfois pernicieux et même toxiques. Burns, dans le « Cotter's Saturday Night », décrit l'homme bon en train de descendre la grande Bible pour le service du soir :

« Il sélectionne un passage avec un soin judicieux. »

Nous devrions choisir ces passages et utiliser seulement les parties choisies. En cela, et bien d'autres choses encore, l'homme que je suis si reconnaissant d'avoir connu et ai le si grand privilège d'appeler ami, s'est montré être le véritable professeur, en avance sur son époque, le plus grand professeur poétique dans le domaine de « l'avenir et de ses choses qu'on ne voit pas ».

J'ai emmené Arnold depuis notre maison de vacances à Cresson dans les Alleghanies pour voir la noire et enfumée Pittsburgh. Sur le chemin qui va de l'aciérie Edgar Thomson à la gare, il y a deux escaliers qui mènent au pont qui traverse la voie ferrée. Le second étant assez raide. Lorsque nous en avions gravi environ les trois quarts, il s'arrêta soudainement pour reprendre son souffle. S'appuyant sur la balustrade et mettant la main sur le cœur, il me dit :

« Ah, cela m'achèvera un jour, comme cela a été le cas pour mon père ».

Je n'étais pas au courant, à ce moment, de la faiblesse de son cœur, mais je n'ai jamais oublié cet incident, et lorsque peu de temps après, la triste nouvelle de sa mort subite vint, après un effort en Angleterre pour tenter d'éviter un obstacle, cela me revint avec une grande douleur que notre ami avait prédit son destin. Notre perte était grande. L'épitaphe de Burns sur Tam Samson ne pourrait s'appliquer de manière plus appropriée à aucun homme que j'ai connu :

> *« L'argile usée de Tam Samson repose ici :*
> *Zélateurs, épargnez-le !*
> *Si la valeur de l'honnêteté s'élève dans le ciel,*
> *Vous réparerez ou gagnerez près de lui. »*

Le nom d'un homme cher me vient à l'instant. LeDr Oliver Wendell Holmes, de Boston, le docteur de tout le monde, dont le seul malheur à la fin était d'avoir quatre-vingts ans. C'était un garçon jusqu'au bout. Lorsque Matthew Arnold mourut, quelques amis ne purent s'empêcher de prendre des mesures pour ériger un monument approprié à sa mémoire. Ces amis ont discrètement fourni la somme nécessaire, car aucun appel public ne pouvait être envisagé. Personne ne pouvait avoir le droit de contribuer à un tel fonds, excepté ceux qui avaient droit à ce privilège, car on estimait que c'était un privilège. Le double, le triple de la somme aurait aisément pu être obtenu. J'avais la grande satisfaction d'être autorisé à joindre les quelques sélectionnés et de participer depuis notre côté de l'Atlantique. Bien sûr, je n'avais jamais pensé à mentionner la question à ce cher Dr Holmes. Non pas qu'il n'était pas un élu, mais parce qu'aucun auteur ou professionnel ne devrait se voir demander de contribuer à des fonds qui, à de rares exceptions, sont mieux utilisés lorsqu'ils leur servent à eux-mêmes. Un matin, cependant, je reçus une note du docteur, disant qu'il lui avait été chuchoté qu'il y avait un tel mouvement mis sur pied et que j'avais été mentionné en rapport avec celui-ci et que s'il était jugé digne d'avoir son nom sur le tableau d'honneur, il serait gratifié. Depuis qu'il en avait entendu parler, il ne pouvait pas en fermer l'œil la nuit sans m'écrire. Il aimerait recevoir une réponse. Qu'il ait été jugé digne, cela va sans dire.

C'est le genre de mémorial que tout homme pourrait souhaiter. Je m'aventure à dire qu'il n'y a pas une seule personne qui y a contribué qui ne fut pas reconnaissante envers les bonnes grâces du destin de lui avoir donné cette occasion.

# CHAPITRE XXIII

# DIRIGEANTS POLITIQUES BRITANNIQUES

# CHAPITRE XXIII

# DIRIGEANTS POLITIQUES BRITANNIQUES

À Londres, Lord Rosebery, alors au cabinet de Gladstone et homme d'État en pleine ascension, eut la gentillesse de m'inviter à dîner avec lui pour rencontrer M. Gladstone. Je lui suis redevable d'avoir rencontré le premier citoyen du monde. C'était, je pense, en 1885, car mon livre « Démocratie triomphante »[68] sortit en 1886 et je me souviens avoir donné à M. Gladstone à cette occasion, quelques chiffres étonnants que j'avais préparés pour lui.

Je n'ai jamais fait ce que je pensais être juste dans une affaire sociale avec plus d'abnégation que lorsque, plus tard, M. Gladstone m'a invité pour la première fois à dîner avec lui. J'étais déjà engagé pour dîner autre part et j'ai fortement

---

[68] « La Démocratie Triomphante, ou Cinquante Ans de Marche de la République », Londres et New York, 1886

tenté de plaider qu'une invitation du vrai régent de Grande-Bretagne devrait être considérée comme un commandement, au même titre que celle du dignitaire de la couronne. Mais j'honorai mon engagement et manquai l'homme que je voulais rencontrer le plus au monde. Le privilège s'est heureusement représenté plus tard, lors de visites ultérieures à Hawarden.

*Rosebery en 1909*

Lord Rosebery[69] a ouvert la première bibliothèque dont j'ai fait don, celle de Dunfermline. Il a également récemment (1905) ouvert la dernière que j'ai offerte, celle de Stornoway. Lors de sa dernière visite à New York, je l'ai conduit le long de la promenade Riverside et il a déclaré qu'aucune ville au monde ne possédait une telle attraction. C'était un homme brillant, mais ses résolutions étaient les suivantes :

« Souffrant de la pâleur de la pensée. »

S'il avait vu le jour chez les travailleurs et était entré à la Chambre des Communes dans sa jeunesse, au lieu d'être parachuté sans effort dans la chambre haute dorée, il aurait pu acquérir dans les difficultés de la vie un cuir plus épais, car il était très sensible et manquait de la ténacité essentielle pour commander dans la vie politique. Il était un orateur charmant : un panégyriste avec la touche la plus légère et le style le plus gracieux sur certains thèmes parmi tous les orateurs de son temps. [Depuis que ces lignes ont été écrites, il est peut-être devenu le plus grand panégyriste de notre histoire. Il a atteint une place élevée. Tout l'honneur lui revient !]

Un matin, je lui rendis visite sur rendez-vous. Après les salutations, il prit une enveloppe qui, comme je le vis en entrant, avait été posée sur son bureau avec soin et me la tendit en me disant :

---

[69] Archibald Philip Primrose (7 mai 1847 – 21 mai 1929), 5ème comte de Rosebery, connu également à partir de 1851 sous le titre de courtoisie de Lord Dalmeny, est un homme d'État de l'époque victorienne, Premier ministre britannique de 1894 à 1895.

« Je vous demande de renvoyer votre secrétaire. »

« C'est un ordre important, Sir. Il est indispensable et c'est un Écossais », répliquai-je. « Quel est le problème avec lui ? »

« Ce n'est pas votre écriture, c'est la sienne. Que pensez-vous d'un homme qui épelle Rosebery avec deux r ? »

Je dis que si je devais être susceptible sur ce point, la vie serait insupportable pour moi. « Je reçois de nombreuses lettres tous les jours à la maison et je suis sûr que vingt à trente pour cent d'entre elles épellent mal mon nom, allant de "Karnaghie" à "Carnagay". »

Mais il était sérieux. Ces simples petites broutilles l'ennuyaient beaucoup. Les hommes d'action devraient apprendre à rire de ces petites choses et à s'en réjouir, sinon ils risquent eux-mêmes de devenir « petits ». Une personnalité charmante en somme, mais timide, sensible, capricieuse et réservée, des qualités que quelques années aux Communes auraient probablement assouplies.

Lorsqu'il était, en tant que libéral, en train de créer la Chambre des Lords et de générer du remous, je me suis aventuré à lui céder un peu de ma propre démocratie.

« Présentez-vous au parlement avec hardiesse. Abandonnez votre rang héréditaire, en déclarant que vous dédaignez accepter un privilège qui n'est pas le droit de tout citoyen. Devenez ainsi le véritable meneur du peuple, ce que vous ne pourrez jamais être tant que vous aurez ce rang. Vous êtes jeune, brillant, captivant, avec le don d'une parole charmante. Il n'est pas question que vous soyez Premier ministre si vous vous lancez dans l'aventure. »

À ma surprise, bien qu'apparemment intéressé, il dit très calmement :

« Mais la Chambre des Communes ne pourrait pas m'accepter comme un des siens. »

« C'est ce que j'espère. Si j'étais à votre place, et rejeté, je me représenterais de nouveau pour le prochain poste vacant et je forcerais la question. Insistez sur le fait que quelqu'un ayant renoncé à ses privilèges héréditaires soit élevé au rang de citoyen et soit éligible à n'importe quelle position à laquelle il est élu. La victoire est certaine. C'est jouer le rôle d'un Cromwell. La démocratie vénère un destructeur de précédent ou un créateur de précédent ».

Nous avons laissé tomber le sujet. En racontant cela à Morley par la suite, je n'oublierai jamais son commentaire :

« Mon ami, Cromwell ne réside pas au numéro 38 de Berkeley Square ». Lentement, solennellement parlé, mais concluant.

Un homme bon, mais il était handicapé par sa naissance en tant que noble. De l'autre côté, Morley, sorti des rangs, son père étant un chirurgien ayant du mal à garder son fils à l'université, restait « John l'honnête », pas affecté le moins du monde par la prétendue élévation au-dessus de la classe ouvrière ni la Légion d'honneur, toutes deux données pour le mérite. La même chose avec « Bob » Reid, M.P., qui devint comte Loreburn et Lord Haut Chancelier, Lord Haldane, son successeur en tant que Chancelier ; Asquith, Premier ministre, Lloyd George, et d'autres. Même les dirigeants de notre république aujourd'hui ne sont pas des hommes plus démocratiques ou plus proches du peuple.

Lorsque le plus grand citoyen du monde disparut, la

question était de savoir qui allait succéder à Gladstone. Qui pouvait lui succéder ? Les membres plus jeunes du cabinet étaient d'accord pour laisser la décision à Morley. Hartcourt ou Campbell-Bannerman ? Il y avait seulement un obstacle sur le chemin du premier, mais il lui était fatal : l'incapacité à contrôler son tempérament. La question l'avait poussé, malheureusement, à de tels débordements qu'il n'était vraiment pas apte à diriger. Un homme au jugement calme, sobre et clair était considéré comme indispensable.

J'étais chaleureusement attaché à Hartcourt, qui était à son tour un admirateur dévoué de notre république, comme l'est devenu le mari de la fille de Motley. Notre recensement et nos rapports imprimés, que je pris soin de lui transmettre, l'intéressèrent profondément. Bien sûr, l'élévation du représentant de ma ville natale de Dunfermline (Campbell-Bannerman)[70] me donna un plaisir non dissimulé, d'autant plus qu'en rendant les remerciements de la Town House au peuple assemblé, il employa ces mots :

« Je dois mon élection à mon président, Bailie Morrison ».

Bailie, le radical dirigeant de Dunfermline, était mon oncle. Nous étions des familles radicales à cette époque et nous le sommes encore, autant les Carnegie que les Morrison, ainsi que d'intenses admirateurs de la Grande République, comme celui qui vanta les mérites de Washington et de ses collègues comme « des hommes qui savaient et osaient proclamer la royauté de l'homme ». Une déclaration qui en valait la peine. Il n'y a rien de plus certain que la race anglophone, dans un développement ordonné et légal,

---

[70] Campbell-Bannerman fut choisi à la tête du parti libéral en décembre 1898.

établira bientôt la règle d'or de la citoyenneté par l'évolution, jamais par la révolution :

« Le rang n'est que l'empreinte de la guinée,
L'homme en est l'or, après tout. »

Ce sentiment prévaut déjà dans toutes les colonies britanniques. La chère vieille poule de la Mère Patrie a des canards pour poulets qui lui donnent beaucoup d'anxiété en affrontant les vagues tandis qu'elle, alarmée, crie sauvagement depuis le rivage. Mais elle apprendra aussi à nager de temps en temps.

À l'automne 1905, Mme Carnegie et moi-même participâmes à la cérémonie de remise des Clés de la ville de Dunfermline à notre ami, Dr John Ross, président du Fonds Carnegie de Dunfermline, principal et plus zélé travailleur pour le bien de la ville. Le prévôt Macbeth, dans son discours, informa l'auditoire que l'honneur était rarement conféré, qu'il y avait seulement trois bourgmestres vivants ; l'un d'eux étant leur député, H. Campbell-Bannerman, alors Premier ministre. Le second le comte d'Elgin de Dunfermline, ancien vice-roi des Indes, alors secrétaire aux Colonies. Et le troisième étant moi-même. Cela me semblait être une excellente compagnie, tant j'étais en dehors de la course en ce qui concerne les fonctions officielles.

Le comte d'Elgin est le descendant du Bruce. Leur caveau familial se situe dans l'abbaye de Dunfermline, où son illustre ancêtre repose, sous la cloche de l'abbaye. Il a été noté la façon dont le secrétaire Stanton sélectionna le général Grant comme l'unique homme du parti qui ne pouvait pas être le commandant. On serait très enclin à faire une erreur similaire à propos du comte. Lorsque les universités écossaises devaient être réformées, le comte était deuxième membre du comité. Lorsque le gouvernement conservateur forma son comité sur la guerre des Boers, le comte, un libéral, fut désigné président. Lorsque la décision de la chambre des Lords apporta la confusion au sein de l'Église unie et libre d'Écosse, Lord Elgin fut appelé, en tant que président du comité, pour régler la question. Le parlement intégra son rapport dans un projet de loi et, de nouveau, il fut placé au sommet pour l'appliquer. Lorsque les administrateurs du Fonds des universités d'Écosse devaient être choisis, je dis au Premier ministre Balfour que je pensais que le comte d'Elgin, en tant que magnat de Dunfermline, pourrait être amené à prendre la présidence. Il dit que je ne pourrais pas trouver un meilleur homme en Grande-Bretagne. Et cela a été prouvé. John Morley me dit, un jour après l'événement, mais avant qu'il n'ait eu l'expérience de président, alors uniquement en tant que membre du Fonds de Dunfermline :

« J'avais pour habitude de penser qu'Elgin était l'une des personnalités publiques de position élevée les plus problématiques que j'aie jamais rencontrées, mais je le considère maintenant comme étant l'une des plus capables. Des actes, pas des mots. Un jugement, pas des paroles ».

Tel est le descendant du Bruce aujourd'hui. L'incarnation de la valeur modeste et de la sagesse combinées.

Une fois que l'on a commencé une carrière de détenteur des Clés de la ville, il semblait n'y avoir aucune fin à ces honneurs.[71] Avec le quartier général à Londres en 1906, je

---

[71] M. Carnegie a reçu pas moins de cinquante-quatre clés de villes en Grande-Bretagne et en Irlande. C'était alors un record. M. Gladstone arrivant deuxième avec dix-sept.

reçus six clés en six jours consécutifs, et deux la semaine suivante, en partant en train le matin et en rentrant le soir. On pourrait penser que la cérémonie finirait par devenir monotone, mais ce n'était pas le cas, les conditions étant différentes dans chaque cas. Je rencontrais des hommes remarquables parmi les maires, les prévôts et les principaux citoyens liés aux affaires municipales, et chaque communauté avait sa propre empreinte et ses problèmes, succès et échecs. Il y avait généralement une amélioration grandement désirée surpassant toutes les autres questions qui absorbaient l'attention de la population. Chacun était un petit monde en soi. Le conseil municipal est un cabinet en miniature et le maire son Premier ministre. La politique intérieure tient les gens en haleine. Les relations étrangères ne manquent pas. Il y a des questions intercommunales avec des communautés voisines, des projets communs d'eau, de gaz ou d'électricité d'une grande importance, des conseils se prononçant pour ou contre des alliances ou des séparations.

Dans aucun domaine, le contraste entre l'Ancien Monde et le Nouveau Monde n'est plus grand que dans l'administration municipale. Dans le premier cas, les familles résident depuis des générations sur leur lieu de naissance, avec une dévotion s'accroissant pour la ville et ses alentours. Un père devenant maire incite le fils à y aspirer. Cet atout inégalable, la fierté de la ville, est créé, culminant dans un attachement romantique aux lieux d'origine. On cherche à devenir conseiller municipal pour que chacun, de son temps et de sa génération, puisse rendre service à la ville. Pour les meilleurs citoyens, c'est un objet d'ambition honorable. Peu, en effet, regardent au-delà : la fonction de membre du parlement étant pratiquement réservée aux hommes fortunés, impliquant une résidence à Londres sans compensation. Ce dernier point, cependant, va bientôt changer et la Grande-Bretagne suivra le principe universel consistant à payer les législateurs pour les services rendus.

(En 1908, et réalisé depuis : quatre cents livres sterling sont maintenant payées.)

Après cela, elle suivra probablement le reste du monde en faisant en sorte que le Parlement se réunisse pendant la journée, ses membres étant frais et dispos pour le travail, au lieu de consacrer toute la journée à l'activité professionnelle et d'entreprendre ensuite, après le dîner, la mission de gouverner le pays avec des cerveaux épuisés. Cavendish, l'autorité en matière de whist, à qui l'on demandait s'il était possible qu'un homme puisse faire preuve de finesse à l'égard d'un valet, d'un deuxième tour et d'un troisième joueur, répondit, après réflexion, « Oui, il le pourrait, *après le dîner* ».

Les meilleures personnes siègent aux conseils des villes britanniques, incorruptibles, à l'esprit public, fiers et dévoués à leur foyer. Aux États-Unis, des progrès sont faits en ce sens, mais nous sommes ici bien en retard par rapport à la Grande-Bretagne. Néanmoins, les gens tendent à s'installer de façon permanente dans certains endroits au fur et à mesure que le pays se peuple. Nous allons développer le patriotisme local, celui qui est soucieux de laisser le lieu de sa naissance un peu mieux qu'il ne l'a trouvé. Cela fait seulement une génération que la prévôté des villes écossaises, qui était généralement réservée à l'un des propriétaires locaux appartenant aux classes supérieures. Que « le Britannique aime tendrement un lord » est encore vrai, mais l'amour disparaît rapidement.

À Eastbourne, Kings-Lynn, Salisbury, Ilkeston, et beaucoup d'autres villes anciennes, je constatais que le maire était sorti du rang et avait généralement travaillé de ses mains. La majorité du conseil était également de ce type. Tous donnaient leur temps gratuitement. C'était une source de beaucoup de plaisir pour moi de connaître les prévôts et dirigeants dans les conseils de tant de villes en Écosse et en Angleterre, sans oublier l'Irlande, où mon tour des clés était tout aussi attrayant. Rien ne pouvait surpasser l'accueil qui m'a été réservé à Cork, Waterford et Limerick. C'était surprenant de voir l'accueil sur les drapeaux, exprimé dans les mêmes mots gaéliques, *Cead mille failthe* (signifiant « cent mille bienvenus ») que ceux utilisés par les locataires de Skibo.

Rien n'aurait pu me donner un tel aperçu de la vie publique locale et du patriotisme en Grande-Bretagne que la remise des clés, ce qui, dans le cas contraire, aurait pu devenir ennuyeux. Je me sentais tellement chez moi parmi les chefs des villes que l'embarras des drapeaux, des foules et des gens aux fenêtres le long de notre route était facilement assumé comme une part du devoir de la journée. Même le discours du premier magistrat fournissait habituellement de nouvelles phases de la vie sur lesquelles je pouvais m'arrêter. Les épouses des maires étaient ravissantes dans toute leur fierté et leur gloire.

Ma conclusion est que le Royaume-Uni est mieux servi par les principaux citoyens de ses municipalités, élus par le vote populaire, qu'aucun autre pays lointain ne peut possiblement l'être. Tout est sain jusqu'au cœur, dans cette branche importante du gouvernement. Le parlement lui-même pourrait facilement être constitué d'une délégation de membres des conseils municipaux sans diminuer son efficacité. Peut-être que lorsqu'une rémunération suffisante des membres sera établie, beaucoup d'entre eux se retrouveront à Westminster, et cela au bénéfice du Royaume.

# CHAPITRE XXIV

# GLADSTONE ET MORLEY

# CHAPITRE XXIV

# GLADSTONE ET MORLEY

M. Gladstone fit un compliment remarquable à mon « Carosse américain à quatre chevaux en Grande-Bretagne » lorsque Mme Carnegie et moi-même étions ses invités à Hawarden en avril 1892. Il me suggéra, un jour, de passer la matinée avec lui dans sa nouvelle bibliothèque, pendant qu'il rangerait ses livres (que personne d'autre à part lui n'avait le droit de toucher). Nous pourrions discuter. En flânant dans les rayons je trouvai un volume unique et appelai mon hôte, alors au sommet de l'échelle de la bibliothèque, loin de moi et manipulant de lourds ouvrages :

« Monsieur Gladstone, je trouve ici un livre intitulé *Les Dignitaires de Dunfermline,* écrit par un ami de mon père. J'ai connu quelques dignitaires lorsque j'étais enfant ».

« Oui », me répondit-il, « et si vous déplacez votre main trois ou quatre livres sur la gauche, je pense que vous trouverez un autre livre écrit par un homme de Dunfermline ».

Je l'ai fait et j'ai vu mon livre « Un Carrosse américain à Quatre Chevaux en Grande-Bretagne ». Mais, avant de l'avoir pris, j'entendis l'orgue résonner à tue-tête du sommet de l'échelle :

« Ce que la Mecque est pour le mahométan, Bénarès pour l'hindou, Jérusalem pour le Chrétien, tout ça, c'est Dunfermline pour moi ».

Mes oreilles entendirent la voix quelques instants avant que mon cerveau ne reconnaisse mes propres mots, écrits lors du premier retour à Dunfermline, alors que nous l'approchions par le sud.[72]

« Comment diable avez-vous réussi à obtenir ce livre ? » demandai-je. « Je n'avais pas l'honneur de vous connaître quand il a été écrit et je n'ai pas pu vous en envoyer une copie. »

« Non ! » répliqua-t-il, « Je n'avais pas alors le plaisir de vous connaître, mais quelqu'un, Rosebery, je crois, m'a parlé du livre, puis je l'ai envoyé le chercher et je l'ai lu avec plaisir.

---

[72] Le paragraphe entier est le suivant : « Comme Dunfermline est belle, vue des collines de Ferry, avec sa vieille et grande abbaye qui domine tout, semblant sanctifier la ville et donner du charme et de la dignité au plus petit appartement ! Il n'y a pas non plus dans toute l'Écosse, ni dans beaucoup d'autres endroits que je connaisse, une vue plus variée et plus délicieuse que celle que l'on obtient du parc par une belle journée. Ce que Bénarès est pour l'hindou, la Mecque pour le mahométan, Jérusalem pour le Chrétien, tout ce que Dunfermline est pour moi. » (Un Carrosse américain à Quatre Chevaux en Grande-Bretagne, p. 282.)

Cet hommage à Dunfermline m'a paru si extraordinaire qu'il est resté gravé dans ma mémoire. Je n'ai jamais pu l'oublier ».

Cet événement se produisit huit ans après que le « Carrosse américain à Quatre Chevaux » fut rédigé, et constitue une preuve supplémentaire de la merveilleuse mémoire de M. Gladstone. Peut-être me pardonnera-t-on, en tant qu'auteur vaniteux, de confesser ma reconnaissance pour son jugement non moins merveilleux.

*Photographie par Underwood & Underwood, N.Y.*
**William E. Gladstone**

Le politicien qui se présente publiquement comme « lecteur de la leçon » du dimanche devrait être considéré avec méfiance. J'avoue que, jusqu'à ce que je connaisse bien M. Gladstone, j'ai pu penser que le vieux gentleman prudent pourrait au moins sentir que ces apparitions ne lui coûtaient pas de voix. Mais tout cela s'évanouit quand j'appris à connaître sa vraie nature. Il était dévoué et sincère, si tant est qu'un homme le fût un jour. Oui, même lorsqu'il note dans son journal (auquel Morley fait référence dans sa *Vie de Gladstone*) que, tout en s'adressant à la Chambre des Communes sur le budget pendant plusieurs heures avec une grande adhésion, il avait « conscience d'être soutenu par la puissance divine supérieure ». Difficile de nier que, pour une personne d'une foi aussi magnifique, cette croyance dans le soutien de la puissance inconnue a vraiment dû s'avérer être un soutien. Bien que cela pourrait choquer qu'un simple mortel puisse avoir l'audace suffisante pour s'imaginer que le Créateur de l'Univers se préoccupe du budget de M. Gladstone, préparé pour une petite parcelle de cette terre. Cela semblait presque sacrilège pourtant, pour M. Gladstone, c'était l'inverse : une croyance religieuse telle qu'elle a sans doute permis à des hommes d'accomplir des merveilles en tant que serviteurs directs de Dieu accomplissant son œuvre.

Durant la nuit du jubilé de la reine en juin 1887, M. Blaine et moi devions dîner chez Lord Wolverton à Piccadilly, pour rencontrer M. et Mme Gladstone. La première fois qu'il rencontrait M. Blaine. Nous sommes partis en taxi de l'hôtel Métropole à temps, mais la foule était si dense que le taxi a dû être abandonné au milieu de St James's Street. Arrivé sur le trottoir, M. Blaine me suivant, je trouvai un policier et lui expliquai qui était mon compagnon, où nous allions et lui demandai s'il ne pouvait pas se charger de nous y conduire. Il le fit, se frayant un chemin à travers la foule avec toute l'autorité de sa fonction et nous le suivîmes. Mais il était neuf heures lorsque nous arrivâmes chez Lord Wolverton. Nous nous sommes séparés après onze heures.

M. Gladstone expliqua que lui et Mme Gladstone avaient pu atteindre la maison en coupant par Hyde Park et en passant par-derrière. Ils s'attendaient à regagner leur résidence, alors à Carlton Terrace, de la même manière. M. Blaine et moi pensions que nous devrions profiter des rues et tenter de retourner à l'hôtel en nous frayant un chemin à travers la foule. Nous faisions cela avec succès et avancions lentement avec le courant, en dépassant le Reform Club, lorsque j'entendis un mot ou deux prononcés par une voix proche du bâtiment sur ma droite. Je dis à M. Blaine :

« C'est la voix de M. Gladstone ».

Il me dit : « C'est impossible. Nous venons juste de le laisser retourner à sa résidence ».

« Cela m'est égal : je reconnais mieux les voix que les visages et je suis sûr que c'est celle de Gladstone ».

Finalement, je le persuadai de revenir sur nos pas. Nous nous rapprochâmes du côté de la maison puis reculâmes. Je m'approchai d'une silhouette encapuchonnée et murmurai :

« Qu'est-ce qui fait sortir "Gravity" de son lit à minuit ? »

M. Gladstone était découvert. Je lui dis que j'avais reconnu sa voix murmurant à son compagnon.

« Et donc, » dis-je, « le vrai souverain sort pour voir les illuminations préparées pour le souverain symbolique ! »

Il répliqua : « Jeune homme, je pense qu'il est temps pour vous d'aller au lit ».

Nous restâmes quelques minutes avec lui, en prenant soin de ne pas ôter de sa tête et de son visage le manteau qui les couvrait. Il était alors minuit passé et il avait quatre-vingts ans, mais, comme un garçon, après avoir ramené Mme Gladstone sans encombre chez elle, il avait décidé de rester voir le spectacle.

La conversation du dîner entre M. Gladstone et M. Blaine porta sur les différences de procédures parlementaires entre la Grande-Bretagne et l'Amérique. Durant la soirée, M. Gladstone soumit M. Blaine à un contre-interrogatoire très approfondi sur la procédure de la Chambre des représentants dont M. Blaine avait été le porte-parole. Je vis que la « question préalable » et les règles sommaires que nous avions adoptées pour limiter les débats inutiles firent une profonde impression sur M. Gladstone. Par intervalles, la conversation s'élargissait.

M. Gladstone était intéressé par plus de sujets que ne peut l'être aucun autre homme en Grande-Bretagne. La dernière fois que je l'avais vu en Écosse, chez M. Armistead, son esprit était aussi clair et vigoureux que jamais et son intérêt pour les affaires tout aussi fort. Le sujet qui l'intéressait alors le plus et sur lequel il m'assaillait de questions, était les grands bâtiments en acier dans notre pays, sur lesquels il avait lu des articles. Ce qui le rendait perplexe était la manière dont il était possible que la maçonnerie d'un cinquième ou sixième étage soit généralement finie avant le troisième ou quatrième étage. Je lui expliquai cela, à sa grande satisfaction. Pour ce qui était d'aller au fond des choses, il était infatigable.

M. Morley (bien qu'il soit un lord, il demeure un auteur à

part entière, John Morley) est devenu assez tôt l'un de nos amis britanniques en tant que rédacteur en chef de la *Fortnightly Review,* qui a publié ma première contribution à un périodique britannique.[73] Cette amitié s'est élargie et approfondie dans notre vieillesse jusqu'à ce que nous confessions mutuellement être des amis très proches.[74] Nous échangeons habituellement de courtes notes (parfois longues) le dimanche après-midi, au gré de l'inspiration. Nous ne nous ressemblons pas, loin de là. Nous sommes attirés l'un vers l'autre parce que les opposés sont mutuellement bénéfiques. Je suis optimiste, je vois toujours le bon côté des choses. Il est pessimiste, regardant sobrement, même sombrement, les véritables dangers à

---

[73] *Un Carrosse américain à Quatre Chevaux en Grande-Bretagne.*

[74] « M. Carnegie avait prouvé son originalité, sa plénitude d'esprit et sa force de caractère, autant ou plus dans la distribution des richesses qu'il avait fait preuve d'habileté et de prévoyance dans leur acquisition. Nous nous étions connus plus de vingt ans auparavant grâce à Matthew Arnold. Son extraordinaire fraîcheur d'esprit porta facilement Arnold, Herbert Spencer, moi-même et par la suite beaucoup d'autres, au-dessus d'une occasionnelle grossièreté ou d'une hâte dans le jugement comme il en arrive aux meilleurs d'entre nous dans les heures ardentes. Les gens qui ont le génie de ramasser les épingles en firent ce qu'ils voulaient : il était plus sage de rendre justice à son sentiment pour les grands objets du monde : la connaissance et sa diffusion, l'invention, la lumière, l'amélioration des relations sociales, l'égalité des chances pour les talents, la passion pour la paix. Ce sont des choses glorieuses : une touche d'exagération dans l'expression est facile à rectifier..... Un homme d'une grande envergure et d'une marque bien méritée dans sa génération ». (John, vicomte Morley, dans « Recollections », vol. II, p. 110, 112. New York, 1919).

venir et parfois imaginant des choses insensées. Il est enclin à voir « un officier dans chaque buisson ». Le monde me paraît lumineux et la terre est souvent un véritable paradis : je suis si heureux et si reconnaissant envers les bonnes volontés. Morley est rarement, voire jamais, enthousiaste à propos de quoi que ce soit : son jugement est toujours réfléchi et ses yeux voient toujours les taches du soleil.

*Photographie par Underwood & Underwood, N.Y.*
*Le Vicomte Morley de Blackburn*

Je lui racontai l'histoire du pessimiste à qui rien ne plaisait jamais et de l'optimiste à qui rien ne déplaisait jamais, félicités par les anges pour avoir obtenu l'entrée au paradis. Le pessimiste répondit :

« Oui, c'est un très bon endroit, mais, d'une façon ou d'une autre, cette auréole ne s'adapte pas exactement à ma tête ».

L'optimiste répliqua en racontant l'histoire d'un homme transporté au purgatoire et déposé sur une berge par le Diable qui s'abreuvait à une source brûlante. Un vieil ami l'accoste :

« Alors, Jim, c'est comment ? Aucune issue possible : les carottes sont cuites pour toi ».

La réponse vint : « Chut, ça pourrait être pire ».

« Comment peux-tu dire ça, alors que tu es traîné vers le puits sans fond ? »

« Chut » dit-il en désignant Sa Majesté satanique « il pourrait soudainement avoir envie que je le porte ».

Morley, comme moi, appréciait beaucoup la musique et se délectait de l'heure matinale pendant laquelle l'orgue était joué à Skibo. Il était attiré par les oratorios, tout comme Arthur Balfour. Je me souviens qu'ils avaient acheté ensemble des billets pour un oratorio au Crystal Palace. Tous les deux sont sains d'esprit, mais philosophes et pas très éloignés l'un de l'autre en la matière à ce que j'ai compris. Mais quelques projets récents de Balfour l'ont mené assez loin dans la spéculation : un domaine sur lequel Morley ne s'aventure jamais. Il garde les pieds sur terre et ne s'engage que lorsque la voie est dégagée. Aucun risque qu'il se « perde dans les bois » en cherchant le chemin.

La déclaration la plus étonnante de Morley, ces derniers jours, était dans son discours aux rédacteurs du monde entier, rassemblés à Londres. Il les informa en effet que quelques lignes de Burns avaient fait plus pour former et maintenir les conditions politiques et sociales actuelles du peuple que les millions d'éditoriaux jamais écrits. Cela fit suite à une remarque sur le fait qu'il y avait ici et là quelques mots écrits ou prononcés qui étaient en eux-mêmes des événements : ils accomplissaient ce qu'ils décrivaient. Les « Droits de l'Homme » de Tom Paine furent mentionnés en exemple.

À son arrivée à Skibo après ce discours, nous en discutâmes. Je fis référence à son hommage à Burns en six lignes et il répondit qu'il n'avait pas besoin de me dire quelles étaient ces lignes.

« Non », dis-je, « je les connais par cœur ».

Dans un discours ultérieur, durant l'inauguration d'une statue de Burns dans le parc de Montrose, je répétai les lignes auxquelles je supposais qu'il faisait référence et il confirma. Lui et moi, étrangement, avions reçu les clés de Montrose ensemble des années auparavant, nous sommes donc des compagnons de liberté.

Enfin, j'incitai Morley à nous rendre visite en Amérique, et il fit une tournée à travers une grande partie de notre pays en 1904. Nous essayions de lui faire rencontrer des hommes distingués comme lui. Un jour, le sénateur Elihu Root vint à ma demande et Morley eut un long entretien avec lui. Après le départ du sénateur, Morley me fit remarquer qu'il avait beaucoup apprécié son compagnon, comme étant l'homme d'état américain le plus satisfaisant qu'il ait jamais rencontré.

Il n'avait pas tort. Elihu Root n'a pas son pareil pour faire preuve d'un jugement sûr et pour sa connaissance approfondie de nos affaires publiques.

Morley nous quitta pour rendre visite au Président Roosevelt à la Maison-Blanche et passa plusieurs jours fructueux en compagnie de cet homme extraordinaire. Plus tard, la remarque de Morley fut :

« Eh bien, j'ai vu deux merveilles en Amérique, Roosevelt et le Niagara ».

C'était intelligent et fidèle à la réalité : une grande paire de merveilles rugissantes, grondantes, fringantes et éclaboussantes, ne connaissant aucun repos, mais faisant toutes deux le travail pour lequel elles avaient été désignées.

Morley était la personne la mieux placée pour posséder la bibliothèque d'Acton et le cadeau que je lui ai fait s'est produit de la façon suivante. Lorsque M. Gladstone me fit part de la situation dans laquelle Lord Acton était, j'acceptai, à sa demande, d'acheter la bibliothèque d'Acton et de lui permettre de l'utiliser de son vivant. Malheureusement, il ne vécut pas longtemps pour en profiter, seulement quelques années, et j'avais alors la bibliothèque entre mes mains. Je décidai que Morley pourrait en faire meilleur usage pour lui-même et la laisserait certainement à la bonne institution. Je commençai à lui dire qu'elle était en ma possession lorsqu'il m'interrompit pour me dire :

« Eh bien, je dois vous dire que je le sais depuis le jour où vous l'avez achetée. M. Gladstone n'a pas pu garder le secret, tellement il était ravi que Lord Acton en ait la jouissance à vie ».

Nous étions, lui et moi, en étroite intimité et pourtant

aucun n'avait jamais mentionné la situation à l'autre. Mais ce fut une surprise pour moi que Morley ne fût pas étonné. Cet incident prouva l'étroitesse du lien entre Gladstone et Morley : le seul homme avec lequel il ne pouvait pas résister à partager sa joie concernant les affaires terrestres. Pourtant, sur les sujets théologiques, ils étaient très éloignés, alors que c'était là que Acton et Gladstone étaient très proches.

L'année suivant mon don pour les universités écossaises, Morley alla à Balmoral en tant que ministre auprès de Sa Majesté et m'envoya un télégramme pour me dire qu'il devait me voir avant notre départ. Nous nous rencontrâmes et il m'informa que Sa Majesté était profondément impressionnée par le cadeau aux universités et les autres dons que j'avais faits à mon pays natal et qu'elle souhaitait savoir s'il y avait quelque chose en son pouvoir que j'apprécierais.

Je demandai : « Qu'avez-vous dit ? »

Morley répliqua : « Je ne le pense pas ».

Je dis : « Vous avez bien raison, sauf que si Sa Majesté m'écrivait une note exprimant sa satisfaction pour ce que j'ai fait, comme elle l'a fait avec vous, cela serait profondément apprécié et transmis à mes descendants comme quelque chose dont ils seraient tous fiers ».

C'est ce qui a été fait sous la forme de la note de la main du Roi que j'ai déjà transcrite dans ces pages.

Que Skibo se révéla être la meilleure des stations thermales pour Morley est en effet bien heureux, car il vient chez nous plusieurs fois chaque été et fait partie de la famille, avec Lady Morley qui l'accompagne. Il apprécie autant le yacht que moi et, heureusement encore, c'est le meilleur remède pour nous deux. Morley est et doit toujours rester, un homme honnête. Pas de tergiversation avec lui, pas d'ineptie, dur comme un roc sur toutes les questions et dans toutes les urgences. Mais regardant toujours autour de lui, de l'avant à l'arrière, de la droite à la gauche, avec un grand cœur qui ne se révélait pas souvent dans toute sa tendresse, mais qui, à de rares intervalles et en des occasions adaptées, ne laissait aucun doute sur sa présence et sa puissance. Et après cela le silence.

*M. Carnegie avec le Vicomte Morley*

*La Famille Carnegie à Skibo*

Chamberlain et Morley étaient des amis très proches en tant que radicaux avancés et je les rencontrais et discutais souvent avec eux quand j'étais en Grande-Bretagne. Lorsque la question de l'auto-gouvernance[75] fut soulevée, notre système fédéral américain suscita beaucoup d'intérêt en Grande-Bretagne. Je fus sollicité librement et je prononçais des discours publics dans plusieurs villes, expliquant et vantant notre union, le gouvernement le plus libre des parties produisant le gouvernement le plus fort de l'ensemble. J'envoyai l'ouvrage « Comment nous sommes gouvernés » de Mlle Anna L. Dawes à M. Chamberlain, à sa demande, et j'eus des conversations avec Morley, Gladstone et bien d'autres sur le sujet.

---

[75] N.d.T : L'Auto-Gouvernance (« Home Rule » en anglais) est « un projet visant à donner une autonomie interne à l'Irlande, tout en restant sous la tutelle de la couronne britannique ».

Je dus écrire à M. Morley que je n'approuvais pas le premier projet de loi sur l'Auto-Gouvernance pour les raisons que j'ai déjà données. Lorsque je rencontrai M. Gladstone, il exprima qu'il le regrettait et une discussion approfondie s'ensuivit. J'objectai que l'exclusion des membres irlandais du Parlement était une séparation en pratique. Je dis que nous n'aurions jamais dû autoriser les États du Sud à cesser d'envoyer des représentants à Washington[76].

« Qu'auriez-vous fait s'ils avaient refusé ? » demanda-t-il.

« J'aurais employé toutes les ressources de la civilisation. Et en premier lieu arrêter les courriers », répliquai-je.

Il marqua une pause et répéta :

« Arrêter les courriers ». Il sentit la paralysie que cela impliquait et resta silencieux, puis il changea de sujet.

En réponse aux questions sur ce que je devais faire, j'ai toujours souligné que l'Amérique avait beaucoup de législatures, mais seulement un Congrès. La Grande-Bretagne devrait suivre son exemple, un seul Parlement et des législatures locales (pas des parlements) pour l'Irlande, l'Écosse et le Pays de Galles. Ceux-ci devraient devenir des états comme New York et la Virginie. Mais comme la Grande-Bretagne n'a pas de Cour suprême, comme nous en avons une, pour décider des lois, non seulement par les

---

[76] N.d.T : M. Carnegie fait ici l'analogie entre la situation entre l'Irlande et la Grande-Bretagne au Royaume-Uni et la situation entre les États du Sud américains et le reste du pays, cette dernière ayant abouti par le passé à la guerre civile. D'où la réticence de M. Carnegie à exclure les membres irlandais du Parlement.

législatures des états, mais aussi par le Congrès, le judiciaire étant l'autorité finale et non le politique, la Grande-Bretagne devrait avoir le Parlement comme autorité nationale finale sur les mesures irlandaises. Par conséquent, les actes de la législature locale d'Irlande devraient rester pendant trois mois de session continue sur le bureau de la Chambre des communes, sous réserve d'une action défavorable de la Chambre, mais devenant exécutoires à moins d'être désapprouvés. La disposition resterait lettre morte, à moins qu'une législation appropriée ne soit adoptée. Mais si une telle législation était adoptée, elle serait alors salutaire. La clause, dis-je, était nécessaire pour assurer aux personnes timides qu'aucune sécession ne pourrait survenir.

En insistant sur ce point auprès de M. Morley par la suite, il me dit que cela avait été proposé à Parnell, mais rejeté. M. Gladstone aurait alors pu dire : « Très bien, ni moi ni ceux qui pensent comme moi n'avons besoin de cette disposition, mais elle est nécessaire pour nous permettre d'emporter la Grande-Bretagne avec nous. Je ne suis plus maintenant en mesure de gérer la question. La responsabilité vous incombe ».

Un matin à Hawarden, Mme Gladstone dit :

« William me dit qu'il a des conversations extraordinaires avec vous ».

Il en avait, sans doute. Il n'avait pas souvent, voire jamais, entendu le discours désinvolte d'un véritable républicain et ne comprenait pas mon incapacité à concevoir des rangs hérités. Il me semblait étrange que des hommes abandonnent délibérément le nom que leur avait donné leurs parents. Les nouveaux titres sont particulièrement amusants, ceux-ci demandant à la vieille aristocratie beaucoup d'efforts pour s'empêcher de sourire lorsqu'elle salue son nouvel homologue qui a sans doute acheté son titre pour dix mille livres, plus ou moins, versés à la caisse du parti.

M. Blaine était avec nous à Londres et je dis à M. Gladstone qu'il m'avait exprimé son étonnement et sa douleur de le voir, dans sa vieillesse, chapeau à la main, par une journée froide, lors d'une garden-party, rendant hommage à des personnes sans titre. L'union de l'Église et de l'État fut abordée, ainsi que mon « Regarder vers l'avenir », qui prédit la réunion de notre race en raison de l'incapacité des îles britanniques à s'étendre. J'avais soutenu que le démantèlement de l'église anglaise était inévitable, parce que, entre autres raisons, c'était une anomalie. Aucune autre partie de la race ne l'avait fait. Toutes les religions étaient encouragées, aucune favorisée, dans tous les autres états anglophones. M. Gladstone demanda :

« Combien de temps donnez-vous encore à vivre à notre église ? »

Ma réponse fut que je ne pouvais pas donner de date. Il avait plus d'expérience que moi dans le démantèlement des églises. Il acquiesça et sourit.

Lorsque j'eus évoqué une certaine diminution relative de la population en Grande-Bretagne par rapport à d'autres pays de plus grande superficie, il demanda :

« Quel futur lui prédisez-vous ? »

Je fis référence à la Grèce parmi les nations antiques et dit que ce n'était peut-être pas un hasard si Chaucer, Shakespeare, Spenser, Milton, Burns, Scott, Stevenson, Bacon, Cromwell, Wallace, Bruce, Hume, Watt, Spencer, Darwin et d'autres hommes fameux étaient nés ici. Le génie ne dépend pas des ressources matérielles. Longtemps après que la Grande-Bretagne ne pourra plus figurer en tête des nations industrielles, non pas par son déclin, mais par la croissance plus rapide des autres, elle pourrait devenir, à mon avis, la Grèce moderne et atteindre l'ascendant moral parmi les nations.

Il s'accrocha à ces mots, les répétant d'un air songeur :

« L'ascendant moral, l'ascendant moral, j'aime ça, j'aime ça ».

Je n'avais jamais auparavant apprécié une conférence à un tel point. Je lui rendis encore visite à Hawarden, mais ma dernière visite fut chez Lord Randall à Cannes l'hiver 1897, alors qu'il souffrait beaucoup. Il avait encore le charme d'antan et était particulièrement attentif à ma belle-sœur, Lucy, qui le voyait alors pour la première fois et était profondément impressionnée. Alors que nous partions, elle murmura « Un aigle malade ! Un aigle malade ! » Rien ne pouvait mieux décrire ce meneur d'hommes usé et fatigué, tel qu'il m'apparut ce jour-là. Il n'était pas seulement un grand homme, mais un homme vraiment bon, animé par les pulsions les plus pures, une âme élevée et impérieuse, toujours tournée vers le haut. Il avait, en effet, mérité le titre de : « Plus grand citoyen du monde ».

En Grande-Bretagne, en 1881, j'étais entré en relations d'affaires avec Samuel Storey M.P., un homme très compétent, un radical strict et un véritable républicain. Nous achetâmes plusieurs journaux britanniques et commençâmes une campagne de progrès politique sur des lignes radicales. Passmore Edwards et quelques autres se joignirent à nous, mais le résultat n'était pas encourageant. L'harmonie ne régnait pas parmi mes amis britanniques et je décidai finalement de me retirer, ce que je pus heureusement faire sans perte.[77]

Ma troisième aventure littéraire, « Démocratie triomphante »[78], tirait ses origines du constat que l'étranger le mieux informé, ou même le britannique, connaissait bien peu l'Amérique et à quel point ces maigres connaissances étaient déformées. C'était prodigieux ce que ces Anglais éminents ignoraient alors de la République. Je ne pourrai jamais oublier ma première discussion avec M. Gladstone, en 1882. Lorsque j'eus l'occasion de dire que la majorité de la race anglophone était maintenant républicaine et que c'était une minorité de monarchistes qui était sur la défensive, il dit :

« Pourquoi, comment cela se fait-il ? »

« Eh bien, Monsieur Gladstone », dis-je, « la République exerce son influence sur un plus grand nombre d'anglophones que la population de la Grande-Bretagne et de toutes ses colonies, même si les colonies anglophones étaient deux fois plus nombreuses ».

« Ah ! Comment ça ? Quelle taille fait votre population ? »

« Soixante-six millions et la vôtre ne dépassent guère la moitié ».

---

[77] M. Carnegie n'acquit pas moins de dix-huit journaux britanniques dans l'idée de promouvoir des opinions radicales. Les résultats politiques furent décevants, mais avec son génie de l'argent, les résultats financiers furent plus que satisfaisants.

[78] « La Démocratie triomphante, ou Cinquante ans de marche de la République », Londres, 1886, New York, 1888

« Ah, oui, surprenant ! »

En ce qui concerne la richesse des nations, il était tout aussi surprenant pour lui d'apprendre que le recensement de 1880 prouvait que la République centenaire pouvait acheter la Grande-Bretagne et l'Irlande, tout leur capital réalisé et leurs investissements, puis rembourser la dette de la Grande-Bretagne, sans pour autant épuiser sa fortune. Mais la déclaration la plus surprenante de toutes était celle que je pus faire lorsque la question du libre-échange fut abordée. Je fis remarquer que l'Amérique était maintenant la plus grande nation manufacturière du monde. (À une date ultérieure, je me souviens que le Lord Chancelier Haldane fit la même erreur en qualifiant la Grande-Bretagne de plus grand pays manufacturier du monde et me remercia de l'avoir rectifié.) Je citai les chiffres de Mulhall : les manufactures britanniques en 1880, huit cent seize millions de livres sterling, contre les manufactures américaines pour mille cent vingt-six millions de livres sterling.[79] Son seul mot fut :

« Incroyable ! »

D'autres déclarations surprenantes suivirent et il demanda :

« Pourquoi n'y a-t-il pas un seul écrivain qui s'empare du sujet et présente les faits sous une forme simple et directe au monde ? »

---

[79] La valeur estimée des produits manufacturés en Grande-Bretagne en 1900 était de cinq milliards de dollars, comparés à treize milliards pour les États-Unis. En 1914, les États-Unis avaient dépassé les vingt-quatre milliards.

J'étais alors, en fait, en train de rassembler des éléments pour « Démocratie triomphante », dans lequel j'avais l'intention de réaliser ce service précis.

« Round the World » et le « Carrosse américain à Quatre Chevaux » ne me demandèrent pas le moindre effort, mais la préparation de « Démocratie triomphante », que j'avais commencé en 1882, était une tout autre affaire. L'ouvrage demanda un travail constant et laborieux. Les chiffres devaient être examinés et arrangés, mais, au fur et à mesure de mes avancées, l'étude devenait fascinante. Pendant plusieurs mois, j'avais l'impression d'avoir la tête remplie de statistiques. Les heures passaient sans que j'y prenne garde. Je croyais être arrivé au soir à midi. La seconde maladie sérieuse de ma vie date de la pression exercée sur moi par ce travail, car je devais aussi m'occuper de mes affaires. J'y penserai à deux fois avant d'entreprendre à nouveau quelque chose d'aussi fascinant avec des chiffres.

# CHAPITRE XXV

# HERBERT SPENCER ET SON DISCIPLE

# CHAPITRE XXV

# HERBERT SPENCER ET SON DISCIPLE

Herbert Spencer[80], son ami M. Lott et moi-même, nous étions des compagnons de voyage sur le Servia de Liverpool à New York en 1882. Je portais une note d'introduction de M. Morley, mais j'avais rencontré le philosophe à Londres avant cela. J'étais un de ses disciples. En tant que voyageur plus âgé, je pris M. Lott et lui-même en charge. Nous nous assîmes à la même table pendant le voyage.

---

[80] Herbert Spencer, né le 27 avril 1820 à Derby et mort le 8 décembre 1903 à Brighton, est un philosophe et sociologue anglais. Son nom est associé à l'application des théories de Charles Darwin à la sociologie et donc au darwinisme social, même si les partisans de ces théories rejettent ce terme, lui préférant celui de spencerisme. Il popularise par ses publications l'idée d'évolution et de survie des plus aptes (*survival of the fittest*).

Un jour, la conversation arriva sur l'impression que nous font les grands hommes lors de la première rencontre. Se sont-ils révélés comme on l'avait imaginé ou non ? Chacun partagea son expérience. La mienne était que rien ne pouvait être plus différent que l'être fantasmé par rapport à l'être rencontré en chair et en os.

« Oh ! » dit M. Spencer, « dans mon cas, par exemple, cela fut-il le cas ? »

« Oui », répondis-je, « vous plus qu'aucun autre. J'avais imaginé mon professeur, le grand philosophe calme et sombre, tel Bouddha, impassible sur tout. Je n'avais jamais rêvé de le voir excité sur la question du fromage cheshire ou cheddar ». La veille, il avait repoussé le premier de façon grincheuse lorsque le serveur lui présenta s'exclamant « Cheddar, cheddar, pas du cheshire : j'ai dit du *cheddar* ». Il y eut une clameur à laquelle aucun ne se joignit plus chaleureusement que le sage lui-même. Il fait référence à cet épisode du voyage dans son autobiographie.[81]

Spencer aimait les histoires et était de nature rieuse. Les histoires américaines semblaient lui plaire plus que les autres et, parmi celles-ci, j'avais pu lui en raconter un certain nombre, qui était généralement suivi d'une explosion de rires. Il était désireux de connaître nos territoires de l'Ouest, qui attiraient alors l'attention en Europe. Une histoire que je lui avais racontée sur le Texas lui laissa une impression amusante. Lorsqu'un émigrant déçu de cet État était interrogé sur le pays alors stérile, il dit :

---

[81] « Une Autobiographie », par Herbert Spencer, vol. I, p.424, New York, 1904

« Étranger, tout ce que j'ai à dire sur le Texas, c'est que si je possédais le Texas et l'enfer, je vendrais le Texas ».

Quel changement par rapport à ces premiers jours ! Le Texas a maintenant plus de quatre millions d'habitants et on dit qu'il a maintenant le sol suffisant pour produire plus de coton que le monde entier en 1882.

La promenade jusqu'à la maison, lorsque j'avais le philosophe à Pittsburgh, m'a rappelé une autre histoire américaine, celle du visiteur qui commençait à prendre l'allée du jardin. Lorsqu'il a ouvert le portail, un gros chien de la maison s'est précipité sur lui. Il recula et referma la porte du jardin juste à temps, l'hôte criant :

« Il ne vous touchera pas, vous savez, les chiens qui aboient ne mordent pas ».

« Oui », s'exclama le visiteur, en tremblant, « je le sais et vous le savez, mais le chien le sait-il ? »

Un jour, mon neveu le plus âgé fut repéré en train d'ouvrir la porte en silence et d'épier l'endroit où nous étions assis. Sa mère lui demanda par la suite pourquoi il avait agi de la sorte et le garçon de onze ans répondit :

« Maman, je voulais voir l'homme qui a écrit dans un livre qu'étudier la grammaire, c'est inutile ».

Spencer fut très heureux lorsqu'il entendit l'histoire et s'y référa souvent. Il avait foi en ce neveu.

*Herbert Spencer, âgé de soixante-dix-huit ans*

En parlant avec lui un jour du fait qu'il avait signé une pétition contre un tunnel entre Calais et Douvres, ce qui m'avait surpris, il expliqua qu'il était aussi désireux d'avoir un tunnel que n'importe qui et qu'il ne croyait en aucune des objections soulevées contre celui-ci, mais qu'il avait signé la pétition parce qu'il savait que ses compatriotes étaient tellement idiots que l'élément militaire et naval de

Grande-Bretagne pouvait mobiliser les masses, les effrayer, et stimuler le militarisme. Une armée et une marine accrues seraient alors demandées. Il fit référence à une peur qui s'était une fois manifestée et qui avait entraîné la dépense de plusieurs millions dans des fortifications qui s'étaient avérées inutiles.

Un jour, nous étions assis dans nos chambres dans le Grand Hôtel et nous regardions Trafalgar Square. Les Life Guards passèrent et la scène suivante prit place :

« Monsieur Spencer, je ne vois jamais d'hommes vêtus comme Merry Andrews sans être attristé ou indigné qu'au dix-neuvième siècle, la race la plus civilisée, comme nous nous considérons, trouve encore des hommes prêts à adopter comme profession (jusqu'à il y a peu la seule profession pour les gentlemen) l'étude des méthodes les plus sûres pour tuer d'autres hommes ».

M. Spencer dit : « Je ressens la même chose moi-même, mais je vais vous dire comment je réfrène mon indignation. À chaque fois que je la sens monter, je suis calmé par cette histoire d'Emerson. Il avait été hué et chassé de la plate-forme de Faneuil Hall pour avoir osé parler contre l'esclavage. Il rentra chez lui, en proie à une violente colère, jusqu'à ce qu'en ouvrant la porte de son jardin et en regardant à travers les branches des grands ormes qui poussaient entre le portail et sa modeste maison, il vit les étoiles briller. Elles lui dirent : « Pourquoi s'emporter autant, mon petit monsieur ? » Je ris, puis il rit et je le remerciai pour cette histoire. Il n'est pas rare que je doive me répéter, « Pourquoi s'emporter autant, mon petit monsieur ? » et cela suffit.

La visite de M. Spencer en Amérique atteignit son point culminant lors du banquet donné en son honneur au

Delmonico. Je l'y conduisis et y vis le grand homme dans un étant second. Il ne pouvait penser à rien d'autre qu'au discours qu'il devait prononcer.[82] Je crois qu'il avait rarement parlé en public auparavant. Sa grande peur était de ne pas pouvoir dire quoi que ce soit qui aurait pu être utile au peuple américain, qui avait été le premier à apprécier ses travaux. Il avait beau avoir participé à plusieurs banquets, aucun ne comptait autant de personnes distinguées que celui-ci. C'était un rassemblement remarquable. Les hommages rendus à Spencer par les hommes les plus éminents étaient uniques. Le point culminant fut atteint lorsqu'Henry Ward Beecher, terminant son discours, se retourna et s'adressa à M. Spencer avec ces mots :

« Je dois mon être physique à mon père et à ma mère. À

---

[82] « Une occasion où, peut-être plus que toute autre dans ma vie, j'aurais dû être en bonne condition physique et mentale se présenta alors que j'étais dans un état pire que celui que j'avais connu pendant six et vingt ans. Une nuit misérable : pas de sommeil du tout ; je suis resté dans ma chambre toute la journée », dit mon journal, et j'avais « une grande peur de m'effondrer ». Lorsque l'heure est venue de faire mon apparition au Delmonico, où le dîner était donné, j'ai demandé à mes amis de me cacher dans une antichambre jusqu'au dernier moment, afin d'éviter toute excitation liée aux présentations et aux félicitations. Lorsque M. Evarts, qui présidait, m'a fait monter sur l'estrade, je l'ai supplié de limiter autant que possible sa conversation avec moi et de s'attendre à des réponses très maigres. L'événement a prouvé que, si éprouvant que fût l'effort, il n'en résulta pas le désastre que je craignais. Lorsque M. Evarts eut dûment prononcé les compliments de circonstance, j'ai pu faire mon discours préparé sans difficulté, bien que sans grand effet. « (Autobiographie de Spencer, vol. II, p. 478.)

vous, monsieur, je dois mon être intellectuel. À un moment critique, vous m'avez fourni les passages sûrs à travers les tourbières et les marécages, vous avez été mon professeur ».

Ces mots furent prononcés sur un ton lent et solennel. Je ne me souviens pas avoir jamais remarqué une telle profondeur de sentiments. De façon évidente, ils venaient d'un débiteur reconnaissant. M. Spencer fut touché par ces mots. Ils donnèrent naissance à de nombreuses remarques et, peu de temps après, M. Beecher prononça une série de sermons pour exposer son point de vue sur l'Évolution. La conclusion de cette séquence était attendue avec impatience, parce que sa reconnaissance de dette envers Spencer en tant que son professeur avait suscité l'inquiétude dans les milieux ecclésiastiques. Dans l'article de conclusion, comme dans son discours, si je m'en souviens bien, M. Beecher dit que, bien qu'il crût à l'évolution (le darwinisme) jusqu'à un certain point, lorsque l'homme avait atteint son niveau d'humanité le plus élevé, le Créateur l'investissait alors (et seulement l'homme parmi toutes les choses vivantes) avec l'Esprit saint, l'amenant ainsi dans le cercle des êtres divins. Ainsi, répondit-il à ses détracteurs.

M. Spencer s'intéressait de près aux appareils mécaniques. Lorsqu'il visita nos usines avec moi, les nouvelles machines l'impressionnèrent et, dans les années qui suivirent, il fit parfois référence à celles-ci en disant que son estime pour l'invention et le progrès américain avait été confirmée. Il était naturellement heureux de la considération et de l'attention qu'on lui portait en Amérique.

Je visitais rarement, voire jamais, l'Angleterre sans lui rendre visite, même après qu'il se soit installé à Brighton pour pouvoir vivre en regardant la mer, ce qui l'attirait et l'apaisait. Je n'ai jamais rencontré un homme qui semblait peser si soigneusement chaque action, chaque mot, même les plus insignifiants, et qui se laissait si entièrement guider par sa propre conscience. Il ne se moquait pas des questions religieuses. Dans le domaine de la théologie, cependant, il n'avait que peu de considération pour la bienséance. C'était pour lui un système défectueux, empêchant la vraie croissance. L'idée des récompenses et des punitions lui semblait faire appel à des natures très basses. Cependant, il n'alla jamais aussi loin que Tennyson le fit, à l'occasion d'une discussion où les vieilles idées étaient débattues. Knowles[83] me raconta que Tennyson perdit le contrôle de lui-même. Knowles dit qu'il fut grandement déçu par la vie du poète racontée par son fils, qui ne donne pas une image fidèle de son père dans sa révolte contre la théologie rigide.

Spencer était toujours le philosophe calme. Je crois que, de l'enfance à la vieillesse, lorsque la course était finie, il ne se rendit jamais coupable d'un acte immoral ou ne fit jamais d'injustice à aucun être humain. Il était certainement l'un des hommes les plus consciencieux dans toutes ses actions qui ait jamais vu le jour. Peu d'hommes ont souhaité connaître un autre homme plus fortement que j'ai souhaité connaître Herbert Spencer, car rarement quelqu'un a été plus profondément redevable que moi envers lui et Darwin.

La réaction contre la théologie d'autrefois se trouve chez beaucoup de ceux qui ont été entourés dans leur jeunesse par des ecclésiastiques entièrement satisfaits du fait que la vérité et la foi, indispensables au bonheur, ne provenaient que des credo calvinistes les plus stricts. Le jeune homme réfléchi est naturellement entraîné et disposé à y souscrire. Il ne peut que penser, jusqu'à une certaine période de son développement, que ce qui est cru par les meilleurs et les mieux éduqués autour de lui, ceux qu'il regarde comme des

---

[83] James Knowles, fondateur du « Nineteenth Century »

exemples et des instructeurs, doit être vrai. Il résiste au doute, inspiré par le Malin cherchant son âme et il est sûr de le rencontrer si la foi ne vient pas à sa rescousse. Malheureusement, il découvre rapidement que la foi n'est pas exactement à sa portée. Le péché originel, pense-t-il, doit être à la racine de son incapacité à voir comme il veut voir, à croire comme il veut croire. Il lui semble clair qu'il ne vaut guère mieux que l'une de ces âmes perdues. Il ne peut certainement pas faire partie des élus, car ceux-ci doivent être des ministres, des anciens et des hommes strictement orthodoxes.

Le jeune homme est alors bientôt dans une rébellion chronique, essayant d'assumer la piété avec les autres, acquiesçant en façade au credo et à tous ses enseignements et, cependant au fond, totalement incapable de réconcilier son adhésion extérieure avec son doute intérieur. S'il y a de l'intelligence et de la vertu dans l'homme, il n'y a qu'un seul résultat possible. C'est la position de Carlyle après son terrible combat lorsqu'après des semaines de tourment il s'est exprimé : « Si c'est incroyable, au nom de Dieu, alors qu'on le discrédite ». C'est ainsi que le poids du doute et de la peur l'a quitté pour toujours.

Lorsque j'en étais, avec trois ou quatre de mes compagnons d'infortune, à ce stade de doute sur la théologie, y compris l'élément surnaturel et tout le schéma du salut par l'expiation vicariale et tout le narratif autour de lui, je tombai, par chance, sur les travaux de Darwin et de Spencer. « Les Données de l'éthique », « Premiers Principes », « Statistiques sociales », « La Descendance de l'Homme ». Atteignant les pages qui expliquent comment l'homme a absorbé les nourritures mentales qui lui étaient favorables, retenant ce qui était salutaire, rejetant ce qui était délétère, je me souviens que la lumière vint m'inonder et que tout s'éclaircit. Non seulement m'étais-je débarrassé de la théologie et du surnaturel, mais en plus j'avais trouvé la vérité de l'évolution. «Tout est bien puisque tout s'améliore» devint ma devise, ma véritable source de réconfort. L'homme n'a pas été créé avec l'instinct de sa propre dégradation, mais du plus bas il s'est élevé vers les formes supérieures. Il n'y a pas non plus de fin concevable à sa marche vers la perfection. Son visage est tourné vers la lumière : il se tient dans la lumière du soleil et regarde vers le haut.

L'humanité est un organisme, rejetant de manière inhérente tout ce qui est délétère, c'est-à-dire mauvais et absorbant après essai ce qui est bénéfique, c'est-à-dire bon. S'il en avait été ainsi, l'Architecte de l'Univers, nous pouvons le supposer, aurait pu rendre le monde et l'homme parfaits, exempts de mal et de douleur, comme pour les anges au ciel. Mais l'homme a reçu le pouvoir de progresser plutôt que de régresser. L'Ancien et le Nouveau Testaments restent, comme d'autres écrits sacrés ailleurs, précieux, comme des témoignages du passé et pour les bonnes leçons qu'ils inculquent. Comme les anciens auteurs de la Bible, nos pensées devraient se concentrer sur cette vie et sur nos devoirs ici-bas. «Réaliser correctement les devoirs de ce monde, sans se préoccuper d'un autre, est la sagesse fondamentale», dit Confucius, grand sage et maître. Nous considérerons le prochain monde et ses devoirs lorsque nous y serons présents.

Je suis comme un grain de poussière dans le soleil. Et même pas tant que ça, dans cet univers solennel, mystérieux et insondable. Je me tiens à l'écart. Je vois une vérité. Franklin avait raison. «Le plus haut culte de Dieu est le service de l'Homme». Tout cela, cependant, n'empêche pas l'espoir éternel de l'immortalité. Cela n'aurait pas été un plus grand miracle d'être né dans une vie future plutôt que de naître pour vivre dans cette vie présente. L'un a été créé, pourquoi pas l'autre ? Par conséquent, il y a une raison d'espérer l'immortalité. Espérons.[84]

---

[84] « A.C. est vraiment une personnalité extraordinaire : dramatique, volontaire, généreux, fantaisiste, parfois presque cruel lorsqu'il s'agit d'imposer ses propres convictions aux autres. Puis tendre, affectueux, émotif, toujours imaginatif, inhabituel et large dans ses vues. Il vaut la peine d'être boswellisé, mais je l'exhorte à être "son propre Boswell"… Il est inconsistant à bien des égards, mais il se passionne pour des vues élevées : la fraternité des hommes, la paix entre les nations, la pureté religieuse (je veux dire la purification de la religion de toute superstition grossière), la substitution d'un Dieu du catéchisme de Westminster, par un Dieu juste, un Dieu droit. » (Lettres de Richard Watson Gilder, p. 375.)

# CHAPITRE XXVI

## BLAINE ET HARRISON

# CHAPITRE XXVI

## BLAINE ET HARRISON

S'il est vrai que l'on s'illustre par ses fréquentations, il est tout aussi vrai que l'on s'illustre par les histoires que l'on raconte. M. Blaine était l'un des meilleurs conteurs que j'ai rencontrés. Il était d'une nature lumineuse, avec une histoire pleine d'esprit et de finesse pour chaque occasion.

Le discours de M. Blaine à Yorktown (je l'avais accompagné là-bas) fut admiré. Il accorda une attention particulière à l'amitié cordiale qui s'était développée entre les deux branches anglophones et se termina avec l'espoir que la paix et la bonne volonté qui se prévalaient entre les deux nations existeraient pour de nombreux siècles à venir. Lorsqu'il me lut cela, je me souviens que le mot « nombreux » m'interpella et je dis :

« M. le secrétaire, pourrais-je suggérer le changement d'un mot ? Je n'aime pas "nombreux", pourquoi pas "tous" les siècles à venir ? »

« Bien, c'est parfait ! »

Et c'est ainsi qu'il fut donné dans l'allocution : « pour *tous* les siècles à venir ».

Nous avons eu une belle nuit en revenant de Yorktown, et, assis à l'arrière du navire au clair de lune, la fanfare militaire jouant en avant, nous avons parlé de l'effet de la musique. M. Blaine dit que sa préférée à ce moment-là était « Sweet By and By », qu'il avait entendu la dernière fois par le même groupe aux funérailles du président Garfield et il pensait qu'à cette occasion, il avait été plus profondément ému par des sons doux qu'il ne l'eût jamais été dans sa vie. Il demanda que ce fût le dernier morceau joué cette nuit-là. Gladstone et lui aimaient tous les deux la musique simple. Ils pouvaient apprécier Beethoven et les maîtres classiques, mais Wagner était encore un livre scellé pour eux.

En réponse à ma question sur le discours le plus réussi qu'il ait jamais entendu au Congrès, il répondit que c'était celui de l'allemand Ritter, ex-gouverneur de Pennsylvanie. Le premier projet de loi prévoyant des crédits pour les eaux *douces* intérieures était à l'étude. La chambre était divisée. Les tenants d'une interprétation stricte jugeaient cette loi inconstitutionnelle : seuls les ports de mer relevaient du Gouvernement fédéral. La contestation était vive et le résultat douteux, lorsqu'à l'étonnement du Congrès, le gouverneur Ritter se leva lentement pour la première fois. Le silence se fit d'un coup. Qu'allait dire le vieil ex-gouverneur allemand, lui qui n'avait jamais rien dit du tout ? Seulement ceci :

« M. le Président, je ne connais pas les détails de la constitution, mais je sais ceci : je ne donn'rai[85] pas un foutu centime pour une constitution qui ne se lave pas aussi bien à l'eau douce qu'à l'eau salée ». La Chambre éclata d'un rire incontrôlable et le projet de loi fut adopté.

*Photographie par Underwood & Underwood, N.Y.*
*James G. Blaine*

---

[85] N.D.T. Dans le texte original, on voit que le protagoniste ne prononce pas l'anglais parfaitement, ce qu'on montre ici par la prononciation de « donnerais ».

C'est ainsi qu'est apparue l'une des plus bénéfiques façons de dépenser l'argent du gouvernement et d'employer les ingénieurs de l'armée et de la marine. Peu de dépenses du gouvernement donnent un rendement aussi important. Ainsi s'étend notre constitution, flexible pour répondre aux nouveaux besoins d'une population en expansion. Qui fera la constitution si l'on nous permet aujourd'hui de l'interpréter ?

La meilleure histoire de M. Blaine, si l'on peut en choisir une parmi tant d'autres qui étaient excellentes, était, je pense, la suivante :

À l'époque de l'esclavage et des chemins de fer clandestins, vivait sur les rives de la rivière Ohio, proche de Gallipolis, un démocrate réputé nommé Judge French, qui dit à certains amis antiesclavagistes qu'il aimerait qu'ils amènent à son bureau le premier esclave fugitif qui traversait la rivière en direction du nord par le chemin de fer clandestin. Il ne comprenait pas pourquoi ils souhaitaient s'enfuir. Ce fut fait, et la conversation suivante eut lieu :

French : « Vous vous êtes donc enfuis du Kentucky. Mauvais maître, je présume ? »

Esclave : « Oh non, Judge, très bon, gentil maître ».

French : « Il vous a fait travailler trop dur ? »

Esclave : « Non, monsieur, jamais trop travaillé de ma vie ».

French, de façon hésitante : « Il ne vous donnait pas assez à manger ? »

Esclave : « Pas assez à manger au Kaintuck ? Oh, Seigneur, plein de choses à manger ».

French  : « Il ne vous habillait pas correctement ? »

Esclave : « Habits assez bien pour moi ».

French  : « Vous n'aviez pas une maison confortable ? »

Esclave : « Oh, Seigneur, ça me fait pleurer de penser à ma jolie petite cabane dans le vieux Kaintuck ».

French, après une pause : « Vous aviez un maître bon et généreux, vous n'étiez pas surmené, avec assez à manger, de bons habits, un foyer agréable. Je ne vois pas pourquoi diable vous avez eu envie de vous enfuir ».

Esclave : « Eh bien, j'ai laissé la situation là-bas ouverte. Vous pouvez y aller et la prendre. »

French avait vu la lumière.

■

« La Liberté a des milliers de charmes à nous montrer,
Que les esclaves, si satisfaits soient-ils,
ne connaissent jamais ».

■

Que les gens de couleur, en si grand nombre, aient tout

risqué pour la liberté est la meilleure preuve possible qu'ils vont s'approcher progressivement et finalement atteindre la pleine stature de la citoyenneté dans la République.

Je n'ai jamais vu M. Blaine aussi heureux que lorsqu'il était avec nous à Cluny. Il était de nouveau un garçon et nous étions un joyeux groupe insouciant. Il n'avait jamais pêché à la mouche. Je l'amenai au lac Laggan et il commença maladroitement, comme tout le monde, mais il prit rapidement le coup de main. Je n'oublierai jamais sa première prise :

« Mon ami, vous m'avez appris un nouveau plaisir dans la vie. Il y a des centaines de lacs de pêche dans le Maine et je vais passer mes vacances à l'avenir à y pêcher la truite ».

À Cluny, il n'y a pas de nuit en juin et nous dansions sur la pelouse dans le crépuscule lumineux jusqu'à tard. Mme Blaine, Mlle Dodge, M. Blaine et d'autres invités essayaient de faire une danse écossaise country et de crier comme des Highlanders. Nous étions de joyeux fêtards durant ces deux semaines. Un soir après ces événements, lors d'un dîner chez nous à New York, composé principalement de nos visiteurs de Cluny, M. Blaine dit à la compagnie qu'il avait découvert à Cluny ce qu'étaient de vraies vacances. « C'est quand les plus petites choses deviennent les événements les plus importants de la vie ».

La nomination du président Harrison pour la présidence de 1888 vint à M. Blaine lors d'un voyage en calèche avec nous. M. et Mme Blaine, Mlle Margaret Blaine, le Sénateur et Mme Hale, Mlle Dodge et Walter Damsroch étaient dans la calèche avec nous de Londres au château de Cluny. En approchant de Linlithgow depuis Édimbourg, nous trouvâmes le prévôt et les magistrats dans leurs magnifiques robes à l'hôtel pour nous recevoir. J'étais avec eux lorsque

M. Blaine vint dans la chambre avec un télégramme à la main qu'il me montra, me demandant ce qu'il signifiait. C'était écrit : « Utilisez le chiffrement ». C'était du sénateur Elkins, de la convention de Chicago. M. Blaine avait télégraphié la veille, refusant d'accepter la nomination pour la présidence à moins que le secrétaire Sherman de l'Ohio n'y consente et le sénateur Elkins souhaitait sans doute être certain qu'il était en correspondance avec M. Blaine et pas avec quelques imposteurs.

Je dis à M. Blaine que le sénateur avait demandé à me voir avant notre départ et suggérai que nous ayons des mots codés pour les candidats principaux. Je lui en donnai quelques-uns et en gardai une copie sur un bout de papier, que je mis dans mon portefeuille. Je regardai et heureusement le trouvai. Blaine était « Victor » ; Harrison, « Trump » ; Phelps du New Jersey, « Star » ; et ainsi de suite. J'ai télégraphié « Trump » et « Star ».[86] C'était dans la soirée.

Nous nous retirâmes pour la nuit, et, le lendemain, les autorités de la ville firent défiler tout le groupe dans leurs robes le long de la rue principale jusqu'aux terrains du

---

[86] « Un code avait été convenu entre ses amis des États-Unis et lui-même et lorsqu'une impasse ou une longue contestation semblait inévitable, la dépêche suivante était envoyée du domaine de M. Carnegie en Écosse, où Blaine séjournait, à un éminent dirigeant républicain :

"25 juin. Trop tard victoire impossible prendre trump et star. Stop." Interprété, cela donne : "Trop tard. Blaine impossible. Prenez Harrison et Phelps. Carnegie." (James G. Blaine, par Edward Stanwood, p.308, Boston, 1905)

palais, qui étaient finement décorés de drapeaux. Des discours de bienvenue furent prononcés et des réponses furent données. M. Blaine fut appelé par le peuple et répondit dans une courte allocution. Juste à ce moment-là, un télégramme lui fut remis. « Harrison et Morton nommés ». Phelps avait refusé. Ainsi avait disparu pour toujours la chance de M. Blaine de tenir la plus haute de toutes les fonctions politiques : l'élu de la majorité de la race anglophone. Mais il a été élu à juste titre à la présidence et éliminé de l'État de New York, comme cela a été enfin clairement prouvé, les auteurs de la fraude ayant été punis pour avoir tenté de répéter la même fraude lors d'une élection ultérieure.

M. Blaine, en tant que secrétaire d'État dans le cabinet d'Harrison, connut un succès certain et le Congrès panaméricain fut son plus grand triomphe. Ma seule nomination politique vint à ce moment et fut celle de délégué des États-Unis au Congrès. Cela me donna une vision des plus intéressantes des Républiques sud-américaines et de leurs divers problèmes. Nous nous assîmes ensemble, représentants de toutes les républiques, hormis le Brésil. Un matin, l'annonce fut faite qu'une nouvelle constitution avait été ratifiée. Le Brésil était devenu un membre de la fraternité, faisant dix-sept républiques en tout, maintenant vingt et une. Il y eut beaucoup d'applaudissements et une salutation cordiale des représentants du Brésil ainsi soudainement élevés. Je trouvais que les représentants sud-américains étaient plutôt suspicieux quant aux intentions de leur grand frère. Un esprit sensible d'indépendance se manifestait, qu'il devenait de notre devoir de reconnaître. En cela, je pense que nous avons réussi, mais il incombera aux gouvernements suivants de respecter scrupuleusement le sentiment national de nos voisins du Sud. Ce n'est pas du contrôle, mais de la coopération sur des termes de parfaite égalité que nous devrions chercher.

J'étais assis à côté de Manuel Quintana qui devint par la suite président de l'Argentine. Il s'intéressait beaucoup aux débats et un jour, se montra assez critique par rapport à une question insignifiante, ce qui conduisit à une altercation animée entre lui et le président Blaine. Je crois que son origine venait d'une mauvaise traduction. Je me levai, passai derrière le président sur l'estrade, lui murmurant en passant que si un ajournement était proposé, j'étais sûr que les différends pourraient être réglés. Il fit un signe d'assentiment. Je retournai à mon siège et proposai l'ajournement et, durant l'intervalle, tout fut réglé de façon satisfaisante. En passant devant les délégués alors que nous allions quitter la salle, un incident eut lieu, qui me revient en mémoire alors que j'écris ces lignes. Un délégué passa un bras autour de moi et avec l'autre main il me tapota la poitrine, en s'exclamant : « M. Carnegie, vous en avez plus ici qu'ici », désignant sa poche. Nos frères du Sud sont si affectueusement démonstratifs. Climats chauds et cœurs chaleureux.

En 1891, le président Harrison vint avec moi de Washington à Pittsburgh, pour inaugurer le Hall Carnegie et la bibliothèque que j'avais offerts à la ville d'Allegheny. Nous voyageâmes de jour sur le chemin de fer Baltimore et Ohio et appréciâmes le voyage, le président appréciant particulièrement le paysage. En atteignant Pittsburgh à la nuit tombée, les fours à coke flamboyants et les denses colonnes de fumée et de feu le stupéfièrent. La description bien connue de Pittsburgh, vue du haut des collines, comme « l'Enfer au couvercle soulevé », lui sembla très appropriée. Il était le premier président à avoir visité Pittsburgh. Le président Harrison, son grand-père, y était toutefois passé de bateau à vapeur en bateau de canal, sur son chemin vers Washington après l'élection.

La cérémonie d'ouverture fut largement suivie en raison de la présence du président et tout se passa bien. Le lendemain matin, le président souhaita voir notre aciérie, et il y fut accompagné, recevant un accueil cordial des ouvriers. J'appelai successivement chaque directeur de département à mesure que nous passions et je le présentai. Finalement, lorsque M. Schwab fut introduit, le président se tourna vers moi et dit :

« Comment cela se fait-il, M. Carnegie ? Vous ne me présentez que des garçons ».

« Oui, M. le président, mais remarquez-vous de quel genre de garçons il s'agit ? »

« Oui, des battants, chacun d'entre eux » fut son commentaire.

Il avait raison. Aucun jeune homme n'aurait pu être trouvé pour un tel travail ailleurs dans ce monde. Ils avaient été promus partenaires sans coût ni risque. Si les bénéfices ne payaient pas leurs parts, aucune responsabilité n'en incombait aux jeunes hommes. Donner ainsi aux « partenaires », c'est très différent de payer des salaires aux « employés » dans les sociétés.

La visite du président, non pas à Pittsburgh, mais à Allegheny, de l'autre côté de la rivière, eut un résultat bénéfique. Les membres du conseil municipal de Pittsburgh me rappelèrent que j'avais d'abord offert de l'argent pour une bibliothèque et une salle à Pittsburgh, que la ville avait décliné, et qu'ensuite la ville d'Allegheny avait demandé si je les lui donnerais, ce que je fis. Le président visitant

Allegheny pour y inaugurer une bibliothèque et un hall, en ignorant Pittsburgh, fut de trop. Les autorités vinrent me revoir le matin après l'inauguration à la ville d'Allegheny, me demandant si je renouvellerais mon offre à Pittsburgh. Si c'était le cas, la ville accepterait de consacrer à l'entretien un pourcentage plus grand que ce que j'avais demandé précédemment. J'étais trop heureux de le faire et, au lieu de deux cent cinquante mille, j'offris un million de dollars. Mes idées avaient pris de l'ampleur. Ainsi fut créé l'Institut Carnegie.

Les principaux citoyens de Pittsburgh dépensent sans compter pour des œuvres artistiques. Ce centre manufacturier a son orchestre permanent depuis plusieurs années, Boston et Chicago étant les seules autres villes en Amérique qui peuvent s'en vanter. Un club de naturalistes et une école de peinture ont vu le jour. Le succès de la bibliothèque, de la galerie d'art, du musée et de la salle de musique (un noble quatuor dans un bâtiment immense) sont quelques-unes des principales satisfactions de ma vie. C'est mon monument, parce que je vécus ici dans ma jeunesse et y fis mes débuts. Je reste aujourd'hui, dans mon cœur, un fils dévoué de cette chère vieille ville enfumée de Pittsburgh.

Herbert Spencer entendit, alors qu'il était avec nous à Pittsburgh, un compte rendu du rejet de ma première offre pour une bibliothèque à Pittsburgh. Lorsque la seconde offre fut faite, il m'écrivit qu'il ne comprenait pas comment je pouvais la renouveler. Il n'aurait jamais pu en faire de même : ils ne la méritaient pas. J'écrivis au philosophe que si j'avais fait la première offre à Pittsburgh pour recevoir ses remerciements et sa gratitude, je méritais les flèches personnelles décochées contre moi et les accusations selon lesquelles je ne cherchais que ma propre glorification et un monument à ma mémoire. Je me serais alors probablement senti comme il se sentait. Mais, comme c'était le bien des gens de Pittsburgh que j'avais à l'esprit, parmi lesquels j'avais fait fortune, les suspicions infondées de certaines natures n'avaient fait qu'accélérer mon désir d'œuvrer à leur bien en semant chez eux une influence puissante pour des choses plus élevées. C'est ce que l'Institut, par la grâce du destin, a fait. Pittsburgh a joué son rôle de façon noble.

# CHAPITRE XXVII

# LA DIPLOMATIE DE WASHINGTON

# CHAPITRE XXVII

# LA DIPLOMATIE DE WASHINGTON

Le président Harrison avait été un soldat et, devenu président, il avait des dispositions à se battre. Son attitude préoccupa certains de ses amis. Il était opposé à l'arbitrage de la question de la mer de Behring lorsque Lord Salisbury, sous la pression du Canada, avait dû répudier l'accord Blaine et était disposé à prendre des mesures extrêmes. Finalement des conseils plus calmes ont prévalu. Il était aussi déterminé à maintenir le projet de loi Force[87] contre le Sud.

---

[87] N.D.T. Projet de loi Force, en anglais « Force Bill » est un projet de loi datant de 1833 donnant des pouvoirs étendus au président américain, notamment le pouvoir de faire intervenir l'armée pour faire appliquer la loi américaine. Ce projet de loi avait notamment permis de répondre au refus de la Caroline du Sud de se plier à certaines exigences fédérales.

Lorsque la querelle avec le Chili éclata, il y eut un temps où il parut quasiment impossible d'empêcher le président de prendre des mesures qui auraient inexorablement conduit à la guerre. Il se sentait mis au défi personnellement, car les autorités chiliennes avaient été très imprudentes dans leurs déclarations sur ses actions. J'allai à Washington pour voir si je pouvais faire quelque chose pour réconcilier les opposants, car, ayant été un membre de la première Commission panaméricaine, j'étais devenu proche des représentants des républiques du sud voisines et entretenais de bonnes relations avec elles.

Par chance, j'entrai dans l'hôtel Shoreham au moment ou je vis le sénateur Henderson du Missouri, qui avait été mon collègue délégué à la Commission. Il s'arrêta et me salua et, en regardant de l'autre côté de la rue, il dit :

« Le président vous fait signe ».

Je traversai la rue.

« Bonjour, Carnegie, quand êtes-vous arrivé ? »

« À l'instant, M. le Président, je viens d'entrer dans l'hôtel ».

« Pour quelle raison êtes-vous ici ? »

« Pour avoir une conversation avec vous ».

« Eh bien, venez avec moi et discutons en marchant ».

Le président me prit le bras et nous nous promenâmes dans les rues de Washington dans le crépuscule pendant plus d'une heure, durant laquelle la discussion fut animée. Je lui dis qu'il m'avait désigné en tant que délégué à la commission panaméricaine, qu'il avait assuré aux délégués sud-américains, lorsqu'ils se sont séparés, qu'il avait donné une revue militaire en leur honneur pour leur montrer, non pas que nous avions une armée, mais plutôt que nous n'en avions pas et que nous n'en avions pas besoin, que nous étions le grand frère dans la famille des républiques et que tous les différends seraient réglés par un arbitrage pacifique. J'étais donc surpris et affligé de découvrir qu'il adoptait apparemment une autre ligne de conduite, menaçant de recourir à la guerre pour un conflit dérisoire avec le petit Chili.

« Vous êtes un New-Yorkais et vous ne pensez à rien d'autre qu'aux affaires et aux dollars. C'est comme ça que ça fonctionne avec les New-Yorkais. Ils n'ont rien à faire de la dignité et de l'honneur de la République », dit le président.

« Monsieur le Président, je suis un des hommes aux États-Unis qui profiterait le plus de la guerre. Elle pourrait mettre des millions dans ma poche, en tant que plus grand fabricant d'acier ».

« Eh bien, c'est probablement vrai dans votre cas. J'avais oublié. ».

« Monsieur le Président, si je devais me battre, je prendrais quelqu'un de ma taille. ».

« Eh bien, laisseriez-vous n'importe quelle nation vous insulter et vous déshonorer à cause de sa taille ? »

« M. le Président, aucun homme ne peut me déshonorer, sauf moi-même. Les atteintes à l'honneur doivent être auto-infligées. ».

« Vous savez, nos navigateurs ont été attaqués sur le rivage et deux d'entre eux ont été tués. Et vous le supporteriez ? » demanda-t-il.

« Monsieur le Président, je ne pense pas que les États-Unis soient déshonorés chaque fois qu'une querelle entre marins ivres a lieu. D'ailleurs, ce n'étaient pas des navigateurs américains du tout. C'étaient des étrangers, comme vous le voyez à leurs noms. Je serais disposé à renvoyer le capitaine de ce navire pour avoir autorisé les navigateurs à se rendre à terre alors qu'il y avait des émeutes dans la ville et que l'ordre public avait déjà été perturbé. ».

La discussion continua jusqu'à ce que nous ayons finalement atteint la porte de la Maison-Blanche dans la nuit. Le président me dit qu'il avait un engagement à dîner dehors cette nuit, mais m'invita à dîner avec lui le soir suivant lorsque, comme il le dit, il n'y aurait que la famille et que nous pourrions parler.

« Cela m'honore beaucoup et je serai des vôtres demain soir », dis-je. Et ainsi nous nous séparâmes.

Le lendemain matin, j'allai voir M. Blaine, alors secrétaire d'État. Il se leva de son siège et me tendit les deux mains.

« Pourquoi n'êtes-vous pas venu dîner avec nous hier soir ? Lorsque le président a dit à Mme Blaine que vous étiez en ville, elle a répondu : "M. Carnegie est en ville alors que j'ai un couvert vacant à ma table, qu'il aurait pu occuper." ».

« Eh bien, M. Blaine, je pense que c'est plutôt une chance que je ne vous ai pas croisé plus tôt », répondis-je. Puis je lui racontai ce qu'il s'était passé avec le président.

« Oui », dit-il, « c'est vraiment une chance. Le président

aurait pu penser que vous et moi étions de connivence ».

Le sénateur Elkins, de Virginie-Occidentale, un ami intime de M. Blaine et aussi un très bon ami du président, entra alors par hasard et dit qu'il avait vu le président, qui lui avait expliqué qu'il avait eu une conversation avec moi sur l'affaire chilienne la veille au soir et que j'étais revenu à la charge sur ce sujet.

« Eh bien, M. le Président », dit le sénateur Elkins, « il est peu probable que M. Carnegie parle aussi franchement avec vous qu'avec moi. Il a des sentiments très profonds, mais il sera naturellement réservé en s'adressant à vous. »

Le président répondit : « Je n'ai pas vu le moindre signe de réserve, je vous l'assure ».

L'affaire fut réglée, grâce à la politique de paix caractéristique de M. Blaine. Plus d'une fois, il préserva les États-Unis des troubles extérieurs, comme je le sais directement. La réputation qu'il avait d'être un Américain agressif permit réellement à ce grand homme de faire des concessions qui, faites par un autre, n'aurait peut-être pas été acceptées volontiers par le peuple.

J'eus une discussion longue et amicale avec le président ce soir-là au dîner, mais il n'avait pas l'air bien du tout. J'osai lui dire qu'il avait besoin de repos. Il devait absolument s'arrêter. Il dit qu'il avait l'intention de partir quelques jours sur un navire gouvernemental, mais que le juge Bradley de la Cour Suprême était mort et qu'il devait trouver un digne successeur. Je dis qu'il y en avait un que je ne pouvais pas recommander parce que nous avions pêché ensemble et que nous étions des amis si intimes que nous ne pouvions pas nous juger l'un l'autre de manière désintéressée. Toutefois il pourrait se renseigner sur lui : M. Shiras, de Pittsburgh. Il le fit et le nomma. M. Shiras a reçu l'appui ferme des meilleurs éléments, partout. Ni ma recommandation ni celle d'aucun autre n'auraient pesé un tant soit peu sur le président Harrison à cette nomination s'il n'avait pas trouvé que M. Shiras était l'homme qu'il fallait.

Dans le conflit de la mer de Behring, le président était furieux de la désapprobation par Lord Salisbury des stipulations de règlement de la question qui avait été convenue. Le président avait décidé de rejeter la contre-proposition et de soumettre la question à l'arbitrage. M. Blaine était avec le président dans cette affaire et naturellement indigné que son plan, que Salisbury avait vanté par l'intermédiaire de son ambassadeur, ait été écarté. Je les trouvai tous les deux d'humeur peu conciliante. Le président était cependant de loin le plus animé des deux. En discutant de la question avec M. Blaine seul, je lui expliquai que Salisbury était impuissant. Contre les protestations du Canada, il ne pouvait pas forcer l'acceptation de stipulations qu'il avait lui-même acceptées à la hâte. Il y avait un autre élément. Il avait un différend avec Terre-Neuve sur les bras, que cette dernière insistait pour qu'on règle à son avantage. Aucun gouvernement en Grande-Bretagne ne pouvait ajouter le mécontentement canadien à celui de Terre-Neuve. Salisbury avait fait du mieux qu'il pouvait. Après un certain temps, Blaine en fut convaincu et réussit à ramener le président dans le rang.

Les problèmes en mer de Behring amenèrent quelques situations plutôt amusantes. Un jour, Sir John Macdonald, Premier ministre canadien et son groupe, atteignirent Washington et demandèrent à M. Blaine d'arranger une entrevue avec le président sur ce sujet. M. Blaine répondit qu'il verrait le président et informerait Sir John le lendemain matin.

« Bien sûr », dit M. Blaine, me racontant l'histoire à Washington juste après que l'incident eut lieu. « Je savais très bien que le président ne pouvait pas rencontrer Sir John et ses amis officiellement et, lorsqu'ils appelèrent, je le leur dis ». Sir John dit que le Canada était indépendant, « aussi souverain que l'état de New York l'était dans l'Union ». M. Blaine répondit qu'il craignait que s'il obtenait un jour une entrevue en tant que Premier ministre du Canada avec les autorités de l'état de New York, il entendrait rapidement quelque chose à ce sujet de Washington et les autorités de l'état de New York aussi.

C'était parce que le président et M. Blaine étaient convaincus que le gouvernement britannique en place ne pourrait pas remplir les stipulations convenues qu'ils acceptèrent la proposition d'arbitrage de Salisbury, croyant qu'il avait fait de son mieux. Ce fut une déception très amère pour M. Blaine. Il avait suggéré que la Grande-Bretagne et l'Amérique placent deux petits navires sur la mer de Behring avec des droits égaux pour aborder ou arrêter les navires de pêche sous l'un ou l'autre des drapeaux. Dans les faits, une force de police conjointe. Pour donner à Salisbury le crédit lui revenant, il envoya un télégramme à l'ambassadeur britannique, Sir Julian Pauncefote, pour féliciter M. Blaine de cette « suggestion brillante ». Elle aurait donné des droits égaux à chacun et sous l'un ou l'autre des deux drapeaux, pour la première fois de l'histoire : un pacte juste et fraternel. Sir Julian avait montré ce télégramme à M. Blaine. Je mentionne cela ici pour suggérer que des hommes d'État compétents et volontaires, désireux de coopérer, sont parfois incapables de le faire.

M. Blaine était en effet un grand homme d'État, un homme aux vues larges, au jugement sûr et toujours en faveur de la paix. Sur la guerre avec le Chili, sur le projet de loi Force et sur la question de la mer de Behring, il était calme, sage et pacifique. Il était spécialement favorable au rapprochement de notre race anglophone. Il avait une gratitude sans limites envers la France pour la part qu'elle avait jouée dans notre révolution, mais cela ne lui faisait pas perdre la tête.

Une nuit, lors d'un dîner à Londres, M. Blaine s'était retrouvé un moment dans une situation très délicate. Le traité Clayton-Bulwer fut évoqué. Un éminent homme d'État présent dit que son impression était que M. Blaine avait toujours été hostile à la Mère Patrie. M. Blaine le nia, conformément à ce que je connais de ses sentiments. Sa correspondance sur le traité Clayton-Bulwer fut citée en exemple. M. Blaine répondit :

« Lorsque je suis devenu Secrétaire d'État et que j'ai dû m'occuper de ce sujet, j'ai été surpris de constater que votre Secrétaire aux Affaires étrangères nous informait toujours de ce que Sa Majesté "attendait", tandis que notre Secrétaire d'État vous disait ce que notre Président "se risquait à espérer". Lorsque j'ai reçu une dépêche nous disant ce que Sa Majesté attendait, j'ai répondu en vous disant ce que notre Président "attendait".

« Eh bien, vous admettez que vous avez changé le caractère de la correspondance ? » lui a-t-on lancé.

La réponse fut rapide comme l'éclair : « Pas plus que les conditions n'avaient changé. Les États-Unis avaient dépassé le stade de "se risquer à espérer" face à la toute-puissance qui "attend". Je n'ai fait que suivre votre exemple et si jamais Sa Majesté » s'aventure à espérer », on trouvera toujours le Président en train de faire de même. Je crains qu'aussi longtemps que vous « attendrez », les États-Unis « attendront » aussi en retour. »

Un soir, il y eut un dîner où M. Joseph Chamberlain et Sir Charles Tennant, président de la Compagnie d'Acier d'Écosse, étaient invités. Durant la soirée, le premier dit que son ami Carnegie était un bon compagnon et qu'ils étaient tous ravis de le voir réussir, mais qu'il ne savait pas pourquoi les États-Unis devaient lui donner une protection valant un million de livres sterling par an ou plus, pour avoir consenti à fabriquer des rails en acier.

« Eh bien », dit M. Blaine, « nous ne voyons pas les choses sous cet angle. Je suis intéressé par les chemins de fer, et nous avions l'habitude auparavant de vous payer quatre-vingt-dix dollars par tonne de rails en acier, pour chaque tonne que nous recevions, rien de moins. Or, juste avant mon départ, nos hommes ont signé un gros contrat avec notre ami Carnegie à trente dollars la tonne. J'ai un peu l'impression que si Carnegie et d'autres n'avaient pas risqué leur capital à développer leur fabrication de notre côté de l'Atlantique, nous vous paierions toujours quatre-vingt-dix dollars par tonne aujourd'hui. »

À ce moment-là, Sir Charles intervint : « Vous pouvez être sûr de cela. Quatre-vingt-dix dollars était le prix convenu pour vous, les étrangers. »

M. Blaine fit remarquer en souriant : « M. Chamberlain, je ne crois pas que fassiez un bon procès à notre ami Carnegie ».

« Non », répondit-il ; « comment aurais-je pu, avec Sir Charles m'ayant trahi de la sorte ? » et il y eut un rire général.

Blaine était un conteur rare et son discours avait ce mérite : je ne l'ai jamais entendu raconter une histoire ou dire un mot qui déplaise à quiconque, même à la compagnie la plus exigeante. Il était aussi rapide qu'un piège d'acier, un compagnon agréable qui aurait fait un excellent, et même un très sain président. Je le trouvais vraiment prudent et doué pour la paix sur toutes les questions internationales.

*Le château de Skibo*

# CHAPITRE XXVIII

# HAY ET MCKINLEY

# CHAPITRE XXVIII


# HAY ET MCKINLEY


John Hay[88] fut notre invité fréquent en Angleterre et en Écosse. Il était sur le point de nous rejoindre à Skibo en 1898 lorsque le président McKinley l'a rappelé pour en faire son secrétaire d'État. Peu de gens ont eu un tel parcours dans cette fonction. Il inspirait aux hommes une confiance absolue en sa sincérité et ses aspirations étaient toujours élevées. Il détestait la guerre et pensait ce qu'il disait lorsqu'il la parlait de « la folie la plus féroce et

---

[88] John Milton Hay, né le 8 octobre 1838 à Salem (Indiana) et mort le 1er juillet 1905 à Newbury (New Hampshire), est un homme politique, diplomate, auteur et journaliste américain. Membre du Parti républicain, il est le secrétaire privé du président Abraham Lincoln, secrétaire d'État assistant des États-Unis entre 1879 et 1881, ambassadeur des États-Unis au Royaume-Uni entre 1897 et 1898 puis secrétaire d'État des États-Unis entre 1898 et 1905 dans l'administration du président William McKinley puis dans celle de son successeur Théodore Roosevelt.

*John Hay en 1897.*

pourtant la plus futile de l'homme ».

L'annexion des Philippines était une question brûlante lorsque je le rencontrai avec Henry White (Secrétaire de légation et plus tard ambassadeur en France) à Londres, sur mon chemin vers New York. Cela me fit plaisir de découvrir que nos vues étaient similaires sur la proposition de s'écarter sérieusement de notre politique traditionnelle consistant à éviter les possessions éloignées et déconnectées et de garder notre empire sur le continent. En particulier de le tenir à l'écart du tourbillon du militarisme. Hay, White et moi-même nous serrâmes les mains dans le bureau de Hay à Londres et approuvâmes cela. Avant cela, il m'avait écrit la note suivante :

■

Londres,
le 22 août 1898

Mon cher Carnegie,

Je vous remercie pour le grison de Skibo et aussi pour votre aimable lettre. C'est une chose solennelle et absorbante d'entendre tant de mots aimables et non mérités comme j'en ai entendu et lu cette dernière semaine. Il me semble qu'ils parlent d'un autre homme, alors qu'on attend de moi que j'effectue le travail. J'espère qu'un peu de cette sagesse pourra être conservée jusqu'à ce que je quitte définitivement le bureau.

J'ai lu votre article dans le « North American » avec le plus vif intérêt.[89] Je n'ai pas le droit de dire, dans ma position

---

[89] La référence est un article de M. Carnegie dans le North American Review, en août 1898, intitulé : « *Distant Possessions-The*

actuelle, à quel point je suis d'accord avec vous. La seule question que j'ai à l'esprit est de savoir à quel point il nous est *possible* de nous retirer des Philippines. Je suis plutôt reconnaissant qu'il ne me soit pas donné la tâche de résoudre cette question cruciale.[90]

■

C'était un destin étrange que celui qui lui avait donné la tâche précise qu'il s'était félicité de ne jamais devoir être sienne.

Il s'était d'abord présenté seul comme ami de la Chine dans les troubles des Boxers et réussit à sécuriser pour elle des conditions de paix équitables. Son estime pour la Grande-Bretagne, en tant que membre de notre propre race, était profonde et, ici, le président était complètement avec lui et reconnaissant au-delà de toute mesure envers la Grande-Bretagne de s'opposer aux autres puissances européennes disposées à prendre le parti de l'Espagne dans la guerre de Cuba.

Le traité Hay-Pauncefote concernant le canal de Panama était insatisfaisant pour beaucoup d'entre nous. Le sénateur Elkins me dit que mes objections, publiées dans le « New York Tribune », lui étaient parvenues le jour où il allait en parler et qu'elles étaient utiles. En visite à Washington peu de temps après que l'article fut publié, j'allai à la Maison-Blanche avec le sénateur Hanna tôt dans la matinée et

---

*Parting of the Ways*». (Possessions Lointaines — La Rupture des Chemins)

[90] Publié dans Thayer, Vie et lettres de John Hay, vol. II, p. 175. Boston et New York, 1915.

trouvai le président très préoccupé par l'amendement du Sénat au traité. Je n'avais aucun doute sur l'acquiescement de la Grande-Bretagne aux exigences du Sénat et je le lui dis. Tout ce qui était raisonnable, elle le donnerait, puisque c'était nous qui devions fournir les fonds pour le travail dont elle serait, après nous, la plus grande bénéficiaire.

Le sénateur Hanna demanda si j'avais vu « John », comme lui et le président McKinley appelaient toujours M. Hay. Je répondis par la négative. Puis il me demanda d'aller le voir et de lui remonter le moral, car il était découragé par les amendements. Ce que je fis. Je fis remarquer à M. Hay que le traité de Clayton-Bulwer avait été amendé par le Sénat, que presque personne ne le savait et que personne ne s'en souciait. Le traité Hay-Pauncefote serait exécuté tel qu'amendé et personne ne se soucierait du fait que ce soit dans sa forme originale ou pas. Il en doutait et pensait que la Grande-Bretagne ne serait pas disposée à se retirer. Peu de temps après, en dînant avec lui, il dit que je m'étais montré un vrai prophète et que tout allait bien.

Bien sûr que tout allait bien. La Grande-Bretagne nous avait pratiquement dit qu'elle voulait que le canal soit construit et qu'elle agirait de la manière souhaitée. Le canal est maintenant comme il devrait l'être : c'est-à-dire entièrement américain, sans aucune complication internationale possible. Cela ne valait peut-être pas la peine de le construire à cette époque, mais c'était mieux de dépenser trois ou quatre millions sur ce projet que de construire des monstres marins de destruction pour affronter des ennemis imaginaires. L'un peut être une perte et donc une fin, l'autre peut être une source de guerre, car

*« Souvent la vue des moyens nécessaires à commettre les mauvaises actions*
*Rend faisables les mauvaises actions. »*

La *bête noire*[91] de M. Hay était le Sénat. Sur ce point, et sur ce point seulement, il a fait fi des convenances. Lorsqu'il s'avisa de modifier un mot, en substituant le mot « traité » au mot « accord », qui n'apparaissait qu'à un seul endroit dans le Traité d'Arbitrage de 1905, il devint très agité. Je crois que c'était dû en grande partie à une santé fragile, car il était clair à ce moment pour ses amis intimes que sa santé était sérieusement compromise.

La dernière fois que je le vis fut au cours d'un déjeuner chez lui, alors que le Traité d'Arbitrage, comme amendé par le Sénat, était soumis à l'examen du président Roosevelt. Les arbitragistes, menés par l'ex-secrétaire d'État Foster, demandaient instamment au président d'accepter le traité modifié. Nous pensions qu'il y était favorable, mais d'après mon entretien ultérieur avec le secrétaire Hay, je compris que l'accord du président serait vivement ressenti. Je ne serais pas surpris que le refus du traité par Roosevelt ait été décidé principalement pour apaiser son cher ami John Hay dans sa maladie. Je suis sûr que je sentis alors qu'il ne pourrait faire quoi que ce soit de susceptible d'ennuyer cette noble âme qu'avec la plus grande difficulté. Mais, sur ce point, Hay était obstiné : aucun abandon face au Sénat. En quittant sa maison, je dis à Mme Carnegie que je doutais du fait qu'on puisse revoir notre ami un jour. Nous ne le revîmes plus jamais.

L'Institution Carnegie de Washington, dont Hay était le président et un administrateur dès le début, reçut son soutien et son attention soutenue et nous lui sommes redevables de ses sages conseils. En tant qu'homme d'État,

---

[91] N.D.T. En français dans le texte

il avait bâti sa réputation plus rapidement et avec une touche plus sûre que quiconque à ma connaissance. On est en droit de douter qu'un homme public n'ait jamais eu des amis plus profondément dévoués. J'ai longtemps gardé une de ses notes. Elle aurait été la plus flatteuse de toute ma vanité littéraire si je n'avais pas su qu'il était d'une nature très aimable et qu'il avait une ferveur excessive envers ses amis. Le monde s'est appauvri depuis qu'il l'a quitté.

La guerre d'Espagne fut le résultat d'une vague de passion déclenchée par les rapports sur les horreurs de la révolution cubaine. Le président McKinley s'efforça de l'éviter. Lorsque le ministre espagnol quitta Washington, l'ambassadeur français devint l'agent de l'Espagne, et les négociations pacifiques se poursuivirent. L'Espagne offrit une certaine l'autonomie à Cuba. Le président répondit qu'il ne savait pas exactement ce que le mot « autonomie » signifiait. Ce qu'il espérait pour Cuba, c'étaient les droits que le Canada possédait. Il comprenait ceux-ci. Un télégramme fut montré au président par le ministre français, stipulant que l'Espagne les avait accordés et lui, cher homme, supposa que tout était réglé. Et cela l'était, apparemment.

Le président Reed venait habituellement me voir les dimanches matin lorsqu'il était à New York. C'était immédiatement après mon retour d'Europe cette année-là qu'il m'appela et dit qu'il n'avait jamais perdu le contrôle de la Chambre auparavant. Pendant un instant, il pensa à quitter la présidence et à aller au contact pour s'adresser à la Chambre et essayer de la calmer. Il fut expliqué, en vain, que le président avait reçu une garantie de la part de l'Espagne pour un gouvernement autonome pour Cuba. Hélas, il était trop tard, trop tard !

« Que fait l'Espagne ici, d'ailleurs ? » fut la demande

impérieuse du Congrès. Un nombre suffisant de républicains avaient accepté de voter avec les démocrates au Congrès pour la guerre. Un tourbillon de passion balaya la Chambre, intensifié, sans doute, par l'explosion infortunée du navire de guerre Maine dans le port de La Havane, soupçonnée par certains d'être l'œuvre de l'Espagne. Le soupçon attribua à l'Espagne beaucoup trop de crédit sur ses compétences et ses activités.

La guerre fut déclarée : le Sénat étant choqué par la déclaration du sénateur Proctor sur les camps de concentration qu'il avait vus à Cuba. Le pays répondit à l'appel, « Que fait l'Espagne ici, d'ailleurs ? ». Le président McKinley et sa politique de paix furent laissés en plan et il ne lui restait plus rien, à part soutenir le pays. Le gouvernement annonça alors que la guerre n'était pas menée pour une expansion territoriale et l'indépendance fut promise à Cuba : une promesse fidèlement tenue. Nous ne devrions pas manquer de nous en souvenir, car c'est la seule caractéristique encourageante de la guerre.

La possession des Philippines laissa une trace. Elles n'étaient pas seulement une acquisition territoriale, elles furent arrachées de l'Espagne réticente et vingt millions de dollars avaient été versés en contrepartie. Les Philippins avaient été nos alliés dans la lutte contre l'Espagne. Le Cabinet, sous la direction du président, avait accepté que seule une station de ravitaillement en charbon aux Philippines devait être demandée. Il est dit que telles furent les instructions initiales données par télégramme aux commissaires de la paix à Paris. Le président McKinley fit ensuite un tour à travers l'Ouest et, bien sûr, fut acclamé lorsqu'il parla du drapeau et de la victoire de Dewey. Il rentra, impressionné par l'idée que le retrait serait impopulaire et inversa sa politique. Une personne de son cabinet me raconta que tous les membres étaient opposés à ce renversement. Un sénateur me dit que le juge Day, un des commissaires de la paix, écrivit une lettre de protestation depuis Paris qui, si jamais elle était publiée, se hisserait au même niveau que le discours d'adieu de Washington, tellement elle était belle.

À ce stade, un membre important du Cabinet, mon ami Cornelius N. Bliss, m'appela et me demanda de me rendre à Washington pour voir le président à ce sujet. Il dit :

« Vous avez de l'influence sur lui. Aucun d'entre nous n'a été capable de le raisonner depuis son retour de l'Ouest. »

J'allai à Washington et eus un entretien avec lui. Mais il était inflexible. La retraite créerait une révolution chez nous, dit-il. Finalement, en persuadant ses secrétaires qu'il devait se plier à l'explosion et en affirmant toujours que ce ne serait qu'une occupation temporaire et qu'une issue serait trouvée, le Cabinet céda.

Il envoya le président Schurman, de l'université Cornell, qui s'était opposé à l'annexion, et le fit président du comité chargé de visiter les Philippines. Plus tard, il demanda au juge Taft, qui s'était prononcé contre une telle violation de la politique américaine, d'y aller en tant que gouverneur. Lorsque le juge déclara qu'il semblait étrange d'envoyer quelqu'un qui avait publiquement dénoncé l'annexion, le président dit que c'était la raison précise pour laquelle il le voulait là-bas. Tout cela était très bien, mais s'abstenir d'annexer et renoncer à un territoire une fois celui-ci acheté sont des propositions différentes. Cela fut bientôt constaté.

M. Bryan a eu le pouvoir, à un moment donné, de faire rejeter par le Sénat cet élément du traité de paix avec l'Espagne. J'allai à Washington pour essayer d'influencer ceci et restai là jusqu'au vote. On me dit que lorsque

M. Bryan était à Washington, il avait conseillé à ses amis que ce serait une bonne politique pour le parti de permettre au traité d'être voté. Cela discréditerait le parti républicain devant le peuple. « Payer vingt millions pour une révolution » viendrait à bout de n'importe quel parti. Il y avait sept hommes fidèles à Bryan, désireux de voter contre l'annexion des Philippines.

Mr Bryan avait appelé pour me voir à New York à ce sujet, parce que mon opposition à l'achat avait été si vive. Je lui télégraphiais à Omaha, expliquant la situation et le priant de me télégraphier que ses amis pourraient utiliser leur propre jugement. Sa réponse fut ce que j'avais déclaré : mieux vaut que les républicains adoptent la loi et qu'elle soit ensuite soumise au peuple. Je trouvais indigne de lui de subordonner une telle question, lourde de conséquences déplorables, à une simple politique de parti. Il a fallu la voix prépondérante du président de la Chambre pour que la mesure soit adoptée. Un seul mot de M. Bryan aurait sauvé le pays du désastre. Je n'ai pas pu être cordial avec lui pendant les années qui ont suivi. Il m'avait paru être un homme qui était prêt à sacrifier son pays et ses convictions personnelles pour l'avantage du parti.

Lorsque j'appelai le président McKinley tout de suite après le vote, je le consolai d'être dépendant et le soutien contre son principal adversaire. J'expliquai comment il avait remporté la victoire et suggérai qu'il envoya ses remerciements reconnaissants à M. Bryan. Une possession coloniale à des milliers de kilomètres était un problème nouveau pour le président McKinley et, dans les faits, pour tous les hommes d'État américains. Ils ne savaient rien des problèmes et des dangers que cela impliquerait. Ici, la République fit sa première grave erreur internationale : une erreur qui l'a entraînée dans le vortex du militarisme international et d'une grande marine. Quel changement s'est opéré pour les hommes d'État depuis lors !

Lors d'un souper avec le président Roosevelt à la Maison-Blanche il y a quelques semaines (en 1907), il dit :

« Si vous voulez voir les deux hommes aux États-Unis qui sont le plus désireux de quitter les Philippines, les voici », en désignant le secrétaire Taft et lui-même.

« Alors pourquoi ne le faites-vous pas ? » répondis-je. « Le peuple américain en serait ravi, en effet ».

Mais le président et le juge Taft croyaient tous les deux que notre devoir exigeait en premier lieu de préparer les îles à l'autonomie. C'est la politique du « N'allez pas dans l'eau avant d'avoir appris à nager ». Mais le plongeon doit être fait et le sera un jour.

On a insisté sur le fait que si nous n'occupions pas les Philippines, l'Allemagne le ferait. Il ne vint jamais à l'esprit des instigateurs que cela signifierait que la Grande-Bretagne accepterait que l'Allemagne établisse une base navale à Macao, à quelques encablures de la base navale britannique à l'Est. La Grande-Bretagne lui permettrait tout aussi bien d'établir une base à Kingston, en Irlande, à quatre-vingts miles de Liverpool. Je fus surpris d'entendre des hommes comme le juge Taft, bien qu'il soit opposé au début à l'annexion, donner cette raison lorsque nous étions en train de discuter de la question après que l'étape fatale eut été franchie. Mais nous connaissons très peu les relations extérieures. Jusqu'à présent, nous étions un pays consolidé. Ce serait un jour bien triste si jamais nous devenions autre chose.

# CHAPITRE XXIX

# RENCONTRE AVEC L'EMPEREUR ALLEMAND

# CHAPITRE XXIX

## RENCONTRE AVEC L'EMPEREUR ALLEMAND

Mon premier discours rectoral aux étudiants de l'université de St Andrews a attiré l'attention de l'empereur allemand, qui m'a fait savoir à New York par Herr Ballin qu'il en avait lu chaque mot. Il m'envoya également par son biais une copie de son discours sur la consécration de son fils aîné. Des invitations à le rencontrer suivirent, mais ce ne fut qu'en juin 1907 que je pus partir, lié par d'autres engagements. Mme Carnegie et moi-même allâmes à Kiel. M. Tower, notre ambassadeur américain en Allemagne et Mme Tower nous y accueillirent et furent très attentionnés. Grâce à eux, nous rencontrâmes beaucoup d'hommes publics distingués durant notre séjour de trois jours.

Le premier matin, M. Tower m'emmena m'enregistrer sur le yacht de l'Empereur. Je ne m'attendais pas à rencontrer l'Empereur, mais il apparut sur le pont et, en

voyant M. Tower, il demanda ce qui l'avait amené sur le yacht si tôt. M. Tower expliqua qu'il m'avait amené pour m'enregistrer, et que M. Carnegie était à bord. Il demanda :

« Pourquoi ne pas me le présenter maintenant ? Je souhaite le voir ».

J'étais en train de parler aux amiraux qui se rassemblaient pour une conférence et ne je vis pas M. Tower et l'Empereur s'approcher par derrière. Un contact sur mon épaule et je me retournai.

« Monsieur Carnegie, l'Empereur »

Il a fallu un moment avant que je réalise que l'Empereur était face à moi. Je levai les deux mains et m'exclamai :

« Cela s'est passé exactement comme je l'aurais souhaité, sans aucune cérémonie, et l'Homme du Destin est tombé du ciel ! ».

Puis je continuai : « Votre Majesté, j'ai voyagé pendant deux nuits pour accepter votre généreuse invitation et je ne l'avais jamais fait auparavant pour rencontrer une tête couronnée. »

Alors l'Empereur, en souriant, et quel sourire captivant, répondit :

« Oh ! Oui, oui, j'ai lu vos livres. Vous n'aimez pas les rois ».

« Non, Votre Majesté, je n'aime pas les rois, mais je peux aimer un homme derrière un roi quand je le trouve ».

« Ah ! Il y a un roi que vous aimez, je sais, un roi écossais, Robert le Bruce. Il était mon héros dans ma jeunesse. J'ai été élevé avec lui ».

« Oui, votre Majesté, tout comme moi, et il repose dans l'abbaye de Dunfermline, dans ma ville natale. Quand j'étais jeune, je me promenais souvent autour de l'imposant monument carré de l'abbaye, avec un mot sur chaque bloc en grosses lettres de pierre : *Roi Robert le Bruce*, j'avais la ferveur d'un catholique comptant ses perles. Mais Bruce était bien plus qu'un roi, Votre Majesté, il était le chef de son peuple. Et pas le premier. Wallace l'homme du peuple vient en premier. Votre Majesté, je possède maintenant la tour du roi Malcolm à Dunfermline[92] : celui duquel vous tirez votre précieux héritage de sang écossais. Peut-être que vous connaissez la vieille et belle balade, "Sir Patrick Spens".

> *« Le Roi est assis dans la tour de Dunfermline*
> *Buvant le vin rouge sang ».*

Je voudrais vous escorter un jour à la tour de votre ancêtre écossais, afin que vous puissiez rendre hommage à sa mémoire ». Il s'exclama :

« Ce serait très bien. Les Écossais sont bien plus rapides et intelligents que les Allemands. Les Allemands sont trop lents ».

---

[92] Dans l'acte de fiducie transférant le parc et la vallée de Pittencrieff à Dunfermline, une réserve de propriété non spécifiée a été faite. Le « avec certaines exceptions » concernait la tour du roi Malcolm. Pour des raisons qui lui sont propres, M. Carnegie a conservé la propriété de ce vestige du passé.

« Votre Majesté, pour tout ce qui concerne les Écossais, je dois refuser de vous accepter comme étant un juge impartial ».

Il ria et prit congé, en disant :

« Vous dînerez avec moi ce soir » et, en s'excusant, alla saluer les amiraux qui arrivaient.

Environ soixante personnes étaient présentes au dîner et nous passâmes un moment agréable. Sa Majesté, en face de laquelle j'étais assis, eut la gentillesse de lever son verre et de m'inviter à boire avec elle. Après avoir fait de même avec M. Tower, notre ambassadeur qui était assis à sa droite, il demanda à la table (entendu par ceux qui étaient proches) si j'avais dit au Prince von Bülow, à côté duquel j'étais assis, que le héros de l'Empereur, Bruce, reposait dans ma ville natale à Dunfermline et que la tour de son ancêtre dans la vallée de Pittencrief était en ma possession.

« Non », répondis-je. Avec Votre Majesté, je me laisse aller à de telles frivolités, mais mes échanges avec votre Lord Haut Chancelier, je vous assure, seront toujours d'une importance sérieuse ».

Nous dînâmes avec Mme Goelet sur son yacht, un soir, et, Sa Majesté étant présente, je lui dis que le président Roosevelt m'avait récemment dit qu'il souhaitait que les usages lui permettent de quitter le pays pour qu'il puisse s'empresser de venir le voir. Il pensait qu'un entretien substantiel serait bénéfique. Je le croyais également. L'Empereur était d'accord et dit qu'il souhaitait vivement le voir et espérait qu'il viendrait un jour en Allemagne. Je suggérai alors à l'Empereur qu'il était affranchi des barrières constitutionnelles et qu'il pourrait venir voir le président.

«Ah, mais mon pays a besoin de moi ici ! Comment pourrais-je partir ? »

Je répondis :

« Avant de partir de chez moi une année, lorsque je suis allé à nos usines pour dire au revoir aux responsables, j'ai exprimé mon regret de les laisser tous à leur dur labeur, étouffant sous le soleil brûlant. Mais j'ai découvert que j'avais maintenant chaque année la possibilité de me reposer et que, quelle que soit ma fatigue, une demi-heure à la proue du bateau à vapeur, fendant les vagues de l'Atlantique, me soulageait parfaitement. Mon adroit directeur, le capitaine Jones, répliqua : "Et, oh, Seigneur ! Pensez au soulagement que cela nous procure à tous". Il pourrait en être de même avec votre peuple, Votre Majesté ».

Il ria de bon cœur, encore et encore. Cela ouvrit un nouveau train de pensée. Il répéta son désir de rencontrer le Président Roosevelt et je dis :

« Eh bien, Votre Majesté, lorsque vous serez tous les deux ensemble, je pense que je devrais être avec vous. Lui et vous, je le crains, pourriez faire des bêtises ».

Il ria et dit :

« Oh, je vois ! Vous souhaitez nous diriger tous les deux. Eh bien, j'accepte si vous réussissez à faire de Rossevelt votre premier cheval : je suivrai ».

« Ah, non, Votre Majesté, je connais trop bien les chevaux pour tenter de conduire deux poulains aussi gais en tandem. On n'obtient jamais une bonne prise sur le premier cheval. Je dois vous atteler tous les deux dans les arbres, coude à coude, pour pouvoir vous retenir ».

Je n'ai jamais rencontré un homme qui appréciait les histoires plus vivement que l'Empereur. Il est de bonne compagnie et je crois que c'est un homme sérieux, soucieux de la paix et du progrès dans le monde. Il suffit de dire qu'il insiste sur le fait qu'il est, et a toujours été, pour la paix (1907). Il chérit le fait qu'il règne depuis vingt-quatre ans et n'a jamais fait verser le sang. Il considère que la marine allemande est trop petite pour inquiéter les Britanniques et n'a jamais été destinée à être une rivale. Cependant, c'est à mon avis très peu judicieux, car inutile, de l'agrandir. Le prince von Bülow partage ces sentiments et je crois que la paix dans le monde a peu à craindre de l'Allemagne. Ses intérêts sont tous favorables à la paix, le développement industriel étant son but et, dans ce domaine désirable, elle est certainement en train de faire de grandes avancées.

J'envoyai à l'Empereur via son ambassadeur, le Baron von Sternberg, le livre, « La Politique de Roosevelt »[93], dont j'avais écrit une introduction qui plut au président. Je me réjouis de recevoir en retour de sa part un beau bronze de lui-même avec une lettre. Il n'est pas seulement Empereur, mais quelque chose de bien plus grand : un homme désireux d'améliorer les conditions existantes, infatigable dans ses efforts pour promouvoir la tempérance, empêcher les duels et, je crois, assurer la paix internationale.

Cela fait quelque temps que je suis hanté par le sentiment que l'Empereur est vraiment un homme de la Destinée. Mes entretiens avec lui ont renforcé ce sentiment. J'ai de

---

[93] « La Politique de Roosevelt : Discours, Lettres et Documents d'État concernant la Richesse des Entreprises et les Sujets étroitement liés », New York, 1908

grands espoirs de le voir réaliser quelque chose de réellement grand et bon à l'avenir. Il a peut-être encore un rôle à jouer qui lui donnera une place parmi les immortels. Il a régné sur l'Allemagne en paix pendant vingt-sept ans, mais quelque chose au-delà même de ce record est attendu de la part de quelqu'un qui a le pouvoir d'établir la paix parmi les nations civilisées à travers une action positive. Maintenir la paix dans son propre pays n'est pas suffisant de la part de quelqu'un dont l'invitation aux autres nations civilisées à s'unir et établir l'arbitrage de toutes les disputes internationales serait accueillie positivement et avec enthousiasme. L'avenir nous dira s'il restera dans l'histoire comme le seul protecteur de la paix intérieure ou s'il s'élèvera à la mission qui lui a été confiée, celle d'apôtre de la paix parmi les grandes nations civilisées.

L'an dernier (1912), je me tins devant lui dans le grand palais à Berlin et lui présentai le discours américain de félicitations sur son règne pacifique de vingt-cinq ans, sa main n'étant pas entachée de sang. Alors que je m'approchai pour lui remettre le coffret contenant le discours, il me reconnut et s'exclama, à bras grands ouverts :

« Carnegie, vingt-cinq ans de paix et nous espérons beaucoup plus ».

Je ne pus m'empêcher de répondre :

« Et dans cette mission-là, la plus noble de toutes, vous êtes notre principal allié ».

Il était jusqu'alors resté assis, silencieux et immobile, prenant les discours successifs d'un officier et les transmettant à un autre pour qu'il les dépose sur la table. Le sujet principal de discussion avait été la paix mondiale, qu'il aurait pu et, à mon avis aurait obtenue, s'il n'avait pas été entouré de la caste militaire qui se rassemble de manière inévitable autour d'un homme né pour le trône. Une caste qui devient habituellement aussi permanente que le puissant lui-même et qui a, jusqu'à présent, prouvé en Allemagne son pouvoir de contrôle à chaque fois que la question de la guerre s'est présentée. Jusqu'à ce que le militarisme soit subordonné, il ne peut pas y avoir de paix mondiale.

■

Alors que je lis ceci aujourd'hui (1914), quel changement ! Le monde est tiraillé par la guerre comme jamais auparavant ! Des hommes s'entretuent comme des bêtes sauvages ! Je n'ose pas abandonner tout espoir. Ces derniers jours, je vois un autre meneur s'avancer sur la scène mondiale, qui pourrait se montrer être l'immortel. L'homme qui a défendu l'honneur de son pays à la querelle sur la taxe du canal de Panama est maintenant Président. Il a la volonté indomptable du génie et le véritable espoir qu'on nous raconte,

> *« Elle fait des rois des dieux,*
> *et des créatures plus modestes des rois ».*

Rien n'est impossible pour un génie ! Regardez le président Wilson ! Il a du sang écossais dans ses veines.

[Ici, le manuscrit s'arrête brusquement].

*Andrew Carnegie à Skibo (1914)*

Andrew Carnegie

# POSTFACE

Si ce livre vous a aidé, inspiré d'une quelconque manière, alors nous en sommes profondément touchés.

N'hésitez pas à le partager autour de vous.

Si vous voulez nous contacter pour nous poser d'éventuelles questions, nous serions ravis de vous répondre. Vous pouvez nous écrire à l'adresse :

contact@cadel-editions.com

N'hésitez surtout pas non plus à laisser votre avis à propos du livre sur Amazon, même succinct, afin de nous dire si vous l'avez apprécié.

Pour cela, il vous suffit de flasher ce QR code juste en dessous pour atterrir directement sur l'espace commentaires Amazon du livre.

(Scannez-moi
avec votre téléphone)

Grâce à votre commentaire, vous aiderez de nombreux futurs lecteurs.

En vous remerciant,

Steeven Cadel
Fondateur de Cadel Editions

# DECOUVREZ NOS OUVRAGES

Retrouver d'autres ouvrages inspirants sur notre site.

Rendez-vous sur :

https://cadel-editions.com/

(Scannez-moi
avec votre téléphone)

MES MEMOIRES

MES MEMOIRES